KB262368

조선인 강제연행 강제노동 Ⅰ : 일본편

정혜경 지음

조선인 강제연행 강제노동 I : 일본편

초판 1쇄 발행 2006년 5월 31일
    2쇄 발행 2007년 7월 20일

지은이 ∥ 정혜경
펴낸이 ∥ 윤관백
편 집 ∥ 김지학
표 지 ∥ 김지학
교정·교열 ∥ 김은혜 · 이수정
펴낸곳 ∥ 선인

인 쇄 ∥ 선경그라픽스
제 본 ∥ 과성제책
등 록 ∥ 제5-77호(1998. 11. 4)
주 소 ∥ 서울시 마포구 마포동 324 1 곳미루B/D 1층
전 화 ∥ 02)718-6252
팩 스 ∥ 02)718-6253
E-mail ∥ sunin72@chol.com

정가 ∥ 16,000원
ISBN 89-5933-044-2 93900

■저자와의 협의에 의해 인지 생략.
■잘못된 책은 바꾸어 드립니다.

조선인 강제연행
강제노동 I — 일본편

차 례

"그런게 아니여. 이 양반들이 몰르는구만. 이렇게 몰라서야 원. 아이고 폭폭혀(*답답해)"

"당시는 그런 세상이 아니었당게요. 그거야 요새 말이지, 그 일본놈 시절에 그런 일이 어디 있나?"

"내가 찬찬히 얘기해 줄텐게, 좀 들어봐요."

"징용 가서 고생하고 그런 거는 방송에 많이 나온거고, 다들 아는 얘기여서 3·1절 특집 방송으로 하기에는 적합하지 않은 것 같은데요. 그동안 안 나온 얘기로 새로운 아이템, 뭐 없을까요?"

"강제동원이요? 그거야 잘 알지요. 징용이잖아요. 일본가고 그런 거…"

다 아는 이야기라고 생각하는 사람들이 많은데, 경험 당사자들은 '사람들이 이렇게 모를 수가 있는가' 하면서 답답해한다. '징용'으로 표현되는 일제 말기 조선인 강제연행·강제노동의 역사는 수백년 전의 일이 아님에도 '알면서도 모르는' 이야기가 되어 있다. 많은 사람들이 아는 것처럼 생각하지만, 실은 아는 것이 별로 없는 이야기. 특정한 이미지 속에서 화석화 되어 마치 다 아는 것처럼 생각하게 된 이야기이다. 이것은 연구자들도 마찬가지이다. 많은 연구목록을 보노라면, 전체 실상이 다 규명된 듯 여겨지지만 기실 궁금증은 그다지 해소되지 않는다. 일제 말기 강제연행·강제노동의 역사가 알 듯 하면서 여전히 '모르는 일'에 속하게 된 이유는 무엇인가.

물론 제대로 된 연구가 이루어지지 못하고 있기 때문일 것이다. 강제성, 강제연행, 강제노동 등 기본적인 개념에 대한 이해도 정립이 되었다고 보기 어렵다. 그러므로 연구자들 사이에서 '물리적으로 강제력에 의해 끌려갔으면 강제연행이지만 구인광고나 모집에 응해 갔고, 많은 임금에 속아서 갔다면 강제연행으로 볼 수 없다'거나 '군인 군속의 친일 운운' 등의 愚問도 간혹 제기된다. 심지어 최근에 낙성대경제연구소가 주최한 심포지엄(일제의 전시체제와 조선인동원)에서는 이영훈 교수에 의해 '국제자유노동시장'의 흐름에 의거한 인구이동이라는 주장까지 제기되었다. '일본제국주의'와 '전시체제기' '강제동원'이라는 용어를 사용하면서 '자유노동시장'을 운운하는 것을 어떻게 보아야 할 것인가. 아무리 역사학이 현재적 관점에서 되돌아 볼 수밖에 없다지만, 지나쳐도 너무 지나친 주장이라는 생각이 든다.

연구자들의 강제연행·강제노동에 대한 제한된 인식은 연구의 장에 그치지 않는다. 사회여론 형성에도 관련된다. 연구자의 인식 정도는 구술자에게 전이되고 나아가 일반인들의 사회 인식 형성에도 영향을 미칠 수 있다. 실제로 경험자를 대상으로 현지에서 구술사료수집작업을 수행할 때, 구술자 자신이 피해자가 아니라고 인식하는 현상을 볼 수 있다. 송출과정에서 물리적 강제가 약했다거나 현지에서 비교적 노동 강도가 약했다고 생각하는 경우에는 경험자임에도 불구하고 한사코 부정하기도 한다. "나는 북해도나 이런 데로 간 사람도 아니고 그냥 편한데 갔다 온 사람"이니 피해자는 아니라는 것이다. 더구나 물리적으로 끌려갔다 하더라도 국내에서 노역에 동원된 경우에는 더욱 정도가 심하다. 이들은 주변의 경험자들에게 들었던 강제연행·강제노동이라는 거울을 통해 구타나 부상 등 억압적인 상황이 심하거나 극단적인 착취상황을 경험해야 '진짜 강제연행·강제노동'이라는 자기검열을 은연중에 작동하고 있기 때문이다. 이러한 점은 자생적이라기 보다는 주변의 같은 경험자들을 통해, 또는 인터뷰 과정에서 면담자(연구자)에 의해 전이된 결과이다. 경험자들끼리 "그 정도 가지고 무슨 징용이라고 하느냐"는 면박 아닌 면박이 내부적으로 어느 정도의 기준점을 형성한 셈이다. 그 결과 강제연행·강제노동의 상은 제한적으로 고착되었다.

이 모든 것이 피해의 현상에 치중한 나머지 일본제국주의라는, 그리고 전시체제라는 시대적 성격을 간과한 결과이다. 강제연행·강제노동의 범주 및 성격에 대한 고민이 식민지 성격과 일제 말기에 대한 이해가 뒷받침되지 않은 탓이다. 일제 말기가 바로 일본제국주의가 총동원체제 아래에서 침략전쟁을 수행하는 시기였다는 점, 일본제국주의가 침략정책을 수행하는 과정에서 동원대상인 식민지 조선인 청장년들의 선택의 틀은 극히 제한적이었다는 점, 조선인 청장년의 선택은 궁극적으로 전쟁수행을 위한 작업으로 연결될 수밖에 없다는 점을 인식한다면, 고민의 끝은 보일 것이다. 더구나 흔히 사용하는 '일본제국주의'라는 용어가 내포하는 함의를 되짚어 본다면 해답은 더욱 분명해진다. 결국 시대에 대한 정확한 이해가 필요하다. 이쯤 되니 강제연행·강제노동의 역사가 여전히 '모르는 일'로 자리하고 있는 현 상황을 풀어가는 노정에서 연구자가 담당해야 할 몫이 좀 더 뚜렷해진다.

"선배님은 참 가슴 아픈 주제를 연구하시네요. 재일조선인도 그렇고, 강제연행에, 구술사에…"

그렇다. 참으로 가슴 아픈 주제이다. 시셋말로 '쿨'한 주제가 아니라 무거운 주제이다. 남에게 상처를 주지 않았으므로 미안해야 할 필요도 없는데, 그래서 당당할 수도 있을 터인데, 그렇지 못하다. 일본이나 사할린의 노동현장을 조사할 때도 당시 모습이 연상되어 숙연해진다. 특히 생존자의 이야기를 듣는 것은 가슴 아픈 과정이다. 이미 알고 있는 사실이고 늘 듣는 이야기인데도 늘 새롭고, 그래서 가슴이 메어진다. 주책없이 흐르는 눈물을 감출 수 없을 때도 있다. 구술자가 큰 목소리로 가해자인 일본을 성토하면서 종 주먹질이라도 하면, 그래도 다행스럽다. 같이 목소리를 높일 수 있으니 일시적이나마 후련하기도 하다. 그러나 "이제 와서 이런 말 하면, 뭐하겠소. 다 나라가 없어서, 힘이 없어서 우리 같은 사람들이 당한 것인데, 말을 한들 무슨 소용이 있어. 부질없는 짓이지"하면서 말을 흐리는 경우에는 그 무력감이 안타깝고 억울하기까지 하다.

강제연행·강제노동의 역사는 자료가 계속 발굴·생산되고 있는 주제이다. 문헌사료는 발굴되고 있고, 구술사료는 생산되고 있다. 역사연구자에게 자료가 계속 발굴·생산된다는 것은 매우 큰 매력이자 장점이다. 그러나 그 반대일 수도 있다. 많은 자료더미 속에서 어지간히 공부해서는 연구방향을 설정하기도 쉽지 않기 때문이다. 그래서 노다공소(勞多功少)한 주제가 될 수도 있다. 40년이 넘는 일본의 연구 역량을 뛰어넘는 성과를 내려면, 더욱 많은 노력이 요구되는 분야이다. 거기에 지배정책사나 조선농촌사회에 대한 이해 등 관련 분야에 대한 학습이 요구된다. 쉽게 성과를 내기 어려운 주제이다. 몇몇 2차 자료만으로도 참신한 연구 성과를 낼 수 있는 주제가 적지 않은데, 굳이 문헌사료 분석에, 구술사료 수집에, 현지조사까지 해야 하는 연구주제를 택해야 할 필요는 없을지도 모른다.

나는 연구자에게 연구 주제란 하나의 '인연'이라고 생각한다. 박사학위논문 주제인 '일제시기 재일조선인 운동사'는 귀환동포인 어머니로부터 영향을 받았다. '강제연행·강제노동' 주제는 박사학위를 마친 나에게 반드시 수행해야 할 필요가 있는 절실한 연구주제는 아니었다. 그럼에도 이 주제와 인연을 맺은 것은 내가 재일조선인사 연구자였기 때문이다. 강제로 끌려온 조선인들은 현재 재일조선인사회의 모태가 되기도 한데, 일본사도 아니고 한국사도 아닌 어정쩡한 위치의 재일조선인 연구를 제대로 하기 위해서는 반드시 이 분야를 공부할 필요가 있다는 생각에 미쳤다. 이 생각을 갖게 된 데에는 지도교수인 박성수 선생님의 가르침이 크게 작용을 했다. '재일조선인의 역사를 총체적으로 이해하기 위해서는 1920~1930년대의 운동사만으로 부족하다'는 말씀이 늘 숙제로 남아 있었기 때문이다. 거기에 이전부터 공부하고 있었던 지배정책사나 구술사와 관련이 되는 주제이기도 해서, 새로이 시작하는 입장이면서도 무모한 자신감마저 가질 수 있었다.

강제연행·강제노동 연구를 위해 처음 시작한 작업은, '국내에 어떠한 자료가 소장되어 있으며, 이 자료의 내용은 무엇인가' 하는 문제점에서 출발되었다. 그 고민을 모아서 2003년에 『일제 말기 조선인 강제연행의 역사 – 사료연구』를 출간했다. 이 책의 집필을 통해 자료에 대한 이해를 거친 이후에 노무동원을 대상으로 학문적 호기심을 채워나가는 작업으로 이어나갔다. 그동안 구술사료를 수집하는 과정에서 갖게 된 의문점을 다른 자료를 통해 해소해 나가는 작업이 주된 내용이었다. 이 작업은 초기에는 '강제연행은 엄연한 역사적 사실'이라는 주장과 '강제연행이란 없었다'는 일본 내 상반된 주장에 대한 해답을 찾아가는 과정이 되기도 했다. 그 이후에는 '송출 및 강제노동에 관한 기존의 이미지는 어떻게 고착되게 되었는가' '화석화된 이미지는 사실과 어떠한 관련성을 갖는가' 등등으로 관심의 폭이 확대되었다.

이 책은 강제연행·강제노동 가운데 국외노무동원의 역사를 담았다. 국외노무동원 가운데에서도 일본 본토로 국한했다. 수록된 글 가운데에는 발표된 논문도 있으나 대폭 수정 보완했고, 출처를 밝혀 두었다. 몇몇 글은 이 책을 위해 새로이 집필했다. 1부에는 국내 연구현황과 자료에 대한 이야기를 수록했다. 2부에서는 국외노무동원 연구를 위한 내 생각을 제시했고, 몇몇 사례를 통해 국외노무동원을 생각해 보고자 했다. 남양군도에 대한 연구는 작업은 해 두었으나 향후에 남사할린(樺太)을 포함하여 제국사의 관점에서 비교할 필요가 있어서 이 책에는 포함하지 않았다. 3부에는 돌아온 사람들, 그리고 돌아오지 못한 사람들의 이야기를 담았다. 본래 계획은 유족의 이야기를 제대로 해보고 싶었다. 그러나 지금으로서는 아직 이야기를 풀어낼 상황이 아니라는 생각이 들어서 제외하고, '필자 후기'에서 끌려간 할아버지의 배우자인 할머니 이야기를 하는 것으로 대신했다.

2003년에 『일제 말기 조선인 강제연행의 역사 - 사료연구』를 발간할 당시에는, 그 책을 통해 국내 연구가 활성화되고 자료 발굴과 생산이 활발해지기를 바랬다. 아울러 당시에 참여하고 있었던 일제강점하강제동원피해진상규명을 위한 특별법 제정운동의 성사에 작은 역할이나마 하고 싶었다. '이것은 한국 사람들이 해야 할 연구인데, 왜 한국에서는 연구하지 않는가' 라는 일본 학자들의 질문에 궁색한 답변이라도 하게 되길 원했다. 2003년의 책은 그러한 목적을 일정 부분 달성했다고 감히 생각한다.

이 책은 나의 학문적 호기심을 관련 연구자들과 같이 이야기하면서 구체적인 논의를 이끌어내기를 바라는 마음에서 구성했다. '모집도 강제연행이냐' 는 愚問이 나올 필요도, 그런 주장에 고개를 돌릴 필요도 없게 해주는 연구 성과가 이제는 국내에서도 쏟아지길 바라는 마음도 함께 담았다. 그래서 책 제목에도 『일제 말기 조선인 강제연행과 강제노동 I - 일본편』이라 하여 후속작업에 대한 여운을 두었다.

자가당착인지는 모르지만 연구 지형은 조금씩 좋아지고 있는 듯 보인다. 지금은 '그것도 역사학 연구주제인가' 하는 의아함 속에서 연구 발표를 하지 않아도 되고, 가끔은 좋은 특집 주제로서 각광(?)을 받곤 한다. 연구 지형이 좋아지는 과정에는, 일제강점하강제동원피해진상규명위원회의 발족도 일익을 담당하고 있다고 생각한다. 비록 한시 기구이기는 하지만 연구자들이 자료를 접하고, 토론을 하면서 업무를 하는 장이 펼쳐진 셈이다. 이제 국내에서도 강제연행 · 강제노동이라는 주제의 학위논문이 조금씩 늘어나고, 새로이 준비되고 있을 정도로 연구자의 관심도 늘어나고 있다. 몇몇 사람들이 모여서 공부하는 장도 마련되었다(http://cafe.daum.net/fineaway). 그러나 여전히 '코끼리 더듬기' 수준이다. 이 책도 코끼리의 전체를 보기 위한, 강제연행 · 강제노동 역사의 전체 틀 거리를 만들어 내기 위한 작업의 일환이다. 머지않아 동학들에 의해 이 책의 내용이 전면 부정될 수준의 연구 성과가 발표될 것으로 기대한다. 나아가 단편적인 연구 성과들이 큰 틀에서 꿰어지는 연구로 이어지게 될 것으로 확신한다. 이 책이 그러한 작업을 위한 디딤돌이 된다면, 졸저를 발간한 필자로서는 그저 감사할 뿐이다.

이 책의 출간에 빚진 분들이 많다. 소속처인 진상규명위원회의 도움이 컸다. 진상규명을 위한 상사 · 동료들의 열정과 고민, 풍부한 자료, 긴장을 풀 수 없는 업무의 강도, 신고인들의 열망, 연구자에 대한 사회적 기대 등이 연구자로서의 아이덴티티를 잃지

않게 해주었다. 그중에서도 가장 큰 도움을 주신 분들은 조사1과 식구들이다. 이들과의 토론과 현지조사가 큰 힘이 되었다. 업무 과정에서 필수적으로 이루어지는 토론 과정은 연구방향을 수정·보완하고 인식을 확대하는 데 결정적인 도움이 되었다. 어찌 보면, 조사1과 조사관들이 업무과정에서 안고 있는 고민을 내가 정리한 정도라고 해도 지나친 말이 아닐 것이다. 특히 한홍수 사무관은 일본당국과 조선총독부 당국의 정책사 이상으로 관심을 기울여야 하는 부분이 바로 '조선농촌사회에 대한 이해'라는 인식의 문을 열어주었다. 다혈질에다 편협하고 독선적이기 까지 한 나의 허물을 감싸주고 늘 큰 세상을 보여주신 조사1과 식구들께 고개 숙여 감사의 인사를 올린다.

공부하는 일이 세상에서 제일 편안한 일임에도, 간혹 작은 시련 앞에 머뭇거릴 때, 이대화·김혜숙 동학의 '로보트 태권V식 氣 살리기'는 늘 큰 버팀목이다. 10년간 동고동락해 온 수요역사연구회에서는 앞으로 당분간 나의 횡포가 허용될 듯하니 든든하면서도 송구하다. 건국대 한상도 선생님과 한국학중앙연구원의 김경일 선생님. 박환무 선생님의 격려가 없었다면, 출간은 엄두도 내지 못했을 것이다. '열심히 공부하는 연구자'라는 명예로운 호칭을 늘 아끼지 않으시는 신뢰와 압력(?)이 부족한 수준의 글을 세상에 내놓을 수 있는 용기가 되었다. 연구자들이 어깨를 펼 수 있도록 마음 편안하게 출판이라는 멍석을 깔아주시는 선인 출판사의 윤관백 사장님과 편집실 식구들의 노고는 이루 말할 수 없다.

그러나 가장 큰 감사를 받을 분들은 당시 시대를 경험한 분들, 시대의 아픔을 지금까지도 견디며 살아야 하는 경험자와 유족들이다. 역사연구자로서 가야 할 방향을 자신들의 恨으로 비춰주신 분들이다. 연구자로서 내가 평생 지고가야 할 마음의 빚을 갚아가는 과정의 하나가 바로 나의 보잘 것 없는 결과물이 아닌가 생각한다. 앞으로도 그분들의 소중한 역사적 경험과 기억이 나의 소박한 작업을 통해 역사의 장으로 굳건히 자리매김하게 되길 감히 소망한다.

2006년 5월
세종로 한 복판에서

"이것은 한번 일어난 일이기 때문에, 또 다시
일어날 수 있다."

- 프리모 레비 -

제1부

조선인 강제연행 · 강제노동

1. 조선인 강제연행 · 강제노동 연구, 미래를 위한 제언

2. 조선인 강제연행 · 강제노동에 관한 기록사료

.1 조선인 강제연행 · 강제노동 연구, 미래를 위한 제언

1. 머리말

비록 본격적인 연구는 아니지만, 조선인 강제연행 · 강제노동에 관한 국내
의 연구는 1973년부터 시작된다.[1] 한국근대사 연구의 전체 역사로 볼 때,
1973년이라는 그다지 늦지 않은 시기에 시작되었음에도 불구하고 연구 성
과는 매우 부진한 편이다. 일본의 연구 성과와 비교해 보면, 질과 양 두 면에
서 모두 시작단계에 있음을 알 수 있다.[2] 이 분야에 관한 초기의 연구경향은
노동력의 수탈과 강제노동의 실상을 고발함으로써 일제 말기 조선인이 겪은
고통을 규명하는 연구가 대부분이었다. 그 후 노동력 이동에 관한 경제학적

---

1) 고승제, 『韓國移民史研究』, 장문각, 1973; 김대상, 『일제하 강제인력수탈사』, 정음사, 1973.
2) 일본의 관련 연구는 1940년대 후반부터 시작되어 1965년에 朴慶植의 『朝鮮人强制連行の記錄』(未来
社)이 발간되기에 이르렀다. 조선인 강제연행 · 강제노동 연구는 일본 내 중국인 강제연행 연구의
진전에 영향을 받아 시작되었다. 일본에서는 패전 직후 아키타(秋田)현 하나오카(花岡)광산의 중국
인노무자의 봉기사건에 대한 관심이 높아 1946년부터 글이 발표되었다. 특히 1960년의 미일안보조
약개정반대운동을 전후하여 중국에 대한 전쟁책임의식에서 중국인 강제연행연구는 비약적으로 발
전했다. 이러한 연구의 진전 상황은 조선인을 대상으로 한 연구를 포함하면서, 이후에 조선인만을
대상으로 한 단독 연구로 이어지게 되었다. 초창기 조선인 강제연행 · 강제동원에 대한 일본의 연구
가 비록 자료정리 수준이거나 학술논문으로서 구성도가 약하고, 사회고발적인 성격이 강하다는 점,
또한 박경식의 연구와 같이 공동작업의 결과물이라는 한계는 있으나 연구의 시발점을 이루었다는
점에서 의미를 둘 수 있다. 隅谷三喜男, 「石炭鑛業の生産力と勞働者階級」, 『東京大學經濟學部 創立
30週年 記念論文集』(1949); 中島親孝, 「浮島丸問題について」, 『親和』 12(1954); 姜在彦, 「朝鮮人運
動」, 『社會主義講座』 8(1957); 朴慶植, 「日本帝國主義下における在日朝鮮人運動」, 『朝鮮月報』 4-
8(1957); 法務省虛無人, 「松代大本營」, 『外國登錄』 7(1957); 藤島宇内 · 丸山邦男 · 村上兵衛, 「在日朝
鮮人60萬人の現實」, 『中央公論』12月号(1958); 田中徹, 「朝鮮人勞動者と日本の勞動運動」, 『日本人の
みた在日朝鮮人』(1959); 朴慶植, 「在日朝鮮人の歷史について − 朝鮮人の强制連行を中心に」, 『朝鮮研
究月報』 12(1962); 朴慶植, 「太平洋戰爭期に强制連行された朝鮮人勞動者の實態」, 『朝鮮民主主義人民
共和國創建十五周年論文集』(1964); 朴慶植, 「太平洋戰爭時における朝鮮人强制連行」, 『歷史學研究』
297(1964); 辛島驍, 「朝鮮人學徒兵の最後」, 『文藝春秋』 10月(1964); 朴慶植, 「太平洋戰爭時における
朝鮮人强制連行」, 『歷史學研究』 297(1965). 그 외 이국순의 「일제 말기 조선인강제징용에 관한 고
찰」이 『역사과학』 5월호(1964)에 발표되었으나 일본에서 번역된 시기는 1970년이다(『統一評論』 73)
陶.

접근을 거쳐 강제연행 · 강제노동을 전시동원체제의 성격과 관련지어 보려는 경향을 보이기도 했다. 이는 역사학과 경제학 · 인류학 · 법학 등 연구자의 전공과 무관하지 않다.[3]

　국내 연구는 1985년에 허수열이 발표한 논문을 통해 정치한 분석으로 이어나갔다.[4] 국내에서 강제연행 · 강제노동에 관한 본격적인 연구는 1991년에 규슈 사가현(九州 佐賀縣)지방을 중심으로 노동력수탈과 강제연행 · 강제노동의 실태를 규명한 김민영의 박사논문 「일제의 조선인노동력 수탈에 관한 연구」이다. 지역사연구이지만 국내에서 최초로 강제연행 · 강제노동 조선인에 대해 분석한 연구로서 용어나 개념설정 등 새로운 연구 과제를 제기한 논문이다.

　국내 연구는 크게 강제연행 · 강제노동 정책에 관한 연구와 실태에 관한 연구로 대별된다. 인력동원의 종류별(노무동원, 병력동원, 준병력동원, 성동원)로 보면, 일본군위안부에 관한 연구가 가장 많다. 1990년대에 들어서면서 연구되기 시작한 일본군위안부피해에 관한 분야는 주로 실태고발과 배상 및 책임에 관한 연구로 이루어져 있다. 여성학의 입장에서 '여성이 전쟁기간동안에 겪는 고통'이라는 측면에서 접근하거나 배상과 관련된 국제법 연구의 일환으로 연구하는 경우가 많아 일제의 정책과 연관짓는 노력은 부족한 편이다. 최근에 탄광과 토목공사장에 설치되었던 노무위안소에 대한 실상이 일부 소개되면서 노무위안부의 수가 상당할 것으로 추정되고 있으므로 향후에는 성동원의 대상과 범주도 확대되어야 할 것으로 보인다. 여성 동원은 일본군위안부에 치중되어 있어 여자근로정신대가 갖는 복합성이 간과되는 경향도 있다. 이에 비해 성격이나 개념 규정 등 강제연행 · 강제동원 연구의 학문적 자리매김을 위한 고민을 공유하는 시도는 거의 이루어지지 않은 상황이다.

　2000년대에 들어서 국내 연구는 폭발적이라고 할 정도로 양적인 증가 현

---

3) 관련 문헌목록과 주요 논저에 대한 해제는 한일민족문제학회(http//www.kjnation.org) 강제연행문제 연구분과에서 발간한 『강제연행 · 강제노동 연구 길라잡이』, 선인출판사, 2005 참조.
4) 허수열, 「조선인노동력의 강제동원의 실태」, 『일제의 한국식민통치』, 정음사, 1985. 최근에 허수열은 일제강점하강제동원피해진상규명위원회가 주최한 국제학술심포지엄에서 이 논문의 내용을 좀 더 구체화하고 보완한 내용의 논문을 발표했다. 「일제말 조선내 노동력동원의 강제성에 관한 고찰」, 일제강점하강제동원피해진상규명위원회 출범 1주년 기념 국제심포지엄 − 진실과 화해를 위한 진상규명 자료집, 2005.

상을 보이고 있다. 발표된 연구 성과도 생활 실태론이나 정책사에 그치지 않고, 인력동원의 각 부문별로 구체적인 事實을 규명하는 것으로 확장되었다. 이 글은 강제연행 · 강제노동에 관한 최근 연구 성과를 바탕으로 연구 쟁점을 살펴보고, 연구 방향을 제시하고자 하는 시론이다.[5]

2. 조선인 강제연행 · 강제노동연구의 주요 쟁점

1) 용어 문제

현재 용어사용에서 '강제연행' '전시노무동원' '강제동원' 등 다양한 견해가 제시되고 있다. 1990년대 초반까지는 '강제연행'이라는 용어가 일반적이었다. '강제연행'은 재일사학자 朴慶植이 1965년에 일본에서 『조선인 강제연행의 기록』을 발표하면서 사용하기 시작한 용어이다. 박경식은 당시 전시동원체제와 강제적인 방법의 인력동원 자체를 역사적 진실로 받아들이고자 하지 않는 일본사회의 현실에 맞서 실상을 널리 알리고자 수년간 실시한 일본전역에 대한 현지답사와 증언채록 작업의 결과물을 정리했다. 그 결과 일본에 의한 조선인 강제연행 · 강제노동의 역사는 史實로 확립됨과 동시에 새로운 연구주제로 부상하게 되었다. '강제연행'은 강제적 행위 그 자체에 의미를 부여한 용어로 정착되어 이후 1990년대 초반까지 일본은 물론이고 국내에서도 일반적으로 사용되었다.

또 다른 용어로는 '전시노무동원'을 들 수 있다. 김민영은 '강제연행'이라는 표현을 '개개 노동자 한 사람 한 사람'에 대한 개별적 개념으로 파악하고, '전시노무동원'이라는 용어를 사용했다.[6] 김민영은 '강제연행'이라는 용어가 무비판적으로 답습되어온 점에 대해 재검토를 요구하면서, 국내와 국외 동원을 포괄하는 집단적 개념으로서 '전시노무동원'을 사용했다. 이 용어를 통해 국내동원을 포괄했다는 점이 주목된다.

---

5) 1990년대까지 국내에서 발표된 강제연행 · 강제노동에 대한 연구사는 이미 김민영과 김인덕에 의해 정리되었으므로 이 글에서는 재론하지 않는다. 김민영, 「일제하 조선인 '강제연행' 문제의 연구쟁점과 전망(1)-전후처리 · 보상문제를 중심으로」, 『춘계박광순박사 화갑기념논문집』, 1993; 김인덕, 「일본지역 강제연행 연구」, 『한국민족운동사연구』17, 1997; 김민영, 「한국의 식민지시기 '전시노무동원'에 대한 연구동향」, 『역사교과서 속의 한국과 일본』, 혜안, 2000; 김민영, 「식민지시대 '전시노무동원' 문제에 대한 연구쟁점과 전망 II」, 『지역개발연구』32-1(통권36), 전남대학교 지역개발연구소, 2000.
6) 김민영, 『일제의 조선인노동력 수탈 연구』, 한울사, 1995, 27~31쪽.

세 번째로 사용되는 용어는 '강제동원'이다. 강제동원은 전쟁 시기라는 체제의 강제적 성격에 의미를 부여한 용어로서 '전시노무동원'이 간과할 수 있는 '강제적인 노동력 이동'이라는 점이 강조된 개념이다. 이 용어는 '강제동원' 정책이 '노동력 동원' 뿐만 아니라 다른 전시 수탈(물자, 자금, 자원, 민족말살 등)과 밀접한 연관이 있다는 인식을 전제로 하고 있다.[7]

최근에 사용되는 용어는 '강제연행 · 강제노동'이다. 전기호는「한국인 강제연행 · 강제노동에서 '강제'의 성격」에서 '강제연행, 강제노동'이라는 용어를 사용했다.[8] 한일민족문제학회 강제연행문제연구분과가 발간한 책에서도 '강제연행'의 제한적인 측면을 보완하고자 하는 입장에서 '강제연행 · 강제노동'이라는 용어를 사용했다.

이같이 국내에서 용어 및 개념에 대한 논의는 현재 진행형이다. 현재 언론이나 일반인들에게는 '강제연행'이나 '강제동원'이 아닌 '징용'이 일반화되어 있다. 그러나 일제강점하강제동원피해진상규명을 위한 특별법 제정운동이 진행되는 과정에서 특별법의 명칭인 '강제동원'이 알려졌고, 일제강점하강제동원피해진상규명위원회 활동에 따라 이 용어가 확산될 가능성이 있다.[9]

용어문제는 일본학계에서 먼저 제기되었고, 이 문제제기가 국내에 영향을 미친 점도 있다. 일본학계에서는 '강제연행'이 널리 사용되다가 1990년대에 들어서 '강제동원'이 제시되었다. '강제동원'은 '강제연행'이라는 용어가 노동의 강제성을 명확히 드러내지 못한다고 평가한 측면이 적지 않다. 그러므로 일제 말기에 행해진 조선인 인력 동원의 강제성을 강조하고, 일본 당국의 적극적인 개입과 주도를 입증하고자 하는 연구자들 사이에서 사용되었다. 그러나 그러한 의도와는 무관하게 '동원'이라는 어휘가 갖는 뉘앙스가 '연행'보다 약하다는 지적도 제기되었다. 또한 '(전시)노무동원'은 당시에 사용된 용어이기는 하지만 역사적 용어로 정착되지 못하고 있다.

그러한 점으로 인해 '강제연행'을 보완적으로 사용하려는 노력도 시도되었다. 대표적인 예가 김영달이 사용한 용어이다. 김영달은 전쟁 중 조선인에

---

7) 이에 대해서는 飛田雄一 · 金英達 · 高柳俊男 · 外村大, 「朝鮮人戰時動員に關する基礎研究」, 『青丘學術論集』4, 1994 참조.
8) 전기호, 『일제시대 재일한국인 노동자계급의 상태와 투쟁』, 지식산업사, 2003.
9) 특별법에 명시된 '강제동원'이라는 용어는 학문적인 고민을 반영한 용어가 아니다. 강제성을 농후하게 드러내는 듯한 '강제연행'보다는 일반 대중이 비교적 거부감 없이 받아들일 수 있는 용어를 사용하는 것이 유리하다는 견해가 크게 반영되었다고 생각된다. 그러므로 학문적 · 사회적 고민을 담보하면서 학문적인 정당성을 확보한 용어의 정착이 요구된다.

대한 강제적인 전쟁동원의 총칭으로서 '전시동원' 이라는 용어를 사용하고 '전시동원' 가운데 구체적인 현상의 하나였던 폭력적인 동원을 '강제연행' 이라는 개념으로 재구성했다.[10]

현재 일본에서는 조사자·활동가들 사이에서 '강제연행' 이 갖는 의미를 강화한 '강제연행·강제노동' 이라는 용어가 널리 사용되고 있고, 최근에는 '전시노동동원' 이라는 용어가 사용되기도 했다. 이 용어는 일본기업으로 송출된 조선인강제연행은 '강제연행, 강제노동, 민족차별' 이라는 세 가지 문제점을 포함하고 있는 것으로서 파악한 정의이다.[11]

용어가 일제 말기에 행해진 강제적인 인력동원의 史實을 개념 짓는 작업이라고 볼 때, 가장 우선적인 것은 시대적 상황과 事實에 대한 이해가 바탕을 이루고 있어야 한다고 생각한다.

2) 범주 문제

강제연행·강제노동의 범주에 대해서는 노무(노동력)동원·병력동원·준병력동원·여성동원 등으로 대별되어왔다. 그러나 연구를 통해 인력동원의 구체적인 내용이 규명되면서 범주에 대해서도 새로운 설정이 요구된다. 인력동원의 범주화는 향후 후속연구의 진전에 따라 학문적인 정착이 이루어지리라 생각한다. 기존에 제시된 범주의 분류를 소개해 보면 다음과 같다.

　① 김영달 분류 : 노무동원(모집, 관알선, 징용, 군요원 - 군속·민간요원·노무자),
　　　　　　　　　　병력동원(지원병, 징병, 준병사 - 해군설영대·포로감시원), 여성
　　　　　　　　　　동원(여자정신대, 일본군위안부)
　② 권희영 분류 : 노무동원(여자근로정신대 포함), 병력동원(군인,군속), 성동원(일본
　　　　　　　　　　군위안부)
　③ 정혜경 분류 : 노무동원(여자근로정신대, 군노무자 포함), 병력동원(군인), 준병력
　　　　　　　　　　동원(포로감시원, 기타 군요원), 성동원
　④ 山田昭次·古庄正·樋口雄一 분류 : 노동동원(모집·관알선·징용, 여자근로정신
　　　　　　대), 군사동원(병사 - 지원병·징병, 군요원 - 군속·군부, 군위안부)

　① 분류는 인력동원을 노무동원과 병력동원, 여성동원 등 셋으로 구분하고 준병력동원을 각기 노무동원과 병력동원에 포함한 점이 특징이다. 또

---

10) 金英達, 『金英達著作集2 - 朝鮮人强制連行の研究』, 明石書店, 2003, 121~122쪽.
11) 山田昭次·古庄正·樋口雄一, 『朝鮮人戰時勞働動員』, 岩波書店, 2005, 10~12쪽.

한 병력동원은 병사(지원병과 징병)와 준병사로 구분했다. 그러나 여자근로정신대는 '여자정신대'라는 이름으로 일본군위안부와 같은 범주로 분류했다.

②분류도 인력동원을 노무동원과 병력동원, 성동원 등 셋으로 구분한 것은 ①과 동일하다. 그러나 ①과의 차이점은 여자근로정신대를 노무동원에, 군속을 병력동원으로 포함한 점이다.

③은 기존의 분류와 마찬가지로 노무동원과 병력동원, 준병력동원, 성동원 등 네 가지로 분류했다. 기존의 분류와 다른 점은 여자근로정신대와 군노무자를 노무동원에 포함했다는 점이다. ③의 분류는 인력동원의 범주화나 분류 자체가 여전히 과도적이라는 점을 전제로 한 분류이다. 즉 현재 연구 성과만으로 준병력동원을 해체하여 다른 범주에 포함하는 것은 적합하지 않다는 전제이다. 그러므로 군속 가운데 군노무자는 노무동원에 포함하고, 포로감시원과 군요원은 여전히 준병력동원으로 범주화하는 분류이다. ③의 분류도 향후 연구의 진전에 따라 변경이 될 것이다.

④는 크게 노동동원과 군사동원으로 구분했다는 점에서 가장 분류 기준이 명쾌하다고 할 수 있다. ①과 ②가 동원주체를 중시하면서도 '위안부'는 성동원이라 하여 성별 구분을 한데 비해, ④는 동원주체에 충실한 분류이다. '병력'이 아닌 '군사'라는 용어를 사용하여 노동의 성격을 병사와 군요원으로 세분화했다. 그러나 포로감시원이나 노무위안부 문제는 여전히 미결이다.

세 가지 분류에서 가장 큰 특징은 군속과 여자근로정신대를 어디에 범주화하는가 하는 점이다. ①과 ② 분류의 문제점을 중심으로 고려해야 할 점을 생각해 보면 다음과 같다.

첫째, 여성동원의 경우이다. 여성동원만을 성별로 범주화한 것과 일본군위안부(노무위안부 포함)와 근로정신대를 같은 범주에 포함하는 것이 적합한 것인가 여부가 문제의 핵심이 된다. 성적인 착취의 대상인 위안부와 노동력 제공을 목적으로 한 여자근로정신대는 같은 성격으로 범주화하기 어렵다. 한국정신문화연구원(현 한국학중앙연구원)이 발간한 『日帝下被强制動員生存者實態調査研究報告書』(2003년, 연구책임자 권희영)는 위안부를 '성동원'으로 범주를 달리했다. 그러나 ①에서 김영달은 여자근로정신대에 관해 여전히 일본군위안부와 동일한 범주에 분류했다. 노무위안부는 성동원이나 노무동원 어디에도 포함되지 않는다.

둘째, 병력동원과 준병력동원의 관계 설정이다. 히구치 유이치(樋口雄一) 등이 군요원을 병력동원에 포함한 근거는 징병영장을 받은 병력동원의 구성원인 특설대나 농경대와 같은 성격의 병력을 군요원과 동일한 성격으로 파악한 결과로 생각된다. 그렇다면, 츠카사키 마사유키(塚崎昌之)의 주장에 귀를 기울일 필요가 있다. 그는 1945년 3월 이후를 병력과 노무동원의 구분 없이 '혼연일체화한 시기'로 설정하고, 시기를 중심으로 하는 새로운 범주설정의 필요성을 제기했다.

셋째, 준병력동원의 존속 여부 문제이다. ①은 군요원은 노무동원에, 준병사는 병력동원에 포함했다. ②는 군속을 세분화하지 않고 병력동원에 포함했다. ④도 군노무자를 군사동원에 포함했다. 이상의 분류에는 준병력동원이라는 범주가 적용되지 않는다. ②가 군속을 병력동원에 포함한 이유는 영장을 발부받았고, 군부대에서 근무를 하고 있다는 점이다. 즉 동원주체를 중시한 분류이다. 그런데 ③에서 나는 군속을 군노무자와 포로감시원으로 구분하고, 포로 감시원은 준병력동원이라는 범주를 그대로 유지했다. 그 이유는 현재 군속을 단일한 성격으로 파악하여 병력동원이나 노무동원으로 분류하기에 적절하지 못하고, 군속을 병력동원으로 포함한 근거도 여전히 미약하기 때문이다.

30만 명이 넘는 군속 가운데, 군속으로서 군이 발부한 영장을 받아서 송출된 경우는 소수이다. 징용영장으로 송출된 이후 현지에서 군속의 완장을 차게 된 경우가 많다. '남양군도'와 같이 현지의 기업에 근무하던 조선인을 전쟁 발발 이후에 일괄적으로 군속으로 전환한 경우는 더욱 많다. 다만 관리주체가 기업에서 관으로 변경된 것 뿐이다. 또한 군노무자와 포로감시원은 동원목적이나 근무내용이 동일하다고 볼 수 없다. 그런데 군부대가 근무지라는 점으로 인해 동일한 성격으로 파악하는 것은 당시 상황에 대한 이해가 부족한 결과라고 생각한다.

그렇다면 원호와 恩級이라는 점에서 군속은 어디에 포함되어야 하는가. 군속은 육군성령과 해군성령에 의해 급여가 규정되어 있고, 전후 일본에서 '전상병자전몰자유족등원호법'에 의해 보상을 받았다.[12] 이 점을 보면, 군속은 일본군의 직접 관리대상이었고, 동원 주체도 군이었다.

범주 설정의 근거는 동원주체를 중시할 것인가 또는 동원의 목적을 중시할 것인가에 따라 달라질 수 있다. ②와 같이 전자(동원주체)를 기준으로 한다면, 성동원(일본군위안부)도 병력동원이 될 수 있다. 비록 직접 연행을 담당한 것은 민간업자였다 하더라도 군의 필요에 따라, 군의 위탁에 의해 여성을 동원했고, 군부대 또는 군부대 인근에서 성 착취를 당했다면 병력동원으로 범주화하는 것이 가능하게 된다. 그것이 바로 ④의 분류가 된다.

나는 후자(동원목적)를 중시하는 편이 타당하다고 생각한다. 동원목적을 중시한다면, 징병제에 의한 동원대상자였던 농경대 및 특설대와 군노무자가 비록 동일한 성격의 일을 했다 하더라도 동원 목적이 달랐으므로 별도로 구분해야 한다.

또한 츠카사키의 주장과 같이 시기별로 구분하는 방법도 고려해야 한다고 생각한다. 그러나 이는 1945년 3월 이후에 군에 징발된 경우와 그 이전에 징발되어 1945년 3월 이후에 군에 소속되어 있었던 군인들의 경우간 차이 여부에 대한 고민이 선행되어야 한다.

강제연행·강제노동의 용어와 범주 및 분류 문제는 관련 연구의 심화와 적극적인 자료 수집이 이루어질 때까지 만족할 만한 결론을 기대하기 어렵다. 구체적으로는 각각의 실체에 대한 사실 규명이 충분히 이루어져야 한다. 군노무자와 포로감시원을 동일하게 인식하고, 강제연행·강제노동에서 국내동원을 포함하길 주저하며[13], '강제성'에 대한 이해가 제한적으로 사용되는 등등[14], 강제연행·강제노동 역사에 대한 이해가 부족한 상황이 극복되기 위해서는 연구방향에 대한 고민이 선행되어야 한다.

---

12) 일본의 원호법과 은급법에 대해서는 남상구, 「전후 일본의 전쟁희생자 '보상'에 관한 고찰」, 『일본 역사 연구』22, 2005.
13) 현재 대부분의 국내 피해자단체에 국내노무피해의 경험을 가진 사람이 회원으로 가입하기는 어렵다. 몇 년 전에 정부기관과 피해자단체와의 간담회에서 어느 피해자단체가 '국내 동원자는 회원으로 가입할 수 없다는 점'을 들어 단체의 성격이 투명함을 강조했다. 다른 피해자 단체에서도 국내노무피해경험자 회원은 찾아보기 어렵다. 최근에 일제강점하강제동원피해진상규명위원회에서는 국내노무에 대해 피해자 판정을 한 사실이 보도된 이후에 '피해자가 아닌 사람을 판정을 한다'는 내용의 항의를 받기도 했다. 국외노무피해가 아닌 경우에는 피해자로 보기 어렵다는 주장이다. 또한 연구 성과에서도 1985년에 발표된 허수열의 논문이 유일하다. 이것이 강제연행·강제노동에 대한 일반의 인식이자 연구의 현주소이다.
14) '강제성' 문제는 책임의 주체인 일본이 범위와 시기를 제한하고자 노력한 결과 국내 언론이나 일반인들도 '징용'으로 제한적으로 이해하게 되었다. 이에 대해 일본 내에서는 山田昭次의 연구를

3. 새로운 연구방법론을 위해

1) 연구 시각

김민영은 '강제연행 문제에 대한 기존의 연구방법은, 1차 자료 및 2차 문헌을 통해 그 실태를 정리하고 나아가 이를 체계화된 분석시각에서 재정리하는 것'이라고 지적하고 박경식의 입론에 근거하여 그동안의 분석 시각을 세 가지로 제시했다.

첫째, 일제의 조선인 노동자 전시노무동원의 잔악한 실태를 폭로하고 그로 인해 조선민중의 짓밟힌 고통의 실태를 파악하는 일이었으며, 둘째, 이러한 전시노무동원이 조선의 자생적 발전을 억압 왜곡시켰을 뿐 아니라 지금까지도 한반도에 여러 가지 문제를 안겨주고 있다는 사실을 이론적·실증적으로 해명하고, 셋째, 일제의 조선인 노동력 전시노무동원과 일본제국주의 발전과의 관계를 구조적으로 밝히는 일이었다고 할 수 있다.

아울러 향후 연구 시각을 다음과 같이 제시했다. "'조선인노동자의 수탈과 저항'이라는 기존 시각의 답습에서 벗어나, 조선인노동자들의 일상생활의 공간을 재구성함으로써 수탈과 저항 외에, 예컨대 적응이라든가 조선인노동자들의 결합방식 또는 계층구조의 문제 등 다양한 문제를 새로이 제기할 필요가 있다. 요컨대 모처럼 발굴한 사료를 사회사적 문맥에서도 읽음으로써 우리 역사의 지평선을 더 넓힐 수 있을 것이다. 기타 증언의 이용에 있어서 보다 신중할 필요가 있고, 수탈의 측면을 부각시키는 데 중점을 둔 나머지 반증이 될만한 사례에 대한 검토가 불충분하다는 점도 극복되어야 한다고 본다. 끝으로 전시노무동원을 일본 내의 전시노동력정책과 비교 검토하여 일본제국 전체의 전시노동력정책에서 점하는 위치를 파악하는 작업 또한 필요하다고 할 수 있다."

김민영은 적절한 문제의식을 바탕으로 바람직한 방향을 제시하고 있다. 특히 일제 말기 상황을 수탈과 저항으로 양립해서 보는 현재의 연구시각이

<hr>

필두로 반론이 제기되었고, 일본변호사협회가 개념규정을 하는 등, 적극적으로 대응하고 있다. 2002년에 일본변호사협회가 내린 개념 규정에 의하면, '강제'란 육체적·정신적 강제를 포함한 것으로 이 개념은 늦어도 19세기 말에는 국제적으로 20세기 초반에는 일본 국내적으로 확립된 것이다. 이미 1993년에 일본 중의원 예산위원회에서도 '강제'란 단지 물리적으로 강제를 가한 것 뿐만 아니라 본인의 자유로운 의사에 반한 모든 종류의 행위로 규정했다. 이에 대해서는 洪祥鎭 「朝鮮人强制連行の槪念」, 『季刊 戰爭責任研究』39, 2003년 봄호 참조.

식민지 상황 자체에 대한 이해를 저해한다는 점을 볼 때, '조선인노동자들의 결합방식이나 계층구조의 문제'가 해결되어야 함은 두말할 나위 없다. 그렇다고 최근에 제시된 '회색지대론'도 일제 말기 상황을 이해하는데, 적절한 시각은 되지 못한다고 생각한다.

결국 현재 국내 연구 성과를 볼 때, 기존의 연구방법은 일정한 한계를 보인다. 다만 기대할 수 있는 점은 아직 자료가 발굴 되는 과정에 있고, 실태 자체에 대한 규명도 진행 중에 있다는 점이다. 이러한 상황을 토대로 연구 인력의 확충을 통해 장기적인 전망을 앞당기고자 하는 노력이 배가된다면, 큰 성과를 기대할 수 있을 것으로 생각된다.

2) 연구과제

조선인 강제연행·강제노동 관련 연구의 향후 과제는 다음과 같이 정리할 수 있다.

첫째, 균형적인 연구를 지향해야 한다는 점이다. 현재 연구는 특정한 연구주제로 편중되어 있다. 실태론이 중심이 되고 있는 점, 국내동원에 대한 연구가 전무하다는 점[15], 특정지역(일본)에 편중된다는 점, 다중동원에 대한 관심이 기울여지지 못했다는 점[16] 등이 대표적인 예이다. 연구주제가 편중된 배경에는 자료적인 한계가 큰 비중을 차지하고 있었다. 그러나 최근 자료의 공개 범위가 확대되면서, 더 이상 자료문제를 핑계로 숨을 만한 여지는 적어 보인다.

지역적으로 편중된 연구경향도 균형적인 연구와 일정한 거리를 보인다. 노무동원의 경우만을 보면, 일본 외에 남양군도·남사할린(南樺太) 등이 있고, 중국 관내지역의 집단농장이나 만주의 탄광노동·토건노동 및 만선척식 주식회사의 농업이민 등도 분석해야 할 주제이다. 최근 남양군도의 농업이민과 강제동원의 관계에 대한 규명이 시도되고는 있으나, 아직은 시작 단계에 불과하다.[17]

---

15) 종래에는 '島內동원'이라는 용어를 사용하기도 했으나, 道內와 혼용될 우려가 있어서 '국내동원'이라는 용어를 사용한다. 비록 일제 말기에 한반도가 독립된 국가를 유지하지는 못했으나 '국내동원'이라는 용어 자체가 국가개념보다는 영역의 개념이라는 점에서 사용하기로 했다.
16) 다중동원은 단지 1회 이상 동원된 경우가 아니라 범주의 중복 동원을 지칭한다. 노무에서 군인이나 군속으로, 또는 국내노무동원에서 국외노무동원으로, 여자근로정신대에서 '위안부'로 등등 중복 동원된 경우를 의미한다.
17) 남양군도의 농업이민과 강제연행·강제노동의 관계에 대해서는 정혜경, 「공문서의 미시적 구조 인

둘째, 범주별로 연구의 심화 및 확대가 이루어져야 한다. 사실규명의 심화 작업을 비롯해 범주별·업종별 연구의 심화, 식민통치 방향 및 체제와의 관련성 등을 반영한 연구로 이어져야 한다. 이러한 점은 앞에서 제기한 범

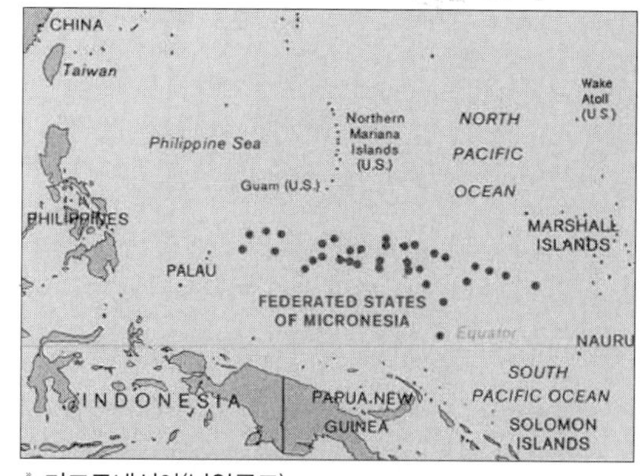

| 미크로네시아(남양군도)

주 및 분류의 문제와도 관련이 된다. 강제연행·강제노동의 실상을 파악할 수 있는 각각의 사례연구가 축적된다면, 결국 전체적인 성격이나 범주의 문제도 해결될 수 있을 것이다.

이를 위해 필요한 연구방법 가운데 하나는 학제간 연구일 것이다. 일제 말기에 강제로 끌려간 사람들이 당시 경험한 상황도 중요하지만, 전후처리나 보상문제, 소송, 귀환, 귀국 후 사회화 과정 능도 좋은 연구주세이나. 예를 들어 한 지역에서 강제 연행된 사람들이 돌아온 이후에 지역사회의 변화에 대한 연구도 학제간 연구로 접근해야 할 주제이다. 최근에는 인력송출이 시행되는 시기가 한반도 내의 旱害나 수해 등 자연재해와 관련이 있고, 출신지역 내에서도 반촌과 빈촌 등 계층별 특성을 보이고 있음이 조심스럽게 제기되고 있다.[18]

이러한 점을 규명하기 위해서는 강제동원 정책에 대한 사적 고찰과 함께 호적연구 등 고문서적인 연구방법론과 지역 계층에 대한 경제사적인 연구방법론이 함께 시도되어야 할 것이다.

두 번째 연구 방법은 국내 출신지역별 실태를 통한 성격규명작업이다. 현재 일본의 조사는 일본의 파견지역을 중심으로 구성되어 있다. 이를 통해 동원된 작업장의 실태와 현황이 파악이 되었다. 그러나 그에 비해 국내에서 송

식으로 본 남양농업이민(1939~1940)」, 『한일민족문제연구』 3, 2002; 今泉裕美子, 「朝鮮半島からの南洋移民」, 『아리랑通信』 32, 2004年 5月號; 정혜경, 「일제 말기 '남양군도'의 조선인노동자」, 『한국민족운동사연구』 44, 2005 참조.

18) 이 점에 대해서는 박환무(한양대 강사)의 교시와 히구치 유이치(樋口雄一)의 연구에 힘입었다. 자연재해와 조선인 동원의 관계에 대해서는 樋口雄一, 「植民地朝鮮における自然災害と農民移動」, 『法學新報』109-1·2, 2002 참조.

출된 출신지역의 특성은 파악되지 못한 상황이다. 지역별로 특정한 사업장으로 집단 송출된 경우도 있고, 자연재해와의 관련성이 예상되며, 군인·군속·노무자 등 범주별 특성이 나타나는 등 국내 출신 지역별 연구를 통해 풍부한 지역사 연구가 가능해질 것이라 생각된다.

세 번째 연구방법은 다른 지역과의 비교연구이다. 2차 대전 시기에 강제노동의 대표적인 지역인 독일이나 폴란드 등 유럽과 중국의 강제연행·강제노동과의 비교 연구를 통해 일본에 의한 조선인 강제연행·강제노동의 학문적 자리매김이 가능해질 것이다.

셋째, 아직 진상이 확인되지 못한 주제를 연구과제로 설정하는 일이다. 2004년 초에 강제동원진상규명시민연대가 설정한 100대 과제와 일제강점하강제동원피해진상규명위원회가 설정한 직권조사 항목이 대표적인 예이다. 1970년대부터 시작된 연구는 여전히 어느 정도 규명이 된 주제들에 한정되어 있다. 강제연행·강제노동에 대한 사회적 관심이 높아지는 상황에서 미규명된 주제를 규명해 나가는 작업에서 연구사적 의의도 찾을 수 있을 것이다. 특히 미귀환 문제는 동원의 완결성 측면에서도 반드시 풀어내야 할 숙제이다. 현재 우키시마호 폭침사건에 대해서는 일본과 북한에서 영화가 만들어지고, 소송을 통해 자료의 공개도 어느 정도 진행이 되었으며, 생존자들의 구술사료도 수집이 되어 있으나 국내에서 이를 주제로 한 연구는 찾을 수 없다.

넷째, 구술조사 및 현지조사의 확대이다. 현지조사는 송출지역별, 관련지역별 현지 조사가 이루어져야 하며, 구술조사는 전문성을 바탕으로 한 조사가 전제조건이 되어야 한다. 다른 분야와 달리 강제연행·강제노동의 연구는 문헌상의 오류가 적지 않다. 전쟁 상황이었으므로 신문기사나 정책문서에서도 과시적이거나 선언적인 내용이 실제 실행된 것처럼 오인되는 경우가 많다. 또한 연행된 사람들이 여러 상황으로 인해 문헌사료를 생산하지 못했으므로 이들에 대해서는 구술사료를 수집하는 방법을 취할 수밖에 없다. 그러므로 문헌자료 외에 구술사료와 현지조사 결과를 바탕으로 연구가 이루어져야 함은 필수적이다. 그런데 구술조사는 전문성이 담보되지 않으면 수집의 의미가 없다고 해도 과언이 아니다. 구술조사에 대해서는 현재 기초적인 조사 방법이나 이론에 관한 참고자료가 마련되어 있으므로 이를 활용하고, 실습을 통해 전문성을 다진 이후에 수집에 나서야 할 것이다.[19]

다섯째, 연구자별 네트워크 및 자료공유의 틀을 마련하는 것이 필요하다. 강제연행·강제노동분야는 노무동원과 군인·군속, 성동원 등이 서로 관련성을 갖고 있다. 또한 자료의 양이나 범주가 방대하다. 그러므로 다른 분야에 비해 더욱 긴밀한 네트워크 및 공유의 자세가 필요하다. 현재 일제강점하강제동원피해진상규명위원회가 중심이 되어 국내 소재 기관 및 개인 소장 문헌사료를 수집 중에 있으며, 구술사료에 대한 현황 파악이 진행 중이므로 네트워크와 자료공유의 틀을 마련하는 데 도움이 될 것으로 생각된다.

여섯째, 피해자단체 및 전문가단체와 협력관계가 요구된다. 강제연행·강제노동분야는 이들 단체가 가진 자료의 문제와 아울러 인적인 도움이 필요하다. 또한 이들 단체의 운동방향에 대한 이해 및 실천성이 연구에 미치는 영향도 적지 않다. 그러므로 연구자의 시각에만 의지하거나 연구자의 작업만으로는 만족할 만한 성과를 거두기 어렵다. 오랫동안 보상을 위한 소송이나 권리 찾기 활동을 전개해 온 피해자단체나 이들을 지원하고 자료를 제공해온 전문가단체의 축적된 노하우를 연구에 활용할 필요가 있다.

4. 조선인 강제연행·강제노동 연구와 재일조선인사

조선인 강제연행·강제노동 연구는 재일조선인사와 어떠한 관련성을 갖는가. 일반적으로 강제연행으로 끌려간 사람들과 이전에 도일을 한 조선인과는 관련성이 적은 것으로 생각되어왔다. 더구나 동원지역이 일본에 국한하지 않았으므로 관련성은 더욱 적어 보인다. 그러나 다른 동원지역의 조선인이 대부분 귀환을 한데 비해 일본의 조선인은 전원이 귀환을 하지 못했다. 재일조선인을 1945년 해방 이후 일본에 잔류한 조선인이라 한다면, 강제연행·강제노동으로 일본 땅을 밟은 이들 가운데 많은 사람들이 포함된다. 또한 강제연행시기에 일반도일조선인도 노동현장에 투입되어 강제연행조선인과 업무상 연관을 맺을 기회가 있었다. 그러한 점에서 강제연행·강제노동 연구와 재일조선인사연구는 불가분의 관계에 있다고 할 수 있다. 이와 같이

---

19) 구술사료수집을 위한 참고서로는 한국구술사연구회, 『구술사』, 선인, 2005 참조.

강제연행·강제노동연구와 재일조선인사연구가 관련성이 있다는 전제가 성립된다면, 다음과 같은 연구가 가능할 것이라 생각한다.

첫째는 노동현장에서 일반도일조선인의 역할이다. 끌려간 조선인 가운데에서 작업반장을 선임하는 경우도 있으나, 대부분은 일반도일조선인이 맡았다. 흔히 '노무대장' 또는 '보국대장'이라는 완장을 차고 떠난 피연행자가 있었으나, 작업반장과 같은 권한을 갖은 것은 아니었다. 현지에서 할당 관리나 통역자 역할 정도에 그칠 뿐, 그 이상의 권한을 갖기는 어려웠다. 그 외에, 書士나 함바주인 등도 일반도일조선인의 차지였다. 그런데 이들이 끌려간 조선인과 어떠한 관계에 놓여 있었는가 하는 점이 주목된다.

작업반장은 성과를 독려하고 업무를 감독하는 역할도 담당했으므로, 끌려간 조선인의 입장에서는 환영할 만한 존재가 되기 어렵다. 물론 모든 작업반장이 다 부정적인 역할만 담당한 것은 아니었다. 작업반장의 존재로 인해 노동자들이 보호받거나 원활한 귀환 과정을 맞을 수 있었다는 내용을 구술조사에서 확인할 수 있다. 서사의 경우에도 노동자를 보호하는 역할을 담당한 경우를 찾을 수 있다.

구체적으로 조선인의 탈주와 일반도일조선인과의 관계성을 생각해 보자. 즉 이들은 일본 현지를 잘 알고 있었고, 주변에 노동시장에 대한 정보가 있었으므로 저항과 관련한 역할, 즉 조선인의 탈주에 도움이 되었다는 점이다. 이러한 점은 당시대를 경험한 생존자의 구술을 통해서 확인할 수 있다. 일제강점하강제동원피해진상규명위원회가 발간한 『강제동원 구술기록집1 - 당꼬라고요?』(2005)에 의하면, 작업장을 탈주한 조선인의 대부분은 일반도일조선인의 협조 아래 새로운 일터를 찾을 수 있었다.

일본의 연구에서도 강제연행자의 도주율에 관한 설명에서 조직적으로 도주를 알선, 제공하는 루트가 존재한 것으로 이해하고, 이를 재일조선인사회와 연계되어 있다는 단서로 들고 있다.[20] 향후에 재일조선인사회에 대한 연구가 강제연행·강제노동 연구에 미칠 영향 및 상호 관계에 대한 중요한 시사점이다. 그렇다면 함바주인은 어떠한가. 자영업자도 있었지만, 일본인 청부업자에 고용된 또 다른 고용인에 그치는 경우가 대부분이었다. 그러므로

---

20) 西成田 豊, 『在日朝鮮人の'世界'と'帝國'國家』, 東京大 出版會, 1997, 289~301쪽. 니시 나리타의 연구 내용은 허광무 박사가 제공해 주었다.

일반도일조선인과 끌려간 조선인의 관계를 일방적인 권력 관계로만 이해하는 것은 정확한 이해라고 하기 어렵다.

둘째는 일반도일조선인 사회와 강제연행된 조선인의 관계이다. 즉 조선인촌 등 제일조선인사회가 끌려간 조선인과 어떠한 관계를 갖고 있었는가 하는 점이다. 양자의 관계를 확인할 수 있는 자료는 찾기 쉽지 않다. 또한 폐쇄적인 상태에 놓인 끌려간 조선인들이 조선인사회와 연계되기란 쉽지 않았다. 끌려간 조선인들에게 일반도일조선인들은 '다른 세상'에 사는 사람들이었다. 단신으로 끌려와서 집단 합숙소에서 통제생활을 하는 자신들과 달리 이들은 별도의 마을에서 가족과 같이 가정을 꾸리고 살고 있었고, 모든 생활이 풍족해 보였다. 그리고 작업장 내에서도 같은 노동을 하지 않는 숙련된 노동자였다. 즉 '노무자'가 아닌 '노동자'였던 것이다. 개중에는 구미(組)를 운영하는 고용주도 있다.

그러나 그렇다고 하여 끌려간 조선인과 일반도일조선인이 전혀 무관한 생활을 한 것은 아니었다. '조선인 노무자들이 휴일에 조선인촌에 놀러갔다'거나, '휴일에 빵을 만들어서 함바에 가져다주는 조선인이 있었다', '배급받은 담배를 조선인마을에 가시 식량과 교환했다'는 등 딘편적인 구술내용에서 시사점을 찾을 수 있다고 생각된다.

세 번째는 끌려간 조선인이 현재 재일조선인의 원류가 된 게기인, 귀한문제이다. 현재 연구 성과를 통해서 끌려간 조선인과 일반도일조선인의 귀환비율이 명확하게 밝혀지지는 않았다. 다만 알려진 내용을 통해 보면, 비교적 이른 시기에 귀환할 수 있었던 사람들은 끌려간 조선인이다. 그중에서도 군인이나 대규모 노동현장에 있었던 조선인들, 또는 시모노세키 등 항구에 인접한 지역에서 노역을 하던 조선인들이다. 그러나 항구에서 먼 지역에 거주하던 조선인들이나 소규모 사업장의 조선인들은 귀환하기 쉽지 않았다. 정보가 어두워서 해방이 된 것을 모르고 계속 작업장에서 일을 하던 조선인도 있었다. 또한 귀환의 시기를 놓침에 따라 '한국에 돌아가면 먹고 살기 어렵다'는 소문이 돌기도 했고, 역(逆)도일자가 늘었으며, 계속되는 조난사고를 겁내 귀환 시기를 놓친 사람들은 결국 잔류하게 되었다. 그럼에도 일반도일조선인에 비해 끌려간 조선인의 귀환 비율은 높았다. 끌려간 조선인들은 일본에서 생활터전을 마련한 것도 아니었고, 동반가족도 거의 없었으므로 귀향에 대한 열망과 지향성이 매우 컸기 때문이다. 그에 비해 일반도일조선인들은 그동안 이루어놓은 재산과 터전을 처분하는 데 시간이 걸렸고, 소지금 한도에 묶여 귀환을 보류한 경우가 많았다. 귀환문제는 결국 현재 재일조선인사회 형성과 직접 관련이 된다. 따라서 향후 연구가 '언제 얼마나 많은 사람들이 어떠한 경로로 귀환을 했는가' 하는 점에만 머물러서는 안 될 것이다.

네 번째는 강제연행·강제노동 성격을 둘러싼 일반도일조선인의 관련성이다. 야마다 쇼지(山田昭次)는 최근에 발간한 저서 『朝鮮人戰時勞働動員』(공저)에서 일반도일조선인들을 고용한 경험이 있는 기업과 그렇지 않은 기업의 강제노동 강도를 분석했다. 즉 일반도일조선인들을 고용한 경험이 있는 기업은 이전부터 지속되었던 민족차별과 착취적인 노무형태를 그대로 유지한데 비해, 경험이 없는 기업은 일본인 노동자를 대상으로 한 노무경영을 했다는 점을 지적했다. 그로 인해서 작업장에 소속된 조선인의 노동 강도나 처우 등에서 차이점을 보인다는 결론을 얻었다. 이러한 분석은 '편안한 직장'에 있었던 노무자의 경우만을 들어 '강제연행·강제노동의 허구설'을 주장해 온 오류에 대해 명쾌한 해답을 제시한 사례가 될 것이다.[21]

그러나 민족차별에 비중을 둔 문제의식은 도리어 강제연행·강제노동이라는 문제 본질에 접근하는 데 걸림돌이 될 수도 있다.

5. 맺음말 – 조선인 강제연행·강제노동 연구, 미래를 위한 제언

1945년 8월 해방 이후, 그리고 1950년대 중반에 일본에서 '강제연행의 역사'가 제기된 이후 강제연행·강제노동을 학문 분야로 자리매김하는 데에는 많은 시간이 필요했다. 국내에서는 1973년이라는 비교적 이른 시기부터 연구가 시작되었으나 학문적 자리매김이 이루어졌다고 보기 어렵다. 지금도 여전히 국내 학계에서 연구자들 사이에 매력적인 연구 분야는 아니다. 또한 강제연행·강제노동연구는 현대의 정치적·사회적 상황이 역사적 평가에 영향을 미치는 분야이자 기존의 연구방법이나 글쓰기의 틀을 벗어나기도 해야 하는 분야이기도 하다. 그러나 노무·군인·군속의 실상이 드러나

---

21) 『朝鮮人戰時勞働動員』, 29~30쪽.

기 시작하고, '국민징용' 외에 더 많은 사람이 자발성의 외피를 뒤집어쓴 '할당모집'에 응해야 했던 구조가 극명해지며, 강제성을 비롯한 성격 문제 등 다양한 문제제기가 가능한 분야이다. 그러한 점에서 연구자에게 동기유발을 불러일으킬 수 있는 분야이기도 하다. 또한 심심치 않게 언론기사를 장식하는 새로운 자료의 발굴도 연구자의 호기심을 자극하기에 충분하다.

이제 국내 학계에서 조선인 강제연행·강제노동 연구는 양파의 첫 껍질이 벗겨지는 단계이다. 아직은 일본학계의 연구를 무비판적으로 수용해서 발표하거나 잘못된 수치 및 내용마저 그대로 답습하는 모습을 보이기도 하지만, 국내에서도 이제는 연구비 수혜가 가능한 분야로 발돋움한 것도 사실이다. 비록 생존자들의 사망 소식은 나날이 늘어나서 연구자들에게 안타까움을 안겨주지만, 그럼에도 끊임없이 쏟아져 나오는 자료는 안타까움을 상쇄시켜주곤 한다.

조선인 강제연행·강제노동 연구, 미래를 위해 필요한 연구자세는 무엇인가. 지극히 상식적인 이야기지만 관심과 고민이다. 60년 전에 일어난 사실에 대한 정확한 복원을 위해 무엇이 필요한지 고민한다면, 연구가 나가야 할 방향은 어렵지 않게 얻을 수 있을 것이다.[22]

〈국내 연구물 목록 : 단행본〉

1969 김상현, 『在日韓國人』, 단곡학술연구원

1973 고승제, 『韓國移民史研究』, 장문각

1975 김대상, 『일제하강제인력수탈사』, 정음사

1975 박수복, 『소리도 없다 이름도 없다 – 한국원폭피해자 30년의 기록』, 창원사

1975 한국교회여성연합회, 『한국 원폭피해자 실태보고서』

1976 강수원, 『可恐原子爆彈投下 – 과연 人類는 絶滅할 것인가』, 금강출판사

1976 현규환, 『한국유이민사연구(하)』, 대한교과서주식회사

1978 김중렬, 『抗日勞動鬪爭史』, 집현사

1979 이구홍, 『한국이민사』, 중앙신서

---

22) 이 논문은 『한일민족문제연구』7호(2004년 12월)에 수록된 논문 「국내 강제연행연구, 미래를 위한 제언」을 수정 보완한 글이다.

1981 권병탁, 『게라마열도 – 일제말 징용기』, 영남대출판부

1982 미첼, 김윤식 역, 『일제의 사상통제』, 일지사

1982 신정식, 『일제의 조선인 강제수탈사』, 비봉출판사

1984 한국교회여성연합회, 『한국인 원폭피해자 실태조사보고서』, 한국교회여성연합회

1985 고승우 외, 『核과 韓半島 – 반핵운동의 논리』, 아침

1985 윌프레드 버체트, 『히로시마 원폭투하의 진상과 냉전체제』, 창작과 비평사

1985 한국원폭피해자협회, 『한국 원폭피해자문제 자료집』

1985 한국원폭피해자협회, 『한국원폭자의 현황』

1986 박수복, 『핵의 아이들 : 86 한국 원폭피해자 2세의 현장』, 한국기독교가정생활사

1987 표문태 외, 『버림받은 사람들 – 한국인 원폭피해자들의 수기와 반핵평화운동』,
     중원문화

1987 핵전쟁방지 국제의사회, 『핵전쟁과 인류』, 미래사

1988 김상현, 『재일한국인:재일동포100년사』, 한민족

1988 임종국, 『일본군의 조선침략사1~2』, 일월서각

1988 鄭煥麒 著 韓雲史 譯, 『在日을 산다 : 鄭煥麒 自己史』, 동쪽나라

1988 한국원폭피해자협회, 『한국 원폭피해자협회의 연혁 · 현황 · 실적』

1989 요시다세이지, 현대사연구실 옮김, 『나는 조선 사람을 이렇게 잡아갔다』,
     청계연구소

1989 한국교회여성연합회, 『그날 이후 – 한국인 원폭피해자들에 대한 기록』, 한국교
     회여성연합회

1990 김문숙, 『말살된 묘비 – 여자정신대』, 지평

1990 이명한, 『아버지가 건넌 바다』(복사본)

1990 1.20학병사기간행회, 『1.20학병사기1~3』

1990 이종학, 『한국군사사서설』, 서라벌군사연구소

1991 송건용 외, 『원폭피해자 실태조사』, 한국보건사회연구원

1991 鄭琪永, 『虐げられた靑春―日本軍に徵集された韓國人學徒兵手記』, 靑丘文化社(서울)

1991 한국정신대문제 대책협의회, 『정신대문제자료집 I』

1992 백우암, 『장편소설 朝鮮女子정신대 – 제1화 만주편 · 환향녀』, 민성사

1992 백우암, 『장편소설 朝鮮女子정신대 – 제2화 버마편 · 국제기아 조선인』, 민성사

1992 이규철, 『시베리아 悍의 노래 - 한국인 포로의 귀국』(복사본)

1992 전상엽, 『천명』, 삼진출판사

1992 한국정신대문제 대책협의회, 『정신대문제자료집Ⅱ- 왜, 우리는 지금 이 문제에 도전하고 있는가?』

1993 김명기, 『挺身隊와 國際法』, 법지사

1993 한국정신대문제대책협의회 · 정신대연구회,『강제로 끌려간 조선인 군위안부들- 증언집1』, 한울

1995 김문택, 『새벽으로 가는 길-광복군 수기』, 인하대출판부

1995 김민영,『일제의 조선인노동력 수탈 연구』, 한울아카데미

1995 김용수,『한일 50년은 청산되었는가』, 고려원

1995 박종현, 『千葉육군보병학교』, 혜진서관

1995 야마다 메이코,『종군위안부들의 太平洋戰爭』, 쑥맥

1995 윌프레드 버체트,『히로시마의 그늘』, 창작과 비평사

1995 이규형, 『분노의 강 - 버어마 전선 狼山砲 제2대대 조선인학도지원병의 기록』, 연합출판

1995 정신대연구회 · 한국정신대문제대책협의회 엮음, 『30년 후의 증언 - 중국으로 끌려간 조선인 군위안부들』, 한울

1995 조지 힉스지음, 전경자 · 성은애 옮김, 『위안부-일본 군대의 성노예로 끌려간 여성들』, 창작과 비평사

1995 종군위안부 및 태평양전쟁 피해자 보상대책위원회, 『증언집1 - 짓밟힌 인생의 웨침』

1995 최영호, 『재일한국인과 조국광복』, 글모인

1995 한국정신문화연구원, 『1995년 해외희생자유해현황조사사업보고서』

1995 한일문제연구원, 『빼앗긴 조국 끌려간 사람들』, 아세아문화사

1996 사이토 사쿠지 편저, 『우키시마호 폭침사건진상』, 가람기획

1996 여태순, 『그날 오키나와 하늘에서』, 뿌리

1996 정인섭, 『재일교포의 법적지위』, 서울대학교출판부

1996 한국정신문화연구원, 『1996년 해외희생자유해현황조사사업보고서』

1997 공봉식 · 이영동, 『재일동포』, 문학관

1997 伊藤孝司 지음, 김문규 옮김, 『사할린 아리랑 – 카레이스키의 증언』, 눈빛

1997 일본군' 위안부' 문제 연구모임, 『일본군 '위안부' 문제의 현황과 해결방안』

1997 한국정신대문제대책협의회 진상조사연구위원회 엮음, 『일본군 '위안부' 문제의
　　　 진상』, 역사비평사

1997 한국정신대문제대책협의회 · 정신대연구회 편, 『증언집 : 강제로 끌려간 조선인
　　　 군위안부들2』, 한울

1997 한국정신대연구회 편, 『한일간의 미청산 과제』, 아세아문화사

1998 재외동포재단, 『역사 속의 한국인 고난사 자료집』

1998 한일관계사학회, 『한국과 일본, 왜곡과 콤플렉스의 역사』, 자작나무

1999 강덕상 · 정진성 외 공저, 『근 · 현대한일관계와 재일동포』, 서울대학교출판부

1999 한국정신대연구소 · 한국정신대문제대책협의회 엮음, 『강제로 끌려간 조선인 군
　　　 위안부들3』, 한울

1999 『일본군 '위안부' 문제해결운동의 과거와 현재, 그리고 미래』, (사)한국정신대문
　　　 제대책협의회

2000 강제연행생존자증언집편집위원회, 『채인돌』, 창녕박물관

2000 다나카 히로시 · 이규수 옮김, 『기억과 망각』, 삼인

2000 다카하시 데츠야 · 이규수 옮김, 『일본의 전후책임을 묻는다』, 역사비평사

2000 배재대학교 인문과학연구소, 『제6회 대전 · 충청인의 독립 · 건국운동(건국52주
　　　 년기념학술대회 자료집)』

2000 일제하 강제동원 진상규명을 위한 모임, 『일제 강제동원피해자 진상규명을 위
　　　 한 국회 청원자료(2)』(프린트본)

2000 일제하 강제동원 진상규명을 위한 모임, 『조선인보상문제자료집(Ⅰ)』(프린트본)

2000 정신대할머니와 함께하는 시민모임, 『일본군 '위안부' 문제바로보기(시민강좌 자
　　　 료집)』(프린트본)

2000 준비위원회, 『아시아에서 청년으로 산다는 것(제4회 한국 · 재일 · 일본청년포럼
　　　 자료집)』(프린트본)

2000 한국정신대문제대책협의회, 『2000년일본군성노예전범여성국제법정보고서』

2000 한국정신대연구소, 『할머니 군위안부가 뭐예요』, 한겨레신문사

2000 한국태평양전쟁희생자광주유족회 후원회, 『訴狀 내 생전에 이 한을-나고야 미

쓰비시 조선여자근로정신대 소송 제1집』

2000 할머니그림전실행위원회, 『봉선화에 부치는 고백』, 깊은 자유

2001 강용권, 『강제징병자와 종군위안부의 증언』, 해와달

2001 강용권, 『끌려간 사람들, 빼앗긴 사람들』, 해와달

2001 곽건홍, 『일제의 노동정책과 조선노동자 : 1938~1945』, 신서원

2001 권희영, 『해외의 한인희생과 보훈문화』, 국학자료원

2001 다이헤이마루사건조사위원회, 『太平丸유해인양사업설명서(기초안)』(프린트본)

2001 도츠카 에츠로, 박홍규 옮김, 『위안부가 아니라 성노예이다』, 소나무

2001 민족문제연구소편, 『일제하 전시체제기 정책사료총서』 총100권, 한국학술정보(주)

2001 일제강점하강제동원피해진상규명등에관한특별법제정추진위원회, 『구술자료로
     복원하는 강제연행의 역사 – 2001년도 구술자료수집결과보고회 자료집』(프린
     트본)

2001 한국정신대문제대책협의회 2000년 일본군 성노예 전범 여성국제법정 한국위
     원회 증언팀, 『기억으로 다시 쓰는 역사 – 강제로 끌려간 조선인 군위안부들
     4』, 풀빛

2001 한국정신대문제대책협의회 · 2000년 일본군성노예전범 여성국제법정 법률위원
     회 엮음, 『일본군 ‘위안부’ 문제에 대한 법적해결의 전망』, 풀빛

2001 한국정신대문제대책협의회 · 2000년 일본군성노예전범 여성국제법정 한국위원
     회 진상규명위원회 엮음, 『일본군 ‘위안부’ 문제의 책임을 묻는다 – 역사 · 사회
     적 연구』, 풀빛

2001 한국정신대문제대책협의회 · 2000년 일본군성노예전범 여성국제법정 한국위원
     회 · 한국정신대연구소, 『강제로 끌려간 조선인 군위안부들 5』, 풀빛

2001 『2001년 일본군「위안부」연구보고서 · 일본군「위안부」증언통계 자료집』, (사)한
     국정신대문제대책협의회 부설 전쟁과 여성인권센터 · 여성부

2002 일제강점하강제동원피해진상규명등에관한특별법제정추진위원회, 『일제강점하
     강제동원피해 진상규명 어디까지 왔나 – 일제강점하강제동원피해진상규명등에
     관한특별법공청회자료집』(프린트본)

2002 일제강점하강제동원피해진상규명등에관한특별법제정추진위원회, 『피해자들이
     살아있는 동안에 – 일제강제연행의 현장을 찾아 떠나는 평화지킴이들의 전국

순례』(프린트본)

2002 조선일본군위안부 및 강제련행 피해자 보상대책위원회, 『증언집2-고발』

2002 한일민족문제학회, 『전후보상과 한일관계-한일민족문제학회 2002년도 정기학
술심포지엄 자료집』(프린트본)

2002 『일본군 '위안부' 관련 학술심포지엄 · 일본군 '위안부' 연구의 현황과 과제』, 고
려대 민족문화연구원 한국사 연구소 · 고려대 BK21 한국학 교육연구단

2002 『일본군위안부 문제에 관한 국외자료조사 연구』, 여성부

2002 『2002년 국외거주 일본군「위안부」피해자 실태조사』, 여성부

2002 『일본군「위안부」관련 기초문헌자료집 간행① ·「위안부」관련 이해를 위한 기초
입문』, 여성부

2002 『일본군「위안부」관련 기초문헌자료집 간행② ·「위안부」문제에 대한 일본정부
의 견해 : 자료와 해설』, 여성부

2002 『일본군「위안부」관련 기초문헌자료집 간행③ ·「위안부」관련 문헌자료집(1)』, 여
성부

2002 『일본군「위안부」관련 기초문헌자료집 간행④ ·「위안부」관련 문헌자료집(2)』, 여
성부

2003 국회과거사진상규명에관한특별위원회, 『과거사진상규명관련법률안에 관한 공
청회』(프린트본)

2003 김인덕, 『강제연행사연구』, 경인문화사

2003 독립기념관, 『도록 - 잃어버린 청춘, 떠도는 원혼』

2003 사오도메 가쓰모토 지음, 지명관 옮김, 『전쟁속의 여인들』, 소화

2003 서남현, 『누가 역사를 낯선 땅에 묻었는가』, 명상

2003 안연선, 『성노예와 병사 만들기』, 삼인

2003 이치바 준코 · 이제수 옮김, 『한국의 히로시마』, 역사비평사

2003 일본교과서바로잡기운동본부, 『과거와 현재를 잇는 역사여행』

2003 정부기록보존소, 『일제문서해제-학무 · 사회교육편』

2003 정혜경, 『일제 말기 조선인강제연행의 역사-사료연구』, 경인문화사

2003 중경고등학교 역사탐구반, 『10대들의 역사리포트』, 역사넷

2003 최길성, 『사할린 - 유형과 기민의 땅』, 민속원

2003 태평양전쟁피해자보상추진협의회 · 강제연행전국네트워크, 『일제 강제동원피해자
　　　 문제의 해결을 모색하기 위한 한미일 워크샵』(프린트본)

2003 한국정신대연구소, 『중국으로 끌려간 조선인 군위안부들2』, 한울

2003 『일본군「위안부」문제에 관한 국제사회의 동향』, 여성부

2003 『일본군「위안부」관련 자료목록집 1』, 여성부

2004 오오누키 에미코 지음 · 이향철 옮김, 『사쿠라가 지다 젊음도 지다』, 모멘토

2004 이순형, 『사할린귀환자』, 서울대출판부

2004 정진성, 『일본군 성노예제』, 서울대출판부

2005 문창재, 『나는 전범이 아니다』, 일진사

2005 엄영식, 『탈출 – 죽어서야 찾은 자유』, 야스미디어

2005 정근식 · 진주, 『고통의 기억』, 선인

2005 일제강점하강제동원피해진상규명위원회, 『강제동원 구술기록집1 – 당꼬라고요?』

2005 한일민족문제학회, 『강제연행 · 강제노동 연구 길라잡이』, 선인

<h3 align="center">〈논문목록(연도별, 저자별)〉</h3>

1965 박순동, 『모멸의 시대』, 『신동아』9월

1968 유재력, 『忘却에 묻힌 원폭피해자』, 『신동아』3월

1969 박성화, 『일군 평양사단의 학병의거』, 『신동아』4월

1970 이장규, 『국내 원폭 피폭자에 대한 의학적 관찰 및 조사』, 『원자력연구논문집』

1971 김이현, 『국내 광복군의 지하활동』, 『세대』8월

1971 박재림, 『한국인 원폭피해자에 대한 사회의학적 고찰』, 『최신의학』7월

1973 고승제, 『재일한국노동자 이민의 사회사적 분석』, 『학술원논문집 인문사회과학』

1973 김동현, 『한국의 원폭피해자』, 『신동아』8월

1974 박두석, 『포로없는 전쟁』, 『신동아』제8호

1974 임종국, 『학도지원병』, 『월간 중앙』3월

1975 이우정, 『韓國 原爆被害者의 實態』, 『창작과 비평』10-1

1977 이복숙, 『일인의 한민족에 대한 학대와 차별에 관한 조사연구』, 『건국대학술지』21

1978 이우정, 「한국원폭피해자 실태」, 『한국YWCA』7·8월

1982 權丙卓 외, 「光復前(1936-45) 韓國의 勞動力統制에 關한 研究」, 영남대학교 『社會科學』 제1집

1982 박영석, 「日本제국주의하의 한국인 日本이동에 대하여」, 『건국대 인문과학논총』14

1983 許粹烈, 「日帝下 韓國에 있어서 植民地的 工業의 性格에 關한 一研究」, 서울대학교 경제학과 박사학위논문

1984 「빈병장수20년, 이병우」, 『마당』1월

1985 허수열, 「조선인노동력의 강제동원의 실태」, 『일제의 한국식민통치』, 정음사

1986 이종각, 「渡日治療 거부당한 原爆被害者들」, 『신동아』10월

1986 정인섭, 「原爆被害와 在日韓人」, 『해외동포』22

1987 백충현·정인섭, 「在韓原爆被害者의 現況과 法的救濟問題」, 『대한변호사협회지』2월

1988 강경구, 「전시하 일제의 농촌 노동력 수탈정책」, 최원규 엮음, 『日帝末期 파시즘과 韓國社會』, 청아출판사

1989 이영환, 「미군정기 전재민 구호정책의 성격연구」, 서울대사회복지학과 석사학위논문

1989 정진성, 「1920年代의 朝鮮人 使用 狀況 및 使用 經費 - 日本 치쿠호(筑豊) 地方의 미쯔비시(三菱) 炭鑛을 中心으로 -」, 『韓國資本主義論』, 東村朱宗桓 博士華甲紀念論文集, 한울

1990 가와이 아키코, 「버림받은 한국원폭피해자」, 『월간 조선』1월

1990 김민영, 「일제하 강제연행의 사회경제적 영향에 관한 연구」, 전남대학교 경영대학원 『경영논총』15

1990 박광순·김민영, 「日帝下 强制連行의 社會經濟的 影響에 관한 研究」, 『경남대 경영논총』15

1990 손문규 「미일 공동결탁에 의하여 감행된 조선인연맹강제해산에 관한 연구: 미점령문서의 정리작업과 관련하여」, 『사회과학논문집』3, 在日本社會科學者協會

1990 이성주, 「어느 원폭피해자의 45년 애사」, 『월간 중앙』175호

1991 김민영, 「일제의 조선인노동력 수탈에 관한 연구」, 전남대학교 경제학과 박사학위논문

1991 윤영애, 「한국원폭피해자의 실태 및 보상문제의 해결」, 『한반도의 핵무기와 전쟁을 반대하는 91보건의료대회자료집』

1991 이명근,「핵이 인체에 미치는 영향」, 『보건의료인대회 자료집』

1992 김명기, 「挺身隊 設置 · 運營行爲의 國際法上 違法性」, 『국제문제』268

1992 김명기, 「挺身隊隊員의 人權侵害에 대한 韓日間의 法的 諸問題에 관한 硏究」, 『국제법학회논총』72

1992 리철홍, 「일제의 조선인징병책동(1937~1945)」, 『력사과학론문집』17

1992 박종헌, 「피눈물로 지낸 반세기」, 『우리교육』2월호

1992 방선주, 「미국자료에 나타난 한인 '종군위안부'의 고찰」, 『국사관논총』37

1992 배진수,「한국인 원폭피해자의 47년」, 『기독교사상』8월호

1992 이재곤, 「日本의 從軍慰安婦利用에 대한 國際法的 責任」, 『충남대법학연구』3

1992 이케다 마사에, 「지금 나는 용서를 빌고 있다」, 『우리교육』2월

1992 이효재, 「한일관계 정상화와 정신대 문제」, 『기독교 사상』8월

1992 정진성, 「천황제, 군국주의, 여성」, 『평화를 만드는 여성』

1992 정진성, 「한일관계 정상화와 정신대 문제」, 『기독교 사상』8월

1993 강선미 · 야마시타 영애, 「천황제국가와 성폭력」, 『한국여성학』9

1993 강정숙, 「일제말 조선여성정책」, 『아시아문화』9

1993 김민영, 「일제하 조선인 '강제연행'문제의 연구쟁점과 전망(1) – 전후처리 · 보상문제를 중심으로」, 『춘계박광순박사 화갑기념논문집』

1993 김정경, 「한국 원폭피해자 복지대책에 관한 연구」, 중앙대학교 석사학위논문

1993 김정경, 「아직도 히로시마를 떠도는 한국인 원폭피해자 원혼들」, 『길을 찾는 사람들』8월, 도서출판 길

1993 김정경, 「한국 원자폭탄 피폭문제와 반핵 평화운동」, 『한국반핵운동의 역사와 전망』, 반핵아시아포럼 한국준비위원회

1993 박원순, 「일본전쟁범죄처벌 지금도 가능한가」, 『역사비평』20

1993 윤정옥, 「일본군 '위안부'의 실태」, 『한일합동연구회 발표문』

1993 윤정옥, 「정신대와 우리의 임무」, 『순국』

1993 이상화, 「군위안부경험에 관한 연구」, 이화여자대학교 여성학과 석사학위논문

1994 김민영, 「1940년대 일본석탄산업의 노동사정과 조선인노동자의 '집단이입'」,

『경제사학』18, 경제사학회

1994 신혜수, 「민족주의와 페미니즘 : 일본군위안부 문제를 통해본 그 결합과 긴장」,
『한국여성학회 추계학술대회 발표논문』

1994 임무영, 「정신대 문제에 있어서 일본정부의 국가책임」, 서울대학교 대학원 석사
학위논문

1994 여순주, 「일제 말기 조선인 여자근로정신대에 관한 실태연구」, 이화여자대학교
여성학과 석사논문

1994 정진성, 「일본군 '위안부' 정책의 본질」, 『한국사회사연구회논문집』42

1994 최철영, 「조선인 종군위안부 문제에 대한 일본의 국가책임」, 『법과 사회』10

1995 강창일, 「일제의 조선지배정책과 군사동원」, 『청산하지 못한 일제시기의 문제』
(광복50주년 기념학술대회 발표문)

1995 김민영, 「일제하 일본사가현 탄광지대의 '조선인 노무동원' 실태」, 『노사관계연
구』4, 원광대학교 노사관계연구소

1995 김성례 · 강정숙, 「일제의 노동력수탈에 관한 연구」, 『청산하지 못한 일제시기의
문제』

1995 신영숙, 「군위안부의 실태 및 특성에 관한 연구」, 『청산하지 못한 일제시기의
문제』(광복50주년 기념학술대회 발표문)

1995 윤명숙, 「특집 : 종전50년과 일본의 선택 – 일본의 양심, 우익에 기 죽는다」,
『한겨레21』제49호

1995 이상화, 「재한 원폭피해자의 생활과 남아 있는 보상문제」, 『근현대사강좌』7호

1995 정인섭, 「재일교포의 법적지위」, 『청산하지 못한 일제시기의 문제』(광복50주년
기념학술대회 발표문)

1995 정진성 · 여순주, 「여자근로정신대의 실상」, 『청산하지 못한 일제시기의 문제』
(광복50주년 기념학술대회 발표문)

1995 정진성, 「'전시노무동원'의 실증적 해명」, 한국간행물윤리위원회, 『서평문화』20

1995 정태헌, 「일제의 물자수탈정책」, 『청산하지 못한 일제시기의 문제』(광복50주년
기념학술대회 발표문)

1995 정희상, 「광복 없는 원폭피해자 통한의 50년」, 『시사저널』304호

1995 최영호, 「해방직후의 재일한국인의 본국귀환, 그 과정과 통제구조」, 『한일관계

사연구』4

1996 김명기, 「女子挺身隊紛爭에 대한 國際司法裁判所의 對人的·對物的 管轄權」,
『명지대사회과학논총』11

1996 김운태, 「日本帝國主義의 强制動員 政策의 實態」, 『학술원논문집 인문사회과학』
35

1996 송병규, 「나가사키에 투하된 두 번째 원폭」, 『월간 항공』87호

1996 오윤석, 「國際法上 國家責任에 관한 硏究–韓國人 挺身隊問題와 關聯하여」, 충남
대학교 석사학위논문

1996 윤명숙, 「끝나지 않은 '일제의 강간'」, 『한겨레21』제92호

1996 윤명숙, 「오쿠노씨의 군대위안부 망언의 내용검증과 일본의 여론」, 『월간 독립
기념관』8월

1996 하재화, 「한국 및 한국인에 대한 일본의 법적 책임 – '일본군위안부' 문제에 관
한 국제법적 검토를 중심으로」, 『부산대법학연구』45

1997 강만길, 「일본군 '위안부'의 개념과 호칭 문제」, 한국정신대문제대책협의회 진
상조사연구위원회, 『일본군 '위안부' 문제의 진상』, 역사비평사

1997 강만길, 「침략전쟁기 일본에 강제동원된 조선노동자의 저항」, 『한국사학보』2

1997 강정숙·서현주, 「일제 말기 노동력 수탈 정책」, 한국정신대연구회, 『한일간의
미청산 과제』, 아세아문화사

1997 강창일, 「일제의 조선지배정책과 군사동원」, 『일제식민지정책 연구논문집』, 한국
학술진흥재단

1997 강창일, 「중일전쟁 이후, 일제의 조선인 군사동원」, 『한일간의 미청산 과제』, 아
세아문화사

1997 김대상, 「일본군 위안부 '强制連行否認論'의 허구 : 97년도 日本敎科書問題와
관련한 檢討」, 『한일연구』10

1997 김민영, 「1940년대초, 일본석탄광업연합회 소속탄광의 조선인노동자모집상황」,
『한국동서경제연구』8, 한국동서경제학회

1997 김상웅, 「일제의 강제징용」, 『순국』3월

1997 김영순, 「해방후 재일한국인의 귀국과 잔류」, 『한일간의 미청산 과제』, 아세아문
화사

1997 김인덕, 「일본지역 강제연행 연구」, 『한국민족운동사연구』17

1997 문소정·이상화, 「원폭피해 한국인에 관한 연구」, 『한일간의 미청산 과제』, 아세아문화사

1997 변은진, 「일제말 조선인노동자층의 전쟁 및 '군수생산력'에 대한 인식과 저항」, 『향토서울』57

1997 신영숙·조혜란, 「일제시기 조선인 '군위안부'의 실태 및 특성에 관한 연구」, 『한일간의 미청산 과제』, 아세아문화사

1997 야마시타영애, 「식민지지배와 공창제도의 전개」, 『사회와 역사』51

1997 오쿠야마 요꼬, 「군위안부 동원에 있어서의 한국인 여성간의 계층차에 관한 고찰」, 『동덕여성연구』2

1997 윤명숙, 「조선인군위안부와 일본의 국가책임」, 『한국독립운동사 연구』11

1997 이연식, 「해방직후 해외동포의 귀환과 미군정의 정책」, 서울시립대 국사학과 석사학위논문

1997 정인섭, 「재일교포의 법적 지위」, 『한일간의 미청산 과제』, 아세아문화사

1997 정진성·여순주, 「일제시기 여자근로정신대의 실상」, 『한일간의 미청산과제』, 아세아문화사

1997 한승순, 「일제하 조선인군위안부의 강제동원과 생활상연구」, 성신여대 교육대학원 석사학위논문

1997 홍종필, 「일제시대 조선에 있어서 지원병제도의 전개와 그 의의에 대하여 중 일전쟁 단계에 있어서의 황민화정책」, 『명지사론』8

1998 강정숙, 「일본군 '위안부'(성노예)동원의 실태」, 『역사비평』45

1998 김민영, 「해방전 일본탄광의 한국인노동자(1940~1941)」, 『국제지역연구』2-1, 국제지역학회

1998 김민영, 「해방전후 일본탄광의 정황과 조선인노동자의 고용상태」, 『경제사학』25, 경제사학회

1998 김윤심 「부끄러운 건 우리가 아니고 너희다 ― 전 일본군 위안부 할머니의 수기」, 『부끄러운 건 우리가 아니고 너희다』, 일하는 사람들의 작은 책

1998 변은진, 「일제 전시 파시즘기 조선민중의 현실인식」, 고려대학교 박사학위논문

1998 이민아, 「사회운동조직간의 연대 형성과 변화에 관한 연구―일본군 '위안부' 문

제 해결을 위한 운동을 중심으로」, 서울대학교 석사학위논문

1998 정재정, 「論爭에 휩싸인 日本의 歷史敎育 – 日本軍 '慰安婦'에 관한 敎科書 敍述을 중심으로」, 『동국대일본학』17

1998 정진성, 「군위안부 강제연행에 관한 연구」, 『정신문화연구』73

1998 정진성, 「억압된 여성의 주체 형성과 군 위안부 동원」, 『사회와 역사』54

1998 한승순, 「日帝下 朝鮮人軍慰安婦의 强制動員과 生活相硏究」, 『성신사학』16

1998 홍종필, 「조선인 강제연행의 실태에 대하여」, 『순국』6월호

1998 황은진, 「일본군 '위안부' 피해자의 의식변화과정에 관한 연구 – 여성주의 담론의 영향을 중심으로」, 한양대학교 대학원 여성학협동과정 석사학위논문

1999 古庄正, 「강제연행의 전후처리」, 『근·현대한일관계와 재일동포』, 서울대학교출판부

1999 김민영, 「'모집'에서 '관알선·할당'으로의 이행기, 일본 平山광업소의 조선인 노동자(1941~1942)」, 『근·현대한일관계와 재일동포』, 서울대학교출판부

1999 김민영, 「식민지시대, 일본탄광노무담당자의 노동문제인식」, 『한국동서경제연구』10-2, 한국동서경제학회

1999 김정미, 「일본점령하 중국 海南島에서의 강제노동」, 『근·현대한일관계와 재일동포』, 서울대학교출판부

1999 山下英愛, 「한국의 '위안부' 문제해결운동의 과제」, 『근·현대한일관계와 재일동포』, 서울대학교출판부

1999 이정선, 「일본군 '위안부' 문제 해결운동의 전개과정에 관한 연구」, 계명대 여성학대학원 석사학위논문

1999 이치바 준코, 「삼중고를 겪어온 한국인 원폭피해자들」, 『역사비평』49

1999 정진성, 「군위안부 강제연행에 관한 연구」, 『근·현대한일관계와 재일동포』, 서울대학교출판부

1999 한국정신대문제대책협의회·국회 일본군 '위안부' 문제연구모임·법과사회이론연구회, 『'2000년 일본군성노예전범 국제법정'과 일본군 '위안부' 문제』, 한국정신대문제대책협의회

2000 강정숙, 「일본군 '위안부' 문제의 본질과 한국인의 인식」, 『역사교과서 속의 한국과 일본』, 혜안

2000 고승일·정지만, 「노인의 심리사회적 논리에 있어서 역할모델의 개발 – 합천 원폭피해자 복지회관의 수용노인을 중심으로」, 『산학협동연구 사례집』 제2집, 대구미래대학

2000 김민영, 「사할린한인의 이주와 노동, 1939–1945」, 『국제지역연구』4–1, 국제지역학회

2000 김민영, 「식민지시대 '전시노무동원' 문제에 대한 연구쟁점과 전망Ⅱ」, 『지역개발연구』32–1(통권36), 전남대학교 지역개발연구소

2000 김민영, 「일본탄광의 조선인노동자에 대한 노무관리, 노동통제연구, 1939~1945」, 『경영사학』15–3(통권24), 한국경영사학회

2000 김민영, 「한국의 식민지시기 '전시노무동원'에 대한 연구동향」, 『역사교과서 속의 한국과 일본』, 혜안

2000 김수아, 「일본군 '위안부' 문제의 담론구성에 관한 연구」, 서울대학교 언론정보학과 석사학위논문

2000 노영종, 「북해도지역 조선인 강제연행과 저항」, 충남대학교 석사학위논문

2000 심영희, 「침묵에서 증언으로 : '군위안부' 피해자들의 귀국 이후의 삶을 중심으로」, 『정신문화연구』23–2

2000 윤명숙, 「일본군위안부 문제에서 얻는 역사적 교훈」, 『내일을 여는 역사』4

2000 이만열·김영희, 「1930·40년대 조선여성의 존재양태 : '일본군위안부' 정책의 배경으로」, 『국사관논총』89

2000 조정현, 「국제법상 '위안부' 문제 – 국가책임과 개인의 형사책임을 중심으로」, 고려대학교 석사학위논문

2000 최유리, 「일제 말기 징병제 도입의 배경과 그 성격」, 『蘭谷李銀順敎授停年紀念史學論文集』

2001 곽건홍, 「일제 말기 조선에서의 전시 노동력 동원」, 『전국역사학대회 발표문』

2001 김은식, 「일본제철보상재판과 구술자료」, 『구술자료로 복원하는 강제연행의 역사 – 2001년도 구술자료수집결과보고회 자료집』, 일제강점하강제동원피해진상규명등에관한특별법제정추진위원회

2001 김은식, 「해외에서의 한국인 징용자 소송과 향후의 과제」, 『전국역사학대회 발표문』

2001 김인덕, 「식민지시대 강제연행 실태」, 『한국민족운동사연구』29

2001 김인덕·노영종·표영수, 「국내지역 구술자료수집을 바탕으로 한 강제연행의 실태」, 『구술자료로 복원하는 강제연행의 역사 - 2001년도 구술자료수집결과보고회 자료집』, 일제강점하강제동원피해진상규명등에관한특별법제정추진위원회

2001 김정미, 「일본지역실태보고」, 『구술자료로 복원하는 강제연행의 역사 - 2001년도 구술자료수집결과보고회 자료집』, 일제강점하강제동원피해진상규명등에관한특별법제정추진위원회

2001 김창록, 「한일간 과거청산은 1965년에 끝났는가」, 『전국역사학대회 발표문』

2001 노영종, 「일제 말기 조선인의 북해도지역 강제연행과 거부투쟁」, 『한국근현대사연구』17

2001 박병출, 「원폭피해 노인들 아파 울고 억울해 울고」, 『시사저널』617호

2001 신영숙, 「일제시기 여성사연구에 있어 민족과 여성문제」, 『여성:역사와 현재』, 국학자료원

2001 신주백, 「일제의 교육정책과 학생의 근로동원(1943~1945)」, 『역사교육』78

2001 안자코 유카, 「강제동원에 대한 연구성과와 자료 현황」, 『전국역사학대회 발표문』

2001 안자코 유카, 「일본의 전시동원관련 재판의 진전과 현황」, 『중한인문과학연구』6

2001 이아현, 「역사교육에서 본 일본군 '위안부' 문제 - 한일 역사교과서 서술을 중심으로」, 중앙대학교 교육대학원 역사교육전공 석사학위논문

2001 이연식, 「해방직후 서울지역의 주택부족문제연구 - 유입인구의 증가와 관련하여(1945~1948)」, 『서울학연구』16

2001 정진성, 「억압된 여성의 주체형성과 군위안부동원」, 『사회와역사』54

2001 정혜경, 「강제연행관련 구술자료수집의 현황 및 활용방안」, 『구술자료로 복원하는 강제연행의 역사 - 2001년도 구술자료수집결과보고회 자료집』, 일제강점하강제동원피해진상규명등에관한특별법제정추진위원회

2001 하종문, 「일본의 노동력 동원정책」, 『전국역사학대회 발표문』

2001 한혜인, 「조선인강제연행에서의 강제성의 한 단면」, 『일본어문학』10

2002 강만길·안자코 유카, 「해방직후 '강제동원' 노동자의 귀환정책과 실태」, 『아세아연구』108

2002 강정숙, 「일본군 '위안부' 제도와 기업의 역할」, 『역사비평』

2002 곽건홍, 「침략전쟁기(1937~45)일본에 강제동원된 조선노동자의 존재형태 - 군
　　 대식 노동규율과 노동조건의 민족적 차별을 중심으로」, 『아세아연구』108

2002 김광열, 「1990년대 일본의 전후보상론과 한국인의 소송」, 『전후보상과 한일관
　　 계 - 한일민족문제학회 2002년도 정기학술심포지엄 자료집』

2002 김광열, 「1990년대 일본의 전후보상론과 한국인의 소송」, 『한일민족문제연구』2

2002 박홍규, 「제2차 세계대전의 전후보상과 식민지지배에 대한 국제사회의 논의」,
　　 『전후보상과 한일관계 - 한일민족문제학회 2002년도 정기학술심포지엄 자료집』

2002 박홍규, 「제2차 세계대전의 전후보상과 식민지지배에 대한 국제사회의 논의」,
　　 『한일민족문제연구』2

2002 변은진, 「일제 침략전쟁기 조선인 ‘강제동원’ 노동자의 저항과 성격-일본 내
　　 ‘도주*’비밀결사운동’을 중심으로」, 『아세아연구』108

2002 西川重則, 「일본조사회법 현황과 과제」, 『일제강점하 강제동원피해 진상규명
　　 어디까지 왔나 - 일제강점하강제동원피해진상규명등에관한특별법공청회자료
　　 집』, 일제강점하강제동원피해진상규명등에관한특별법제정추진위원회

2002 신영숙, 「일본군 ‘위안부’ 문제에 대한 사회적 인식」, 『역사와현실』45

2002 신주백, 「남북한 중일의 역사교과서의 전쟁책임론」, 『전후보상과 한일관계-한
　　 일민족문제학회 2002년도 정기학술심포지엄 자료집』

2002 신주백, 「남북한 중일의 역사교과서의 전쟁책임론」, 『한일민족문제연구』2

2002 신주백, 「만주국군 속의 조선인 장교와 한국군」, 『역사문제연구』9, 역사비평사

2002 양현아, 「증언과 역사쓰기」, 『사회와 역사』60

2002 윤건차, 「한일양국에 왜 이 문제를 제기하는가」, 『전후보상과 한일관계-한일민
　　 족문제학회 2002년도 정기학술심포지엄 자료집』

2002 윤건차, 「한일양국에 왜 이 문제를 제기하는가」, 『한일민족문제연구』2

2002 이병례, 「일제하 전시체제기 노동자의 경험세계」, 『역사연구』11

2002 임인숙, 「일제시기 근로정신대 여성의 분석과 의미화 과정에 관한 연구」, 이화
　　 여자대학교 여성학 석사학위청구논문

2002 장완익, 「한국에서 바라본 강제동원피해 진상규명 필요성과 과제」, 『일제강점
　　 하 강제동원피해 진상규명 어디까지 왔나 - 일제강점하강제동원피해진상규명
　　 등에관한특별법공청회자료집』, 일제강점하강제동원피해진상규명등에관한특별

법제정추진위원회

2002 정연진, 「미국의 전후보상소송현황과 진상규명의 필요성」, 『일제강점하 강제동원피해 진상규명 어디까지 왔나 – 일제강점하강제동원피해진상규명등에관한특별법공청회자료집』, 일제강점하강제동원피해진상규명등에관한특별법제정추진위원회

2002 정진성, 「강제동원기 기업위안부에 관한 연구」, 『일본군위안부 문제에 관한 국외자료조사 연구』, 여성부, 2002년 12월

2002 정혜경, 「일제 말 전시동원체제관련 자료 연구 – 국내 소장자료를 중심으로」, 『해방전후사료연구』, 선인

2002 정혜경, 「일제 말기 강제연행 노동력 동원의 사례 : ‘조선농업보국청년대’」, 『한국독립운동사연구』18

2002 정희상, 「대물림 고통 ‘원폭 후유증’ 침묵과 은폐의 장막 걷는다」, 『시사저널』669

2002 韓惠仁, 「朝鮮人强制連行政策의 運用」, 『아시아문화연구』6

2002 홍상진, 「조선인강제련행의 실태와 조선인강제련행진상조사단의 활동」, 『일제강점하 강제동원피해 진상규명 어디까지 왔나 – 일제강점하강제동원피해진상규명등에관한특별법공청회자료집』, 일제강점하강제동원피해진상규명등에관한특별법제정추진위원회

2003 김민영, 「식민지시대 노무동원 노동자의 송출과 철도 · 연락선」, 『한일민족문제학회』4

2003 김승일, 「중국 해남도에 강제연행된 한국인 귀환문제」, 『한국근현대사연구』25

2003 김종성, 「원폭피해자들의 삶과 소외 의식의 형상화」, 『새국어교육』65

2003 남윤삼, 「독일 나치 정권하 강제노동자의 임금청구에 관한 법적 고찰」, 『한국근현대사연구』25

2003 박맹수, 「홋카이도 지역의 조선인 강제연행 자료에 대하여」, 『한일민족문제학회』4

2003 박민영, 「포로가 된 시베리아지역 한인의 귀환」, 『한국독립운동사연구』20

2003 白木澤旭兒, 「조선인 강제연행관계자료에 관하여」, 『사학연구』70

2003 신주백, 「1945년 한반도에서 일본군의 본토결전 준비」, 『역사와현실』49

2003 이상의, 「일제지배 말기의 노동문제와 조선인의 저항」, 『역사연구』13

2003 이상의, 「일제지배 말기의 노무관리와 노동통제」, 『역사와현실』50

2003 이평래, 「제2차 세계대전 후 몽골로 끌려간 일본포로」, 『한국근현대사연구』25

2003 전기호, 「강제연행 재일 한국인 노동자들의 투쟁」, 『일제시대 재일한국인 노동자계급의 상태와 투쟁』, 지식산업사

2003 전기호, 「한국인 강제연행 · 강제노동에서 '강제'의 성격」, 『일제시대 재일한국인 노동자계급의 상태와 투쟁』, 지식산업사

2003 정진성, 「일제말 강제 동원기의 기업 위안부에 관한 연구」, 『사회와 역사』63

2003 정진성 「강제동원기 기업 '위안부'에 관한 연구 : 北海道(호카이도)탄광지역을 중심으로」, 『일본군 '위안부' 문제에 관한 국외자료조사 연구(2)』, 여성부, 2003년 12월

2003 정태헌 · 기광서, 「일제의 반인륜적 조선인 강제노무동원과 임금탈취」, 『역사와현실』50

2003 정혜경, 「'한일과거청산' (가칭) 기록관 설립을 위한 시론」, 『일제 말기 조선인강제연행의 역사 - 자료연구』, 경인문화사

2003 정혜경, 「일제 말기 강제연행관련 구술자료 관리방안」, 『일제 말기 조선인강제연행의 역사 - 자료연구』, 경인문화사

2003 정혜경, 「일제 말기 조선인 군노무자의 실태 및 귀환」, 『한국독립운동사연구』20, 독립기념관 한국독립운동사연구소

2003 최계수, 「일제강점기 인적수탈에 대한 피해보상소송과 그 법적 검토」, 『한국근현대사연구』25

2003 표영수, 「日帝末期 兵力動員政策의 展開와 平壤學兵事件」, 『韓日民族問題研究』3

2003 한혜인, 「'강제연행'에서의 공출구조」, 『한일민족문제학회』4

2003 허종호 · 리철홍 · 공명성, 「일제의 조선인강제징발 실상」, 『역사와현실』50

2004 니시노 루미코, 「위안부 문제를 둘러싼 과제에 대해」, 제2회 일본의 과거청산을 요구하는 국제연대협의회 서울대회 자료집

2004 소라노 요시히로, 「조선인 강제연행의 법적 고찰」, 제2회 일본의 과거청산을 요구하는 국제연대협의회 서울대회 자료집

2004 손철수, 「조선인강제연행 및 강제노동범죄의 책임문제에 대하여」, 제2회 일본

의 과거청산을 요구하는 국제연대협의회 서울대회 자료집

2004 아리미츠 켄, 「강제연행·강제노동 소송의 경과와 금후의 과제」, 제2회 일본의 과거청산을 요구하는 국제연대협의회 서울대회 자료집

2004 윤명숙, 「기업 '위안부'에 대한 연구실태와 과제」, 군산대학교 환황해연구원·한일민족문제학회 학술대회 '귀환과 미귀환' 발표문

2004 윤명숙, 「일본군 '위안부' 문제에 대한 일본사회의 인식」, 『한일민족문제연구』7

2004 이선이, 「2000년 법정 이후의 일본군 '위안부' 문제를 생각한다」, 제2회 일본의 과거청산을 요구하는 국제연대협의회 서울대회 자료집

2004 장완익, 「일제강점하강제동원진상규명특별법의 의미」, 제2회 일본의 과거청산을 요구하는 국제연대협의회 서울대회 자료집

2004 정혜경, 「자료소개 – 구연석 유골송환 문제 관련 내용」, 『한일민족문제연구』6

2004 정혜경, 「국내 강제연행 연구, 미래를 위한 제언」, 『한일민족문제연구』7

2004 정혜경, 「해방 이후 강제연행 생존자의 사회적응과정」, 『한국근현대사연구』29

2004 정혜경, 「기억에서 역사로 : 일본제철(주)에 끌려간 조선인노동자」, 『한국민족운동사연구』41

2004 채영국, 「해방 후 BC급 전범이 된 한국인 포로감시원」, 『한국근현대사연구』29

2004 표영수, 「일제 말기 지원병제도 실시에 관한 논의」, 군산대학교 환황해연구원·한일민족문제학회 학술대회 '귀환과 미귀환' 발표문

2004 허광무, 「한국인 원폭피해자에 대한 연구와 문제점」, 군산대학교 환황해연구원·한일민족문제학회 학술대회 '귀환과 미귀환' 발표문

2004 허광무, 「한국인 원폭피해자에 대한 제연구와 문제점」, 『한일민족문제연구』6

2004 헨리 유, 「잊혀진 범죄 : 일본군 '위안부'」, 제2회 일본의 과거청산을 요구하는 국제연대협의회 서울대회 자료집

2004 홍선옥, 「일본군 '위안부' 제도와 조선 반도」, 제2회 일본의 과거청산을 요구하는 국제연대협의회 서울대회 자료집

2005 강덕상, 「강제연행의 진상규명 방향」, 일제강점하강제동원피해진상규명위원회 출범 1주년 기념 국제심포지엄 자료집

2005 강정숙, 「일제 말기 조선인 군속 동원」, 『성대 사림』23

2005 김도형, 「중부태평양지역 한인의 귀환」, 제48회 전국역사학대회 발표요지

2005 남상구, 「전후 일본에 있어서의 전몰자 추도시설을 둘러싼 대립」, 『한일관계사연구』22

2005 남상구, 「전후 일본의 전몰자 유골문제」, 제2회 한일역사연구자 공동 학술회의 자료집

2005 남상구, 「전후 일본정부의 전몰자 유골 정책」, 『한일민족문제연구』9

2005 남상구, 「전후 일본의 전쟁희생자 '보상'에 관한 고찰」, 『일본역사연구』22

2005 박맹수, 「자료소개 − 일제 말기 북해도로 강제동원된 전북출신 노무자 213명의 명부」, 『한일민족문제연구』8

2005 시라토 히토야스(白戸仁康), 「日鐵輪西製鐵朝鮮人殘留遺骨と北海道の戰後遺骨處理問題」, 『한일민족문제연구』8

2005 시라토 히토야스, 「노무동원 관련 자료 소재상황」, 일제강점하강제동원피해진상규명위원회 출범 1주년 기념 국제심포지엄 자료집

2005 신주백, 「日本의 朝鮮人 軍事敎育(1942.12〜45)」, 『한일민족문제연구』9

2005 야마다 쇼지, 「강제동원 피해자와 그 유족의 전후」, 일제강점하강제동원피해진상규명위원회 출범 1주년 기념 국제심포지엄 자료집

2005 야마다 쇼지, 「조선여자근로정신대 동원 방식」, 제2회 한일역사연구자 공동 학술회의 자료집

2005 야마다 쇼지, 「조선여자근로정신대의 동원과 철광업으로의 조선인남자의 전시동원과 비교 검토」, 『한일민족문제연구』9

2005 요시미 요시아키, 「일본군 위안부 제도의 강제성에 관하여」, 일제강점하강제동원피해진상규명위원회 출범 1주년 기념 국제심포지엄 자료집

2005 이병례, 「일제하 전시체제기 경성부의 노동력 동원구조」, 『史林』24

2005 정혜경, 「일제 말기 강제동원 희생자 유골문제의 본질과 해결을 위한 제언」, 『한일민족문제연구』8

2005 정혜경, 「일제 말기 '남양군도'의 조선인 노동자」, 『한국민족운동사연구』44

2005 정혜경, 「조선인 강제연행 · 강제노동에 관한 기록사료」, 『史林』24

2005 츠카사키 마사유키, 「조선인 징병제도의 실태」, 제2회 한일역사연구자 공동 학술회의 자료집

2005 한혜인, 「사할린지역 강제연행의 특징」, 제48회 전국역사학대회 발표요지

2005 허수열, 「일제말 조선내 노동력 동원의 강제성에 관한 고찰」, 일제강점하강제
동원피해진상규명위원회 출범 1주년 기념 국제심포지엄 자료집

2005 홍상진, 「조선인 강제연행과 진상규명」, 일제강점하강제동원피해진상규명위원
회 출범 1주년 기념 국제심포지엄 자료집

2005 히구치 유이치(樋口雄一), 「징병과 조선 민중 동원체제」, 일제강점하강제동원피
해진상규명위원회 출범 1주년 기념 국제심포지엄 자료집

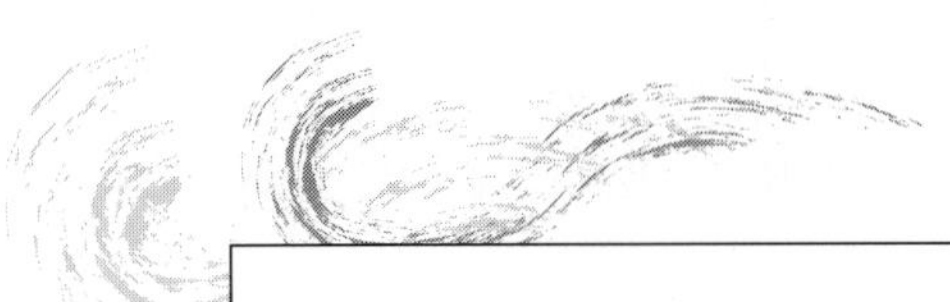

2. 조선인 강제연행·강제노동에 관한 기록사료

1. 머리말

피해자의 역사 복원에서 연구자들이 크게 의지하는 것은 기록사료이다. 그러나 동시에 가해자들이 위세를 부릴 수 있는 배경에도 기록사료가 있다.[1] 가장 대표적인 예가 '일본군위안부피해자' 문제이다. 일본정부와 당국자들이 일관되게 '조선인 위안부 제도 운영에 일본정부가 직접 개입했다는 문서'가 없다는 이유를 제시함으로써, 역사적 진실 규명에서 조그만치의 진전을 보이지 못하고 있기 때문이다. 수많은 일본 군인들의 승언에도 불구하고 '기록 존재 여부'를 운운하며, 사실 자체를 부정하고 있는 '난징(南京)학살'

---

1) 기록사료란 아카이브즈(archives)를 의미한다. ICA가 Management Archives(MPSR-A Study Programme, 1999, p.5)에서 정의한, 아카이브즈란 '꼭 현재 업무상 필요가 없어진 문서만을 의미하지는 않지만 대체로 그 필요성이 없어진 문서로서 영구보존하기 위하여 선별된 지속적 가치를 가진 문서'이다. 종전에는 '사료'라는 용어가 일반화되었는데, 1990년대 후반에 들어서 국내학계에 기록학이 도입되어 학문적 자리매김을 하면서 '기록사료'라는 용어도 사용이 늘어나고 있다. 기록관리의 목적은 기록사료를 사회적·문화적 자원으로 널리, 아울러 영속적으로 이용할 수 있도록 적절한 보존과 공개시스템을 구축하고 이를 유지하는 것이다. 이러한 목적을 이루기 위한 과정에서 기록사료를 정확히 인식하는 작업은 가장 우선적 단계일 것이다. 기록사료를 인식하기 위한 대표적인 방법론 가운데 하나는 기록사료구조론이다. 기록사료구조론이란 기록사료들을 기록사료군 전체 가운데 자리매김하고 그 존재의 의미를 이해시키는 연구방법론이다. 현재 국내 기록학계에서 기록사료의 구조에 대한 연구는 아직 진행되지 못한 상태이다. 정혜경, 「공문서의 미시적 구조인식으로 본 남양농업이민(1939-1940)」, 『한일민족문제연구』 3, 2002에서 기록사료구조론을 도입한 연구를 진행하기도 하였으나 여전히 연구공백 상태이다. 그 이유는 몇 가지 들 수 있으나 가장 큰 이유는 기록사료에 대한 인식이 여전히 제한되어 있기 때문이다. 기록학이 학문으로서 위상을 정립하고 범주를 설정하기 위해 인접 학문과 교류를 확대하면서 다양한 연구 방향을 모색하는 상황에서 기록사료구조론은 시급한 연구과제로 인식되기 어려웠다. 이보다는 분류나 기술, 기록물에 대한 전자적 관리론 등이 시급히 연구되어야 할 주제로 인식되었다. 여기에는 기록학 가운데 기록사료 연구 분야 자체가 갖는 학문적 아이덴티티도 한 몫을 했다고 여겨진다. 어찌보면, 고문서학이나 서지학, 역사학, 문헌학 등과 차별성을 보이지 않는 듯 인식되는 기록사료연구의 학문적 모호성은 극복되어야 할 문제임에도 이를 지양하고자 하는 움직임은 아직 미진한 상태이다. 이러한 한계는 기록학의 학문적 진전도와 연구 활성화에 의해 점차 극복되리라 여겨진다. 기록사료학에 관해서는 安藤正人, 『記錄史料學と現代』, 吉川弘文館, 1998, 26~27쪽 참조.

도 마찬가지이다. 그러나 '어디 자료가 있으면 제시해보라'는 당당함은 단지 가해자만 휘두르는 전가의 寶刀가 아니다. 연구자들 사이에서도 입론의 논증 과정은 기록사료의 유무에 따라 적지 않은 영향을 받는다.

그러므로 소송에서 승리하기 위해서, 또는 피해자의 역사를 규명하기 위해서, 그리고 연구 작업을 위해서 기록사료의 발굴은 가장 중요한 작업이 되어 왔다. 그동안 발굴되어 온 관련 문헌자료로 인해 강제연행·강제노동이 일본의 정책적 주도와 개입 아래 진행되었음은 어느 정도 밝혀졌다. 또한 구술사료를 적극적으로 채용함으로써, 문헌자료를 확보하기 어려운 지점에 대한 역사 기술도 가능해졌다.

그러나 여전히 강제연행·강제노동의 역사는 편린에 불과하다. 역사의 조각 맞추기는 이제 막 시작되었을 뿐이다. 큰 틀에서 조각을 맞추기 위해서는 식민지 조선이라는 한반도의 좁은 범위를 넘어서 일본 본토는 물론이고 홋카이도와 오키나와, 미크로네시아(남양군도), 남사할린, 중국 관내, 동남아시아, 중국 동북부 지역(만주) 등 일본의 점령지였거나 식민지였던 지역 전체에 대한 이해가 필요하다. 그러므로 기록사료의 발굴도 범주와 대상을 확대할 필요가 있을 것이다.

현재 국내에서 강제연행·강제노동의 역사 쓰기는 그리 오랜 연륜이나 깊이를 갖고 있지 못하다. 1973년에 고승제(『韓國移民史研究』)와 김대상(『일제하 강제인력수탈사』)의 저서 발표로 시작된 연구는 1985년에 허수열의 논문이 발표되었으나 본격적인 연구는 1991년(김민영의 박사논문 「일제의 조선인노동력 수탈에 관한 연구」)에서야 가능했다. 그 후 곽건홍과 이상의의 박사논문이 발표되고 정혜경의 연구서가 발간되는 등 연구는 진전을 보이고 있다.[2] 이제 겨우 첫 발 떼기 수준을 벗어난 국내 연구가 제 자리를 찾아나가기 위해서는 기록사료의 수집·발굴은 물론, 활용에 대한 관심도 높아져야 할 것이다. 이 글은 이를 위한 시론으로 준비되었다.

---

2) 곽건홍, 「일제하 조선의 전시 노동정책 연구」, 1998, 고려대학교 박사학위논문; 이상의, 「1930~40년대 일제의 조선인노동력 동원체제 연구」, 2002, 연세대학교 박사학위논문 ; 정혜경, 『일제 말기 조선인 강제연행의 역사 – 사료연구』, 경인문화사, 2003.

2. 기록사료 생산주체에 대한 이해

조선인 강제연행 · 강제노동에 관한 자료를 생산한 주체는 대략 제국의회, 일본정부, 조선총독부, 일본기업, 민간인 등이다. 일본정부에는 내무성, 육군성과 해군성, 군수성[3], 외무성, 후성성 등이 포함된다. 본국에서 식민지 조선의 비중은 매우 높았으므로 일본 내각에서 생산된 자료 가운데 많은 부분은 식민지 조선과 직간접적인 관계 아래에 놓여 있다. 그러나 이들 기관에서 생산된 자료가 모두 국내에 들어온 것이 아니므로 이 글에서는 이들 가운데 가장 많은 관련성을 갖는 부서 및 기구를 살펴보고자 한다.[4]

1) 조선총독부

1910년 8월 29일 공포된 한일합병조약에 의거하여 대한제국의 통치권이 일본정부에 인수된 이후 칙령 319호 「조선총독부 설치에 관한 칙령」을 통해 조선총독부의 기구가 설립되었다. 그리고 같은 해 9월 30일에 「조선총독부 관제」(치령 제354호)가 공포되고, 10월 1일에 육군대신 겸 통감 데라우치(寺內正毅)가 육군대신 겸 조선총독에 임명됨으로써 조선총독부라는 통치기구가 기능을 발휘하기 시작했다. 조선총독부관제는 그 후 여러 차례 개정을 거친다.

조선총독부가 생산한 자료 가운데 강제연행 · 강제노동에 관한 자료 생산부서는 관방을 비롯하여 경무국 · 학무국 · 내무국 · 사정국 · 광공국 · 후생국 · 법무국 등이다. 그 가운데 가장 많이 볼 수 있는 부서명은 사회과 · 사회교육과 · 노무과 정도이다. 이 가운데 먼저 사회과의 조직변천과 업무분장에 대해 살펴보자.

---

3) 군수성은 1943년 11월에 戰局 만회를 목적으로 항공기증산을 중점으로 하는 새로운 행정기구로 설치되어 1945년 8월 26일 商工省이 부활할 때까지 존속했다. 군수성은 총동원국, 항공병기총국, 기계국, 철강국, 경금속국, 비철금속국, 화학국, 연료국, 전력국을 두고 전쟁을 지원했다. 일제가 패망할 당시 군수성 총동원국에는 관련 자료가 소장되어 있었다고 하는데, 8월 16일 소각한 것으로 알려져 있다. 赤松俊秀 外, 『日本古文書學講座 - 近代編1』, 雄山閣, 1979, 203쪽; 山田昭次, 「朝鮮人中國人强制連行研究史試論」, 『朝鮮歷史論集』 下, 龍溪書店, 1979, 491쪽.

4) 또한 현재 일본기업에 대해서는 파악된 내용이 적은 편이다. 오노다 시멘트와 같이 재판이 진행되는 과정에서 자료가 공개된 기업이나 일본체험 · 北海道탄광기선주식회사와 같이 자료를 대학에 위탁한 기업도 있지만 대부분은 강제연행과 관련되었던 사실을 은폐 · 은닉하고 있다. 따라서 기업에 대해서는 자료공개와 연구의 진척을 기다리지 않을 수 없다.

내무국 사회과는 1921년 7월 신설되었다. 조선총독부는 3·1운동 이후 학교교육뿐만 아니라 사회교화사업이 식민통치에 미치는 영향이 매우 중요하다는 사실을 절감하고 1921년 7월 내무국 산하에 사회과를 신설했다. 사회과 업무는 사회사업과 사회교화사업으로 대별되는데, 이 시기에는 공안적 차원에서 행정이 이루어졌으므로 내무국 산하에 조직했다. 1930년에 들어서 사회통제가 더욱 강화되어야 할 시기에 이르면서 전 사회 각계각층을 대상으로 하는 사회교화사업의 전개가 과제로 대두되었다. 그 결과 사회과는 내무국에서 학무국으로 소속을 바꾸게 된다.[5]

1932년 2월 13일 총독부는 사회과를 학무국으로 이전하면서 학무국 내 종교과를 흡수 통합했다. 1932년에 규정된 학무국 사회과 관장 사무는 10개 항에 달한다. 1. 사회사업에 관한 사항, 2. 제생원과 감화원에 관한 사항, 3. 사회교육에 관한 사항, 4. 청소단과 청년훈련소에 관한 사항, 5. 도서관과 박물관에 관한 사항, 6. 경학원과 명륜학원에 관한 사항, 7. 향교재산에 관한 사항, 8. 종교와 제사에 관한 사항, 9. 사원에 관한 사항, 10. 보물고적명승천연기념물 등의 조사와 보존에 관한 사항.

총독부는 교화사업의 주목표로 "국가 관념을 明徵하여 국민의 자각을 견고히 하고 穩健中正한 사상을 啓培하는 것"이라고 단언하고 사회교화사업의 강화를 내걸었다. 사회교화관련 업무는 사회과와 사회교육과 및 연성과에서 담당하였는데 조직적 변천내용을 보면, 내무국 사회과(1921) → 학무국 사회과(1935) → 학무국 사회교육과(1936) → 학무국 연성과(1942) / 학무국 사회과(1943) 등이다.

1936년에 학무국은 전시체제에 적합한 사상전도와 민중교화사무에 치중하기 위하여 사회사업업무와 사회교화교육업무로 구분하고 사회과를 다시 내무국 산하로 두어 사회사업업무를 담당하도록 했다. 사회교화의 업무는 학무국 내에 신설된 사회교육과에서 담당하도록 했다. 1936년부터 시작된 국민정신작흥운동은 사회교육과의 소관 업무였다. 이 시기에 정해진 사회교

---

5) 학무국은 통감부 체제 아래에서는 학부였다. 1906년 통감부를 설치한 일본은 학부·내부·탁지부·군부·법부·농상공부 등 6부를 두고 행정사무를 분장했다. 이듬해 12월 13일에 통감부는 학부관제를 개정·공포하여 통감부체제에 맞도록 학부조직과 기능을 공시하였고, 1909년과 1910년 1월에 학부분과규정을 종합하여 관제조직을 갖추었다. 이때 갖추어진 조직은 대신관방, 학무국, 편집국이다. 통감부체제 아래에서 학부는 반식민지 상태에 놓여있던 조선을 완전한 식민지로 만들기 위한 교육행정을 실시하고자 하고자 구상되었다. 조선총독부 시절, 1911년 3월 31일 확정된 관제에서 학무국은 내무부 산하였으나 같은 해 8월 19일 단행된 관제개혁에서 총독부 직속으로 승격되었다.

육과의 소관 사무는 다음과 같다. 1. 사회교화에 관한 사항, 2. 지방개량에 관한 사항, 3. 사회체육에 관한 사항, 4. 향교와 향교재산에 관한 사항, 5. 종교와 殿陵享祀에 관한 사항, 6. 보물고적명승천연기념물의 조사와 보존에 관한 사항, 7. 교화단체에 관한 사항.

사회과는 1943년 12월 총독부의 사무분장에 의해 내무국에서 다시 학무국으로 이속되었다. 이때 사회과는 군사보호에 관한 사항, 구호 및 구료에 관한 사항, 주택에 관한 사항, 사회복리에 관한 사항, 제생원과 감화원에 관한 사항, 기타 사회사업에 관한 사항을 담당하게 되었다.

사회교육과는 1942년부터 업무가 세분되어 연성과가 신설되었다. 연성과는 청년단과 청년훈련소 등 鍊成에 관련한 업무를 전담했다. 연성과는 바로 징병체제의 실시를 준비하기 위한 부서로써 교련교육으로 대변되는 연성훈련이 중심 업무였다. 1943년 12월에는 1. 청소년의 훈련에 관한 사항, 2. 육군병 지원자 훈련에 관한 사항, 3. 청년특별연성에 관한 사항, 4. 지도자연성에 관한 사항, 5. 국민연성 및 국민근로교육에 관한 사항, 6. 체위향상에 관한 사항, 7. 사회교육 및 사회교화에 관한 사항, 8. 종교 및 경학에 관한 사항을 담당하도록 규정되었다. 1944년에 여자청년특별연성소가 개소되는데, 이 업무도 연성과의 소관사항이었다. 즉 연성과는 비상전시체제 아래 피교육자를 전장으로 동원하는 데 필요한 제반업무를 담당한 부서였다.

조선총독부는 교육정책을 통해 식민통치의 효율성을 도모하고자 했다. 그러므로 학무국을 총독 직속기관으로 두고 학교교육뿐만 아니라 사회교육까지 전담하고자 했다. 전쟁이 개시되면서 학무국의 역할은 더욱 광범위해져서, 조선인의 황민화를 이루고자 하는 사회교육과 아울러 강제연행의 실무를 담당하는 부서로 확대되었다. 그러므로 학무국이 생산한 자료는 식민통치의 대상인 조선인을 효율적으로 통치하기 위한 이데올로기를 제공하는 자료를 비롯하여 훈련과 교육의 실상을 알려주는 자료까지 폭넓게 구성되어 있다.

노무 업무는 1938년 4월 1일 국가총동원법의 공포 이후 실시된 업무이다. 따라서 노무 업무를 담당하는 부서도 1938년 이후에 나타났다. 노무과는 사회과 노무계에서 출발하여 1941년에 노무과로 승격되었는데, 소속국은 내무국·사정국·광공국 등을 거쳤다. 노무관련기구의 변동 상황과 담당 업무에 대해 살펴보면 다음과 같다.

내무국 사회과에 사무분장 가운데 '노무'와 관련한 업무가 명시되기 시작한 것은 조선총독부훈령 제7호(1939년 2월 7일자)에 의해서이다.[6] 그 후 총독부의 사무분장에 의해 1941년 3월 13일에 노무과가 신설됨에 따라 '노무'에 관한 업무는 사회과가 담당하지 않는다. 조선총독부 훈령 제23호에 근거하여 사회과 노무계가 내무국의 노무과로 승격했기 때문이다.[7]

이때 정해진 노무과의 업무내용은 다음과 같다. 1. 직업소개 기타노무의 수급조정에 관한 사항, 2. 실업대책에 관한 사항, 3. 노동력의 保持增强에 관한 사항, 4. 노동조건에 관한 사항, 5. 노동보호에 관한 사항, 6. 국민직업능력의 등록 및 국민징용에 관한 사항, 7. 기타 노무에 관한 사항.

내무국에 속해 있던 노무과는 1941년 11월 19일자 조선총독부 훈령 제103호에 의해 후생국으로 배속된다. 훈령에 의해 후생국에는 보건과, 위생과, 사회과, 노무과가 설치되었다. 이때 노무과가 담당한 업무는 1941년 3월의 업무분장 내용과 동일하다.

후생국에 소속되었던 노무과는 다시 이듬해에 사정국으로 이속된다. 관제의 변화는 일본의 정책변화와 궤를 같이한다. 일본정부는 태평양전쟁이 가열화됨에 따라 전쟁수행을 위한 방대한 물심양면의 군사력 조성기지로서 식민지 조선에 대한 지배체제를 강화하기 위해 조선총독부의 행정체제를 일본 중앙행정체제와 일원화하도록 했다. 이를 위해 조선총독에 대한 감독을 강화하도록 하는 내용의 관제개정을 단행했다. (1942년 11월 1일자 칙령 제729호) 이러한 조치에 따라 조선총독부의 관제도 개혁되었다. 1942년 11월 1일자 조선총독부 훈령 제54호에 의해 지방과, 외무과, 사회과, 노무과, 토목과, 지방관리양성소와 함께 사정국으로 배속되었다.[8] 이때 노무과의 담당업무는 이전부터 담당하던 업무에 '기술자의 할당에 관한 사항'이 추가되어 8개 항목이 된다.

그 후 1943년 12월에 조선총독부는 결전체제를 맞기 위한 행정기구 개혁을 단행하여 총무·사정·식산·농림·철도·전매 등 6국을 폐지하고 광공·농상·교통 등 3국을 신설하여 총 8국(총독관방·재무·법무·학무·경무·광공·농상·교통)으로 개편하였다. 이에 따라 사정국에 소속되어 있던 노무과

---

6) 조선총독부관보 제3614호 1939년 2월 7일자.
7) 조선총독부관보 호외 1941년 3월 13일자.
8) 조선총독부관보 호외 1942년 11월 1일자.

는 광공국으로 이속하게 된다. 1944년 10월 전쟁이 막바지에 이르면서 총동원체제에 대한 재정비는 또 한번 이루어지고, 이에 따라 노무과는 1944년 10월 15일자 조선총독부 훈령 제89호에 따라 근로조정과·근로동원과·근로지도과로 세분화되어 이후부터 '노무과' 생산문서는 찾을 수 없게 된다.[9]

2) 일본정부

일본의 정치체제는 1868년 6월 太政官을 중심으로 기구를 조직한 후 몇 차례의 개편을 거쳐 1889년 2월 明治헌법의 공포로 인해 확립되었다. 천황을 정점으로 입법부인 의회(중의원과 귀족원), 수상과 내각(내무성, 사법성, 육해군성, 기타), 육해군 참모본부로 구성된 정치체제는 대외침략정책과 제국 건설의 효율화를 위한 방향에서 개폐되면서 1947년까지 이르렀다.

이 가운데에서 내무성은 神社와 지방, 토목, 경찰, 위생, 사회행정 등 내정을 관장하는 존재이다. '내무'란 內國事務의 약칭으로써 外務에 대한 국내 행정이라는 의미로 사용되었다. 내무성은 1873년 11월 10일, '국가안녕 인민보호의 시무를 관리하는 기관'으로써 태정관포고 제375호로 설치되어 1947년 12월 31일에 폐지될 때까지 일본근대사에서 중요한 역할을 담당했다. 내무성은 1874년 1월 9일에 전신인 民部省 업무에 각각 대장성과 사법성, 工部省으로부터 이관받은 권업·호적·우체·토목·지리(이상 대장성), 警保(사법성), 측량사무(공부성)를 갖추고 본격적인 업무개시에 들어갔다.[10] 내무성의 역할이 이와 같이 확대된 것은 메이지헌법 공포 이후 내무성과 외무성, 일본 군부라는 일본정부의 세 가지 중추기관 형성과 무관하지 않다. 메이지헌법에 의거해 내무성이 縣정부와 경찰을 산하에 두고 있음은 내각 내에서 내무성의 위치를 가늠하게 해준다.[11]

일제하 내무성이 담당한 업무는 해방 이후 자치성(지방), 경찰청(경찰), 건설성(토목), 후생성(위생·사회), 노동성(노동), 문부성(종교·도서·박물

---

9) 조선총독부관보 호외 1944년 10월 15일자.
10) 赤松俊秀 外, 앞의 책, 133쪽.
11) 당대의 실력자인 山川은 1883년부터 1888년까지 내무대신에 재직하면서 내무성의 위상 강화에 노력했다. 그는 경찰을 중앙에서 통제되면서도 효과적인 집단으로 재조직하였고, 지방정부를 효율적이면서도 고도로 중앙집권적이고 권위주의적인 체계로 재조직하는 작업을 실행하였다. 그 결과는 1888년과 1890년에 공포된 법률에 반영되었다.

관), 외무성(외국이민), 법무성(호적·국적·감옥), 통상산업성(권업), 농림수산성(권업·산림), 우정성(우체업무), 운수성(우체업무·기상·철도·항만), 대장성(지조개정·국유재산관리), 北海道개발청(北海道 척식) 등이 담당하고 있다. 이는 업무의 광범위함은 물론 내무성의 중요성을 가늠할 수 있는 기준이기도 하다. 내무성의 가장 중요한 업무는 경찰과 勸業이었다. 사회의 안녕 질서를 위해서는 경찰업무를 장악해야 했고, 일자리를 관장하는 일도 소홀히 할 수 없었다. 실업자의 존재는 사회의 안녕 질서를 해친다고 믿었기 때문이다.

또한 내무성은 일정기간 척식과 관련한 업무를 담당하던 기관이었다. 국내(北海道) 및 해외 식민지 개척은 물론이고, 식민지에 대한 통제를 직접 담당했다. 물론 조선총독은 여기에 해당되지 않았으나 조선총독부의 통치방향에 일정한 영향을 미친 기관임에는 틀림이 없다.[12] 조선의 전시동원체제와 관련해서 내무성이 생산한 자료는 조선인 동원 관련 공문서가 대표적이다. 구체적으로는 동원을 위한 사전작업으로 실시한 노동력 실태조사와 통제관련 법령의 공포 및 운영이 해당된다.

일본 육해군의 군제는 독일제국의 군제에 기초하여 軍政(군대의 편제, 무기 준비 및 사용, 급여, 검열, 기율 등 군대 유지에 관련된 일반적인 행정적 측면)과 軍令(국방계획, 작전계획, 平戰 시기의 병력 사용 등 군대운용에 관한 통수적인 측면)이라는 이원주의에 의해 운영되었다.[13]

이에 근거하여 육해군은 각각 두 개씩의 기관을 기구의 중앙에 두고, 최고 지휘자인 천황에 귀속하는 형태를 취하였다. 즉 군정은 육군성과 해군성이라는 두 기관이 장악하는데, 양자는 내각관제 아래 최고의 중앙행정관서인 각성 중의 일원인 두 개의 省이다. 성의 장관인 육해군대신은 국무대신으로

---

12) 조선총독부가 주관한 사회교화사업이나 종교정책은 모두 본국 내무성의 방향과 일치하고 있다. 내무성에서 마련하여 시행하고 있는 제도를 식민지 조선에도 적용하고 있는 예는 빈번하다. 이는 내무성의 지시에 의한 것만이 아니라 조선총독부 자체적으로도 전체적인 통치방향에 적합하다고 판단하여 채택한 것으로 여겨진다.

13) 이원주의를 확립한 야마가타(山縣有朋)는 정부 내에서 군대의 독자성을 발전시키는데 전념했다. 그는 1878년 12월에 독일의 참모본부제도를 채용하여 참모총장이 육군대신이나 다른 정부에 독립하여 오직 천황의 명령 아래에서만 행동하고 천황에게 직접 상주권을 갖도록 했다. 이를 위해 천황에게 1878년에 군인훈계를, 1882년에는 군인勅諭를 공포하도록 하였다. 그 결과 육해군의 통수권이 천황의 수중에 있고, 다른 정부기구와 다른 독립성을 강화한다는 점을 천명했다. 이러한 노력은 이후 일본의 군부가 권력의 정점에 설 수 있음은 물론 일본을 침략전쟁으로 이끌어내는데 주도적인 역할을 할 수 있도록 하는 결과를 낳았다.

서 천황을 보필하고 내각의 구성원임과 동시에 정부의 행정 관료로서 육해군정을 관리하는 주무사무를 담당한다. 군령에 대해서는 참모본부(육군)와 군령부(해군)가 전담하고 이 두 기관은 내각의 밖에서 천황에 직속하게 된다. 그 장관인 참모총장과 군령부총장은 천황의 최고 막료장으로서 군령사항을 장악하고 여기에 관한 천황의 명령을 일원적으로 군내에 전달하는 역할을 담당한다. 이와 같이 일제하 일본 육해군의 최고관서는 군정과 군령이라는 두 가지 측면에서 육군성, 해군성, 참모본부, 군령부가 해당된다. 이들 기관의 조직변천을 살펴보면 다음과 같다.[14)]

• 육군성 : 1872년 2월에 태정관포고 제62호에 따라 그동안 병부성 육군부에 소속되었던 조직이 육군성(卿官房, 제1국, 제2국, 제3국, 제4국, 제5국, 제6국, 제7국)이 설치되었다. 이후에 육군성은 1885년 12월에 태정관제가 폐지되고 내각제도가 만들어짐에 따라 이듬해 2월에 육군성에 대한 관제가 정해져 장관으로 육군대신이 임명되었다(총무국, 기병국, 포병국, 공병국, 회계국, 의무국). 그 후 부서의 증감이나 廢置가 이어지다가 1945년 11월 30일 칙령 제675호에 의해 세1복원성의 관제가 제정되고 육군성은 폐지되었다. 특히 1939년에는 인사·병무·정비 등 3국이 폐지되거나 소속부서가 증감하는 등 큰 변화를 가져왔고, 1941년에 정비국과 병기국에 대한 개혁이 단행되었다. 이듬해에 병기국이 폐지되고 정비국의 소속부서가 폐지되는 등 변화상을 보이다가 1945년 4월에는 전비과가 설치되고 정비국이 폐지되었다. 이러한 빈번한 조직의 변천은 전쟁의 확대로 인해 육군의 군정업무가 여기에 신속히 대처하고자 했음을 나타내준다.

• 참모본부 : 참모본부의 전신은 1871년에 만들어진 병부성 참모국이다. 그 후 1873년에 참모국은 육군성 제6국이 되었다가 이듬해에 外局으로서 참모국이 설치되었다. 참모본부가 등장한 것은 1878년이다. 12월 5일자 太政官達 제50호 참모본부 조례에 의해 참모본부는 육군성으로부터 독립한 천황 直隷의 육군군령전담기관이 되었다(장은 참모장. 管東局, 管西局). 참모본부는 1886년에 육해군통일군령장악기관이 되어 역할을 담당하다

---

14) 육해군성이 만들어지기 이전에는 병부성(1869년 창설)이 이러한 업무를 담당했다. 육해군성의 조직변천은 竹山護夫, 「陸海軍中央機關の制度變遷」, 『日本陸海軍の制度·組織·人事』, 東京大出版會, 1971, 411~435쪽 참조.

가 1889년에는 육군만을 대상으로 하도록 범위가 축소되기도 했다. 전쟁의 확대와 동시에 참모본부의 역할과 비중은 매우 높아졌으나 종전이 되자 1945년 10월 15일에 폐지되었다. 참모본부도 역시 1920년까지 별다른 조직변천의 모습을 보이지 않다가 1937년부터 빈번한 변화상을 보인다. 1937년에 소속 부서의 업무분장이 변동되고, 대본영 육군참모본부의 업무를 지원하다가 1939년부터는 정보업무와 전쟁지도업무가 더욱 강화되었다. 1943년에는 대본영참모본부의 업무 지원이 더욱 늘어나게 되고, 1945년 4월에는 참모본부의 모든 조직이 대본영참모본부의 업무를 겸직하도록 되었다.

• 해군성 : 육군성과 마찬가지로 1872년에 탄생하여(秘史局, 군무국, 회계국, 번역국), 1874년에 비사국과 군무국이 폐지되는 것을 비롯하여 조직의 폐치가 이어지다가 역시 1945년 11월에 폐지되었다. 해군성은 다른 부서에 비해 조직의 변천이 매우 빈번했고, 사무분장의 변화도 심했다. 전쟁이 본격화되는 1939년부터 해군 군정을 수행하는 데 필요한 업무가 증가함에 따라 조직의 편성이 많은 변화를 가져왔고, 특히 1945년에는 병력 및 물자 생산과 조달에 관한 부서의 폐치와 사무분장의 변경이 매우 잦았다.

• 군령부 : 군령부의 전신은 1884년에 해군성 외국으로 설치된 군사부이다. 그 후 1886년에 참모본부 해군부가 설치되었다가 1893년에 해군군령부 조례가 제정되었고, 1933년에는 '해군'이라는 명칭을 벗어나 군령부로 변신을 하였다가 1945년 10월 15일에 폐지되었다. 1893년에 해군군령부로 탄생하게 된 것은 해군의 군령장악기관이 해군군정기관과 육군군령기관(참모본부)로부터 독립했다는 의미가 있다. 1933년에 군령부로 일신하게 됨으로 인해 형식상으로는 육군의 참모총장과 동격이 되었다.

위에서 살펴본 일본군부의 4개 중추기관은 대외침략이 시작되는 1870년대에 조직의 골격을 갖춘 이후, 전쟁의 개시와 확대에 따라 신속히 조직적인 대응을 해 나갔다. 또한 일본의 군부는 해군이 남방경영(남진론)을, 육군은 대륙침략(북진론)이라는 分掌된 확대 정책을 실천하는 주체이다.[15] 이들은 본국의 방어보다는 침략정책의 수행에 더 큰 의미를 갖는 존재였다. 그러므

---

15) 강창일, 「일제의 조선지배정책」, 『역사와 현실』 12, 1994, 51쪽.

로 군부에서 생산되는 자료의 성격은 미루어 짐작할 수 있다. 일본군부가 생산한 관련 자료는 지원병과 징병을 비롯한 병력 동원 관련 자료가 해당된다.

3) 제국의회

제국의회는 메이지헌법의 공포와 함께 탄생했다. 1889년 2월에 헌법이 공포된 후 7월 1일에 최초의 전국적인 선거가 실시되었고, 11월에 의회가 개원했다. 의회는 개원 직후부터 내각과 줄다리기를 시작하였으나 '신성불가침', '萬世一系'의 천황이 의회해산권을 갖는 구조로 인해 출발부터 한계를 안고 있었다.

제국의회는 귀족원과 중의원에 관한 의사록, 양원본회의 의사속기록, 위원회 의사속기록, 제국의회 상주안과 건의안 · 법률안 · 예산안 · 결산안 · 청원 · 공보 등이 해당한다. 이 가운데 조선의 동원 관련 자료는 의사록에서 찾을 수 있다. 황민화정책의 추진과정에 대한 조선총독이나 정무총감의 보고와 질의에 관한 응답내용이 해당된다. 제국의회의 의사록과 속기록은 귀족원 서기장관이었던 金子堅太郎이 1890년에 건의하면서 시작되었다.[16] 그 결과 제3회 제국의회부터 의사록과 속기록이 남게 되었다. 제국의회자료 가운데 조선관련 내용은 국내에서 자료집으로 발간되었다.

3. 강제연행 · 강제노동 관련 국내 소장 기록사료의 현황

그동안 강제연행 · 강제노동 관련 자료는 연구자들의 전문적인 수집 · 조사에 의하기보다는 피해관련자들이 소송을 준비하는 과정에서, 혹은 피붙이의 과거 흔적을 찾는 과정에서 발굴되었다고 해도 과언이 아니다. 최근 국내에 관련 연구자의 수가 점차 늘어나고, 2004년 11월 일제강점하강제동원피해진상규명위원회(이하 강제동원진상규명위원회)의 발족 이후 기록사료에 대한 관심과 수집은 증가했다. 특히 피해를 신고하는 민원인들이 관련 자료

---

16) 赤松俊秀 外, 앞의 책, 107~108쪽.

를 첨부하거나 기증하는 경우가 많아 향후에도 기록사료의 발굴 사례는 증가할 것이다. 또한 일본에서 30여 년간 조사활동을 전개한 조선인강제연행진상조사단을 비롯한 시민단체의 역할도 기록사료 발굴에 매우 크게 기여하고 있다. 일본의 연구자와 조사자, 활동가들은 2005년 7월에 강제동원진상규명네트워크를 결성하고, 진상규명에 필요한 자료 발굴에 노력을 기울이고 있다.[17] 이러한 상황으로 볼 때, 향후에 강제연행·강제노동에 관한 기록사료의 수집은 매우 증대될 것으로 보인다.

현재 국내 연구에서 가장 많이 사용하는 자료는 국가기록원 소장 조선총독부문서인데, 그중에서도 노무문서의 활용도가 높은 편이다.[18] 일본군위안부 관련 연구는 최근에 일본에서 발간된 자료집과 구술사료에 대한 의존도가 매우 높다. 그러나 국가기록원을 비롯한 몇몇 기관에 소장중인 조선인 명부에 대해서는 높은 관심에도 불구하고 실제 연구로 이어지지 못하고 있다. 아울러 활용도가 증가하고 있는 구술사료의 경우에는 문헌사료와 다른 구술사료의 성격을 간과한 사료분석 및 연구방법론이 유지되고 있다는 한계를 보인다.[19]

현재 자료의 수집이나 활용이 원활하지 않은 이유는 자료가 철문 안에 꼭꼭 감추어진 상태여서 만은 아니다. 관련 연구자의 수가 지극히 소수이다 보니, 자료의 소재가 파악되어도 수집이나 연구로 이어지기 어렵다. 국내 소장자료 가운데 국내에서 발굴이 요망되는 자료는 구술사료, 피해관련자 소장자료, 피해자단체 생산 자료이고, 현재 발굴된 자료 가운데 활용이 활성화되어야 하는 자료는 신문자료(동아일보, 조선일보, 매일신보, 경성일보 등), 소송관련자료, 구술사료 등이다. 그러나 피해자단체가 소장한 진술서의 활용

---

17) 강제동원진상규명네트워크(공동대표: 히다 유이치 고베 청년센터 관장, 우쯔미 아이코 일본 케이센 대학 교수, 우에스기 사토시 일본의 전쟁책임자료센터 대표)는 강제동원에 관한 자료수집활동과 일본 정부나 공적기관 및 기업이 보유하고 있는 강제동원 관련 자료의 공개 요구 및 일본의 침략전쟁조사를 위한 법제정운동 등을 전개할 목적으로 2005년 7월 18일에 일본 東京에서 결성되었다. http://www.ksyc.jp/sinsou-net.

18) 노무, 광무, 경무, 학무, 법무 등 강제연행·강제노동에 해당하는 문서는 국가기록원에 의해 해제집이 발간되어 국가기록원 홈페이지에서 해제 내용을 열람할 수 있다. 문서에 대해서는 국가기록원 (대전사무소, 서울사무소, 부산지소 등)에서 열람이 가능하다. 이들 자료 가운데 일부는 최근에 자료집으로 공간되어서 활용되고 있다. 樋口雄一, 『戰時下朝鮮人勞務動員基礎資料集』, 綠陰書房, 2000; 민족문제연구소편, 『일제하 전시체제기 정책사자료집』, 학술정보주식회사, 2001.

19) 국내에서 구술사와 구술사료 수집 및 보존, 활용 등에 관한 전체적인 방법을 다룬 책으로는 한국구술사연구회, 『구술사 – 방법과 사례』가 유일하다.

을 위해서는 자료의 생산배경이나 과정 등에 대한 이해가 필요하다.[20]

〈국내 소장 자료의 현황〉

구분		제목	국내 소장처	비고
문헌 사료	공문 서류	조선총독부문서	국가기록원 · 고려대학교 · 국사편찬위원회	노무 · 관방 · 학무 및 사회교육 · 토목 · 경무 · 광공 · 내무, 법무 문서 등
		大野綠一郎문서	* 개별 소장	제국의회 관련 문서 등 14종
		茗荷谷연수소구장기록	국사편찬위원회	총 1, 315건
		舊陸海軍關係文書	국회도서관	일본외무성육해군성문서의 MF필름 복사본
		北海道개척기념관소장 자료 중 일부	국사편찬위원회	탄광노무관련 문서 및 명부
		公刊된 공문서		자료집, 복각판 등『조선노무』등 노무동원 관련 3종
	명부 류	피징용사망자연명부	국가기록원, 강제동원진상규명위원회, 피해자단체, 국회도서관(일부), 독립기념관(일부)	1971년 인수. DB완료, 열람 가능
		조선인노무자에 관한 조사 결과	//	1991년 인수. DB완료, 열람 가능
		소위조선인징용자에 관한 명부	//	//
		일제하피징용자명부	//	1993년 인수. DB완료, 열람 가능

20) 역사연구에서 모든 사료가 객관성을 유지할 수 있는 것은 아니다. 그러므로 다른 사료와의 교차 분석 및 기존 통설과의 관련성 등에 대한 분석을 통해 활용된다. 그런데 피해자단체가 소장한 진술서의 경우에는 연구 목적으로 작성된 것이 아니라 보상이나 소송을 위한 목적으로 작성되었고, 진술자가 알고 있는 정보가 일방적으로 제시된 자료이다. 실제 조사과정에서 진술자의 정보에서 많은 오류가 발견되고 있다. 또한 진술서는 생산과정에서 연구자와의 상호작용을 거치지 않았으므로 진술자의 일방성이 강하게 반영된 자료이다. 그러므로 심층면담의 과정을 거친 구술사료와는 성격을 달리한다. 그럼에도 진술서에 대한 검증이나 분석이 이루어지지 않은 채, 그대로 활용한 연구가 발표되기도 했다.

문헌 사료	공문 서류	군인군속명부	국가기록원, 강제동원 진상규명위원회	//
		유수명부	//	//
		해군군속자명부	//	//
		임시군인군속계	//	//
		병적전시명부	//	//
		군속선원명표	//	//
		공원명표	//	//
		병상일지	//	//
		부로명표	//	//
		왜정시피징용자명부	//	DB완료, 열람 가능. 한국정부 생산 명부
		대일민간청구권보상금 수급관련명부	//	DB완료, 한국정부 생 산 명부
		강제동원진상규명위원 회 소장 명부	강제동원진상규명위원 회	DB작업중, 열람 가능. 개인작성 명부
		조선인강제연행진상조 사단 수집 명부(42만 명분)	국가기록원, 독립기념 관, 강제동원진상규명 위원회, 민족정기를 위 한 국회의원모임	DB작업중, 일부 열람 가능
		北海道개척기념관소장 자료 중 일부	국사편찬위원회	
		기타 명부		각종 자료집, 보고서 수록 명부
	개인 소장 자료	수기, 일기, 편지, 각종 서류 등		일부 公刊
	정부 간행 물 및 관련 기관 생산 자료	조선총독부 각 지방행 정기관, 조선노무협회, 조선토목건축협회, 국 민총력광산연맹 등 행 정보조기관 및 외곽기 관 간행물	국립중앙도서관, 서울 대 도서관	일부 公刊
	일 간 지	동아일보, 매일신보, 조선일보(국문), 경성 일보(일문), 지방지(일 문)	국립중앙도서관, 국회 도서관, 서울대 도서 관, 시립종로도서관	일부 자료는 국사편찬 위원회에서 원문정보 제공 중

피해 자단 체소 장자 료		회원가입서, 진술서, 소송기록, 첨부자료	국사편찬위원회, 강제 동원진상규명위원회 (이상 일부 소장)	일부 자료는 국사편찬 위원회에서 公刊
비문 헌사 료(구 술사 료)	기관 수집	한국학중앙연구원(전 한국정신문화연구원), 독립기념관, 국사편찬 위원회, 한국정신대연 구소, 한국정신대문제 대책협의회, 강제동원 진상규명위원회, 기타 관련 사회단체		소장 자료 중 일부는 公刊
비문 헌사 료(사 진,영 상물)	기관 소장	강제동원진상규명위원 회, 피해자단체, 기타 관련 사회단체		

1) 문헌사료

(1) 공문서류

○ 조선총독부 문서(해방 직후 총독부 文書庫에서 이관 받은 문서
14,000여 권과 1969년 중앙행정기관과 지방행정기관에서 이관받
은 문서 16,000여 권 등 30,000여 권으로 국가기록원, 국사편찬위
원회, 고려대 아세아문제연구소 소장)

– 노무문서

문서철명	작성연도	작성부서	분량
斡旋勞働者表彰關係綴	1939	내무국 사회과 노무계	66
南洋農業移民關係綴	1939~1940	내무국 사회과	324
南洋行勞働者名簿	1939	〃	133
轉失業對策時報綴	〃	〃	390
勞働資源調査에 關한 件	1939~1940	〃	170
南洋行農業移民關係	〃	〃	581

失業調査綴	//	//	284
靑少年雇入制限關係例規綴	1939~1941	//	491
靑少年雇入制限關係綴	//	//	435
從業者雇入制限關係綴	1938~1941	//	481
從業者移動防止關係綴	1940~1941	//	408
復命書綴	1942	//	571
勞務調整關係例規綴	1942	후생국 노무과	346
勞務調整令關係例規綴	1941~1942	//	442
事變關係失業狀況月報	1942~1943	후생국 · 사정국 노무과	717
新規中等學校卒業者求人申込書	1942	후생국 노무과	1174
對內地求人就職者就業狀況	//	사정국 노무과	244
勞務調整令關係認可申請綴	1943	광공국 · 사정국 노무과	610
勞務調整令關係雜書	1943~1944	광공국 노무과	37

– 관방문서 : 관련 법령에 관한 문서

– 학무 및 사회교육 문서 : 학병, 징병, 학생동원, 각종 청년훈련소 인가서류에 관한 문서

– 토목문서 : 근로보국대, 도로공사 등 노무 동원에 관한 문서

– 경무문서 : 육해군 전시소집유예자 명부, 잡서철, 제국의회 의사록, 위생관련문서 등 동원관련 문서

– 광공문서 : 탄광과 공장 관련 문서

– 내무문서 : 일반동원, 근로보국대, 청년훈련소, 징집에 관한 문서

– 법무문서 : 국가총동원관계철 등

– 道 문서 : 징집관련 문서, 병적대장 등

○ 大野綠一郎 關係文書(일본국회도서관 헌정자료실 소장자료) 중 제국의회 관련:「第79回 帝國議會說明資料 朝鮮總督府 1941年」외 22종의 문서

– 징병제 관련 :「朝鮮同胞に對する徵兵制實行準備決定に伴する措置狀況竝其の反響 朝鮮總督府 1942年」외 4건

- 징용 관련 :「國民徵用の 解說 朝鮮總督府 勞務課 1945年」외 2건

- 지원병 관련 :「志願兵制度」

- 전시체제·통제경제 관련 :「朝鮮にににおける國防國家體制の確立に關す
  る意見案 陸軍參謀部1940年9月」외 46건

- 호적 관련 :「戶籍整備に關する書類」외 3건

- 노동 관련 :「道民總努力の狀況報告 咸鏡北道道知事 大野謙一 1942年9
  月」외 8건

- 지방 관련 :「咸鏡北道管內狀況 1942年 5月23日」외 1건

- 조선군사령부 관련 :「甲委員會第1回打合狀況 朝鮮軍司令部 1942年 4
  月24日」외 1건

- 시정·이념 관련 :「五大政綱の成果 總督府 1941年8月」외 11건

- 전시체제·사회시설 관련 :「航空施設の整備に關する件」외 4건

- 조선군과 민족해방운동 관련 :「朝鮮軍と總督府との關聯事項 – 1938年
  以降」외 2건

- 창씨개명 관련 :「氏制度に關する件」외 2건

- 기타 :「朝鮮施政上の 重要資料統計 1940年」외 16건

○ 茗荷谷硏修所舊藏記錄(일본 외무성외교사료관 소장 자료, 2001년 10
  월에 공개되어 2002년 9월에 국사편찬위원회에 이관) : 총 1, 315건의
  문서(MF 223롤)는 외무성과 척무성·흥아원·대동아성·내무성 자료
  와 외교관계부분이 1971년에 외무성으로 이관되어 보존되어왔다. 묘가
  타니 문서는 1930년대 이후 臺灣총독부와 조선총독부 관계자료, 중국
  과 만주관계자료, 남양청 관계자료로 구성되어 있다. 이 가운데 조선관
  련 자료는 자료의 양이 방대할 뿐만 아니라 내용도 충실해 사료적 가치
  가 매우 높다. 조선관계 자료는 6건의 '조선인관계잡건'과 조선총독부
  관제 관련 자료와 동양척식주식회사 관련 자료를 제외하고는 대부분
  '本邦'에 포함되어 있다. 관제 및 징세관련, 노동법 및 노동정책 관련,

사회시설 법규 및 운영 관련, 위생법 관련, 신사정책 관련, 교육제도 및
상황 관련, 일본어 교육 관련, 창씨개명 관련, 동양척식주식회사 관련,
제국황실의 하사품 관련, 인구이동 관련, 농업 및 축산·어업관련, 조
선총독부 예산 관련, 식민지 勤俸 관련 등의 자료가 있는데, 가장 큰 비
중을 보이는 자료는 동양척식주식회사 등 회사 관련과 교육 관련 자료
이다. 강제연행·강제노동과 관련해서는 광업의 현황과 노동력 통제의
상황을 알 수 있는 '본방노동법 및 정책관계잡건'과 교육관련(일본어
교육) 자료, 창씨개명관련자료, 1941~1944년의 관제개편 자료, 징병
자에 대한 하사품 관련 자료 등이 해당된다.[21]

○ 舊陸海軍關係文書(국회도서관 소장)[22] : 舊陸海軍關係文書는 일본국립
국회도서관 헌정자료실 소장 자료의 일부인 「일본외무성육해군성문
서」의 마이크로필름 복사본이다. 여기에는 통감부시절의 자료부터 일
제 말기까지 자료 488책이 망라되어 있다. 전시동원체제와 관련해서는
병력동원에 관한 자료가 해당된다(번호 395-414). GHQ는 1946년 외
무성문서를 접수하고 그 중요성을 인정하여 1948년 미국 의회도서관
과 미국무성이 합동으로 「外務省記錄」 가운데 동아시아 국제관계연구
에 필요한 귀중한 자료를 마이크로필름화할 것을 결정한다. 1949년 초
부터 1951년 여름까지 28개월간 일본의 동아시아 침략관계와 태평양
전쟁과 관련한 문서 약 200만쪽 2116릴을 촬영하고 미국의회 도서관
은 필름 자료의 목록을 작성했다. 또한, 일본의 패전 지후 일본 육해군
성 문서와 내무성·외무성의 일부자료를 미국문서국이 미국으로 가져
갔다. 이들 중 일부(163릴)를 마이크로필름으로 변환했다. 한국 국회도
서관은 1966년 미국 의회도서관으로부터 이들 일본외무성과 육해군성
문서의 마이크로필름을 구입하고, 미국 국회도서관이 작성한 자료목록
을 일부 보완·번역하여 새로운 목록으로 간행하였다. 그 목록이 위의
목록집이며, 그렇기 때문에 한국자료라기보다는 미국 필요에 의해 선

---

21) 묘가타니 문서 가운데 조선관련 자료에 대해서는 樋口雄一, 「外務省外交史料館 '茗荷谷文書' について」, 『日本植民地研究』 14, 2002 참조.
22) 국회도서관, 『일본 외무성 및 육해군성 문서 : 마이크로 필름목록 1867~1945』, 1968.

발된 日本外務省 및 陸海軍省文書의 일부라 할 수 있다.

○ 北海道開拓紀念館 소장 자료(국사편찬위원회 소장): 국사편찬위원회가
해외수집사업의 일환으로 수집한 자료로서 北炭万字탄광 강제연행 자
료 71건, 日曹天鹽탄광 강제연행관련자료 131건, 住友鴻之舞광업소 강
제연행관련자료 133건 등이 수록되어 있다. 장부 및 대장, 보고서, 청
원서, 비망록, 일용공문, 통계, 신문, 지도 등으로 구성되어 있다. 특히
장부 및 대장에는 광부 명부가 편철되어 있는데, 간단한 인적사항에 그
친 명부도 있으나, 성향과 관리에 관한 의견 등 노무자에 관한 다양한
정보를 담은 명부도 있다.

○ 公刊된 노무동원 관련 공문서
 - 민족문제연구소, 『일제하 전시체제기 정책사료총서』 86~98권 수록
   노무 동원 관련 공문서
   · 86권 : 노무동원1(昭和14년도 노무동원 실시계획 강령에 관한 건 외)
   · 87권 : 노무동원2(對內地 求人 취급 요령 외)
   · 88권 : 노무동원3(특수 노무자의 노무관리 외)
   · 89권 : 노무동원4(1941년 제1회 조선 노동기술 통계조사 결과보고)
   · 90권 : 노무동원5(1942년 조선 노동기술 통계조사 결과보고 외)
   · 91권 : 노무동원6(학교졸업자의 사용제한에 관한 법령에 대하여 외)
   · 92권 : 노무동원7(1939~1941년 청소년 고입제한 관계예규철)
   · 93권 : 노무동원8(1939~1941년 청소년 고입제한 관계철)
   · 94권 : 노무동원9(1939~1941년 종업자 고입제한 관계철)
   · 95권 : 노무동원10(1939~1941년 종업자 이동방지 관계예규철)
   · 96권 : 노무동원11(1941~1942년 노무조정령 관계예규철1)
   · 97권 : 노무동원12(1941~1942년 노무조정령 관계예규철2 외)
   · 98권 : 노무동원3(1942년 이후 노무관계 복명서류)

 - 『朝鮮勞務(復刻版)』(綠陰書房, 2000)
 - 樋口雄一, 『戰時下朝鮮人勞務動員基礎資料集』(1-5)(綠陰書房, 2000)

(2) 명부류

○ 국가기록원 소장 '일제강제연행자 명부' (총 544권, MF26롤, 480,
693명 수록)[23]

명부 이름	수량 및 등재인원	구분
피징용사망자연명부	10권, 21,692명	노무
조선인노무자에 관한 조사 결과	15권, 69,766명	노무
소위조선인징용자에 관한 명부	6권, 27,949명	노무
일제하피징용자명부	3권, 14,410명	노무
군인군속명부	1권, 2,623명	군인군속
유수명부	114권, 160,648명	군인군속
해군군속자명부	MF26롤, 100,778명	군속
임시군인군속계	103권, 46,164명	군인군속
병적전시명부	67권, 20,222명	군인군속
군속선원명표	26권, 7,046명	군속
공원명표	13권, 2,102명	군속
병상일지	30권, 851명	군인군속
부로명표	156권, 6,942명	군인군속

○ 「왜정시 피징용자명부」 20권(국가기록원, 강제동원진상규명위원회 소
장. 약 28만여 명): 1957~1958년 피동원자와 유족 등의 자진 신고에
의해 읍·면·동에서 작성된 후 시·도별로 취합한 것이다. 국가기록
원이 1972년 당시 노동청으로부터 인수받았다.[24]

○ 조선인강제연행진상조사단이 수집한 42만 4,220명분의 명부(총 79
종): 2003년 2월 28일 조선인강제연행진상조사단이 '민족정기를 위
한 국회의원 모임'에 제공한 명부로서 현재 독립기념관과 국가기록
원, 강제동원진상규명위원회가 소장하고 있다.[25]

---

23) 국가기록원이 소장한 '일제강제연행자명부'에 대한 상세한 내용에 대해서는 노영종, 「일제강제연
행자 현황에 관한 검토」, 『기록보존』 16, 2003 참조.
24) 국가기록원이 소장중인 조선인명부인 「왜정시피징용자명부」는 조선총독부문서가 아니어서 노동청
자료 '징용'으로 분류되어 있다.
25) 국내 국가기록원에 소장된 명부와 중복되는 부분이 있다.

〈조선인강제연행진상조사단 수집 명부 목록〉

강제노동	인원수
01) 스미토모 고노마이탄광(홋카이도)	2,727
02) 스미토모 우타시나이탄광(홋카이도)	963
03) 닛소 데시오탄광(홋카이도)	791
04) 만지탄광(홋카이도)	2,032
05) 홋카이도탄광기선(홋카이도)	1,893
06) 조선인토목자(홋카이도)	148
07) 사진 · 수당지급(홋카이도)	2,598
08) 비바이탄광 사망자(홋카이도)	534
09) 아카비라시 합동사망자(홋카이도)	345
10) 슈마리나이 제방공사희생자(홋카이도)	87
11) 매이우선 철동공사(홋카이도)	36
12) 마기노우치 비행장공사(홋카이도)	57
13) 개네베츠 비행장건설(홋카이도)	28
14) 하나오카 광업소(아키타)	766
15) 미야다마다 광산(아키타)	84
16) 니혼제철(이와테, 오사카, 후쿠오카)	3,042
17) 죠반탄전 사망자(후쿠시마)	310
18) 누미구리 수력발전소희생자(후쿠시마)	33
19) 사구선 가스기관징용자(도쿄)	21
20) 요고스까 해군건설공사(가나가와)	32
21) 도요가와 해군공창급여조사표(아이치)	161
22) 나카지마 비행기한다제작소(아이치)	48
23) 가미오카광산 사망자(기후)	34
24) 쓰모 광산(시마네)	176
25) 이와미광산연금 · 보험계산서(돗도리)	64
26) 기와니시항공기(효고)	38
27) 스미토모전공 이타미제작소(효고)	22
28) 니혼세이코나가세 후생연금(효고)	181
29) 하리마조선 사망자(효고)	4
30) 조선인노무자(효고현 전체)	13,477
31) 미쓰이 다마노조선소(오카야마)	76
32) 구레해군공창(히로시마)	1,045

33) 도요공업 반도징용조사표(히로시마)	94
34) 집단도항 조선인기록(야마구치우베탄광)	453
35) 미쓰이미이게탄광(후쿠오카)	12,025
36) 미쓰이센가, 전기과학공업(후쿠오카)	390
37) 닛떼츠 니세광업소(후쿠오카)	553
38) 메이지탄광(후쿠오카)	270
39) 후나오광업 보험자(후쿠오카)	911
40) 가와나미 키리시마부대(나가사키)	496
41) 왜정시 피징용자(경상도)	75,000
42) 선(대)특별요시찰인(전국)	1,400
43) 대일본산업보고회사망자(전국)	1,173
44) 노동재해자(홋카이도, 후쿠오카)	478
45) 매화장허가 · 사망자(홋카이도, 군마, 후쿠오카)	548
46) 화장인허증, 변재보고서(나가사키)	469
47) 조선인노무자(이와떼, 미야자끼)	3,450
48) 조선인노무자(아키따)	5,793
49) 조선인노무자(이바라기)	3,378
50) 조선인노무자(도치기)	3,042
51) 조선인노무자(나가노)	1,295
52) 조선인노무자(기후)	2,160
53) 조선인노무자(시즈오카)	3,959
54) 조선인노무자(미에, 시가, 오오사카)	990
55) 조선인노무자(나라)	370
56) 조선인노무자(후쿠오카)	7,007
57) 조선인노무자(사가)	10,414
58) 조선인노무자(나가사키)	10,749
59) 일본해군작성조선인징용자	3,151
60) 군인 · 군속사망자(구레, 후쿠오카복원부)	1,670
61) 피징용사망자(육군)경기, 강원, 충청, 경상	
62) 피징용사망자(육군)전라, 함경, 평안, 황해 (해군)경기, 강원	21,692
63) 피징용사망자(해군)충청, 경상	
64) 피징용사망자(해군)전라, 함경, 평안, 황해	
64-A) 육 · 해군징용선사망자	2,274
65) 태평양전쟁희생자	2,323

66) 조선인군속(타와라섬)	217
67) 브라운사망자	230
68) 조선인군부(오키나와)	670
68-A) 농경근무대(제3,제4,제5)	7,367
69) 학도병	2,339
70) 우키시마호 사망자	410
71) 히로시마 조선인피폭자	576
72) 나가사키 조선인피폭자	2,261
73) 오키나와 포로수용소조선인	1,600
74) 귀국자초기(조선인 '위안부' 포함)	164
75) 하와이 포로수용소	2,818
76) 버마연행 '위안부'	20
77) 포로명부	178,498
78) 괌섬〈종군위안부〉재판기록	2
79) 조선인육군군인조사	14,542

○ 대일민간청구권보상금 수급 관련 명부(국가기록원 소장, 대일민간청구권관계철 총 22권 중 [대일빈산청구권보상금의 교부] 내 수록, 1978년, 문서관리번호 BA0147228): 일본국에 강제 동원되어 1945년 8·15 이전 사망한 군인, 군속, 노무자를 대상으로 1971년 5월 21일 ~1972년 3월 20일 간 신고를 받은 신고자 8,910명 가운데 보상금 교부자 8,552명에 대한 명부이다.[26]

○ 일제강점하강제동원피해진상규명위원회 소장 명부: 2005년 2월부터 수집한 자료 가운데 '귀선자명부' 등 명부류

(3) 개인소장 자료

각종 수기류, 일기, 편지, 각종 서류, 사진, 통장, 협화회 수첩, 징용영장, 명부 등이 해당된다. 개인소장자료 가운데 가장 잘 정리된 자료는 수기류이다. 피해자들이 남긴 수기류에는 단연 병력동원 피해자의 기록이 대다수이다. 노무동원이나 여성동원의 경우에는 문맹자도 상당

---

26) 명부에 대해서는 국가기록원이 DB작업을 완료하였으나 신고자 인명이 아닌 수급자 인명으로 검색하도록 되어 있다.

수 있고, 당시 노동 상황이 기록을 남기기 어려웠을 뿐 아니라, 추후에
도 기록으로 남기고 싶어 하지 않았던 것으로 추정된다. 그 외 원폭피
해자의 수기도 찾아볼 수 있다. 公刊된 기록은 다음과 같다.

- 1990 1.20학병사기간행회, 『1.20학병사기1-3』
- 1986 金太華, 『特別海軍志願兵』, ひまわり書房
- 1987 김준엽, 『장정』, 나남
- 1990 이규철, 『朝鮮人元日本兵シベリア捕虜記(1945.8~1949.5)』
  (번역서, 1992년 간행)
- 1991 金元榮, 『或る韓國人の沖繩生存記』, 'アリランのうた' 製作委
  員會
- 1992 전상엽, 『천명』, 삼진출판사
- 1995 김문택, 『새벽으로 가는 길 – 광복군 수기』, 인하대출판부
- 1995 金成壽, 『傷痍軍人金成壽の戰爭』, 社會評論社
- 1995 박종현, 『千葉육군보병학교』, 혜진서관
- 1996 여태순, 『그 날 오키나와 하늘에서』, 뿌리 (이상 **병력동원**)
- 1990 鄭忠海, 『朝鮮人徵用工の手記』, 河合出版
- 1987 李興燮, 『アボジがこえた海』, 葦書房; 1990 『아버지가 건넌
  바다』, 광주 (이상 **노무동원**)
- 1963 朴壽南, 『罪と死と愛と』, 三一書房
- 1973 朴壽南, 『朝鮮・ヒロシマ・半日本人 – わたくしの旅の記錄-』,
  三省堂
- 1991 朴壽南, 『アリランのうち – オキナワからの證言』, 靑木書店
- 2002 朱碩, 『在日として被爆者として』, 朱先生 '自分史' 編輯委員會
  (이상 **원폭 피해**)

개인소장자료는 이 외에도 지방에서 필사본을 복사한 형태의 발간물이 있
을 것으로 추정된다. 피해자가 남긴 수기류는 인쇄본으로 발간되었다 하더
라도 지방에서 출판되거나 소량 출판이어서 구하기 쉽지 않다. 따라서 이들
수기류를 수합하여 다시 정리하여 발간하는 작업이 필요할 것이다.

그 외 국내에서도 일본국립공문서관이 운영하는 아시아역사자료센터

(www.jacar.go.jp)의 자료가 온라인 상에서 검색되고 있다. 아시아역사자료센터에는 국립공문서관 자료 외에 외무성 외교사료관, 방위청방위연구소 도서관 소장 자료가 연차적으로 공개되고 있다. 노무관련 자료는 국립공문서관 자료 중 公文彙纂에서 찾을 수 있다.

2) 비문헌사료(구술사료)

- 기관수집 자료
  - 한국학중앙연구원(전 한국정신문화연구원) 현대사연구소 자료수집 사업 결과물 중 일부
  - 독립기념관 소장 자료
  - 한국정신대연구소 소장 자료
  - 한국정신대문제대책협의회 소장 자료
  - 강제동원진상규명위원회 소장 자료

- 개인 소장 자료
  - 原山茂夫 수집한 자료(1992~2000년) : 결과물은 증언집 『채인돌』(2000년, 창녕박물관) 발간.
  - 기타 개인 연구자

4. 강제연행 · 강제노동 관련 기록사료의 수집 및 활용 방안

1) 기록사료 수집 방안

위에서 소개한 바와 같이 국내에는 다양한 강제연행 · 강제노동 관련 자료가 소장되어 있다. 이 자료만을 가지고서도 산출할 수 있는 연구 성과는 적지 않을 것이다. 그러나 관련 자료는 이에 그치지 않는다. 연 인원 800만 명을 동원하여 강제노역을 실행하는 과정에서 생산한 자료가 이 정도에 그칠 수는 없다. 자료의 소장처도 일본에 국한하지 않는다. 일본은 물론이고, 중국과 타이완, 러시아(남사할린, 시베리아 관련 자료) 등 일본의 지배지역과 미국에도 문헌자료가 소장되어 있는 것으로 알려져 있다. 향후에 수집을 해야 할 문헌자료의 현황을 제시하면 다음과 같다.

■ 향후 수집이 요망되는 자료

　○ 개인 생산 자료: 피해자 및 가해자, 관련자의 수기·일기·회고록·
　　메모·편지 등

　○ 일본 정책관련 자료: 외무성 및 후생성, 척무성, 남양청, 화태청, 방
　　위청 소장 관련 공문서 자료

　○ 일본 정부 부처 소장 명부 자료: 우정성 소장(조선인 군인·군속이
　　강제 저축한 군사우편저금 관련 자료, 노무자가 강제 저축한 우편저
　　금 관련 자료), 법무성 소장(피징용자 미불임금에 대한 공탁기록의
　　원부), 일본 사회보험업무센타 소장(후생연금 탈퇴 수당금 명부 등
　　후생연금보험 관련 자료), 일본자금(공탁금 명부)

　○ 일본 각 자치단체 보유 기록: 도항증명서, 배급명세서, 매화장인허
　　가서 등

　○ 일본보험회사 자료: 각종 생명보험회사 등

　○ 조선인노동자를 사용했던 일본기업자료: 동원관련 기록, 각종 명부,
　　귀선증명서 등

　○ GHQ 문서(일본 국회도서관 헌정자료실 소장): 재일한국인 송환관
　　련 지령서, 공탁금관련, 후생연금지불관련 공문 등

　○ 일본 소재 납골당 및 사찰의 매화장 허가 서류 및 유류품 명부

　○ 러시아 공문서관 소장 자료: 사할린 및 시베리아 포로 관련 자료

　○ 중국 당안관 소장 자료: 집단농장 및 만석척식주식회사, 撫順지역
　　탄광관련 관련 자료, 공장 및 토건노동 관련 자료

　○ 臺灣 소재 자료: 대만총독부 및 대만척식주식회사 관련 자료(노무),
　　위안부 관련 자료

　○ 미국 의회 도서관 및 NARA : 남양군도 관련 자료, 포로수용소 관련
　　자료

　○ 하와이대학 도서관: 하와이 포로수용소 관련 자료

　○ 북마리아나 기록보존소 : 남양군도 관련 자료

　　이들 자료는 크게 개인 생산자료와 공문서류, 각종 명부류 등으로 나눌 수
있다. 이 가운데 가장 시급성을 요하는 자료는 개인 생산 자료이다. 멸실될

우려가 가장 높기 때문이다.

그렇다면, 위에서 소개한 문헌 사료가 수집된다면, 강제연행·강제노동에 대한 역사는 완벽하게 복원될 수 있을 것인가. 아쉽게도 이에 대한 나의 생각은 '부정적'이다. 수년간의 구술사료수집을 해 왔고, 이들 자료를 문헌과 비교한 작업을 해 온 결과, 문헌사료의 한계성은 예상보다 크다는 점을 확인할 수 있었다. 그 내용을 간략히 살펴보자.

강제연행·강제노동과 관련한 문헌사료는 당국의 정책문서를 비롯하여 관련기업의 문서, 명부 등 적지 않은 분량으로 알려지고 있다. 그러나 이 가운데, 기업의 문서는 대부분이 공개되지 않고 있고, 당국의 정책 문서는 역사적 사실을 복원하는 데 적합하지 않은 자료가 많다. 동일주제에 대한 관련 문서가 온전히 편철되어 있는 경우는 드물기 때문에 당시 실상을 알려주는 자료로서 증거적 가치가 충분하지 않다. 즉 시달된 내용은 있는데, 시달된 정책이 수행된 점을 확인할 수 있는 보고문서가 수반되지 않는 경우가 많기 때문이다. 그 결과 정책문서에 나타난 내용들이 실제로 실행되지 않았거나 축소, 변형된 예가 적지 않다.

기업문서의 경우에는 은닉과 왜곡실태가 더욱 심각하다. 오노다(小野田) 시멘트회사 자료는 비교적 노무관리가 잘 되어 있어 노동자들이 불이익을 당하는 경우가 적은 모범적인 기업임을 입증한다. 그러나 오노다 시멘트에서 인간 이하의 노동에 시달린 계훈제의 회고는 이와 정 반대의 사실을 제시한다. 오노다 시멘트 평양 승호리 공장과 천내리 공장에서 조선인 학병 거부자 80명이 해야 했던 노동은 '차마 인간으로서 할 수 없는 일'이었다. 이들은 '크랑카'라고 불리우는 반제품 시멘트를 상승기에 퍼 넣어 가공 처리하는 작업을 했는데, 크랑카 밑의 노란 독성 가루가 노동자들의 허파를 메우고 눈을 헐게 하여 잡부들도 한사코 피하는 '인간이 해낼 수 있는 한도 밖의 일'이었다.[27] 오노다 시멘트회사의 자료는 민간인의 법정투쟁이 일본 대기업의 은닉된 자료를 공개하게 된 성과의 하나이다. 그러나 오노다 시멘트회사의 자료를 통해서는 강제연행과 강제노동의 사실을 확인할 수 없다. 그에 대한 사실은 당사자의 회고록과 구술을 통해 확인될 뿐이다.

---

27) 계훈제, 『흰 고무신 – 계훈제, 미완의 자서전』, 삼인출판사, 2002, 71~109쪽.

그렇다면, 대안은 무엇인가. 당시 시대를 경험한 사람들이 생산해 내는 기록사료가 될 것이다. 앞의 수기류에서 소개한 바와 같이 이들이 문헌을 생산해내는 경우도 있다. 그러나 문헌사료는 양적인 면에서나 내용면에서나 제한적이다. 적극적으로 생산, 발굴해야 하는 자료로서는 구술사료를 들 수 있다. 이 점에 대해서는 이 책 제2부 1장 「국외노무동원 연구, 어떻게 할 것인가」를 참조하길 바란다.

그 외에 사진이나 영상물 등 비문서자료도 중요한 수집 대상 자료이다. 사진은 입소 당시에 찍은 단체사진이나 작업장에서 찍은 기념사진이고, 영상물의 경우에는 숫자는 많지 않지만 당시에 사업 주체 측에서 촬영해 놓은 기록영화용 필름이 해당된다.

2) 기록사료 수집 방안

조선인 강제연행·강제노동 관련 자료는 수년간 자료발굴노력의 결과 다량의 문서자료가 발굴되었다. 2002년에는 조선인강제연행진상조사단이 30여 년간 수집한 명부가 일본에서 공개되기도 하였고, 2003년 1월 4일에는 한·미·일 연구팀에 의해 미국 국립문서보관소에 소장된 일본군위안부 관련 문건이 발굴되기도 했다. 그러나 명부 및 기업관련 자료와 같이 구체적인 피해 실상과 관련된 문서자료의 공개는 여전히 답보상태라고 할 수 있다. 구술사료의 경우에는 구술사료수집에 나서는 연구자의 수가 매우 적고, 구술을 해 줄 수 있는 경험자가 사라지는 상황이어서 활발한 사료 수집을 기대하기는 어렵다. 수집된 구술사료의 경우에도 수집과정과 방법상 나타나는 문제점은 적지 않다.

또한 발굴된 자료도 모든 내용이 공개되어 활용이 가능한 상태에 놓여 있는 것은 아니다. 조선총독부가 생산한 정책문서는 열람할 수 있으나 다른 생산기관의 자료는 열람이 그리 원활하지 않은 상황이다. 특히 강제연행·강제노동의 주역인 일본기업이 소장한 자료는 일본 내에서도 발굴이 어렵고, 발굴된 자료도 미공개 상태에 놓여있다. 대표적인 예가 오노다 시멘트회사 자료와 北海道탄광기선주식회사의 관련 자료이다. 오노다 시멘트회사의 경우에는 미국에서 진행 중인 소송을 진행하는 과정에서 비록 제한적이지만 자료공개가 이루어지게 되었다. 그러나 자료 열람에 대한 제한은 연구자에게 빗장으로 남아 있다.

北海道탄광기선주식회사 자료의 경우에는 『釜山往復』을 비롯해서 조선인 강제연행과 강제노동의 실상을 생생하게 알려주는 자료들이 지금 北海道대학 도서관에서 미공개자료로 보존되어 있다. 北海道대학의 허가를 얻어 몇몇 연구자들이 수집한 것으로 알려져 있으나 활용은 어렵게 되어 있다.[28]

일본지역의 경우에는 200여 개가 넘는 강제연행·강제노동 관련 시민운동단체와 학술단체들이 중심이 되어 일본 전역에서 관련 자료를 수집하는 작업을 진행하고 있다. 그러나 국내에서는 관련 연구자도 희소한 상황이어서 본격적인 수집은 기대하기 어렵다. 그 나마 몇몇 연구자들이 수공업적으로 해 온 수집 작업도 공개와 활용이 거의 이루어지지 못함으로 인해 중복수집에서 벗어나지 못하고 있다. 소수 연구자들의 활동으로는 한계가 명약관화하다. 이러한 상황에서는 국가주도의 수집사업에 기대할 수밖에 없다. 정부의 관련 기관이 있으나 제한된 예산이나 여러 사정으로 인해 적극적인 수집이 진행되고 있다고 보기는 어렵다.

그러나 문제는 수집에 그치지 않는다. 수집한 자료에 대한 관리는 더욱 암담한 상황이다. 식민지 피해국이자 침략전쟁의 피해당사자이면서도 강제연행·강제노동 관련 자료를 전문적이고 체계적으로 수집하고, 관리하여 연구자들이 열람할 수 있도록 운영되는 연구기관은 한국 어디에서도 찾을 수 없다. 적지 않은 자료 수집비를 투입해 관련 자료를 수집했다 해도 미정리 상태나 공개 제한 상태가 오래 지속되어, 공개나 활용은 많은 시간을 요구하는 형편이다. 정리되지 않은 자료는 쓰레기와 다를 바 없다. 기록관리의 힘을 빌릴 때, 쓰레기는 역사적 자산으로 남겨질 것이다.

그렇다면 활용에서 가능한 몇 가지 대안을 생각해 보자.[29]

첫째, 도구서(목록집, 해제집, 초록집)와 자료통보 등의 발간이다. 도구서를 작성하기 위한 사전 작업이자 자료수집 이후 가장 시급하게 해야 할 작업은 소장된 자료의 목록화 및 체계적 정리이다. 이를 통해 기본목록이 작성이

---

[28] 『釜山往復』의 경우에도 국내에는 이미 1997년에 한국학중앙연구원(전 한국정신문화연구원)이 수집했고, 『전북일보』에도 공개되기도 하였으나 비공개 자료로 수집되었으므로 열람이 불가능해서 실제 연구에 제공하지 못했다. 다만 별도로 개인적인 차원에서 수집한 경우에 소장처를 명기하지 않고 활용한 경우는 있다.

[29] 자료의 정리방안에 대해서는 기록관리학의 연구 성과가 많으므로 이 글에서 언급하지 않는다.

된 이후에는 도구서 작성 단계로 들어갈 수 있다. 도구서의 발간은 자료집 이상의 활용성과 의미를 갖는다.[30]

목록집이 사료에 대한 기본 정보만을 제공한다면, 해제집은 사료에 대한 분석을 도모하고 내용을 상세히 소개하여 이해를 돕도록 하는 기능을 갖는다. 해제집 발간은 구술사료의 경우에도 제외될 수 없음은 물론이다.

자료통보(온라인·오프라인)는 이용자나 관련자에게 매우 유용한 정보원이다. 자료통보는 현재 수집되고 있는 자료의 상황에 대한 정보를 제공하고, 수집 자료를 소개하는 기능을 갖춘 것이다. 연구기관에서 각 주제별로 이러한 자료통보를 발간함으로써 연구자들에게 정보와 아울러 신선한 자극을 주는 것은 학문발전에 있어서 중요하다. 현재와 같이 자료의 통합자료시스템이 운영되지 않고 자료가 산재되어 있는 한국적 상황에서 자료의 소재와 수집상황에 대한 정보는 연구의 출발점이라고 할 수 있다.

구술사료의 경우에는 음성자료에 대한 녹취문과 상세목록이 작성되어야 한다. 상세목록의 작성은 구술사료수집단계에서 기본적이다. 그러나 많은 구술사료는 상세목록이 갖추어져 있지 않다. 녹취문 구비는 더욱 열악한 상황이다. 이는 수집단계에 치중하고 단기적인 효과를 노린 결과이다. 시간과 노력이 많이 들어가는 녹취문 작성과 상세목록 작성보다는 수집에 힘쓰는 것이 효과적이라고 생각하곤 한다. 더구나 역사학자의 경우는 사실(fact) 확인을 중시하므로 그 이상의 과정은 생략하게 된다. 그러나 그 아쉬움은 활용을 하고자 할 때 절감하게 된다.[31]

이러한 작업이 완료된 후에는 이들에 대한 기본목록이 작성되어야 한다. 기본목록이 갖추어져 있지 않으면 검색이 불가능함은 물론, 중복 수집을 피할 수 없다. 문헌사료와 달리 구술사료는 중복 수집을 하였을 경우에 동일한 자료내용을 보장할 수 없다. 그러나 현재 이 모든 것을 갖춘 자료를 찾기란 쉽지 않다.

정보화를 위한 과정에서, 문헌사료의 경우에 자료의 입력이나 스캔 작업

---

30) 최근에 국가기록연구원에서 『조선총독부 공문서 종합목록집』(2005.6.15)을 출간했다. 이 목록집은 국가기록원과 국사편찬위원회, 고려대학교 아세아문제연구소에 소장된 28,000여 책을 대상으로 작성되었다. 이 목록집을 통해 종전에 국가기록원 소장 공문서로 한정되었던 공문서에 대한 정보와 접근이 가능해졌다.
31) 구체적인 녹취문 및 상세목록 작성요령과 작성의 사례는 『구술사 – 방법과 사례』 참조.

이 기본적인 작업이다. 그러나 선행되어야 하는 것은 기록검색도구를 갖추는 일이다. 명령어검색이나 제목검색 등 검색방법에 따라 시간과 노력을 절약할 수 있기 때문이다. 하나의 명령어를 입력하고 검색을 시도했는데, 수만 건의 자료명이 제시된다면 효율적이라고 할 수 없다. 자료 텍스트가 웹 사이트에서 제공되고 기록검색도구가 갖추어졌다고 하더라도 활용도를 높이기 위한 선행 과제는 남아 있다. 바로 통합시스템 구축이다.[32]

둘째, 사료의 전산화이다. 현재 국사편찬위원회나 국회도서관 등에서는 원문 자료를 전산 입력하여 내용 기사에 대한 기본적인 색인이 이루어질 수 있도록 하며, 자료의 각 문건, 종류별로 분류 가능한 목록을 부가하여 주제, 문서생산기관, 일시 등의 검색이 이루어지도록 하고 있다. 국가기록원에서도 조선인 명부에 대한 DB화 및 원문 스캔 작업이 활발히 이루어지고 있다. 그러나 각 기관이 전산화작업을 하는 과정에서 일관되게 나타나는 것은 기술적인 측면에 치중된 작업이 진행된다는 점이다. 전산화작업은 이전 단계인 정리 단계에서 충분한 기록사료분석이 이루어진 이후에 가능한 단계인데, 이 점이 간과되고 있다고 생각된다.

근본적인 문제는 기록사료 생산의 과정을 파악하지 못하고 있다는 점이다. 먼저 확인되어야 할 사항은 생산과정이다. 어떻게 생산된 자료인가 하는 점이다. 국가기록원이 소장 중인 조선인 명부를 보면, 일시에 작성된 것이 아니라 수년간에 追記된 것도 있어서, 잉크의 색깔 차이 및 濃淡과 글자체의 차이점 등을 통해 파악할 수 있다. 아쉽게도 국가기록원이 일본정부로부터 이관받은 명부는 MF 상태이거나 복사본이어서 잉크의 농담이나 색의 차이를 확인하기 어렵다. 또한 표지가 없는 '확인 곤란'한 상태의 명부도 있다. 이들 정체불명의 명부가 어떤 과정을 통해 편철되었는가 하는 내용도 확인해야 할 사항이다. 확인을 위해서는 일본에 소장된 원 사료에 대한 확인 및 분석 작업을 선행할 필요성이 있다.

전산화와 관련한 문제점은 신문기사에 대한 원문정보가 제공되는 경우에도 해당된다.[33] 문제점의 해결은 전산화 본연의 목적으로 돌아가서 관련자

---

32) 구체적인 자료의 통합관리방안에 대해서는 정혜경·김성식, 「해외소재 한국학관련 역사기록의 정보화 방안 연구」, 『기록학연구』 1, 2000, 169~170쪽 참조.
33) 동아일보사가 작성한 기사목록을 바탕으로 작업한 국사편찬위원회의 동아일보 신문기사 DB의 경우에도 기사게재일자와 내용이 일치하지 않는 경우가 많다.

들이 함께 고민하고, 논의하는 데서 출발해야 한다.

셋째, 간행물과 영상물의 활용이다. 현재 기관들이 소장한 강제연행·강제노동 관련 자료 가운데 문헌자료에 대한 출판물을 통한 활용은 적극적으로 이루어지지 못하고 있다. 국내 여러 기관에 산재한 공문서와 잡지류를 모은 민족문제연구소의 『일제하 전시체제기 정책사료총서』와 국사편찬위원회가 발간한 소송자료집 정도이다.

구술사료의 경우에도 상황은 별반 다르지 않다. 주제가 '일본군위안부피해자'로 편향되는 모습도 찾을 수 있다. 이러한 현상은 이 분야에 대한 학계의 관심이 미진하고, 자료수집이나 정리가 원활하게 이루어지지 못했기 때문이다. 그러나 발간 상황이 활발하다고 하여 바람직한 것은 아니다. 일반적으로 구술사료의 간행물로서 가장 많이 떠올리는 형태는 '자료집'이다. 연구기관들이 연구 목적의 간행물을 우선적으로 기획하므로 자료집이 가장 선호된다. 이는 연구의 활성화나 연구자의 저변 확대를 위해 필요한 일이다. 현재와 같이 자료의 공개가 활발하지 않은 상황에서는 당분간 권장되어야 할 점이기도 하다.

국내에서 발간된 '자료집', '증언집' '기록집' 등 구술사료의 녹취문을 편집한 간행물을 보면, 다음과 같다.

- 1993 한국정신대연구회·한국정신대문제대책협의회, 『강제로 끌려간 조선인군위안부들 증언집1』, 한울
- 1995 정신대연구회·한국정신대문제대책협의회 엮음 『30년 후의 증언 – 중국으로 끌려간 조선인 군위안부들』, 한울
- 1997 한국정신대연구회·한국정신대문제대책협의회, 『강제로 끌려간 조선인군위안부들 증언집2』, 한울
- 1999 한국정신대연구회·한국정신대문제대책협의회, 『강제로 끌려간 조선인군위안부들 증언집3』, 한울
- 2000 창녕박물관, 『채인 돌』
- 2001 강용권, 『강제징병자와 종군위안부의 증언』, 해와달
- 2001 강용권, 『끌려간 사람들, 빼앗긴 사람들』, 해와달
- 2001 한국정신대문제대책협의회·2000년 일본군성노예전범 여성국제

법정 한국위원회 · 한국정신대연구소『강제로 끌려간 조선인 군위
    안부들 증언집4』, 풀빛
- 2001 한국정신대연구소,『강제로 끌려간 조선인 군위안부들 증언집5』,
    풀빛
- 2003 중경고등학교 역사탐구반,『10대들의 역사리포트』, 역사넷
- 2003 한국정신대연구소 엮음『중국으로 끌려간 조선인 군위안부들2』,
    한울
- 2005 일제강점하강제동원피해진상규명위원회,『강제동원 구술기록집1
    – 당꼬라고요?』

그러나 자료집 발간에 앞서서, 구술사료를 자료집으로 발간할 때, 어느 정
도의 요건이 갖추어져야 하는가 하는 점에 대한 고민이 필요하다. 내 견해로
는 첫째, 윤문이나 편집을 하지 않고 '날 것 그대로' 담아야 한다. 가독성을
고려한 자료집이란 그다지 의미가 없기 때문이다. 두 번째는 질문내용과 답
변내용이 동시에 담겨져서 구술자와 면담자의 공동작업임이 드러나야 한다.
최근에 질문항목은 최소화하고, 구술내용만을 중시하는 경향이 있는데, '자
료집'이라면, 그러한 편집 방식은 필요하지 않다고 생각한다. 세 번째로는
구술상황에 대한 이해를 돕는 면담자의 각주 등이 첨부되어야 할 것이다. 네
번째로는 구술자에 대한 연보는 물론이고, 구술자에 대한 이해를 도울 수 있
는 관련사료(문헌, 사진 등)가 함께 구성되어 구술사료와 문헌사료를 통한
비교가 가능하도록 하는 방식이라면 가장 바람직할 것이다. '구술자료집'이
라는 제목의 발간물이 연구에 활용될 수 있는 정도가 아니어서 별도로 음성
녹음이나 녹화 테이프를 열람해야 한다면, 굳이 비용과 노력이 요구되는
'자료집'을 발간해야 할 필요성이 있는지에 대해 고민할 필요가 있다.

연구자를 위한 발간물 외에 구술사료를 활용한 일반 대중용 활용물 생산
에도 관심을 기울일 것을 권하고 싶다.[34] 관련 주제에 대해 일반의 관심을
불러일으킬 수 있는 각종 발간물에 대한 고민은 연구의 활성화를 위해서도

---

34) 그동안 일본군위안부 문제나 노무동원, 병력동원, 원폭 등에 대해 연구자나 관련 시민사회단체에
서 대중용 '증언집'을 발간했다. 정부기관에서 발간한 대중용 발간물인 일제강점하강제동원피해진
상규명위원회,『강제동원 구술기록집1 – 당꼬라고요?』, 2005에서는 노무동원피해의 내용을 담고
있다.

필요하다. 홀로코스트 생존자의 구술사료를 정리한 만화『어느 생존자의 이야기 – 쥐』(아트 슈필겔만)도 좋은 사례가 될 것이다.

영상물은 '일본군위안부피해자'를 주제로 한 것이 대부분이다. 변영주 감독의 작품인 '낮은 목소리'(1995, 1997년)나 '숨결'(1999년)은 '일본군위안부피해자'들 자신의 이야기로 구성된 다큐멘터리이다. 한국정신대연구소가 만든 '귀향'은 중국에 거주하던 '일본군위안부피해자'들의 귀향과 미귀향의 모습을 담고 있다. 최근에는 10여 년 동안 부친의 기록 찾기를 해 온 이희자와 한국인 피해보상지원활동을 전개해 온 일본인 후루카와에 대한 영상물(2005년 한일공동제작 다큐멘터리 '안녕! 사요나라')이 발표되기도 했다. 이들 영상물은 모두 기록사료 수집의 차원에서 촬영된 자료를 바탕으로 제작된 것이 아니라 영상물용 작업을 통해 제작된 것이므로, 엄밀한 의미에서 기록사료의 활용 결과물은 아니다. 다만 향후에 활용물의 형태로서 제시할 수 있다.

넷째, 연구사업이다. 연구기관들이 수집하는 자료는 단지 보존을 위한 목적에 머물려는 의도는 아닐 것이다. 연구 활성화에 기여하기 위한 적극적인 방법의 하나는 다양한 연구사업 수행이다. 연구 프로젝트의 발주나 심포지엄 등 연례적인 사업도 있을 것이고, 정기적인 콜로키움을 통한 방법도 있을 것이다. 대부분의 연구기관들은 각 기관이 소장한 자료에 대한 정리와 공개에 그치고 있다. 그러나 자료의 활용을 활성화하는 좋은 방법은 소장 자료를 대상으로 한 연구사업일 것이다. 현재 연구기관들이 연구 프로젝트 발주를 하고 있으나 대부분은 자료 수집과 관련된 것이다. 즉 직접적인 자료 수집을 목적으로 하는 것이거나 자료 수집을 촉진하는 형태의 해제사업 등이다. 이제는 그 범주를 확대할 시기이다.

다섯째, 시민교육을 위한 활용 방안이다. 시민교육을 위한 가장 일반적인 방법은 사료관이나 박물관을 통한 교육이나 교육 기자재 보급을 통한 교육이 해당될 것이다. 사료관이나 박물관은 일방적으로 보는 기능에 머물지 않는다. 외국의 사료관이나 박물관에서는 정기적으로 주최하는 각종 관련 강좌나 교육프로그램에 참여하는 적극적인 방법이 운영된다. 체험자의 이야기를 듣는 증언회나 당시 생활을 체험해보는 프로그램, 관련된 사료를 강독하는 강독 모임, 현장방문 학습 프로그램 등을 생각해 볼 수 있다.

  그러나 위에서 언급한 다섯 가지 방안의 실천에 앞서 절실히 필요하며 전제되어야 하는 요건이 두 가지 있다. 첫 번째는 자료가 공유되어야 한다는 인식일 것이다. 통합시스템을 운영하는 과정에서 나타나는 기술적인 한계는 기술의 발전에 따라 쉽게 극복될 수 있다. 정보화의 여러 방법을 통해 자료에 대한 기본적인 정보도 어렵지 않게 제공될 수 있다. 기록학의 발전으로 분류와 보존방식에서도 효율성을 도모할 수 있게 되었다. 이보다 우선되어야 하는 것은 인식의 전환이다. 이는 정보화 사회의 한복판에서 여전히 剽竊이 근절되지 않는 상황이 보안시스템의 문제가 아니라 연구자의 학문적 양심문제인 것과 마찬가지이다. 수집된 자료는 기관의 독점이나 소유의 개념이 아니라 공공의 소유라는 인식을 바탕으로 할 때, 기관 간에 기록에 대한 정보가 공개되고 이를 바탕으로 과학적인 정리와 분류, 보존방식이 수립될 수 있다. 그러므로 문제 해결의 열쇠는 바로 자료에 대한 연구자와 연구기관의 인식이다. 자료에 대한 공개념이 확립되고, 공익성이 우선시 된다면, 자료의 활용도가 높아지고, 중복수집이 줄어들며, 그 결과 연구의 질은 높아지게 될 것이다.

  두 번째 고려할 점은 자료공개에 따른 정보공개 및 지적재산권 문제이다. 자료의 공개 및 활용에 대한 요구가 늘어나는 것에 비해 지적재산권 문제에 대한 대비는 소홀한 것이 사실이다. 시중에서 파는 도서를 전권 복사·제본하여 사용을 하면서 그다지 죄의식을 갖지 않듯이. 특히 디지털 정보를 다루는 공간에서 저작권은 큰 문제로 남아있다. 디지털 정보는 사용자에게 소유권이 주어진 것이 아니라 저자 또는 창출자로부터 사용을 허용받은 것이다. 정보를 제공하는 기관은 이와 같이 디지털 정보에 결합되어 있는 권리사항에 의해 정보의 제공과 활용 지원에 큰 영향을 받을 수밖에 없다. 현재 자료공개에 따른 정보공개 및 지적재산권에 대한 법적인 권리 장치의 마련은 현실을 반영하지 못하고 있다. 이로 인해 법적으로는 별다른 문제가 없는 경우에도 윤리적인 점에서는 예상치 못한 문제점이 발생할 수 있다. 의도하지는 않았지만 자료 제공자에게 상처를 줄 수도 있고, 타인의 수고를 무시하게 될 수도 있다. '모르고 저지른 죄'도 죄라는 것이 사회 통념이라면, 연구자들도 '몰랐다'는 말만으로는 면피하기 어려울 것이다.

5. 맺음말

일반적으로 연구자가 기록사료에 관심을 갖는 이유는 좋은 연구 성과를 내기 위해서일 것이다. 그러므로 연구자에게 기록사료의 가장 큰 활용은 연구 성과이며, 강제연행·강제노동 분야도 마찬가지라고 생각한다.

강제연행·강제노동의 역사를 복원하기 위해서는 많은 기록사료가 발굴되어야 한다. 그러나 그에 선행되어야 하는 것은 기록사료에 대한 분석이다. 구술사료를 문자문화의 시각에서 분석하거나 식민지 조선의 역사를 일본본토나 다른 일본의 제국사와 단절적으로 보는 시각 등을 지양하지 않는다면 많은 기록사료가 발굴되고 정리, 공개된다 해도 연구의 지형은 달라지지 않을 것이다.

이를 위해 향후에는 구술문화와 문자문화에 대한 이해, 일본 지배정책에 대한 이해, 제국사에 대한 이해, 각 영역에 대한 관련성 이해(군위안부와 군인·군속의 관계, 군위안부와 군 체제에 관한 이해, 노무위안부와 노무동원에 대한 이해, 군속과 노무의 관계, 1944년 이후 병력동원과 노무동원의 관계 등), 자료생산주체에 대한 이해를 높일 것을 제안해 본다.[35]

---

35) 이 논문은 『성대 사림』24호(2005년 12월)에 수록된 논문 「일제 말기 조선인 강제연행·강제노동에 관한 기록사료」를 수정 보완한 글이다.

제 2 부

국외 노무동원 :: 일본편

국외 노무동원 연구, 어떻게 할 것인가

1. 머리말

일제 말기 조선인 강제연행·강제노동의 역사는 한국사회에서 '옛날에 다 그렇게 살았던' 시절의 이야기, '오래 전에 있었던 아득한 옛 이야기' '끄집어낸들 아무 소용이 없는, 이미 시효가 지난 이야기'로 넘길 수 없는 중요성을 갖는다. 강제연행·강제노동의 역사는 분단문제는 물론이고, 현재 해외 동포문제로까지 연결되기 때문이다.[1]

그러나 강제연행·강제노동의 실체는 여전히 '현재 진행 중'이다. 당시 조선인들이 어떤 방식으로, 어떠한 과정을 거쳐 끌려갔고, 무엇을 겪었으며, 어떻게 돌아왔는가 하는 점이 완전히 규명되지 않은 까닭이다. 또한 강제연행·강제노동의 개념이나 범주, 성격에서도 충분한 고민에 이르지 못하고 있다. 연구가 '현재 진행 중'인데 비해 사회적 인식은 제한·화석화되어 간다는 생각을 감출 수 없다.

朴慶植의 기념비적인 저작을 통해, 아울러 일본의 수백 개에 달하는 시민단체와 수백 명의 활동가들의 노력에 의해 강제연행·강제노동의 참상이 알려졌다. 그러나 어느 면에서는 보여주고 싶은 것, 보여주어야 한다고 생각하는 점만을 드러낸 측면이 적지 않다. 즉 일본정부와 기업을 상대로 강제연행·강제노동의 사실을 인정하도록 하거나, 대일 과거청산운동[2]의 진전을 위해 한·일 시민사회에 극단적인 양상을 우선적으로 부각한 면이 있다고 생각한다.

---

1) 현재 재일조선인사회 형성의 배경에서 강제연행·강제노동은 불가분의 연관성을 갖는다. 관련성에 대해서는 이 책 제1부「조선인 강제연행·강제노동 연구, 미래를 위한 제언」참조.
2) '대일 과거청산운동'이라는 용어는 최근에 신주백에 의해 사용되었다. 신주백,「한국과 일본에서 대일과거청산운동의 역사」,『역사문제연구』14, 2005 참조.

이러한 노력이 가진 긍정적인 면과 대일 과거청산운동 및 학계에 기여한 점에 대해서는 충분히 인정되어야 하고, 앞으로도 많은 활약이 예상된다. 특히 한국에서 연구가 운동을 뒤따르지 못했던 점은 학계가 깊이 반성해야 할 점이다. 그러나 이러한 노력의 한계도 인정하지 않을 수 없다. 가장 큰 아쉬움은 강제연행 · 강제노동의 상이 제한적으로 고착되는 데 영향을 미쳤다. 그 결과 그들이 제시해 준 틀과 다른 모습이 나타날 경우에 일본 우익의 비판 대상이 되기도 한다. 최근에 일본에서 발표된 연구에서는 이러한 점을 극복하기 위한 노력이 시도되었다.[3]

향후 연구의 진전을 위해 현재 필요한 점은 강제연행 · 강제노동의 다양한 상을 이해하고, 이를 바탕으로 시각을 확장하는 일이다. 이 글의 가장 큰 목적은 바로 강제연행 · 강제노동의 다양한 상을 밝혀내기 위한 방향을 설정하고, 고민의 일부를 공유하는 것이다. 구체적으로는 내가 관심을 가지고 있는 국외노무동원으로 한정된다. 이를 위해 필요한 작업은 일제시대에 대한 역사적 이해를 넓히고, 일본사에 대한 이해를 바탕으로 조선인 강제연행 · 강제노동에 관한 기존의 자료를 새로이 분석하고, 재구성하는 일이다. 현재 일본사연구자들의 연구 성과에 힘입어 한국사학계에서도 일본사에 대한 이해가 확산되고 있다. 지배정책사의 연구 성과로 인해 일본제국주의 체제 아래 식민지 조선의 상도 다양하게 제시되고 있다. 그러나 여전히 두 분야를 연결하는 관점은 부족한 편이다.

강제성이나 강제연행 · 강제노동의 범주 및 성격에 대한 관심도 조금씩이나마 늘어나는 상황이다. 그럼에도 당시 사회구조나 체제와 연결짓는 작업은 시작도 하지 못하고 있다. 특히 국외노무동원이 대규모 인구변동을 초래했고, 이들의 귀환과 잔류가 한일 사회변동에 미친 영향이 매우 큼에도 불구하고 연구는 동원의 범주, 송출과정이나 노동 상황에 치우치고 있다. 물론 '****'을 강제연행 · 강제노동으로 평가할 수 있는가 여부는 매우 중요하다. 그러나 이러한 범주와 성격을 규명하기 위한 작업은 단독으로 진행될 수 없다. '***'의 강제성은 몇 시간 동안 노동을 했고, 인신 구속 상황이 어떠했다는 점만으로 규정하기는 어렵기 때문이다. 그렇다 하여 동원한 주체, 동

---

3) 山田昭次 · 古庄正 · 樋口雄一, 『朝鮮人戰時勞働動員』, 岩波書店, 2005.

원된 사람들이 당시에 처한 상황에 대한 이해만으로도 만족할 수 없다.

이 책의 전체 구성에서 알 수 있듯이 그동안 나도 몇몇 사례 연구를 통해, 큰 틀을 이해해 나가고자 했다. 물론 현재 이러한 사례연구가 충분히 진행된 것은 아니지만, 사례연구만을 진행하고 있을 수는 없다. 앞으로 국외노무동원 연구를 위해 필요한 것은 사례연구의 진행과 동시에 큰 틀을 구성하는 작업이 기 때문이다. 그 작업과정에는 당시 피동원자 자신이 무슨 일을 하는지도 모 르는 상황에서 강제연행·강제노동의 동원대상이되었고, 결과적으로 전쟁에 협력하게 된 과정과 배경도 비중 있게 다루어져야 한다. 그 작업이 진행된 이 후에 새로운 범주 설정도 가능해질 것이다. 이제 그 고민을 시작해 보자.

2. 국외 노무동원 연구 현황[4]

1) 국외 노무동원이란[5]

협의의 국외노무동원은 국가총동원법(1938.5 공포)에 의거해 정책적·조 직적·집단적·폭력적으로 한반도외로 끌려간(供出된) 각종 산업의 노무자[6] 를 지칭한다. 직종에 따라 석탄광산, 금속광산, 군수공장, 토목건축현장, 항 만운수관계, 집단 농장 등으로 대별할 수 있다. 동원지역은 일본, 중국 관내, 만주, 남사할린(樺太), 남양군도(현 미크로네시아) 등이 해당된다.[7] 국외노 무동원의 기점은 국내노무동원이나 1938년 이전 시기에 일본 등 국외에 자 유모집 형태로 이주한 노동력에 대한 평가에 따라 차이를 보일 수 있다.

시기구분의 기준은 일본의 전시체제에 대한 성격 규정과 강제성의 범주에

---

4) 강제연행·강제노동 관련 용어와 범주 등에 대해서는 이 책 제1부 「조선인 강제연행·강제노동 연구, 미래를 위한 제언」 참조.

5) 국외노무동원에 대한 구체적인 범주 및 전체적인 내용은 추후 연구를 통해 큰 틀이 정리될 것으로 생각된다. 특히 지역별 작업장 현황 및 작업형태, 피동원자 수 등 세부 사항은 일제강점하강제동원 피해진상규명위원회(이하 위원회)에서 노무동원업무를 담당하고 있는 해당 부서의 조사관들에 의해 작성될 최종적인 보고서가 가장 충실한 내용을 담을 수 있을 것이다.

6) '노무자'는 당시 일본 당국에 의해 사용된 용어인데, '노동자'와 동일한 의미를 갖지 않는다. 勞働者가 주체적인 개념이라면, 勞務者는 수동적이고 일본 당국에 의해 관리되는 존재를 의미하는 개념이다. 일본 당국의 문건에서도 전시체제기 이전에 일반도일조선인에 대해서는 '노동자'라는 용어를, 전시체제기에 집단 도일한 조선인에 대해서는 '노무자'를 사용했다. 이 글에서는 조선인들의 탈주나 파업 등 적극적인 대응을 다룬 글이 아니므로 '노무자'를 사용했으나 노동운동을 주제로 한 글이라면, '노동자'가 적절할 것이라고 생각한다.

7) '일제강점하강제동원피해진상규명을위한특별법'에는 강제동원의 시점을 '만주사변 이후'로 명시하고 있으나 이는 위안부피해의 경우를 상정한 법규정으로 해석할 수 있다.

대한 이해에 따라 설정되어야 한다. 학계에서는 '조선인노무자내지이주에 관한건'(1939.9.1)을 기준으로 1939년 9월 이후를 시점으로 정하는 경향이 일반적이었다. 박경식의 연구가 대표적이다. 최근에는 국가총동원법에 의한 동원을 총체적인 강제로 인정하는 시기구분이 공감대를 넓히고 있다.

나도 후자를 시점으로 설정했다. 그 이유는 첫째, 일본 전시체제의 시점을 어떻게 볼 것인가 하는 점이다. 물론 '15년 전쟁'이라는 용어에서도 알 수 있듯이, 일본의 전시체제기에 대해서는 국가총동원법 이전 시기까지 소급해서 보는 것이 정확할 것이다. 그러나 일본이 국가총동원법 이전에도 만주사변(1931년)을 일으킨 이후부터 전 사회적으로 전시체제적인 상황에 돌입하였으나 조선인 동원과 관련된 것은 1937년 중일 전쟁 이후로 보는 것이 적절하다는 생각이다. 그렇다면 '15년 전쟁기'는 국외노무동원 시점에서 고려의 대상이 되지 않는가. 일본에서 만주사변이 전시체제기의 시점임은 분명하다. 그 시기에 일본에 거주했던 재일조선인의 경우에는 해당되는 사례도 있을 것이다. 그러나 실제적으로 조선에서 노동력이 국외로 송출[8] 된 시기를 일본 본토와 동일하다고 보기는 어렵다고 생각한다. 그러한 점에서 1931년은 광의의 국외노무동원 시기라고 할 수 있다.

두 번째는 일본의 전시체제와 조선인 노동력 유입과의 관계이다. 1939년의 '조선인노무자내지이주에관한건'이 시점이 될 수 있는가 하는 점이 제기될 수 있다. 국가총동원법 공포 직후부터 학교졸업자사용제한령(1938.8.23 공포)과 의료관계자직업신고령(1938.8.23 공포)을 비롯한 각종 노동력 실태와 통제를 위한 법령이 마련된 점을 볼 때, 1939년의 '조선인노무자내지이주에관한건'이 마련되기 이전에도 조선의 노동력은 동원될 모든 준비를 갖추었다고 보는 것이 바람직할 것이다. 비록 1938년 국가총동원법의 공포가 즉각적인 조선인 송출로 이어지지는 않았으나 노무동원을 위한 법적인 근거를 마련했다는 점에서 상징성을 갖는다고 본다. 그리고 이러한 상징성은 일본기업들의 인력 동원 과정에서 조선인의 강제적 동원을 촉진하는 계기가 되었다고 생각한다.

세 번째는 법적인 근거와 실질적인 동원의 운용과 관련성으로서 관련법이

---

8) 일본당국의 정책 문서에는 '供出'과 '送出'이라는 용어를 사용한다. 공출은 물자와 인력 모두에 통용되는 용어였다.

인력동원 정책 시행의 기준이 될 수 있는가 하는 점이다. 송출의 여러 경우를 볼 때, 각각에 대한 세부적인 동원 관련 법적인 근거가 마련된 이후 이를 근거로 시행되는 것이 아니라 실제 시행중인 제도에 대한 추인의 형식으로 이루어진 경우가 적지 않다. 즉 국가총동원법이라는 동원에 대한 틀이 마련된 이후에는 노무자 이주 관련 근거가 마련되기 이전이라도 실질적인 노무자 송출이 가능했다고 생각한다.

그렇다면, 국가총동원법이라는 일본의 실정법을 어떻게 이해할 것인가. 관련법을 인정할 경우에 조선인 강제연행·강제동원은 합법적인 정책수행이 되어 버릴 우려는 없는가 하는 점이다. 『친일파를 위한 변명』의 저자인 김완섭은 국회의 과거사진상규명에관한특별위원회가 주최한 '과거사진상규명관련법률안에관한공청회'(2003년 11월 20일. 의원회관 101호실) 석상에서 「친일은 반민족행위였는가」라는 제목의 글과 의원들의 질문에 대한 답변에서, '민족'이란 개념은 근대의 산물이므로 조선에는 해당되지 않는다는 전제 아래, 당시는 '일한병합'에 의해 조선인은 일본국의 신민이었고, 일본의 법에 의해 집행된 인력동원은 합법적이며, 타민족에 대한 가해가 아니므로 피해자란 없다는 요지의 주장을 폈다.[9] 이런 극단적인 주장이 아니라 하더라도, 국가총동원법 등 관련법을 기준으로 시점을 정할 경우에는 일본의 침략행위 자체를 인정하는 결과로 이어질 수 있다. 비록 1965년의 한일협정이 식민지지배에 대한 불법행위를 명확히 하지 못했으나 여전히 일본에 의한 조선의 식민지 지배는 불법행위이고, 절차상에서도 법적인 정당성이 결여되어 있다는 '불법론'이 제기되어 있는 상황에서 일본의 법을 기준으로 삼는 것에 대한 문제 제기는 가능하다.[10] 이 문제는 일본에 의한 조선인 인력동원정책의 합법적 여부가 문제가 아니라 한국사에서 이를 어떻게 규정할 것인가 하는 점에서 고민의 필요성이 있다.

이 문제 제기에 대한 답은, 국가총동원법을 시점으로 삼는 것이 단지 법적인 기준점이기 때문이 아니라 실제적으로 인력이 동원되기 시작한 시점과 부합하기 때문이라는 점이 하나이다. 또한 일본제국주의의 조선 지배 자체

---

9) 이 주장은 당시 패널들과 방청석에 있던 강제동원피해 유족들의 격렬한 항의를 유발하여 일부 패널이 공청회 진행을 거부하고 회의장을 나갔으며, 유족들도 공청회 진행을 곤란하게 한다는 이유로 퇴장당하기까지 했다.
10) 이에 대해서는 이태진 편저, 『한국병합, 성립하지 않았다』, 태학사, 2001 참조.

에 대한 정당성 여부와 무관하게 인력동원이 실시된 事實 자체에 충실할 필
요가 있다는 점이 또 다른 답이 될 수 있다. 조선인들이 일본을 법적인 지배
자로서 인정하는가 여부와 무관하게, 조선인이 전쟁수행을 위해 동원되었음
이 명백하기 때문이다.

　또 다른 문제제기로서, 이전에 일본이나 중국 관내, 만주, 남양군도, 남사
할린 등지에 이동한 조선인 노동력은 어떻게 보아야 할 것인가 하는 점이 있
다. 이는 이동시점이 아닌 강제노동에 투입된 시점을 중시해야 한다. 이미
내가 다른 논문으로 발표한 적이 있지만, 남양군도에 간 조선인 가운데에서
도 1938년 이전에 남양흥발주식회사 등 국책회사의 사원으로서 입사한 경
우가 있다. 이들은 대부분이 일본에 거주하다가 모집에 응해 입사한 경우이
다. 입사 시점으로 본다면, 국외노무동원과 관련성은 없다. 그러나 전시체제
기에 접어들면서 이들이 '사원'에서 '노무자'로 전환된 경우가 많다. 심지
어는 '노무자'로 전환되었다가 다시 '군속'으로 전환된 경우도 있다. 이러
한 경우에는 국외노무동원의 범주에 해당한다.[11] 일본의 재일조선인노동자
나 만선척식회사의 농업이민자 경우에도 마찬가지일 것이다.

　일부 연구자들 경우에 일본제국주의하의 식민지라는 점을 볼 때, 1938년
이전의 재일조선인노동자나 농업이민자들의 '자유의지'가 갖는 제한성을
지적하기도 한다. 제국주의의 속박을 받는 식민지체제 아래에서 '자유의지'
란 무의미하므로, 이전 시기의 노동에 대해서도 강제성을 인정해야 한다는
주장이다.[12] 이 점은 '강제연행' 자체를 식민지 구조의 산물로 인식하여 일
본에 의한 강제병합 시점으로 규정하는 논의와 일맥상통한다. 이러한 문제
의식이 식민지 체제 자체에 대한 논의에는 필요하다고 생각한다. 그러나 국
외노무동원의 범주를 식민지 경제정책과 일치시키는 것은 적절하다고 생각
하지 않는다. 일본제국주의가 갖는 침탈의 내용과 강제성은 식민지 경제정
책이나 인구 이동 외에도 고려해야 할 점이 적지 않기 때문이다. 또한 이러
한 논의방식은 부일협력자(반민족행위자)이든, 독립운동가이든, 전쟁에 동
원된 민중이든, 식민지 체제 아래에 모든 조선인이 '피해자'라는 인식으로

---

11) 남양군도의 노무동원에 관해서는 정혜경, 「일제 말기 '남양군도'의 조선인 노동자」, 『한국민족운동
　　사연구』44, 2005 참조.
12) 이러한 주장은 일본의 시민단체에서 강하게 제기되어, '일제강점하강제동원피해진상규명을위한특
　　별법' 제1조의 정의가 '만주사변 이후'로 명시된 점에 대해 문제점으로 지적하기도 했다.

이어질 수도 있다. 물론 당시 조선인들이 개인마다 일관되거나 뚜렷하게 구분된 정치지향성을 가질 수 없었고, 현재적 관점에 따라 자신들의 의지나 실제 행적과 무관하게 '범주화' 된다는 점은 충분히 고려되어야 한다. 그러나 '모두가 피해자' 라는 언설이 사회통합과정에서 필요성은 있을 수 있지만 학문의 장에서 수용하기에 적절하지 않음은 분명해 보인다. 현재 강제성에 대해서는 사전적인 의미를 비롯해 많은 논의가 제시되고 있다. 강제성의 규정 범위는 식민지 지배체제에 대한 평가와 일본의 전쟁체제 및 시기에 대한 평가에 의해 규정되어야 한다.[13]

2) 수행 내용

국외노무동원의 수행 내용을 살펴보기에 앞서 관련 법령에 대해 살펴보자.

〈표 1〉 노무동원, 통제 관련 법령 및 통첩 · 결정

노무동원, 통제 관련 법령 및 통첩 · 결정	일시	비고
국가총동원법	1938.4.1(제정)	공포(5.1). 시행(5.5)
공장사업장관리령	1938.5.3(공포)	사업 통제. 시행(5.5). 칙령528호(1937)의 공장사업징관리령은 폐지
의료관계자직업신고령	1938.8.23	노동력 실태파악. 시행(9.21)
학교졸업자사용제한령	1938.8.23	노동력 통제. 시행(9.8)
군수품공장사업장검사령	1938.10	사업 통제
공장사업장사용수용령	1938.12	사업 통제
국민직업능력신고령	1939.1.7	노동력 실태파악. 시행(6.1). 일명 국민등록제
회사직원급여임시조치령	1939.1.10	노동력 통제
선원직업능력신고령	1939.1.28	노동력 실태파악. 시행(3.2)
수의사직업능력신고령	1939.3.3	노동력 실태파악. 시행(3.3)
종업자고입제한령	1939.4	노동력 통제. 시행(8.1)
공장취업시간제한령	1939.3	노동력 통제. 시행(8.1)

13) 현재 강제성에 대해서는 사전적인 의미를 비롯해 많은 논의가 제시되고 있다. 강제성의 규정 범위는 식민지 지배체제에 대한 평가와 일본의 전쟁체제 및 시기에 대한 평가에 의해 규정되어야 한다.

공장사업장기능자양성령	1939.3	노동력 통제
회사이익배당급자금 융통령	1939.4.1	자금 통제
조선인노무자내지이주에 관한건	1939.7.4	모집
소화14년도노무동원실시계획강령	1939.7.4	일명 제1차 노무동원계획
국민징용령	1939.7.8(제정)	시행(7.15) 조선 · 대만 · 화태 · 남양군도에 적용(10.1)
조선인노동자내지이주에 관한건	1939.7.29	모집. 후생 · 내무차관이 지방장관에 보냄
조선인노동자모집竝도항취급요강	1939.7.29	모집. 정무총감이 도지사에게 보냄
조선인노동자내지이주에관한건	1939.7.31	모집. 후생성직업부장 · 사회국장 · 내무성경보국장
조선인노동자내지이주에관한건	1939.9.1	모집. 조선총독부 정무총감
임금임시조치령	1939.10	노동력 통제
전력조정령	1939.10	물자 통제
소작령통제령	1939.10	물자 통제
총동원물자사용수용령	1939.12	물자 통제
토지공작물관리사용수용령	1939.12	물자 통제
조선직업소개령	1940.1.11	모집
청소년고입제한령	1940.1.31	노동력 통제. 시행(9.1)
육운통제령	1940.2	사업 통제
해운통제령	1940.2	사업 통제
임금통제령	1940.10	노동력 통제
지대가임통제령	1940.10	물자 통제
은행등자금운용령	1940.10	자금 통제
회사경리통제령	1940.10.16	자금 통제
국민징용령(개정)	1940.10.19	
선원징용령	1940.10	노동력 통제
종업자이동방지령	1940.11	노동력 통제. 시행(12.5)
임시농지가격통제령	1941.1	물자 통제
신문지등게재제한령	1941.1	문화 통제
노동기술통계조사령	1941.4.1	칙령 제380호. 노동력 실태파악
임시농지등관리령	1941.2	물자 통제
생활필수물자통제령	1941.4	물자 통제
무역통제령	1941.5	사업 통제

배전통제령	1941.8	물자 통제
금속회수령	1941.8	물자 통제
중요산업단체령	1941.8	사업 통제
가격등통제령	1941.10	물자 통제
청장년국민등록제	1941.10.15	노동력 실태파악
국민직업능력신고령(개정)	1941.10.15	노동력 실태파악
노무동원실시계획에의한조선인노무자내지이입요령, 실시세목, 조선인노무자내지이주수속	1941.11	관알선. 내무성·후생성·조선총독부 합의작성
국민근로보국협력령	1941.11	노동력 통제
조선인노무자내지이입에관한건	1941.12.2	관알선
노무조정령	1941.12.8	노동력 통제. 시행(1942.1.10)
의료관계자징용령	1941.12.15	노동력 통제
국민징용령(개정)	1941.12.15	
물자통제령	1941.12	물자 통제
농입생산통제령	1941.12	물자 통제
기업허가통제령	1941.12	사업 통제
신문사업령	1941.12	문화 통제
조선인노무자내지이입알선요강	1942.2.7	관알선. 정무총감이 도지사에 보냄
반도인노무자활용에관한방책	1942.2.13	관알선
조선인내지이입알선요강	1942.2.24	관알선
중요사업장노무관리령	1942.2	노동력 통제
전시해운관리령	1942.3	사업 통제
기업조정령	1942.5	사업 통제
금융통제단체령	1942.8	사업 통제
조선청년특별연성령	1942.10.1	시행(11.3)
생산력증강긴급대책요강	1943.1.20	
긴급보국협력령	1943.7	개정
노무 조정령(개정)	1943.6.18	
국민 징용령(개정)	1943.7.20	조선 적용(9.1)

여자근로동원의촉진에 관한건	1943.9.13	
긴급국민근로동원방책 요강	1944.1	
반도인노무자활용에관 한방책	1944.2.13	국민징용. 조선인내지이입알선요강에 의거
여자정신대제도강화방 책요강	1944.3.18	
근로앙양방책요강	1944.3	
결전비상조치15항	1944.3	
이입조선인노무자의계 약기간연장의건	1944.4	국민징용
조선여자청년연성령	1944.4	
여자정신대수입측조치 요강	1944.6.21	
반도노무자의이입에관 한건	1944.8	국민징용
학도근로령	1944.8.22(공포)	
여자근로정신근무령	1944.8.23	
조선인노무자내지송출 방법의강화에 관한건/ 조선인노무자송출기구 의개선강화에관한실시 요목	1944.9	국민징용
국민직업능력신고령(재 개정)	1944.5.1	노동력 실태파악
여자징용실시및여자정 신대출동기간연장에관 한건	1944.11.10	노동력 실태파악
국민근로동원령	1945.3.5(공포)	국민징용령 · 노무조정령 · 학교졸업자 사용령 · 국민근로보국협력령 · 여자정 신대근로령을 폐지, 통합

　　노무동원과 관련한 대표적인 근거 법령은 국가총동원법과 국민징용령이
다.[14] 국가총동원법은 전형적인 전시수권법(戰時授權法, 또는 백지위임법)으

---

14) 일본에서 총력전 개념이 확산되기 시작한 것은 제1차 세계대전이 계기가 되었다. 특히 육군이 전
　　쟁을 수행하기 위해서는 병력 동원뿐만 아니라 군수물자를 생산하는 노동력을 확보하는 것이 중요

로서 법조문 자체만 가지고는 구체적인 내용을 확정하기 어렵도록 되어 있다. 그러므로 1938년부터 본격화된 각종 칙령과 각령, 성령, 고시 등을 통해 구체적인 내용을 드러내며 조선인 인력동원을 위한 본격적인 기능을 가능하도록 하였다.

국가총동원법은 총 22개조로 구성되어 있다. 제1조에서 국가총동원의 개념을 '전시(전쟁에 준하는 사변의 경우를 포함) 에 국방 목적 달성을 위해 국가의 전력을 가장 유효하게 발휘할 수 있도록 인적·물적 자원을 통제 운용함'이라고 규정하였다.[15] 인적자원의 통제에 관한 규정은, 제4조(징용), 제5조(국민 협력), 제6조(노무 통제), 제7조(쟁의 통제), 제13조 제2항(종업원의 공용), 제21조(국민 등록), 제22조(기능자 양성) 등이다. 이 중 제7조와 같이 기존의 법령이나 경찰에 의한 탄압으로 특별한 신법령을 필요로 하지 않았던 것을 제외하고, 1943년 이후 이 모든 법들은 한층 더 강화되어 '전부동원'이라 불릴 정도였다.[16]

국가총동원법에서 규정한 조선의 노동력 동원정책과 관련한 조항을 보면 다음과 같다.

제4소 : 성부는 전시에 국가총동원상 필요할 때에는 칙령이 정하는 바에 따라 제국신민을 징용하여 총동원 업무에 종사할 수 있다. 단 병역법의 적용을 방해하지 않는다.

제5조 : 정부는 전시에 국가총동원상 필요할 때에는 칙령이 정하는 바에 따라 제국신민 및 제국법인 기타 단체로 하여금 국가 또는 지방

하다는 점을 절감했다. 그 결과 일본 정부는 이미 1918년 4월에 전시동원에 대비하기 위해 군수공업동원법(법률 제 38호)을 제정했다. 군수공업동원법은 '전시에 국가의 자원을 통일적으로 사용하고 신속하고 확실하게 군수를 보급할' 목적으로 제정되었는데, 전시에 동원해야 할 공장과 사업장의 범위·동원방법을 규정하였다. 또한 일본 육군의 임시군사조사위원회에서는 1920년 5월에 '국가총동원에 관한 의견'을 작성하여 국가총동원의 범주를 '국민동원·산업동원·교통동원·재정동원·기타 동원'으로 구분했다. 이어서 일본 정부는 1927년 5월에 자원국(資源局)을 신설하면서 총동원계획을 준비하여 1930년 4월에 '잠정총동원기간계획설정에 관한 방침'·'총동원기본계획요강' 등을 각의에서 결정하고 총동원계획을 본격화하였다. 이와 같은 배경 아래에서 탄생한 것이 1938년의 국가총동원법이다. 국가총동원법 제정의 과정에 대해서는 小林英夫,「총력전체제와 식민지」,『일제 말기 파시즘과 한국사회』, 청아출판사, 1988 참조.

15) 제2조에서는 총동원 물자의 범위를 ① 병기·함정·탄약·기타 군용물자, ② 국가총동원상 필요한 의복·식량·음료·사료, ③ 수송용·통신용·토목건축용 물자, ④ 연료·전력·기계기구·장치 등 기타 물자, ⑤ 지정 이외의 '칙령'으로 지정하는 국가총동원상 필요한 물자로 규정하였다. 총동원 업무(제3조)는 물자의 생산·유통·수출입을 비롯하여 운수·통신·금융·위생·교육·연구·정보·선전 등 총동원상 필요한 업무로 규정되었다.

16) 김태영,「전전, 일본에서의 국가에 의한 노동통제의 전개과정 : 여성노동을 중심으로」,『일본문화학보』19, 2003, 260쪽.

공공단체가 행하는 총동원 업무에 대해 협력시킬 수 있다.

제6조 : 정부는 전시에 국가총동원상 필요할 때에는 칙령이 정하는 바에
        따라 종업자의 사용, 고용 혹은 해고 또는 임금 기타의 노동조건
        에 대해 필요한 명령을 할 수 있다.

제21조 : 정부는 전시에 국가총동원상 필요할 때에는 칙령이 정하는 바에
        따라 제국신민 및 제국신민을 고용 혹은 사용하는 자로 하여금
        제국신민의 직업능력에 관한 사항을 신고하게 하거나 제국신민
        의 직업능력에 관하여 검사할 수 있다.

이들 조항에 따라 조선에서는 다음과 같은 법령이 마련되어 적용되었다.
- 국민징용령 시행(제4조 적용)
- 국민근로보국협력령 시행(제5조 적용)
- 학교졸업자사용제한령 · 종업자고입제한령 · 공장취업시간제한령 · 임
  금통제령 · 임금임시조치령 · 청소년고입제한령 · 종업자이동방지령 ·
  노무조정령 시행 · 공장취업시간제한령 폐지(제6조 적용)
- 학도근로령 · 여자정신근로령 시행(제5조, 6조 적용)
- 선원징용령 · 의료관계자징용령 · 국민근로동원령 시행(제4조, 6조 적용)
- 의료관계자직업능력신고령 · 선원직업능력신고령 · 수의사직업능력신
  고령 · 국민직업능력신고령 시행(제21조 적용)

국민징용령은 국가총동원법에 따라 노동력을 동원할 목적으로 1939년 7
월 8일 제정되어 조선에는 10월 1일에 시행된 통제법령이다. 국가총동원법
제4조 규정에 따라 마련되었다. 따라서 국민징용령 제1조에는 국가총동원
법 제4조 규정에 의거하여 국민징용령이 제정되었음이 명시되어 있다. 제정
당시 총 26개 조항으로 구성되어 있었는데, 징용을 '특별한 사유가 있는 경
우 외에 국민직업소개소의 직업 소개 기타 모집 방법에 의해 소요 인원을 충
당하지 못하는 경우에 한해 시행하는 것'으로 제한하고(제2조), 적용 대상자
를 '국민직업능력신고령에 의한 요신고자에 한하여 행한다. 단 징용 중 요
신고자 상태에 놓이지 않게 된 자를 계속 징용할 필요가 있는 경우는 이 제
한에 있지 않다'고 규정하였으며(제3조), 징용과 징용 해제권한이 후생대신
에게 있음을 밝혔다.(제5조)

　1939년 7월 8일 제정된 국민징용령은 1940년 10월 16일 제1차 개정(칙령 제674호)과 1941년 12월 15일 제2차 개정(칙령 제1129호), 1943년 9월 1일 제3차 개정(칙령 제600호)을 통해 적용 범위가 더욱 강화되었다. 제1차 개정에서는 제3조 징용 대상자를 '군사상 특히 필요한 경우에는 전항의 규정에도 불구하고 명령이 정한 바에 의해 요신고자 이외의 자를 징용할 수 있다'는 내용을 추가하였다. 제3차 개정에서는 제2조에서 징용을 '국가의 요청에 따라 제국신민으로서 긴요한 총동원업무에 종사할 필요가 있을 경우에 이를 행하도록 한다'고 규정하여 제정 당시보다 통제성을 더욱 강조하였다.

　국민징용령은 '國民皆勞'를 원칙으로 하는 인력동원체제의 수립을 의미한다. 태평양전쟁이 치열해지는 1939년이 되자 군수공업은 더 한층 확대되어 조선인 전체를 동원대상으로 삼게 된 것이다. 국민징용령의 제정을 통해 유휴노동력의 전면적 동원 · 근로보국대의 결성과 강화 · 징병제의 조선 적용 · 여성 노동력의 적극적 동원이 폭력적 형태를 취하면서 이루어지게 되었다.

　국외노무동원은 모집(할당모집), 관알선, 국민징용 등 세 가지 방법에 의해 수행되었다.[17] 이들 세 가지 방법은 모두 국가적 동원계획에 바탕을 두고 결정된 행정명령이나 법령에 의해 운용되있으므로 '깅제성'이 공통적으로 해당된다. 국가총동원법에 의거해 모든 제국신민이 징용의 대상이 되었으므로 모집 → 관알선 → 국민징용이라는 식으로 강도가 단계별로 강화되었다는 이해는 적당하지 않다.

　또한 세 가지 방법은 시점은 다르지만 단계별로 전환된 것이 아니다. 기존에는 단계별 전환으로 이해했다. 즉 모집의 終期가 관알선의 시점이 되고, 관알선의 종기가 국민징용의 시점이 되는 것으로 파악한 것이다. 그러나 실제 1945년까지도 모집이라는 방법이 시행되는 자료가 발굴되는 것으로 볼 때, 세 가지 방법은 혼용된 것으로 판단된다.[18]

---

17) 일본과 달리 조선에서 할당모집과 관알선이 국민징용에 앞서서 시행된 이유에 대해 박경식은 '조선민중의 동요'를 두려워했다고 파악했으나 최근에 外村大는 조선내 담당 행정기구의 미비를 들었다. 外村大, 「식민지조선의 전시노무동원–정책과 실태」, 2006년 3월 3일, 낙성대경제연구소 주최 국제학술대회 '일제의 전시체제와 조선인 동원 – 징병,징용,위안부–' 발표문.

18) 김윤미(위원회 조사1과 조사관)의 매일신보 광고 정리에 의하면, 모집은 군속이나 국내로 진출한 일본기업의 경우에는 1945년 8월까지도 매일신보 광고란에서 찾을 수 있다. 그 외 중국에 사업장을 둔 興隆산업주식회사의 사원모집광고도 1945년 2월 8일자 매일신보 광고란에 게재되어 있다. 그에 비해 일본에만 사업장을 둔 기업의 모집은 1943년 이후에 찾기 어렵다. 그러나 국내로 진출한 일본기업(일본제철주식회사, 미츠비시 계열회사 등 560여 개소) 등이 국내는 물론이고 일본에서도 사업장을 운영하고 있으며 인력의 전환 배치가 가능했다는 점을 볼 때, 국외노무동원에서 모

국외노무동원의 형태(방법) 및 과정을 보면 다음과 같다.

첫째, 모집(할당모집, 1938년 5월~1945년 8월)이다.[19] 할당모집은 조선인을 고용하고자 하는 고용주가 모집신청을 내면 조선총독부가 노무자의 모집 지역과 인원을 결정하여 인허한 후 노무자를 동원하는 형태이다. 이때 고용자, 고용조건, 모집지역, 모집기간, 수송방법 등은 모두 일본후생성·조선총독부·하부기관의 계획과 통제 아래 이루어진다. 그러므로 조선인을 고용하는 사업체는 국가가 인가한 광산이나 탄광, 토목사업장으로 제한되었고, 노무자 측은 선택의 자유가 없었다. 할당모집 및 송출과정은, ‘조선인을 고용하고자 하는 고용주가 후생성에 신청을 제출 → 후생성이 할당하여 고용 허가를 내줌 → 허가를 받은 사업주가 조선총독부에 모집허가를 요청 → 조선총독부가 모집허가를 받아 지정된 지역에서 할당된 인원수의 모집을 하고 집단도항 실시’ 하는 과정을 거친다. 특히 남양군도, 樺太, 만주 등지의 할당모집은 䂓害지역을 구체적으로 지정하는 방식으로 시행되었다.

두 번째는 관알선(1942년 2월~)이다.[20] 관알선은 조선인을 고용하고자 하는 사업자 혹은 대행단체가 신청을 하고, 신청접수를 받은 조선총독부가 조사를 하여 모집지역, 인원을 허가·결정하고 그 인원을 도별로 할당을 하여 조선총독부 및 지방행정기관과 경찰 당국, 조선노무협회 등이 협력하여 노무자를 선정하여 동원하는 형태이다. 조선총독부로부터 할당통지를 받은 도는 군청과 직업소개소를 통해 말단지역의 면에 인원수를 할당하고, 면의 책임 아래 할당된 인원수를 조달한다. 동원된 인원은 조(5~10명)와 반(2~4조), 대(5반 내외) 등으로 편성했다. 이들의 수송은 조선총독부의 외곽단체인 조선노무협회가 담당했는데, 철도청이나 내무성의 협력이 있었음은 물론이다. 관알선과 할당모집의 차이점은 모집과 수송 과정에서 관의 개입이 강화되었다는 점이다.

세 번째는 국민징용(1944년 2월~1945년 8월)이다. 국민징용이란 국민직업능력신고령에 의거하여 일본정부가 등록한 자 중에서 선정하여 징용영장

집은 국민징용 단계와 마찬가지로 해방 직전까지 병행되었음을 알 수 있다. 매일신보의 모집광고에 대해서는 古庄正,「朝鮮人强制連行と廣告募集」,『在日朝鮮人史研究』32, 2002 참조.

19) 모집은 각의결정(소화14년도노무동원실시계획강령. 1939.7.4.)과 통첩(조선인노무자내지이주에 관한 건.1939.7.29.), 통첩(조선인노무자모집 및 도항취급요강. 1939.7.29.), 국민징용령의 조선 적용(1939.10.) 등의 법적 근거에 의해 시행되었다.

20) 노무동원실시계획에 의한 조선인노무자 내지이입요령 및 실시세목, 조선인노무자내지이입수속(1941.11.)과 통첩(1942.2.7.조선인노무자내지이입알선요강)에 의해 실시되었다.

을 발령·교부하여 동원하는 형태로서 신규징용(특수징용, 일반징용)과 현원
징용으로 구분된다.[21] 군속 동원, 군공사장에서는 1941년부터 징용이 이루어
졌으나 노무동원에서 징용은 1944년 2월에 이르러서 실시되었다. 2월부터
일반징용이 시작된 것은 아니고, 공장과 광산을 대상으로 한 현원징용이 먼
저 실시되었다. 신문기사나 여러 자료를 통해 볼 때, 국민징용 단계에서도
관알선이나 할당모집이 병행되었음을 알 수 있다.[22]

국민징용령에 의한 동원은 거부했을 경우에 벌칙이 명시되어 있다는 점이
관알선과 차이점이다. 조선총독부가 지방관청에 하달한 '국민징용령 逐條
질의요강'에 의하면 '징용이란 국가권력에 의해 강제적으로 피징용자를 일
정한 총동원 업무에 종사하도록 강제하는 행정처분'이기 때문이다. 그러나
더욱 분명한 차이점은 관리의 주체가 일본정부라는 점이다. 이전 단계에서
는 노무자의 모집과 고용계약 등에 소관관청이 직업 개입하거나 사업주가
대행하여 모두 사업주와 노무자의 개인고용계약의 형식을 취했다. 그러나
국민징용단계에서는 국가권력이 담당하는 것이다. 그러므로 노무자는 국가
와 사업주라는 이중의 고용=동원계약 아래 놓이게 되는 것이고, 사고나 사
망, 부조에 대한 책임도 일본정부와 사업주가 갖게 된다.[23]

3) 노동 실태[24]

그렇다면, 국외노무동원으로 끌려간 조선인들의 노동실태는 어떠한가. 구
술사료와 문헌사료, 사진, 영상물, 기존 연구 성과를 통해 개괄적으로 살펴
보자.[25]

먼저 송출단계를 보면, '할당모집'과 '관알선' 단계에서는 기업(하청조직
인 組)과 노무자간에 계약을 체결하지만, 내용에는 노동조건과 대우에 관한
내용은 포함되지 않고, 기간(2년)만을 명시하는 것이 일반적이다. 그러나 노

---

21) 구술사료에서 '연령징용'이라는 용어도 확인된다.
22) 운노는 세 가지 방법이 2월부터 8월까지 병행되다가 8월 이후에는 국민징용으로 단일화한 것으로
　　이해했다. 海野福壽, 「朝鮮の勞務動員」, 『近代日本と植民地』5, 岩波書店, 1993, 108쪽.
23) 피징용자의 사고 및 사망에 대한 가족 고지의 의무 및 사망 전후의 조치, 부조에 대한 규정은 국
　　민징용령 시행규칙 16조와 국민징용부조규칙 28조에 명시되어 있다.
24) 이하의 노동실태는 직종과 지역에 따른 차이를 고려한 실태가 아니라, 개략적인 이해가 가능할 정
　　도의 내용이다.
25) 노동실태는 구술사료 내용을 참고로 기술했는데, 특별한 경우를 제외하고는 별도의 근거를 제시하
　　지 않았다. 구술내용은 일제강점하강제동원피해진상규명위원회, 『강제동원 구술기록집1 - 당꼬라
　　고요?』 참조.

무자들에게 기간의 명시는 큰 의미가 없었다. 계약이 만료된 이후에 자동적으로 재계약을 체결한 것으로 처리되거나 국민징용 단계를 맞이한 경우에는 재계약의 체결이라는 절차도 필요 없게 되었기 때문이다. 2년 계약이 만료되어 귀국한 경우도 소수 찾을 수 있으나 귀국 이후에 다시 동원되어 이중의 피해를 경험하기도 했다. 작업장에 따라서 계약이 만료된 조선인들의 격렬한 항의로 귀국시킨 사례도 알려져 있다. 최근에 위원회가 소장한 자료에 의하면, 1939년에 홋카이도로 송출된 모집 노무자에 대해 1941년 10월에 조선총독부가 계약기간이 만료되었으나 終戰 까지 계속 근무할 것을 요청하는 서신을 보내기도 했다.[26]

　노동시간은 직종에 따라 차이를 보인다. 탄광은 2교대를 원칙으로 하는데, 교대근무조가 입갱하기 이전에는 갱을 떠날 수 없으므로 결과적으로는 12시간 이상 근무하게 된다. 이에 비해 공장은 노동시간이 비교적 짧고, 탄광과 같이 노르마(할당량)가 엄격하게 요구되지 않는다. 토건노동현장은 자연채광에 의지해서 작업을 해야 하므로 일몰 이후에 작업을 하지 않았다. 그러나 지역에 따라 어둠이 늦게 깔리는 지역은 노동시간도 길어지게 된다. 남양군도의 티니안 등 열대지역에서 조선인의 노동시간은 10시간이 넘는 것으로 기록되어 있다. 대부분 휴일이 월 1~2회 주어진 것으로 알려져 있다. 그러나 탈주 등을 방지하기 위해 휴일을 제한하거나 통제하는 경우가 있었다.

　대부분의 조선인 노무자들은 훈련과정을 거치는데, 간단한 제식훈련을 통해 규율을 체화하도록 하고, 추가로 작업장별 직무교육을 하는 형태가 일반적이다. 경우에 따라서 간단한 산수나 일본어 회화도 훈련 내용이 되기도 했다. 즉 탄광, 조선소, 공장 등 직종에 맞는 훈련을 시키는 것이다. 훈련기간은 1~2일에서 1~2주까지 일률적이지 않았다. 제식훈련의 경우에는 출발 이전에 집결지에서 받는 경우가 있고, 작업관련 훈련은 대부분 현장에 도착해서 받았다.

　생활상태를 보면, 탄광의 경우에는 함바(飯場)나 다코베야(문어방)라 불리우는 통제된 숙소에서, 기타 공장이나 토건노동현장의 경우에는 함바나 기숙사 등 집단 합숙소에서 생활했다. 다코베야는 탄광에서 운영한 제도인데, 탄

---

26) 1941년 10월 1일자로 조선총독부가 홋카이도 조선인노무자들에게 보낸 이 자료는 계약기간 연장 종용 외에 파업이나 移職에 대한 우려도 함께 표명하고 있다. 동아일보, 2006.2.20자 기사「일제 강제징용 전에도 한인 노무자 관리 개입」.

광지역이라 하더라도 지역에 따라 징벌장소로 사용한 경우도 있는 등 일률적으로 운영된 것은 아니었으므로 노무자들의 일반적인 합숙소 형태는 아니다. 함바는 야간에 외부에서 열쇠를 채우고 철망이나 판자로 외벽을 만들며 입구에 노무계 등이 지키고 있는 등 철저하게 통제된 곳도 있었으나, 개별적인 함바에 대한 통제가 아니라 지역 단위 통제가 중심이 되었다고 생각된다. 즉 조선인 노무자의 거주 지역을 외딴 곳에 두어서 자연조건을 배경으로 통제가 가능한 구조를 조성하거나 작업장과 함바를 에워

│ 다코베아의 모습(林 에이다이 사진집(청산되지 않은 昭和), 岩波서점, 1991년, 수록)

싸고 철조망을 두르며 정문에 감시소를 설치하는 방식이다.

함바의 내부는 양쪽에 마루바닥이 있고, 가운데 통로가 있는 형태로서 마치 군대막사와 같다. 함바는 식당도 함께 운영하는데, 함바가시라(飯場頭, 함바운영자)를 조선인(일반도일조선인)이 담당하는 경우가 있었다.[27] 노동생산성 증대와 노무자 탈주 및 이동방지를 위해 1940년 이후에는 고향의 배우자

----

27) 飯場(함바)제도는 나야(納屋)제도와 함께 일본광산업에서 널리 쓰여지고 있던 노무관리제도이다. 석탄광산에서는 나야제도, 금속광산에서는 함바제도라는 이름이 많이 쓰여졌으나 본질적인 차이는 없다고 보여진다. 나야·함바제도의 고전적인 형태는 광업자본가에게 고용된 納屋頭(나야가시라)·飯場頭(함바가시라)가 광부의 모집과 생활관리, 채굴·개항 등의 작업청부, 임금의 일괄관리를 맡는 것이었으나 이러한 제도는 여러 부작용을 낳았다. 1888년 『日本人』이라는 잡지에 松岡好이 「高島탄광의 참상」이라는 제목의 르포를 발표함으로써 나야제도의 실태가 밝혀지게 되고, 納屋頭에 의한 임금착취·장시간 노동·열악한 식사 등 나야제도의 폐해는 당시 사회문제화되었다. 또한 나야제도의 사용은 濫掘을 초래하였으므로 1900년대에 걸쳐 차차 폐지되어 納屋頭와 飯場頭는 광부의 모집과 생활관리만을 주요업무로 하게 되었다. 나야제도는 제1차 세계대전 후 노동조합이 이 제도의 폐지를 내걸고 투쟁한 것과 함께 1920년대 반동공황이후 廢山과 사업축소로 인해 노동력부족이 해소되면서 급속히 해체되었다. 그 후 금속광산에서는 友子동맹이라는 상호부조조직이 형성되었고, 석탄광산에서는 世話方제도에 의해 노무관리를 담당하게 되었다. 그러므로 외형적으로는 1920년대 이후 일본광산업에서 노무관리가 회사의 직접관리체제로 바뀌었다. 그러나 실제로는 이들 제도가 여전히 유용한 노무관리제도로서 유지되어 1932년에 일어난 후쿠오카현 아소(麻生)탄광노동자파업에서는 '나야제도의 철폐'가 '16개 요구사항'에 포함되어 있었다. 아소탄광 조선인노동자파업에 대해서는 정혜경, 「식민지시대 麻生탄광 재일한인노동쟁의」, 『한국정신문화연구원 한국학대학원논문집』7, 1992 참조. 함바제도와 나야제도에 대해서는 石井寬治, 이병천·김윤자 역, 『日本經濟史』, 동녘, 1984, 161~162쪽; 藤原彰·今井淸一·大江志乃夫 編 『近代日本史の基礎知識』, 有斐閣, 1972, 160~161쪽 ; 大石嘉一·宮本憲一 編 『日本資本主義發達史の基礎知識』, 有斐閣, 1975, 185~187쪽.

| "사할린에 남아 있는 유일한 함바의 모습. 2006년 8월 조사1과 이병희 조사관 촬영"

등 가족을 불러오게 하는 정책이 시행되기도 했다. 주로 탄광노동자를 대상으로 했다.[28]

대부분의 조선인들이 고된 노동에 시달렸으나 가장 곤란을 겪은 점으로 굶주림과 모멸감을 꼽는다. 대부분의 조선인 노무자들은 질적으로 조악하고, 양적으로도 격한 노동을 견딜 수 있는 식량이 지급되지 않은 상황에 처해 있었다. 식량부족은 일본이 전쟁을 수행하는 기간 내내 겪은 어려움이기도 했다. 일본 연구자인 후지와라(藤原彰)는 2차 세계대전에서 일본군 사망자 230만 명 가운데 절반 이상을 광의의 아사자로 추정하고 있다.[29] 특히 남양군도를 비롯한 격전지에서는 전세의 악화에 따라 보급이 이루어지지 않고, 현지에서 식량을 조달하도록 함으로써 더욱 많은 아사자를 낳았다.

굶주림과 함께 조선인을 힘들게 한 것은 모멸감이다. 실제로 국외로 동원된 조선인들 가운데 쇠스랑을 차고 채찍을 맞는 등 영화 속의 죄수와 같은 대접을 받은 경우는 별로 없었을 것이다. 그러나 많은 경험자들이 '우리는 인간이 아니었다' '죄수같이, 동물같'은 생활을 했다고 회상하는 것은 구타와 폭언 때문일 것이다. 규슈의 탄광노무자 이흥섭이 가장 모멸감을 느꼈다는 "너희들 조선인 20명보다 말 한필이 더 중하단 말이야"의 비하적인 발언이나 "돼지새끼들" 등 폭언은 조선인 파업이나 폭동의 원인이 되기도 했다.[30]

조선인노무자들이 겪은 몰인간적인 대우 가운데 극단적인 형태는 폭력과

---

28) 박경식이 발굴한 문건에 의하면, 1941.2.27에 내무성 경보국 보안과장은 조선인 노무관리의 효율성을 위해 가족을 불러오는 방법의 촉진을 명했다. 朴慶植, 『在日朝鮮人關係資料集成』4, 三一書房, 1975, 14~15쪽. 그러나 1940년 4월자로 후쿠오카현에 있던 明治광업 히라야마(平山)광업소가 작성한 문건 「移住半島勞働者呼寄家族名簿」을 볼 때, 이전 시기부터 시행된 것으로 판단된다. 이 자료는 국가기록원이 소장하고 있는 강제연행 명부 중 하나인 「일제하피징용자명부」에 편철되어 있다.
29) 藤原彰, 『餓死した英靈たち』, 靑木書店, 2001(요시다 유타카, 최혜주 번역, 『일본의 군대』, 논형, 2005, 212쪽, 재인용).
30) 이흥섭의 회고 내용은 이명한, 『아버지가 건넌 바다』(복사본), 1990 참조. 이 자료는 군산대학교 김민영 교수로터 제공받았다.

학살이다. 일반적으로 일본인 장정이 전선으로 나감에 따라 소수의 상이군인이나 학생근로대원들이 노무계를 담당했다. 당시 일본인의 체격이 조선인에 비해 왜소한 상황에서 소수의 일본인이 다수의 건장한 조선인 청장년을 통제하기 위해 과도한 폭력에 의존했다. 공장에서는 폭력의 수위가 낮을 수 있으나 탄광이나 조선소에서는 심했고, 군대에 의해 지정된 작업장에서는 군인에 의한 폭력이 심했다. 학살의 경우에는 주로 도주자에 대한 응징의 방법으로 사용되었다. 직접적인 린치를 통해 학살하는 경우도 있지만, 장기간 굶긴 상태에서 매달아둔다거나 하여 사망에 이르게 된 경우도 있었다고 한다.[31] 최근의 연구 성과에 따르면, 조선인에 대한 착취와 비인간적인 대우는 탄광 등 1938년 이전 시기부터 조선인을 고용했던 작업장에서 심하고, 전시체제 말기에 처음으로 조선인을 고용한 작업장의 경우에는 비교적 심하지 않은 것으로 나타난다.[32]

　국외노무동원의 노동실태에서 흔히 볼 수 있는 것이 사고이다. 안전시설을 마련하거나 사고 대비책이 전무했으므로 재해가 빈번했으나 생산성만을 고려한 대처로 일관함으로써 사고 발생률은 줄어들지 않았다. 심한 부상자는 완치되지 않은 상태에서 귀국시키기도 했다. 부족한 식량상황 속에서 부상자는 생산량 산출에 도움이 되지 않는, 그저 '양식만 축내는 존재'에 불과하다고 생각했기 때문이다. 사고로 인한 사망자에 대해 국민 징용령에 근거하여 처리한 경우는 드물다. 정식으로 납골당에서 매화장인허가를 받고 화장을 하여 인근 사원에 모신 경우도 있으나 대부분은 작업장 근처에서 화장을 하였으므로 사망과 유해처리 사실 자체가 과거장이나 매화장인허가증의 형태로 남아 있지 않다. 간혹 인근 사원에 안치한 경우에도 문제는 여전하다.

　현재 유골문제 해결의 난점은, 사망사실을 가족에게 통보하지 않았다는 점, 봉환이 이루어지지 않았다는 점과 보관과정에서 合骨이 이루어져 개체성이 확인되지 않는다는 점 등이다. 홋카이도의 비바이(美唄) 탄광과 야마구치(山口)현의 죠세이(長生) 탄광, 사할린의 삭쬬르스크 탄광 등은 사고 직후 매몰된 갱내의 탄광부를 구조하지 않고, 입구를 폐쇄한 대표적인 지역으로

---

31) 일제강점하강제동원피해진상규명위원회, 『강제동원 구술기록집1 – 당꼬라고요?』에 수록된 중국 해남도 동원 피해자 고복남의 구술 내용.
32) 山田昭次·古庄正·樋口雄一, 『朝鮮人戰時勞働動員』, 30～31쪽.

현재까지도 발굴은 이루어지지 않은 상태이다. 이러한 매몰사고는 매우 일반적이었고, 이에 대한 방치 상태도 드문 경우는 아니다.

임금상황은 어떠한가. 먼저 임금에 대한 인식을 살펴보자. 동원된 조선인들 가운데 많은 수는 '임금을 받고 일을 한다'는 인식이 아니라 '돈은 주지 않아도 좋으니 무사히 돌려보내주면 좋겠다'는 생각을 하고 있었다고 한다. 그러나 쌓여가는 저축금에 희망을 걸고 일을 열심히 한 조선인도 찾을 수 있다.

먼저 임금 내역을 보자. 임금은 숙식비가 원천 공제되고, 고향송금 · 강제저축과 노동자보험 · 후생연금보험으로 다시 공제된 후 당사자에게는 매월 3~5원 정도의 돈이 지급되는 경우가 일반적이었다. 숙식비 외에 공구사용료나 이불사용료를 내야 하는 작업장도 있었다. 간혹 책정된 임금이 전액 지불되는 경우도 있었으나 목돈을 가지고 귀국한 조선인은 찾기 어렵다. 당시에 '언제 살아서 돌아갈지 모르는 불안감'에서 모든 돈을 먹는 데 사용했다는 구술자도 많다. 또한 귀환 과정에서도 많은 돈이 소요되었다. 밀선을 구하는 비용도 많았으나 배에 승선하기 전에 몇 달씩 대기하는 과정에서 돈을 써야했기 때문이다. 남양군도 사탕수수농장이나 탄광 등지에서는 전용 매점(PX)이 있어서 금권이나 표를 사용하도록 되어 있으므로 현금을 지급하지 않는 경우가 대부분이었다.

조선인들에게 지급하지 않은 임금은 어디로 갔는가. 각종 명목의 강제저축이 일반적이다. 남양군도 사탕수수농장의 경우에는 계약조건에 강제저축의 비율이 정해져 있었다.[33] 1인당 세 가지 종류의 저축을 들어야 했던 구술자도 있었다. 강제저축은 통장이 지급되는 경우는 드물고, 대부분은 숙소에 개인별 저축현황을 나타내주는 벽보를 통해 개인에게 확인해 주는 정도였다. 강제저축은 당국이 매우 강조하는 정책이어서 노무계에 내려 보내는 하달사항에서 매우 중시하고 있다.

또 다른 방법은 송금이다. 고향에 송금한다고 통보한 임금이 송금된 경우도 있으나 전달되지 않은 경우가 일반적인 현상이다. 실제로 고향에 송금한 경우도 있으나 노동기간 내내 이루어진 사례는 발견하기 어렵다. 처음 2~3

---

33) 1939년 7월에 작성된 「移民斡旋依賴에 관한 건」(남양흥발주식회사 취체역 사장인 松江가 미나미 조선 총독에게 보낸 문서로서 총 35매)에 의하면, 1939년 8월부터 1940년 2월까지 총 13회에 걸쳐 수행된 남양농업이민의 피동원자들은 임금의 1할 이상을 저금하도록 규정되어 있었다. 정혜경, 「일제 말기 남양군도의 조선인노동자」, 『한국민족운동사연구』44, 2005.

개월은 송금되어 왔으나 그 이후에는 오지 않았다는 구술 내용이 대다수이
다. 고향에 송금한 돈은 개인에게 직접 전달되는 것이 아니라 일단 면사무소
에 송금이 된다. 그러므로 지역에 따라 정책적으로 면사무소에서 이를 해당
자에게 전달하지 않고, 공적으로 사용한 경우도 있고, 면사무소의 면서기가
개인적으로 착복한 경우도 있는 것으로 추정된다. 패전 직후에 면서기가 송
금된 돈의 일부를 가져다준 경우가 있기 때문이다. '징용을 가면 쌀을 1가마
주겠다'는 말을 듣고 '징용에 응하자 출발하기 전날에 면서기가 쌀을 1가마
실어다 주었다'는 구술도 있다. 그러나 개인적인 착복인지, 지방행정단위
차원의 관리인지에 대해서는 아직 확인되지 않는다. 다만 면 정도의 하부행
정단위에 일정한 기금이 운영되고 있었음을 추정할 수 있다.

　그렇다면, 조선인노무자에게는 임금이 일체 지급되지 않았는가. 국가기록
원이 소장하고 있는 노무자관련 명부에는 미불금이 기재된 명단을 쉽게 볼
수 있다. 그와 반대로 지불이 완료되었다는 의미의 '支給濟'가 표시된 명단
도 있다. 그러나 당사자 가운데 꼬박 꼬박 임금을 수령했다고 구술한 사람은
소수이다. 물론 본인들이 기억을 하지 못하는 경우나 가족들이 대신 수령했
을 가능성도 있을 것이다. 또는 전달과정에서 배달사고의 가능성을 생각할
수 있다. 탄광이든 토건현장이든 중층적인 하청구조 속에서 노무자들이 기업
으로부터 임금을 직접 수령할 수 있는 구조는 아니었고, 위에서 언급한 송금
과정에서 나타나는 문제가 있을 수도 있기 때문이다. 그러나 사회인식에 따
라 집단적으로 기억이 왜곡되거나 변형되었을 가능성도 있다. 임금의 수령여
부를 강제성 여부와 일치시키는 사회 분위기의 결과로 이해된다. '돈을 받았
다는데 무슨 강제냐'는 일반인들의 편견은 경험자들이 未拂로 기억하거나
미불로 주장해야 한다는 자기 검열을 형성하는 데 영향을 미칠 수 있다.[34]

　조선인노무자에 대한 임금은 기업과 시기에 따라 다양한 지급 양상을 보
인다. 책정한 임금에서 지급되는 비율도 차이를 보인다. 그러므로 일률적으
로 임금 문제를 평가하기는 어렵다. 여기에서 주목해야 할 점은 전시체제기

---

34) 많은 구술자들은 임금에 대한 질문이 나오면, 일단 머리부터 흔들며 강하게 부정을 한다. 물론 전
　혀 임금을 받지 못한 사람들이 많을 것이다. 그러나 자기검열에 의한 집단기억이거나 왜곡된 진술
　일 수도 있다. 이와 같이 구술사에서 집단적으로 기억이 왜곡되거나 변형된 예는 많이 볼 수 있
　다. 그러므로 구술사에서는 발화된 내용 그 자체가 아니라 그 기억의 왜곡 및 변형, 발화의 배경
　을 분석하는 것이 중요하다.

에 조선인노무자에게 임금이 현실적인 의미가 있었는가 하는 점이다. 임금 자체가 적절한 노동력에 대한 대가가 아닌 것은 물론이고, 지급 내역이나 체계도 평시와 달리 파행적으로 운영되는 경우가 있었기 때문이다. 또한 당시 일본정부나 기업이 노무자들에게 임금을 지급하는 문제 자체에 등한했고, 적정한 금액을 임금으로 지급할 의지를 가지고 있지 않았다는 점도 관심을 가져야 할 점이다.

그럼에도 강제연행·강제노동을 역사적 사실로서 받아들이기 주저하는 일군의 연구자들 사이에서는 임금을 받았다는 구술을 강제연행·강제노동의 성격 자체를 뒤 흔들 정도의 대단한 증거인 듯 평가하는 경향도 있다.[35] 강제연행·강제노동 연구와 구술사료 분석의 척박한 수준을 그대로 드러내 주는 예라고 할 수 있다.

4) 연구 현황

국외노무동원 관련 연구는 크게 동원정책, 전체적인 노동실태, 직종별(탄광, 지하호, 댐과 터널 등 토건, 군수공장, 군공사장 등)·지역별 실태(규슈, 홋카이도, 동북지방, 후쿠시마, 남사할린, 하이난도, 남양군도), 미불금과 전후 처리, 자료 연구, 저항, 개념이나 성격에 관한 연구 등으로 대별된다. 그 외 여자근로정신대를 대상으로 한 연구도 볼 수 있다. 아직까지는 지역사연구의 진전에 따라 국외노무동원의 연구가 영향을 받는 측면이 강하다.

시기별로 보면, 동원정책과 노동실태가 1980년대까지 집중적으로 발표된 주제이다. 국내에서는 1990년대 말까지 발표되었다. 1990년대에 들어서 일본학계에서는 연구의 범위가 확대되었다. 동원정책과 노동실태에 관한 주요 연구물 목록(2003년 말 기준)을 소개해 본다.

---

35) 이영훈·홍제환은 「전시기 농촌경제의 동향 – 소토지소유자의 증가추세를 중심으로」(2006년 3월 3일, 낙성대경제연구소 주최 국제학술대회 '일제의 전시체제와 조선인 동원 – 징병,징용,위안부–' 발표문)에서 임금을 받았다는 노무 경험자들의 구술을 들어 '차별과 탈취' 만으로 설명하기 어려운 다양한 스펙트럼이 있음을 지적하고 "강제동원된 노동자의 송금이나 귀환시 가져온 돈이 조선농촌의 토지구입으로 연결되고, 이것이 조선농촌경제 전반에 영향을 주어 전시기 토지소유 不平等度 완화요인 중 하나로 작용했었을 가능성을 상정"했다. 물론 '차별과 탈취' 만이 강제연행·강제노동의 실상이었다는 것은 정확한 인식이 아니다. 그러나 무엇이 '차별과 탈취' 인지, 그 내용에 대한 고민도 제대로 이루어진 적이 없다. 어느 면에서는 일부 연구자들 스스로가 쳐 놓은 그물망이다. 연구자들 스스로가 강제연행·강제노동의 실상을 제한적으로 그려놓은 채, 그 안에 포함되지 않으면, 강제연행·강제노동이 아니라고 평가한다. 임금의 수령여부를 가지고, 강제연행·강제노동의 다양한 스펙트럼을 추구하려는 노력 자체가 연구자의 인식을 제한하고 있는 것은 아닌지 되돌아볼 일이다.

1962 朴慶植,『太平洋戰爭中における朝鮮人勞動者の强制連行』, 朝鮮大
　　學校

1964 間宏,『日本勞務管理史研究』, ダイヤモンド社

1964 中島幸三郎,『タコ部屋殘酷物語』

1965 朴慶植,『朝鮮人强制連行の記錄』, 未來社

1973 新藤東洋男,『太平洋戰爭下における三井鑛山と中國・朝鮮人勞動
　　者』, 人權民族問題研究會

1981 권병탁,『게라마열도-일제말 징용기』, 영남대출판부

1982 신정식,『일제의 조선인 강제수탈사』, 비봉출판사

1999 松本正德,『日本勞務管理史』, 中央大學出版部(이상 단행본)

1964 朴慶植, 「太平洋戰爭期に强制連行された朝鮮人勞動者の實態」,『朝
　　鮮民主主義人民共和國創建十五周年論文集』

1964 朴慶植, 「太平洋戰爭時における朝鮮人强制連行」,『歷史學研究』297

1966 新藤東洋男, 「朝鮮國勞動者の强制雇傭經過-‘日韓併合’ 前における
　　その實態-」,『歷史評論』

1972 依田憙家, 「第二次大戰下, 朝鮮人强制連行と勞務對策」,『社會科學
　　討究』, 早稻田大學

1973 小池喜孝, 「朝鮮人・中國人の强制連行と勞動」,『鎖塚-自由民權と
　　囚人勞動の記錄』, 現代史資料センタ出版會

1974 小林英夫, 「朝鮮總督府の勞動政策について」,『東京都立大學 經濟と
　　經濟學』34

1979 山田昭次, 「朝鮮人・中國人强制連行研究史試論」,『朝鮮歷史論集
　　下』, 龍溪書舍

1980 桑原眞人, 「朝鮮人勞動者募集の一斷面」,『歷史公論』57

1982 權丙卓 외, 「光復前(1936-45) 韓國의 勞動力統制에 關한 硏究」, 영
　　남대학교『社會科學』1

1982 山田昭次, 「朝鮮人强制連行の研究」,『季刊 三千里』31

1982 藪景三, 「慟恨の ‘朝鮮人狩り’」,『統一評論』210

1987 遠藤公嗣, 「戰時下の朝鮮人勞動者連行政策の展開と勞資關係」,『歷
　　史學研究』567

1988 田中宏,「日本における勞動力移入の歷史と現實」,『季刊 勞動法』149

1989 廣江彰,「戰時勞動力統制の形成過程に關するノ-ト」,『札幌學院 商經論集』6-1

1989 內藤正中,「戰前期日本海地域の朝鮮人勞動者」,『島根大學 經濟科學論集』15

1990 松村高夫,「第二次世界大戰期の朝鮮人强制連行・强制勞動」,『三田學會雜誌』83-3

1991 김민영,「일제의 조선인노동력 수탈에 관한 연구」, 전남대학교 경제학과 박사학위논문

1991 市原博,「戰時日本企業の朝鮮人管理の實體」,『土地制度史學』157

1992 金英達,「'强制連行'と朝鮮人戰時動員」,『統一評論』323

1993 加藤佑治,「戰時下における-朝鮮人徵用工の勞動と生活」,『專修大學 經濟學論集』28-1

1993 여순주,「일제 말기 조선인 여자근로정신대에 관한 실태연구」, 이화여자대학교 대학교 석사학위논문

1993 田中直樹,「第二次世界大戰期における朝鮮人'移入'勞動者について」,『日本大學生産工學部研究報告B』26-1

1993 海野福壽,「朝鮮の勞務動員」,『岩波講座 近代日本と植民地5』

1995 김성례・강정숙,「일제의 노동력수탈에 관한 연구」,『청산하지 못한 일제시기의 문제』

1995 山田昭次,「戰時下朝鮮人勞務動員-强制連行, 强制勞動, 民族差別」,『UN symposium』

1996 空野佳弘,「朝鮮人・中國人强制連行・强制勞」,『週刊 金曜日』4(8)

1996 河棕文,「戰時勞動力政策の展開」,『東京大學日本史學研究叢書』2

1997 강정숙・서현주,「일제 말기 노동력 수탈 정책」, 한국정신대연구회,『한일간의 미청산 과제』, 아세아문화사

1998 곽건홍,「일제하 조선의 전시 노동정책 연구」, 고려대학교 박사학위논문

2001 곽건홍,「일제 말기 조선에서의 전시 노동력 동원」,『전국역사학대회 발표문』

2001 하종문,「일본의 노동력 동원정책」,『전국역사학대회 발표문』

2001 한혜인, 「조선인강제연행에서의 강제성의 한 단면」, 『일본어문학』10

2002 곽건홍, 「침략전쟁기(1937~45)일본에 강제동원된 조선노동자의 존재형태-군대식 노동규율과 노동조건의 민족적 차별을 중심으로」, 『아세아연구』108

2002 이병례, 「일제하 전시체제기 노동자의 경험세계」, 『역사연구』11

2002 이상의, 「1930~40년대 일제의 조선인노동력 동원체제 연구」, 연세대학교 박사학위논문

2002 韓惠仁, 「朝鮮人强制連行政策の運用」, 『아시아문화연구』6

2003 이상의, 「일제지배 말기의 노무관리와 노동통제」, 『역사와현실』50

2003 전기호, 「한국인 강제연행·강제노동에서 '강제'의 성격」, 『일제시대 재일한국인 노동자계급의 상태와 투쟁』, 지식산업사

2003 정혜경, 「일제 말기 조선인 군노무자의 실태 및 귀환」, 『한국독립운동사연구』20, 독립기념관 한국독립운동사연구소

2003 한혜인, 「'강제연행'에서의 공출구조」, 『한일민족문제학회』4

2003 허종호·리철홍·공명성, 「일제의 조선인강제징발 실상」, 『역사와현실』50 (이상 연구논문)

직종별 실태에서는 탄광이 가장 많은 연구 성과를 보이는 주제이다. 탄광은 경제사에서 노무동원 이전 시기를 대상으로 한 연구가 활발히 진행되었으므로, 그 성과가 노무동원으로 이어졌다고 생각된다. 1990년대부터 일본에서 지하호나 댐과 터널 등 토건분야에 대한 연구 성과도 발표되고 있다. 이 가운데 특히 마츠시로(松代) 대본영은 지역사 연구의 진전에 힘입은 측면이 강하다.

마츠시로대본영 관련 주요 연구물 목록을 보면, 1964년부터 1990년까지 꾸준히 관심이 기울여졌음을 알 수 있다.

1964 吉田春雄, 『松代大本營建設回顧錄』

1983 和田登, 『キムの十字架-松代大本營地下壕のかげに』, はるぷ出版

1987 松代大本營の保存をすすめる會, 『松代大本營ガイドブック-マッシ

ロへの旅』

1988 長野縣歷史敎育者協議會, 『僕らの街にも戰爭があつた-長野縣の戰
　　爭遺跡』, 銀河出版

1990 篠ノ井旭高校鄕土班, 『マツシロから平和を』

1990 松代大本營を考える會, 『松代大本營シア-に参加して-訪問記と崔
　　本小岩氏のお話』

1991 山根昌子, 『松代大本營跡を考える』, 新幹社

1991 山根昌子編, 『松代本營跡を考えるⅡ』, 新幹社

1991 松代大本營の保存をすすめる會, 『松代大本營と崔小岩-松代大本營
　　を語り續けて逝つた朝鮮人の證言』, 平和文化

1991 和田登, 『松代大本營』, 岩波書店

1992 篠ノ井旭高校鄕土班, 『夢が現實となつた』

1992 林えいだい, 『松代地下大本營-證言が明かす朝鮮人强制勞動の記
　　錄』, 明石書店

1992 靑木孝壽, 『松代大本營-歷史の證言』, 新日本出版社

1995 原山茂夫, 『松代大本營』, 銀河書房

1996 和田登, 『キムの十字架-松本大本營地下壕のかげに』, 明石書店

2001 松代大本營勞働證言集編輯委員會, 『岩陰の語り』, 鄕土出版社 (이상
　　단행본)

1957 法務省虚無人, 「松代大本營」, 『外國登錄』7

1984 吉田榮一, 「松代大本營工事回顧」, 『軍事史學』78

1986 和田登, 「松代 '大本營' と强制連行」, 『季刊 三千里』47

1988 大日方悅夫, 「松代大本營問題」, 『歷史評論』460

1989 靑木孝壽, 「'松代大本營' の建設に關する硏究」, 『長野縣短期大學紀
　　要』44

1990 原剛, 「まぼろしの松代大本營の全貌」, 『丸 別冊』15 (이상 논문)

지역별 실태는 지역사 연구와 궤를 같이하고 있는데, 직종별 실태와 무관
하지 않다. 특히 조선인강제연행진상조사단이 꾸준히 발표한 지역별 조사보
고서는 일본의 지역별 실태에 대한 이해를 높이는데, 크게 기여를 했다. 구

체적인 내용을 보면, 탄광연구의 진전과 함께 규슈의 치쿠호(筑豊) 지역이나 홋카이도 지역의 연구가 활발히 발표되었다.

규슈와 홋카이도지역을 대상으로 한 주요 연구물 목록을 살펴보기로 하자.

1945 北海道廳勞仂部勞仂敎育課,『北海道勞働事情』, 印刷支援協會

1949 札幌炭鑛保安監督部,『炭鑛保安敎本』

1954 松岡端雄,『戰後九州における石炭産業の再編成と合理化』, 日本學
　　　術振興會

1958『北海島の港灣苛役勞動』, 北海島立綜合研究所

1960 三菱美唄勞動組合,『炭鑛に生きる』, 岩波書店

1963 福岡縣在日朝鮮人殉難者慰靈實行委員會,『兄弟よ, 安らかに眠れ−
　　　朝鮮人殉難眞相』

1963 小池喜孝,『鎖塚 自由民權と囚人勞働の記録』, 現代史出版會

1966 渡邊?藏,『北海道社會運動史』, レポート社

1972 北海島在日朝鮮人の人權を守る會,『ホシカイドーシ!ホシカイドーシ!
　　　生きて再び歸れぬ地−朝鮮人強制連行』

1973 新藤東洋男,『太平洋戰爭下における三井鑛山と中國・朝鮮人勞動
　　　者』, 人權民族問題研究會

1973『筑豊石炭鑛業史年表』, 在日本文化協會

1974 九州地方朝鮮人強制連行眞相調査團,『九州朝鮮人強制連行の實態』

1974 北海島在日朝鮮人人權を守る會,『ホシカイドーシ! ホシカドシ!生き
　　　てを再び歸れぬ地−朝鮮人強制連行の記録』

1974 朝鮮畵報社 編,『オモニあいたいよ−九州朝鮮人強制連行實相調査を
　　　終えて』, 在日本朝鮮人總連合會

1974 朝鮮人強制連行調査團,『朝鮮人強制連行・強制勞動の記録−北海
　　　道・千島・樺太篇』, 現代史出版社

1974 在日本朝鮮人總聯合會,『オモニ あいたいよ : 九州朝鮮人強制連行
　　　眞相調査を終えて』

1977 夕張動くものの歷史を記録する會,『わが夕張−知られざる炭鑛の歷
　　　史』, 煙瓦社

1977 小池喜孝,『常紋トンネル−北邊に斃れたタコ勞働者の碑』, 凸版印刷
　　　株式會社

1978 北海島開拓記念館,『北海島における炭鑛の發展と勞動者』

1980 金贊汀,『火の慟哭・在日朝鮮人坑夫の記錄』, 田烟書店

1981 山田昭次,『九州朝鮮人强制連行の實態』, 筑豊と共鬪する會

1981 林えいだい,『强制連行, 强制勞動: 筑豊朝鮮人坑夫の記錄』(『朝鮮人
　　　勞動강제수탈사』 비봉출판사, 1982)

1982 桑原眞人,『近代北海道史研究序說(第4章北海道開拓と朝鮮人勞動
　　　者)』, 北海道大學圖書刊行會

1982 小池喜孝,『北海道の夜明け』, 國土社

1985 杉山四郎,『古老が語る民衆史1』, みやま書房

1986 杉山四郎,『古老が語る民衆史Ⅱ』, みやま書房

1986 ‘笹の墓標’ 編輯委員會,『笹の墓標−朱鞠內・ダム工事堀りおこし』,
　　　空知民衆史講座

1987 李興燮,『アボジがこえた海』, 葦書房(이명한,『아버지가 건넌 바다』,
　　　1990)

1987 佐賀縣石炭産業資料,『石炭史』, 佐賀縣

1988 杉山四郎,『古老が語る民衆史Ⅲ』, みやま書房

1988 札幌鄕土を掘る會,『今も聞える藻岩の叫び』

1988 賀澤昇,『續雪の墓標タコ勞働−元棒頭自らの調査と記錄』

1989 札幌鄕土を掘る會,『海峽の波高く・札幌の朝鮮人强制連行と勞働』

1989 縣北の現代史を調べる會 編,『戰時下廣島縣高暮ダムにおける朝鮮
　　　人强制勞動の記錄』

1990 廣島の强制連行を調査する會,『强制連行(强制勞動)の調査にあなた
　　　も參加して下さい』

1990 前川雅ま,『炭鑛地−長崎縣 石炭史年表』, 葦書房

1991 小池喜孝,『常紋トンネル』, 朝日新聞社

1991 守屋敬彦,『支拂依賴書綴』よりみたる住友鴻之舞鑛山朝鮮人强制連
　　　行』, 道都大學紀要編集委員會

1992 林えいだい,『死者への手紙−海底炭鑛の朝鮮人鑛夫たち』, 明石書店

1992 『朝鮮人强制連行の實態-高暮ダムで何があつたのみ』, 廣島縣高等
　　　學校教職員組合

1993 杉山四郎, 『語り繼ぐ民衆史-歌誌內・赤平・あし別』, 北海道出版企
　　　劃センター

1993 相模湖ダムの歷史を記錄する會, 『相模湖ダム建設殉職者合同追悼會
　　　しおり』

1993 桑原眞人, 『戰前期北海道の史的硏究』, 北海道大學圖書刊行會

1993 野添憲治, 『花岡事件を見た20人の證言』, 御茶の水書房

1993 ‘札幌民衆史シリーズ6’ 編輯委員會, 『戰爭體驗 庶民が支えたあの戰
　　　爭は』, 札幌鄕土を掘る會, 國文社

1994 空知民衆史講座, 『朱鞠內・朝鮮・民衆 和解のかけ橋-續笹の墓標』

1994 日韓・日朝の明日を考える「釧路かささぎの會」, 『一枚の火葬認許證
　　　から-朝鮮人强制連行の軌跡』, 日韓・日朝の明日を考える「釧路か
　　　ささぎの會」

1997 市原博, 『鑛山の勞働社會史』, 多賀出版

1997 札幌市敎育委員會, 『新札幌市史』, 北海道新聞社

1997 「札幌民衆史シリーズ8」編纂委員會, 『植民地體驗 ポンソンフィ(鳳
　　　仙花)-日本統治下の朝鮮・サハリンの生活』, 札幌鄕土を堀る會

1999 全國交流集會九州, 『九州の强制連行』

1999 朝鮮人强制連行實態調査報告書編輯委員會, 『北海道と朝鮮人勞働者』

2000 武富登已男・林えいだい, 『異鄕の炭鑛一三井山野鑛强制勞動の記
　　　錄』, 海鳥社

2001 空知地方史硏究協議會, 『空知の鐵道と開拓』(이상 단행본)

1966 新藤東洋男, 「太平洋戰爭下における三井鑛山と中國人・朝鮮人勞動
　　　者」, 『人權民族問題硏究會硏究報告』1輯

1968 田中直樹, 「第2次大戰前夜の炭鑛における朝鮮人勞動者」, 『朝鮮硏
　　　究』, 1968年 4月

1968 田中直樹, 「第2次大戰前夜の炭鑛における朝鮮人勞動者-石炭聯合
　　　會資料を中心にして」, 『朝鮮硏究』72

1968 田中直樹, 「太平洋戰爭前夜における炭鑛勞動者について-石炭聯合

會資料を中心にして」, 『慶應義塾大學 三田經濟學研究』2

1969 田中直樹, 「戰時下における炭鑛勞動者について−勞動力構成を中心にして」, 『慶應義塾大學 社會科學研究紀要』9

1970 新藤東洋男, 「在日朝鮮人問題と筑豊炭鑛地帶−その差別構造と日朝連帶の闘い−」

1971 宮田昭, 「友よ, 筑豊の地底で安らかに」, 『潮』144

1972 北海道開拓記念館, 「明治初期における炭鑛の開發−芽沼炭鑛における生活と歷史」, 『北海道開拓記念館調査報告』1

1973 供野周夫, 「戰時中の空知における朝鮮人・中國人の強制勞動の實態」, 『歷史地理教育』214, 歷史教育者協議會

1973 北海道開拓記念館, 「明治初期における炭鑛の開發−日曹炭鑛における生活と歷史」, 『北海道開拓記念館調査報告』3

1973 小池喜孝, 「朝鮮人・中國人の強制連行と勞動」, 『鎖塚−自由民權と囚人勞動の記錄』, 現代史資料センタ出版會

1974 廣生秀一, 「筑豊における強制連行」, 『現代と歷史教育』25

1974 藤島宇內, 「北海道−强制連行の生證人」, 『現代の眼』15-2

1974 朴慶植, 「知られざる朝鮮人強制連行」, 『全電通文化』92, 全電通勞組中央本部

1974 北海道開拓記念館, 「明治初期における炭鑛の開發−幌內炭鑛における生活と歷史」, 『北海道開拓記念館調査報告』7

1974 山田昭次, 「九州地方朝鮮人強制連行調査覺書−筑豊を中心として(上)」, 『統一評論』114

1974 山田昭次, 「九州地方朝鮮人強制連行調査覺書−筑豊を中心として(下)」, 『統一評論』115

1974 山田昭次, 「太平洋戰爭下の朝鮮人強制連行と日韓問題−九州地方の調査から」, 『法學セミナ』232

1974 河昌玉, 「座談會−日本帝國主義の黑い瓜痕−九州地方朝鮮人強制連行の實態」, 『統一評論』

1976 山口武信, 「炭鑛における非常−昭和17年長生炭鑛災害の關するノート」, 『宇部地方史研究』5

1977 金鍾化, 「˝朝鮮人狩り˝と千島強制勞動」, 『語り出した民衆の記錄－オホック民衆史』

1977 裴泳哲, 「朝鮮人强制連行の一斷面－廣島縣比婆郡高暮ダムを訪ねて」, 『統一評論』149

1977 山田昭次, 「筑豊のアリラン峠－朝鮮人强制連行問題調査の中心的課題」, 『分權?獨立運動情報』

1977 長澤秀, 「第2次大戰中の植民地鑛業勞動者について－日本鑛業株式會社資料を中心に」, 『在日朝鮮人史研究』1

1977 戸塚秀夫, 「日本帝國主義の崩壞と˝移入朝鮮人勞動者˝－石炭産業における一事例研究」, 『日本勞使關係史論』, 東京大學出版會

1978 桑原眞人, 「北海道における在日朝鮮人史」, 『近代民衆の記錄10－在日朝鮮人』

1978 西野辰吉, 「鑛山での1945年」, 『季刊 三千里』15

1978 田中直樹, 「戰時期における朝鮮人鑛夫の雇傭狀態－筑豊炭山の事例を中心にして」, 『近代民衆の記錄10－在日朝鮮人』

1979 長澤秀, 「ある朝鮮人炭鑛勞動者の回想」, 『在日朝鮮人史研究』4

1979 長澤秀, 「日帝の朝鮮人炭鑛勞動者支配について」, 『在日朝鮮人史研究』5

1980 金贊汀, 「戰時下在日朝鮮人の反日運動－三井神岡鑛山の强制連行者の鬪爭を中心に」, 『歷史公論』57

1980 山田昭次, 「日立鑛山朝鮮人强制連行の記錄－解說と證言」, 『在日朝鮮人史研究』7

1980 林えいだい, 「筑豊の在日朝鮮人戰後史」, 『季刊 三千里』24

1982 梶村秀樹, 「海がほけた!－山口縣長生炭鑛遭難の記錄」, 『在日朝鮮人史研究』10

1984 岡崎元哉, 「消えた鑛山」, 『季刊 三千里』39

1986 渡邊誠, 「半生を鑛業の中に置いて」, 『あかびらふるさと文庫??5, 北海道赤平市市民相談室

1986 山代邑, 「高暮ダムに思う」, 『季刊 三千里』48

1986 徐根植, 「久須部鑛山・竹野鑛山と朝鮮人」, 『同胞と社會科學』1

1986 長澤秀, 「815直後の朝鮮人鑛夫の鬪い」, 『いわき地方史研究』23

1986 中口忠雄, 「豊里鑛から半世紀をふり返つて」, 『あかびらふるさと文庫』5, 北海道赤平市市民相談室

1986 津本武三郎, 「赤間の坑內の思い出と戰後感じたこと」, 『あかびらふるさと文庫』5, 北海道赤平市市民相談室

1987 林えいだい, 「地圖にないアリラン峠-朝鮮人强制連行の實態」, 『季刊 三千里』49

1987 林えいだい, 「まつくら-朝鮮人强制勞動の實態」, 『季刊 三千里』50

1988 金光烈, 「地底の慟哭」, 『部落解放史・ふくおか』51-2

1988 林えいだい, 「筑豊における朝鮮人坑夫と被差別部落」, 『部落解放史・ふくおか』51-2

1990 守屋敬彦, 「金屬鑛山と韓國・朝鮮人强制連行」, 『首都大學紀要』9

1991 김민영, 「일제의 조선인노동력 수탈에 관한 연구」, 전남대학교 경제학과 박사학위논문

1991 김민영・長野進, 「戰前日本石炭産業における'朝鮮人勞動者移入'の經過」, 『佐賀大學經濟論集』24-4, 佐賀大學經濟學會

1991 山口武信, 「1942年長生炭鑛'水非常'ノート(2)」, 『宇部地方史研究』19

1991 守屋敬彦, 「'支拂依賴書綴'とるみたる住友鴻之舞鑛山朝鮮人强制連行」, 『首都大學紀要』10

1991 市原博, 「戰時下の朝鮮人炭鑛勞動の實態?補論」, 『金屬鑛山研究』64

1991 市原博, 「戰時下の朝鮮人炭鑛勞動の實態」, 九州大學石炭研究資料センタ-編輯, 『エネルギ-史研究-石炭を中心として-』

1991 林えいだい, 「强制連行記錄の旅-足尾銅山へ」, 『季刊 靑丘』7

1991 竹內康人, 「伊豆鑛山と朝鮮人强制連行」, 『靜岡縣近代史研究』17

1991 布引宏, 「長生炭鑛犧牲者名簿の總合」, 『宇部地方史研究』19

1991 布引宏, 「長生炭鑛の'集團渡航鮮人有付記錄'を讀む」, 『宇部地方史研究』19

1991 「'資料'山口縣長生炭鑛の朝鮮人勞務管理について」, 『在日朝鮮人史研究』21

1992 金旻榮, 「戰前, 佐賀縣における朝鮮人勞動者の'强制連行・强制勞

動」, 『地域經濟研究センタ年報』3

1992 金靜媛, 「相生市・善光寺に眠る強制連行朝鮮人の遺骨」, 『統一評論』
322

1992 守屋敬彦, 「住友鴻之舞鑛山への朝鮮人強制連行の勞動災害」, 『史明』27

1992 長野暹・金旻榮, 「1940年, 日本石炭産業における勞動問題と'朝鮮
人勞動者移入'」, 『佐賀大學 經濟論集』25-1

1992 長野暹・金旻榮, 「1940年代, 日本石炭産業の勞動事情と'朝鮮人勞
動者移入'の事例分析」, 『佐賀大學 經濟論集』25-2

1992 長澤秀, 「山口縣・長生炭鑛(株)と朝鮮人強制連行」, 『海峽』16

1993 山田昭次, 「筑豊炭田の朝鮮人強制連行」, 梁泰昊 編, 『朝鮮人強制連
行論文集成』, 明石書店

1993 守屋敬彦, 「住友鴻之舞鑛山への強制連行朝鮮人の勞働災害」, 梁泰昊
編, 『朝鮮人強制連行論文集成』, 明石書店

1994 김민영, 「1940년대 일본석탄산업의 노동사정과 조선인노동자의 '집
단이입'」, 『경제사학』18, 경제사학회

1994 長澤秀, 「日曹天鹽炭鑛と朝鮮人強制連行」, 『在日朝鮮人史研究』24

1995 김민영, 「일제하 일본사가현 탄광지대의 '조선인 노무동원' 실태」,
『노사관계연구』4, 원광대학교 노사관계연구소

1995 長澤秀, 「住友・新歌志內鑛の朝鮮人寮日誌『半島鑛員就業日誌』を
讀む」, 『海峽』17

1996 大久保由理, 「戰時下の福岡縣八女地方における在日朝鮮人」, 『在日
朝鮮人史研究』26

1996 淺田政廣, 「豊羽鑛山小史－戰前編」, 札幌市敎育委員會文化資料室,
『札幌の歷史』31

1997 谷勝三, 「歷史から抹消された人人 千歳における強制連行の實態の
聞きとり調査より」, 『進步と改革』545

1997 김민영, 「1940년대초, 일본석탄광업연합회 소속탄광의 조선인노동
자모집상황」, 『한국동서경제연구』8, 한국동서경제학회

1997 北原道子, 「日本軍に動員された北海道在住の朝鮮の若者たち」, 札幌
鄕土を堀る會, 『ポンソンフィ(鳳仙花)』

1998 김민영, 「해방전 일본탄광의 한국인노동자(1940-1941)」, 『국제지역
      연구』2-1, 국제지역학회

1998 김민영, 「해방전후 일본탄광의 정황과 조선인노동자의 고용상태」,
      『경제사학』25, 경제사학회

1998 村串仁三郎, 「朝鮮人鑛夫の友子加盟について」, 『金屬鑛山研究』76

1999 김민영, 「'모집'에서 '관알선·할당'으로의 이행기, 일본 平山광업
      소의 조선인노동자(1941~1942)」, 『근·현대한일관계와 재일동포』,
      서울대학교출판부

1999 김민영, 「식민지시대, 일본탄광노무담당자의 노동문제인식」, 『한국
      동서경제연구』10-2, 한국동서경제학회

1999 守谷敬彦, 「日本敗戰直後の北海道石狩·空知炭田での被强制連行中
      國人·朝鮮人の鬪爭」, 『佐世保工業高等專門學校研究報告』36

2000 김민영, 「일본탄광의 조선인노동자에 대한 노무관리, 노동통제연
      구, 1939-1945」, 『경영사학』15-3(통권24), 한국경영사학회

2000 노영종, 「북해도지역 조선인 강제연행과 저항」, 충남대학교 석사학
      위논문

2000 守屋敬彦, 「アジア太平洋戰爭下の被强制連行朝鮮人の反日獨立鬪
      爭」, 『佐世保工業高等專門學校研究報告』37

2002 竹內康人, 「筑豊の炭鑛史跡と朝鮮人追悼碑」, 『在日朝鮮人史研究』32

2003 竹內康人, 「三菱高島炭鑛への朝鮮人强制連行」, 『在日朝鮮人史研
      究』33 (이상 논문)

이 두 지역은 지역 실태연구로는 가장 많은 연구 성과를 발표한 사례로서
도 특성을 갖고 있지만 최근에도 여전히 중요한 연구 대상임을 알 수 있다.
특히 1990년대부터는 국내에서도 연구 성과가 발표되었는데, 김민영이 연
구를 독식(?)한다고 할 정도로 주도했다.

후쿠시마(福島)와 이바라키(滋城) 지역의 탄광 연구는 사할린 지역 연구와
관련성을 갖는다. 사할린의 광부들이 1944년에 전환 배치된 지역이 치쿠호
외에 후쿠시마와 이바라키, 나가사키(長崎) 지역이기도 하기 때문이다.

사할린 광부와 관련이 있는 후쿠시마와 이바라키의 탄광 연구 현황을 살펴보자. 역시 나가사와(長澤秀)의 연구가 독보적이다.

1985 石田眞弓, 『故鄕はるかに-常磐炭鑛の朝鮮人勞動者との出會い-』, アジア問題研究所 (이상 단행본)

1977 長澤秀, 「常磐炭田における朝鮮人勞動者について」, 『明治大學 駿台史學』40

1978 大塚一二, 「常磐炭鑛を中心とした戰中朝鮮人勞動者について」, 『福島大學 東北經濟』64

1978 木山茂彦, 「わが炭鑛勞務管理を語る」, 『福島大學 東北經濟』64

1978 山田昭次, 「戰時下常磐炭田の朝鮮人勞動者について」, 『近代民衆の記錄10-在日朝鮮人』

1978 長澤秀, 「常磐炭田における朝鮮人勞動者の鬪爭」, 『在日朝鮮人史研究』2

1978 長澤秀, 「日帝の朝鮮人炭鑛勞務者支配について-常磐炭鑛株式會社を中心に」, 『在日朝鮮人史研究』3

1981 山田昭次, 「福島縣西部地方朝鮮人强制連行の記錄」, 『在日朝鮮人史研究』9

1986 長澤秀, 「戰時下南樺太の被强制連行朝鮮人炭鑛夫について」, 『在日朝鮮人史研究』16

1987 長澤秀, 「戰時下常磐炭田における朝鮮人鑛夫の勞動と鬪い」, 『立敎大學 史苑』47-1

1988 相澤一正, 「朝鮮人强制連行とその勞動·生活」, 『近代日本社會發展史論』

1993 相澤一正, 「茨城縣における朝鮮人中國人强制連行に關するノート」, 梁泰昊 編, 『朝鮮人强制連行論文集成』, 明石書店 (이상 논문)

중국 하이난도(海南島)의 조선인노무자 연구도 '기슈(紀州)광산의 진실을 밝히는 모임'이 미에(三重)현의 기슈광산을 연구하는 과정에서 연구대상지역을 기슈광산의 경영주체인 이시하라(石原)산업이 진출한 하이난도로 확대한 경우이다. 기슈광산 관련 연구물 목록을 보면 다음과 같다.

1991 三重縣木本で虐殺された朝鮮人勞動者の追悼碑を建立する會, 『六十
    三年後からの出發』
2002 三重縣木本で虐殺された朝鮮人勞動者の追悼碑を建立する會, 『紀
    伊半島·海南島の朝鮮人』(이상 단행본)
1997 紀州鑛山の眞實を明らかにする會, 「紀州鑛山への朝鮮人强制連行」,
    『在日朝鮮人史研究』27
1999 김정미, 「일본점령하 중국 海南島에서의 강제노동」, 『근·현대한일
    관계와 재일동포』, 서울대학교출판부
2000 김정미, 「日本占領下の海南島における强制勞働(1)强制連行·强制
    勞働の歷史の總體的把握のために」, 『季刊 戰爭責任研究』27, 日本
    戰爭責任資料センター
2000 김정미, 「日本占領下の海南島における强制勞働(2)强制連行·强制
    勞働の歷史の總體的把握のために」, 『季刊 戰爭責任研究』28, 日本
    戰爭責任資料センター (이상 논문)

남양군도(현 미크로네시아 지역) 지역은 최근에 국내에서 연구의 진전을
보이기 시작한 주제이다. 남양군도 관련 연구물 목록을 소개한다.

1999 今泉裕美子, 「サイパン島における南洋興發株式會社と社會團體」,
    『近代アジアの日本人經濟團體』, 同文館
2002 今泉裕美子, 「日本統治下ミクロネシアへの移民研究」, 『史料編輯室
    紀要』29
2002 정혜경, 「공문서의 미시적 구조 인식으로 본 남양농업이민(1939~1940)」,
    『한일민족문제연구』3
2005 정혜경, 「일제 말기 '남양군도'의 조선인노동자」, 『한국민족운동사
    연구』44

미불금과 전후처리는 고쇼 타다시(古庄正) 교수에 의한 연구 성과가 주목

할 만한데, 일본제철(주)을 중심으로 살펴보고 있다.

1993 古庄正, 『强制連行の企業責任』, 創史社

2000 古庄正, 『日本企業の戰爭犯罪—强制連行の企業責任3』

2000 한국태평양전쟁희생자광주유족회 후원회, 『訴狀 내 생전에 이 한
　　　을—나고야 미쓰비시 조선여자근로정신대 소송 제1집』

2001 太平洋戰爭韓國人犧牲者遺族會, 『報告集—不二越强制連行未拂い賃
　　　金訴訟』 (이상 단행본)

1986 古庄正, 「在日朝鮮人勞動者の賠償要求と政府および資本家團體の對
　　　應」, 『早稻田大學 社會科學討究』31-2

1991 古庄正, 「資料·連行朝鮮人未拂い金供託報告書」, 『經濟學論集』23-1

1991 洪祥進, 「日本製鐵株式會社の '供託書及び供託名簿' について」, 『兵
　　　朝研』47

1992 古庄正, 「朝鮮人强制連行問題の企業責任」, 『駒澤大學 經濟學論集』
　　　24-2

1993 古庄正, 「强制連行犧末拂金はどのように沒收されたか」, 『ハッキリ
　　　通信』5

1993 古庄正, 「强制連行犧牲者の遺族からの手紙」, 『THE POPOTE
　　　NEWS』6

1993 古庄正, 「日本製鐵株式會社の朝鮮人强制連行と戰後處理」, 『駒澤大
　　　學 經濟學論集』25-1

1993 古庄正, 「在日朝鮮人勞?者の賠償要求と政府および資本家團體の對
　　　應」, 梁泰昊 編, 『朝鮮人强制連行論文集成』, 明石書店

1993 古庄正, 「朝鮮人强制連行問題の企業責任」, 『季刊 靑丘』16

1993 金英達, 「朝鮮人戰時動員勞動者と厚生年金保險」, 『むくげ通信』138

1997 福地直樹, 「「强制連行」で問われる企業の戰爭責任」, 『週刊 金曜日』
　　　5(33)

1999 古庄正, 「조선인 강제연행의 전후처리」, 『근·현대한일관계와 재일
　　　동포』, 서울대학교출판부

2001 김은식, 「일본제철보상재판과 구술자료」, 『구술자료로 복원하는 강

제연행의 역사-2001년도 구술자료수집결과보고회 자료집』, 일제강
  점하강제동원피해진상규명등에관한특별법제정추진위원회
2002 古庄正, 「戰後補償 未拂金供託の問題點-日鐵强制連行事件より」,
  『社會民主』566
2003 古庄正,「日鐵大阪裁判の問題點」,『姜德相先生古稀・退職記念 日朝
  關係史論集』, 新幹社
2003 정태헌・기광서,「일제의 반인륜적 조선인 강제노무동원과 임금탈
  취」,『역사와현실』50 (이상 논문)

위 연구물 목록에서도 알 수 있듯이 미불금에 대한 연구는 단연 고쇼 타다
시(古庄正)의 연구가 독보적이라고 할 정도이다. 미불금에 대한 고쇼 교수의
문제 제기는 단지 책상에서 그치는 것이 아니라 대일청산 관련 소송 현장에
서도 계속되었다.

조선인노무자의 저항도 국내에서 관심을 갖는 연구이다. 즉 동원의 피해
당사자인 조선인들이 당시 상황을 어떻게 받아들이고 대응했는가 하는 점이
중심 내용이다.

물론 몇몇 연구자에 치중되는 양상을 보이기는 하지만 1990년대 중반부
터는 국내 연구자의 연구 성과가 두드러진다. 조선인의 저항에 관한 연구물
목록은 다음과 같다.

1977 松永洋一,「戰後日本勞動運動史記述における在日朝鮮人勞動運動
  象-敗戰時 '蜂起'記述について」,『在日朝鮮人史研究』1
1977 畑中康雄,「記錄 朝鮮人勞動者の闘い」,『社會評論』9
1978 長澤秀,「常磐炭田における朝鮮人勞動者の闘爭」,『在日朝鮮人史研究』2
1980 金賛汀,「戰時下在日朝鮮人の反日運動-三井神岡鑛山の强制連行者
  の闘爭を中心に」,『歷史公論』57
1987 長澤秀,「戰時下常磐炭田における朝鮮人鑛夫の勞動と闘い」,『立敎
  大學 史苑』47-1
1993 相澤一正,「茨城縣における朝鮮人中國人强制連行に關するノート」,

梁泰昊 編, 『朝鮮人強制連行論文集成』, 明石書店

1997 강만길, 「침략전쟁기 일본에 강제동원된 조선노동자의 저항?」, 『한국사학보』2

1997 변은진, 「일제말 조선인노동자층의 전쟁 및 '군수생산력' 에 대한 인식과 저항」, 『향토서울』57

1999 守谷敬彦, 「日本敗戰直後の北海道石狩・空知炭田での被強制連行中國人・朝鮮人の闘爭」, 『佐世保工業高等專門學校研究報告』36

2000 守屋敬彦, 「アジア太平洋戰爭下の被強制連行朝鮮人の反日獨立闘爭」, 『佐世保工業高等專門學校研究報告』37

2000 노영종, 「북해도지역 조선인 강제연행과 저항」, 충남대학교 석사학위논문

2001 노영종, 「일제 말기 조선인의 북해도지역 강제연행과 거부투쟁」, 『한국근현대사연구』17

2002 변은진, 「일제 침략전쟁기 조선인 '강제동원' 노동자의 저항과 성격—일본 내 '도주'・'비밀결사운동' 을 중심으로」, 『아세아연구』108

2003 이상의, 「일제지배 말기의 노동문제와 조선인의 저항」, 『역사연구』13

2003 전기호, 「강제연행 재일 한국인 노동자들의 투쟁」, 『일제시대 재일 한국인 노동자계급의 상태와 투쟁』, 지식산업사

2003 長澤秀, 「第2大戰 末期 朝鮮人の闘い」, 『姜德相先生古稀・退職記念日朝關係史論集』, 新幹社

연구자의 지역별로 연구 성과를 구분해서 살펴보자. 연구 주제를 보면, 일본 학계에서 가장 오랜 기간 동안에 연구의 중심을 이룬 것은 실태론이다. 1990년대 이후부터 실태론을 포함해 자료 분석, 개념 및 성격에 대한 관심이 늘어났다. 그럼에도 실태론은 여전히 다수를 차지한다. 일본지역의 연구가 노무동원의 현장을 위주로 한 실태중심의 연구가 많은 데 비해, 국내 연구의 주제는 다양성을 보인다고 생각된다. 가장 큰 이유는 양국 학문 지형의 차이이다. 일본이 지역사 연구의 토대 속에서 연구를 진행해 온데 비해, 국내의 지역사 연구는 시작단계에 불과하다. 또한 일본학계가 거둔 실태론이라는 성과로 인해 국내 학계의 실태론 연구는 자기 목소리를 내기 어려운 측

면도 있었다. 또 다른 이유는 국내가 국외노무동원의 현장이 없다는 점이다. 그러므로 지역 실태연구보다는 송출구조나 저항 등 일본 학계와 다른 주제에 관심을 기울이지 않을 수 없었다. 이러한 연구자가 속한 지역적 상황의 차이는 추후 연구 방향에서도 차이를 보이게 될 것이다.

시기별로 보면, 1980년대까지는 한국 학계의 연구는 전무하다고 할 정도로 일본지역의 연구가 중심을 이루었다. 1990년대에 들어서는 국내 연구가 진전을 보이기 시작한 데 비해 일본 지역의 연구는 그다지 활발하지 않은 점이 있다. 이는 일본 학계의 전반적인 연구 관심 추이와도 관련이 될 것이다. 그러나 그렇다고 하여 한국 학계에서 연구 성과의 양이 질을 담보했다고 보기는 어렵다. 1990년대 이후에 발표된 한국 학계의 논문에서 일본의 연구 성과를 지나치게 수용하는 경향이 있었던 것도 사실이기 때문이다. 일본 연구의 요약본 정도에 지나지 않는다거나 문제의식 없이 일본의 연구 성과를 그대로 옮겨놓은 듯한 수준의 글도 볼 수 있다. 극단적인 사례는 각주도 달지 않고 요약한 내용이 본래 발표된 연구의 문제의식을 전혀 따라가지 못하고, 잘못 정리한 경우이다. 더구나 학계가 이러한 '베끼기'를 검증할 수준에 이르지 못함으로써, 복제품이 도리어 '참신한 연구'로 평가받는 웃지 못할 일도 있었다. 연구자로서의 자질과 양심이 의심스러운 것은 물론이지만, 이는 분명히 한국 학계 전체의 신뢰성을 실추하는 결과로 이어질 수 있다. 물론 국외노무동원 연구에서 역사가 일천한 국내 연구가 일정 기간 일본 학계의 연구 내용과 방향에 많은 도움을 받을 수밖에 없다. 그렇다고 하여 '무분별하고 낯 뜨거운 베끼기'가 용인될 수는 없다. 그동안 국외노무동원과 관련하여 한국 학계가 보여준 모습 가운데 부끄러운 자화상이 있었다는 점에 대해 인정하고 자성할 때, 진정한 연구의 발전이 있을 것이다.

3. 연구, 어떻게 할 것인가

1) 연구를 위한 요소

국외노무동원 연구를 위해 필요한 자료는 문헌과 구술사료이다. 먼저 문헌사료를 살펴보자. 이 책의 제1부 「조선인 강제연행 · 강제노동에 관한 기

록사료」에서도 언급한 바와 같이 문헌에는 정책문서와 신문, 잡지기사, 관련 명부가 있고, 피해당사자가 생산한 자료(수기, 회고록, 진술서)가 있다. 그 외 소송기록도 해당된다. 그러나 문헌사료만으로는 연구의 완결성을 지향하기 어렵다.

정책문서는 기록관리 측면에서 한계를 보이고 있는데, 이러한 한계는 내용상으로도 연결이 된다. 계획서만 있고, 시행내용을 확인할 수 없는 경우가 적지 않기 때문이다. 특히 하부 행정단위의 업무 수행에 관해서는 파악하기가 쉽지 않다. 件別 편철의 완결성도 떨어진다. 작성 주체자의 주관성이 강하게 반영이 되어 있거나 정확한 사실을 담지 않는 자료도 있다. 이는 당시 보고체계가 갖는 문제점이기도 하지만, 성과위주의 업무수행이 가져온 산물이기도 하다. 부풀려진 것은 단지 戰況만이 아니다. 다른 문헌사료도 한계가 있기는 마찬가지이다. 신문이나 잡지기사는 보여주기 위한 자료이므로 행간을 읽어내는 노력이 필요하다. 관련 명부는 전체적인 틀을 이해하는 데에는 어려움이 많은 자료이므로, 정확한 해제가 나온다 해도 보조적인 성격이 강하다. 당사자가 생산한 문헌에도 주관성과 일방성이라는 지적은 동일하게 해당된다. 더구나 피해당사자가 생산한 수기는 극소수이고, 피해자단체가 소장하고 있는 진술서는 정확성을 검증해야 하는 내용이 많다. 이는 의도적인 왜곡이 아니라 진술서를 작성한 본인이 잘못 인지하고 있는 경우가 많기 때문에 나타나는 불가피한 현상이다. 동원기간은 물론이고, 심지어 동원지역 마저 전혀 달리 알고 있는 경우가 있다. 소송기록은 최근에 국사편찬위원회에서 발간이 되었는데, 이 자료도 충분하지 않다.[36] 생산된 자료의 수도 많지 않지만, 특정 기업에 치우치고 있어서 전체적인 이해를 도모하는 데에는 거리가 있다.

그렇다면, 문헌사료는 어떻게 독해하고 활용해야 할 것인가. 가장 먼저 이루어져야 하는 것은 문헌에 대한 분석과 검토이다. 문헌사료에 대한 분석이 해제의 수준을 벗어나 연구로 이어져야 한다.

조선총독부 문서를 예로 들어보자. 최근에 조선총독부 문서 가운데 노무문서 및 경무·학무·법무 등 몇몇 관련되는 문서에 대한 해제가 국가기록

---

36) 국사편찬위원회·한국역사공동연구위원회 한국측위원회, 『원폭피해자곽귀훈소송기록』총3권, 2004; 국사편찬위원회, 『在韓被爆者手帳訴訟』총5권, 2004; 국사편찬위원회, 『후지코시강제동원소송기록』총4권, 2004; 국사편찬위원회, 『일본제철강제동원소송기록』총3권, 2005.

원에 의해 발표되었다. 이 해제집은 연구에 매우 유용하다. 그러나 문서 각각에 대한 심층적인 분석이나 문서군들과의 관계성을 살피는 연구는 시작도 못한 상황이다.

명부에 대해서도 소장처인 국가기록원의 학예연구사가 작성한 해제가 지금까지도 유일한 글이다.[37] 이 해제도 명부를 이해하는데 매우 유용하다. 그럼에도 기본적인 사실 검증부터 명부 간 관계성 정립 등 학계가 관심을 기울여야 할 과제는 여전히 남아 있다. 더구나 노무관계 명부는 군인군속 명부와 달리, 일본정부가 아니라 기업이 작성 주체였으므로 작성의 기준이나 원칙, 사실성 등에서 정확성이 떨어진다. 여러 작업장의 명부가 1개의 문서철로 편철이 되어 있거나 표지와 다른 내용이 편철된 경우도 있다. 이러한 점은 기록관리적 측면에서 볼 때, 명백한 한계이다. 연구에 활용되는 사료라는 측면에서는 이루 말할 나위 없다. 해결책은 학계의 관심과 본격적인 연구이다. 지금과 같이 소장처만이 감당해야 할 책무는 아니다.

그렇다면 신문이나 잡지는 어떻게 독해해야 하는가. 지극히 상식적인 이야기이지만 해당 신문, 잡지의 성격에 대한 이해를 바탕으로 한 행간 읽기이다. 신문에 대해서는 아직 대상이 되는 신문기사 전체를 꼼꼼히 독해한 연구자를 찾는 것조차 쉽지 않다. 매일신보에 대한 분석은 어느 정도 진행 중이지만, 경성일보(일문)에 대해서는 시도도 못하고 있다. 신문 독해에서 우려되는 점은 일간지를 해당되는 시기나 특정 주제만으로 한정하는 방법이다. 신문의 논조나 발간 의도, 당시 시대에 미친 영향 등 전반적인 성격에 대한 이해가 부족한 상황에서는 행간을 읽어내기 어렵기 때문이다. 매일신보의 경우에는 수요역사연구회가 2000년부터 매일신보연구반을 개설하고, 독해 작업을 계속하고 있으며, 2002년 말부터 1910년대에 대한 연구서(총 2권)도 발간했다. 이러한 성과를 바탕으로 일제 말기를 대상으로 한 연구서도 발간될 계획이라고 한다.[38] 그러나 경성일보의 경우에는 연구자들이 활용할 수 있는 정도의 신문자료 자체가 최근에야 국내에 보급된 상황이다. 매일신보(국문)와 경성일보(일문)가 동일한 조선총독부의 기관지이지만, 독자층이

---

37) 노영종, 「일제하 강제연행자 현황에 대한 검토」, 『기록보존』17, 2004.
38) 수요역사연구회, 『식민지조선과 매일신보 – 1910년대』, 신서원, 2003; 『일제의 식민지 지배정책과 매일신보 1910년대』, 두리미디어, 2005. 몇몇 주제에 대한 기사목록은 수요역사연구회 홈페이지 www.wednes.org 참조.

달랐기 때문에 비중 있게 다루는 기사의 내용도 달랐다. 그러므로 경성일보도 강제연행·강제동원 연구를 위한 주요 사료이다. 또한 동아일보나 조선일보도 폐간되기 이전 시기에는 모집단계에서 매일신보보다 풍부한 기사를 제공하고 있다. 이들 신문은 기관지가 아닌 상업지였으므로 매일신보에 비해 지면의 여유가 있어서 관련기사 내용도 많았다. 내가 몇몇 주제(남양군도, 사할린)를 대상으로 비교해 본 결과 양적으로도 30% 정도 많았고, 내용상에서도 매우 상세했다. 그럼에도 관련 연구에서 이들 신문기사를 인용하는 경우는 거의 찾을 수 없다. 향후에는 이들 신문기사를 종합적으로 분석한 연구도 필요하리라 생각된다. 잡기 기사는 정책의 홍보 기능이 중심이지만 정책문서의 보완적 사료로서 가치가 있다는 점을 이해할 필요가 있다. 정책문서와 법령에 대한 해설의 역할을 담당한 글도 있고, 당시 식자층이 선전·홍보에 관여한 정도 및 내용에 대한 이해가 가능하기 때문이다. 신문, 잡기 자료는 기사 외에 광고가 중요한 내용을 담고 있다는 점도 간과해서는 안 될 사항이다.

경험당사자가 생산한 문서(진술서, 회원가입서 등)에 대한 분석은 더욱 진행이 쉽지 않은 사료이다. 이늘 자료는 일난 언구자의 개인직인 접근이 쉽지 않다. 프라이버시 문제가 있으며, 단체가 소장하고 있어서 전체적인 내용을 접하기 어렵다. 일단 입수한 이후에는 자료의 성격을 이해해야 한다. 진술서를 분석하기 위해서는 국외노무동원 전반에 대한 이해가 선행되어야 하고, 다른 자료와의 비교 분석이 필요하다. 피해자단체가 소장한 진술서는 연구 목적이 아니라 보상이나 소송을 위한 목적으로 작성되었고, 진술자가 알고 있는 정보가 일방적으로 제시된 자료이므로 실제 내용을 살펴보면 많은 오류가 발견된다. 또한 진술서는 생산과정에서 연구자와의 상호작용을 거치지 않았으므로 진술자의 일방성이 강하게 반영된 자료이다. 그러므로 심층면담의 과정을 거친 구술사료와는 성격을 달리한다. 이러한 점으로 인해 분석을 위한 준비와 학습이 필요하다. 얼마 전 특정한 피해자단체의 진술서가 수록된 책이 발간되었다.[39] 이를 계기로 사료 활용에서 연구자의 권한 범위와 함께 연구의 도덕적인 책임 범위가 어디까지인가 하는 점을 고민해 볼 필요가

---

39) 김인덕, 『강제연행사 연구』, 경인문화사, 2003.

있다고 생각한다.

소송기록은 단지 원고의 문제 제기 사실을 확인하기 위한 자료가 아니라 소송을 제기한 원고 측의 입장을 둘러싼 관련자들의 문제에 대한 인식정도를 파악할 수 있는 자료라는 점에서 유용한 자료이다. 즉 현재적 입장이 강하게 반영된 자료라는 특성이 도리어 현재 한일양국 간에 인식의 정도를 파악하는 데 도움이 되기 때문이다. 특히 原告의 인식이 소송이 진행되는 과정에서 조금씩 달라지는 점을 사회구조적 관점에서 분석하는 것도 필요한 방법이라고 생각한다. 이를 위해서는 재판정이라는 제한된 장소에서 기록되는 자료의 성격에 대한 이해를 반영한 연구가 필요하다.

이상에서 언급한 바와 같이 문헌사료는 연구를 위한 활용성이 높지만 동시에 한계도 내포하고 있다. 문헌사료의 한계는 구술사료와 현지조사를 통해 보완될 수 있다. 구술사료에 대해서는 절을 달리하여 논의하기로 하고, 다음으로는 현지조사에 대해 생각해 보기로 하자. 국외노무동원 연구는 사료만으로 충분하다고 볼 수 없다. 송출지역별, 관련지역별 현지조사는 이들 자료를 제대로 자리매김하는 데 큰 역할을 담당한다.

현지조사의 효용성은 무엇인가. 가장 큰 장점은 지리적, 공간적 상황에 대한 이해를 높인다는 점이다. 이러한 전제 아래 첫 번째 효용성은, 문헌과 구술사료의 사실 자체를 확인하고, 국외노무동원의 구체적인 사실을 이해하는 데 도움이 된다. 둘째로 연구자들의 전반적인 인식을 넓히고 구체화하는 데에 도움을 준다. 지리적, 공간적 상황에 대한 이해는 사료의 이해와 분석을 가능하게 해준다. 각각의 사료 조각들을 서로 연결하여 큰 틀을 만들어나가는 데 도움이 되기 때문이다. 또한 현지조사는 작업장 자체에 대한 이해는 물론이고, 작업장 주변의 환경과 다른 작업장과의 관계 등 전체적인 이해의 폭을 넓히는 데 도움이 된다. 그 외에 연구자에게 영감과 역사적 상상력을 제공해 준다는 점도 있다.

2) '기억'으로 역사 쓰기

국외노무동원은 물론이고 강제연행·강제노동연구에서 문헌사료가 갖는 한계가 적지 않다는 특성에도 불구하고 여전히 문헌사료에 대한 의존도가 높다. 이러한 현실은 연구자들의 책임이 아닐 수 없다. 그동안 나는 여러 글을 통해 문헌사료가 나타내주는 내용이 실제로 실현되지 못한 정도가 적지 않음을 지적했다. 이러한 한계성을 확인하고 적극 연구에 수용하는 작업이 수반되지 않는다면 현재 연구 성과를 보완하기도 어려울 뿐만 아니라 향후 연구에서도 한계를 가질 수밖에 없을 것이라고 감히 단언한다. 그러한 점에서 구술사료의 수집과 활용은 더욱 확대되어야 한다. 아울러 구술사료를 활용한 글쓰기에 대한 고민도 시작되어야 한다.

(1) 구술사와 강제연행·강제노동 연구

구술사료수집은 전문성을 바탕으로 한 조사가 전제조건이 되어야 한다. 다른 분야와 달리 강제연행·강제노동의 연구는 문헌상의 오류가 적지 않다. 전쟁 상황이었으므로 신문기사나 정책문서에서도 과시적이고 선언적인 내용을 실제 실행된 것처럼 기재한 경우가 많다. 또한 끌려간 사람들이 여러 상황으로 인해 스스로 문헌사료를 남기지 못했으므로 이들에 대해서는 구술사료를 수집하는 방법을 취할 수밖에 없다. 그러므로 문헌사료 외에 구술사료와 현지조사 결과를 바탕으로 연구가 이루어져야 함은 필수적이다. 그런데 구술사료수집은 전문성이 담보되지 않으면 수집의 의미가 없다고 해도 과언이 아니다. 구술사료수집에 대해서는 현재 기초적인 조사 방법이나 이론에 관한 참고자료가 마련되어 있으므로 이를 활용하고, 실습을 통해 전문성을 다진 이후에 수집에 나서야 할 것이다.[40]

강제연행·강제노동 역사의 복원에서 구술사료가 갖는 필요성과 의의를 살펴보자. 첫째, 구술사료는 피해의 역사를 복원하는 데 크게 기여한다. 문헌사료를 확보하지 못한 주제에서는 구술사료수집을 통해 역사 복원이 가능하다. 여기에는 강제연행·강제노동의 역사도 해당된다. 구술사료를 통해 문헌사료의 편향성 및 한계를 극복할 수 있다. 미공개 상태인 문헌사료의 공개를 촉진하는 방법의 하나도 구술사료의 발굴일 것이다. 일단 구술사료수집을 통해 어느 정도 사실이 알려지면, 문헌사료의 소장자들도 공개를 고려하게 된다. 희소성이 약화된 상황에서 더 이상 움켜쥐고 있을 필요가 없어졌다고 생각하기 때문이다.

---

40) 구술사의 성격 및 전문적인 구술사료수집, 보존, 활용의 전 과정에 대해서는 한국구술사연구회, 『구술사 ― 방법과 사례』를, 강제연행·강제노동에 관한 구체적인 구술사료수집 및 보존, 활용 방안 등에 대해서는 정혜경의 『일제 말기 조선인강제연행의 역사―사료연구』 참조.

둘째, 구술사료수집의 시급성이다. 현재 생존한 피해자들이 연만하고, 사망 속도가 매우 빠른 상황이어서 시기를 놓치면 구술사료 수집 가능성이 희박하게 된다. 인터뷰를 위해 사전 연락을 하는 과정에서 사망하거나 1차 구술사료수집작업을 한 후 2차 작업 일정을 잡는 사이에 사고를 당하거나 사망하는 경우도 있다. "다 죽었어" "이젠 없어" "좀더 일찍 찾아다니지" 하는 노인들의 한탄어린 질책이 연구자에게는 아쉬움 그 이상이다.

셋째, 구체적으로 관련 연구의 활성화와 한일 간 식민지청산을 위한 자료로 활용된다는 점을 들 수 있다. 강제연행·강제노동에 관한 문헌사료의 한계를 인정한다면, 구술사료의 의존도는 높아지게 된다. 문헌사료에서는 한 번도 본 적이 없는 이야기나 새로운 사실을 확인할 수 있는 유일한 資料原은 구술사료이기 때문이다. 현재 강제연행·강제노동연구에서 가장 취약한 부분은 구체적인 송출과정이다. 누가, 어떻게, 어느 경로를 통해서 끌고 갔는가 하는 점이다. 현재 송출과정에 대해서는 문헌을 통한 연구가 진행되고 있으나 쉬운 작업이 아니다. 강제연행·강제노동의 연구가 일본에서 1950년대 중반부터 시작이 되었지만, 국내는 물론이고 일본에서도 이 과정에 대해서는 대략적으로 파악하고 있을 뿐이다. 노무동원의 경우에 조선노무협회나 직업소개소가 개입되었을 것이라는 정도는 알려져 있으나 구체적인 과정은 파악이 되지 않는다. 이 부분을 밝혀줄 정책문서는 아직 충분하지 않은 상황이고, 조선노무협회의 기관지 『朝鮮勞務』에서도 내용 확인은 쉽지 않다. 또한 구술사료는 강제연행·강제노동의 다양한 상을 파악하는 데 크게 기여를 할 것으로 생각된다. 강제연행·강제노동의 사실 확인이 어려운 상황에서 한일 간 과거청산이란 기대하기 어렵다. 과거청산이란 진상규명이 전제되어야 하기 때문이다. 이 점에서 강제연행·강제노동 역사에 관한 구술사료수집의 중요성과 효용성이 다시 한번 강조된다.

물론 구술사료도 문헌사료와 마찬가지로 자료적 한계에서 자유로울 수 없다. 연구자들에게 자료의 가치와 객관성, 효용성에 대한 고민은 불필요한 과정이 아닌 필수적인 작업이다. 이러한 과정을 통해 인간의 역사와 문화는 좀 더 정확하고도 풍부하게 복원될 수 있기 때문이다. 그러나 현실은 연구자들이 충분하게 고민하고 깊은 사색에 빠질 수 있도록 배려하지 않는다.

그동안 구술사와 관련된 논의의 촛점은 구술사료의 성격이나 필요성, 효용성, 사료적 가치 및 해석 등이었다. 연구자들이 구술사료의 효용성과 객관성에 대해 고민하고 논쟁하는 사이에 우리 역사와 문화를 풀어내 줄 주인공은 매우 빠른 속도로 사라지고 있다. 그 뿐이 아니다. 어느새 쌓이기 시작한 녹음 테입들이 연구기관의 서고나 연구자들의 책상 서랍에서 뒹굴고 있다. 심지어 분실되기도 하다. 언제까지 고민만 하고 있을 수 없는 일이다. 그렇다면 방향은 너무나 분명하다. 연구자들이 고민하는 시기를 앞당기고, 고민의 범주도 확장하는 것이다. '구술사료가 믿을만한가'에서 '어떻게 하면, 제대로 수집하고 활용이 편이하도록 관리할 것인가' 그리고 '분석의 틀은 어떻게 설정할 것인가' 등등으로.

(2) '기억으로 역사 쓰기'

이 책의 제1부 「조선인 강제연행·강제노동에 관한 기록사료」에서도 언급한 바와 같이 국외노무동원 관련 구술사료를 활용한 단행본은 일제강점하강제동원피해진상규명위원회가 발간한 『강제동원 구술기록집1 – 당꼬라고요?』(2005)가 유일하다. 국외노무동원에 대한 연구 역사와 비교해 볼 때, 매우 부족하다는 점을 확인할 수 있다. 다만 『강제동원 구술기록집1 – 당꼬라고요?』가 한국정부가 발간한 최초의 국외노무동원 관련 발간물이라는 점, 그리고 향후에 국외노무동원 관련 구술사료 발간 활성화에 일조를 할 수 있을 것이라는 점에서 위안을 삼을 뿐이다.[41]

그렇다면, 국외노무동원 연구에서 구술사료의 활용 상황은 어떠한가. 구술사료는 일본군위안부피해자 연구에서 많이 활용된 편이다. 그에 비해 국외노무동원 연구에서는 활용된 시기가 최근의 일이다. 국외노무동원에서 현재 구술사료를 활용한 연구는 이병례, 「일제하 전시체제기 노동자의 경험세계」(『역사연구』11, 2002); 정혜경, 「일제 말기 강제연행 노동력 동원의 사례 : '조선농업보국청년대'」(『한국독립운동사연구』18, 2002); 정혜경, 「일제 말기 조선인 군노무자의 실태 및 귀환」(『한국독립운동사연구』20, 2003); 정혜경, 「해방 이후 강제연행 생존자의 사회적응과정」(『한국근현대사연구』29, 2004); 정혜경, 「기억에서 역사로 : 일본제철(주)에 끌려간 조선인노동자」

---

41) 이 책의 주요 내용과 의미에 대해서는 정혜경, 「해제 – '노예의 세월'을 풀어나가는 작업, 강제동원피해 생존자 조사」, 『강제동원 구술기록집1 – 당꼬라고요?』 참조.

(『한국민족운동사연구』41, 2004); 정혜경, 「일제 말기 '남양군도'의 조선인 노동자」(『한국민족운동사연구』44, 2005) 등을 들 수 있다. 이들 연구는 모두 구술사료를 활용했다는 정도이지 정확한 분석이 이루어졌다거나 구술사로 분류될 정도의 역사 쓰기는 아니다.

비록 국외노무동원 연구에서는 아직도 제대로 된 '기억으로 역사 쓰기'가 시도되지 못하고 있으나 새로운 글쓰기 방식으로서 점차 연구자들의 관심을 불러일으키고 있다. 그러나 관심이 있다하여 역사쓰기가 제대로 이루어지고 있는 것은 아니다. '기억으로 역사 쓰기'의 효용성에 대해서는 공감대가 점차 형성되어 가고 있으나 역사쓰기에 앞서 고려해야 할 점에 대해서는 그다지 주목하지 않고 있기 때문이다. 구술사료가 육성녹음 상태가 아닌 텍스트 자료의 형태로 활용이 되고 있다 하여 여전히 구술사료가 문헌사료의 분석 방법으로 독해·활용되는 예가 그 반증이다.

'기억'으로 역사를 쓰기 위해서는 구술사료에 대한 기본적인 이해가 전제되어야 한다. 나아가 구술사료를 이해하기 위해서 필요한 것은 구술문화와 구술성에 대한 이해이다. 다음 단계는 구술사료의 생산 과정 전체에 대한 이해가 필요하다. '기억으로 역사 쓰기'는 구술자의 구술내용을 그대로 옮겨 놓는 편집 작업이 아니라 사료가 생산하게 된 배경과 과정에 대한 이해를 전제로 하는 글쓰기이기 때문이다.

구술사료는 인터뷰라는 작업을 통해서 이루어진다. 그러나 인터뷰 작업은 구술사료수집의 전체 과정 중에서 작은 하나의 부분일 뿐이다. 기획이라는 선행단계가 있고, 인터뷰라는 수집 단계가 있으며, 정리해서 텍스트화하고 보존하는 단계가 있다. 마지막으로 활용이 가능하도록 하는 단계가 있다. 이러한 과정에 대한 이해가 선행될 때, 구술사료에 걸맞는 분석이 가능해지고, 구체적인 글쓰기로 이어질 수 있다. 다음 단계인 '역사 쓰기' 단계로 들어가 보자.

역사 연구란 실증적인 작업이다. 그러나 실증이라는 것은 무엇을 의미하는가. 사료에 대한 치밀한 분석이다. 반드시 실증적인 작업이 정확한 事實로 이어지는 것은 아니다. 그렇다면 무엇이 사실인가. 그리고 역사쓰기에서 중요한 것은 무엇인가. 역사연구에서 '완벽한 사실'이란 없다. 역사가가 '만들어낸 사실'일 뿐이다. 다만 역사가는 각종 사료와 연구방법론을 통해 사실을 구성하므로, 이 점이 소설과 다르다.

‘기억으로 역사 쓰기’에서는 구술자가 기억으로 집어넣게 된 감정 상황과 과정, 그리고 구술자가 기표(Signifiant)하게 된 배경이 중요하다. 정확성 여부는 부차적이다. 그렇다면 구술자가 기표한 모든 내용은 정확성을 논할 필요나 가치가 없는가. 그렇지 않다. 중요도에서 우선순위가 밀릴 뿐이다. 정확성보다 우선하는 것은 구술자가 그렇게 기억하게 된 배경이며, 그렇게 이야기하는 그 자체이다.

흔히 구술자들은 ‘우리는 인간이 아니었다’고 강조한다. 물론 그들이 발목에 쇠스랑이 채워진 로마시대의 노예생활을 경험한 것은 아니었다. 그러나 스스로 당시의 생활을 ‘노예와 같은’ ‘짐승 같은’ 생활이라고 기억한다. 왜 그들은 그렇게 표현을 하는가. 매일은 아니지만 가끔씩 발길질을 당하고 욕설을 들으면서 그들이 느낀 모멸감이 상기되어 발화로 이어졌기 때문이다. 이때 연구자에게 필요한 것은 그들의 구술이 지닌 은유와 행간을 구술자의 시각에서 분석하려는 노력이다. 그러므로 ‘기억으로 역사 쓰기’에서 사실성에 입각한 글쓰기란 큰 의미를 갖지 않는다.

그렇다면 구술사료는 정확성이나 사실성과 무관한, 사료로서 역사쓰기에 적합하지 않은 사료인가. 후지와라 기이치는 그의 책에서 ‘어설픈 기억’이 역사 쓰기에서 역할을 하는 데 수반되는 ‘위험성’을 언급하고, 아울러 ‘기억할 가치가 있는 기억’을 선택하여 역사 쓰기에 반영하는 작업에 대한 고민을 담았다. 후지와라에 의하면, “이야기와 기억이라는 것은 기록의 정리와 전문적인 구성을 기초로 하는 역사연구와는 전혀 다른 접근을 요구하는 새로운 역사”이다. 또한 “입으로 전해진 과거에는 리얼리티가 있지만, 그 내용은 애매하고 단편적이어서 결과를 도출해내기가 어렵”다는 점을 가지고 있다. 그러므로 기억으로 역사 쓰기란 “기억을 도구로 사용하는 것만이 아니라 기억에의 의미부여를 중시”하는 ‘야심적인’ 연구방법론이다.[42]

그렇다. ‘기억으로 역사쓰기’는 후지와라의 지적과 같이 어설프고, 위험한 기억을 다루는 작업이다. 그렇다면 문헌사료를 통한 역사쓰기는 ‘완결적이고’ ‘완전한’ 작업인가. 이에 대해 자신 있게 대답할 수 있는 역사가가 얼마나 될지에 대해서는 자못 궁금하다.

---

42) 후지와라 기이치 · 이숙종 옮김, 『전쟁을 기억한다』, 일조각, 2003, 49~52쪽.

구술사료는 한계를 가진 사료가 아니라 문헌사료와 다른 성격을 가졌을 뿐이다. 구술사료는 구술자의 모노드라마가 아니다. 면담자와 구술자의 공동작업의 결과물이다. 면담자는 구술자와 함께 인터뷰를 이끌고 구술과정에 개입하며 구술자의 구술내용을 평가한다. 구술내용이 '왜곡된 진술'인가 '왜곡된 기억'인가 여부를 판단하고, 왜곡된 내용과 과정, 배경을 또 다른 기록(면담후기, 녹취문 등)으로 남긴다. 현재적 관점이 얼마나 투영되었는가 하는 점을 인지하고 분석하여 기록하는 것도 면담자의 몫이다. 이러한 점을 중시하여 기획에서 수집, 활용에 이르는 모든 단계가 진행된다. 이제 필요한 것은 문헌이냐 구술이냐에 '내기 걸기'가 아니라 역사쓰기에 대한 진지한 고민일 것이다.

구술사료를 활용한 연구, 즉 '기억으로 역사 쓰기'의 전망을 생각해 보자. 가장 먼저 제기하고 싶은 것은 구술자의 입장에 선 글쓰기이다. 일반적으로 역사 연구는 현재적 관점에서, 연구자의 시각 중심으로 이루어진다. 사료를 바탕으로 한 글쓰기가 갖는 특성이자 한계이기도 하다. 그 결과 당대의 상황을 정확히 복원하지 못하는 경우도 있다. 국외노무동원의 경우에도 마찬가지이다. 강제연행·강제노동에 대한 현재적 시각과 연구자의 고정관념이 반영된 역사 쓰기에서 벗어나지 못하고 있다. 이러한 한계를 구술사료의 활용을 통해 조금이나마 교정할 수 있을 것이다.

두 번째는 당시 인식을 살펴보는 연구의 가능성이다. 물론 최근에 발표된 국내 논문의 주제나 제목을 보면, 당시대인들의 '인식'이나 '저항'을 분석한 글을 찾을 수 있다. 그러나 내용을 보면, 문헌사료에만 의존을 하고 있다. 그 가운데에서도 공안 당국의 정보자료, 신문 등에 의존도가 높다. 동원의 대상자로서 당시를 경험한 사람들의 인식을 분석하는데, 이러한 자료들이 유용할 수 있다. 그러나 당사자가 남긴 문헌도 아닌, 동원 주체가 남긴 문헌사료가 얼마나 적절한 사료인가 하는 점에 대해서는 대단히 회의적이다. 피해자와 가해자의 시각은 결코 동일할 수 없다. 아무리 가해자가 피해자의 입장을 이해하고자 노력한다 해도, 근접하기란 쉽지 않다. 더구나 공안당국의 정보자료와 같이 신뢰성에서 한계를 많이 드러내는 사료가 주된 자리를 차지할 수는 없다. 신문과 같이, 전시 중에 효과적인 선전수단으로 사용한 자료를 통해 행간을 읽어낸다는 것은 대단한 분석능력이나 역사적 상상력이 필요하다. 이러한 주제에는 구술사료의 도움이 절실하다. 피해 당사자의 인

식 정도는 물론 동원주체가 남긴 문헌사료의 행간을 읽어내는 데에도 구술
사료는 도움이 될 것이다.[43]

3) 국외노무동원, 향후 연구 방향

그렇다면 향후 연구 방향은 어떻게 설정하는 것이 바람직할 것인가. 한국
학계가 나아갔으면 하는 바람을 중심으로 제시해 보겠다.

첫째, 지역별 연구이다. 앞에서도 언급한 바와 같이 일본의 연구가 기본적
으로 지역별 연구를 중심으로 하고 있는데 비해 한국에서는 다양한 주제가
시도되고 있다. 그러나 다양한 연구란 다른 면으로 보면, 연구가 체계나 큰
방향성이 없이 진행된다는 이야기가 된다. 나는 국내 학계에서도 지역별 연
구는 매우 필요하다고 생각한다. 그러한 점에서 국내 지역별 연구의 방향을
제시해 보자.

즉 국내 송출지역(출발지역)별 연구이다. 일반적으로 보면, 국내의 모든
지역에 거주하는 조선인들은 일본과 남사할린, 남양군도, 중국 하이난도(海
南島), 만주 등 모든 국외노무동원지역으로 송출되었다. 그러므로 송출지역
별 특성을 파악하는 것은 의미가 없다고 생각될 수 있다. 그러나 구체적인
내용을 살펴보면, 특성이 발견되기도 한다. 즉 한해 등 재해가 일어난 지역
과 동원지역의 관련성(남양군도, 남사할린, 중국 만주 등)을 엿볼 수도 있고,
기업별로 집중되는 지역도 있다. 비록 남부 삼남지방의 송출인원이 가장 많
았으나 미작지역의 송출 비중은 약한 편이다. 식량 확보가 시급한 상황에서
농경지에 대한 최소한의 인력 투입은 필수적인 정책이었을 것이다. 아무리
여성노동력의 활용도를 위해 여러 정책이 추진된다 해도 최소한의 남성노동
력은 필요했기 때문이다. 이 점은 쌀과 인력 공출의 상관성을 고찰한 樋口雄
一의 최근 연구에서 시사점을 찾을 수 있다.[44]

동원의 전체적인 과정에서 보면, 매우 이른 시기부터 적극적으로 시행된

---

43) 그 점에서 볼 때, 조경달이 최근에 발표한 논문은 많은 시사점을 준다. 조경달은 논문에서 일본의
정책문서 및 권력담당자가 남긴 글과 피지배 상태에 놓여 있었던 조선인들의 증언집과 회고록 등
을 폭넓게 활용하여 식민지 권력과 민중과의 관계에 대해 살펴보았다. 趙景達, 「15年戰爭下の朝鮮
民衆」, 『財團法人 朝鮮獎學會 學術論文集』25, 2005.

44) 山田昭次·古庄正·樋口雄一, 『朝鮮人戰時勞働動員』, 127~131쪽. 조선총독부 농림국이 작성·하달
한 「조선농업계획요강」(1943.9.11자)에 의거한 히구치의 입론은 구술내용을 통해서도 확인할 수 있
다. 『당꼬라고요?』에도 수록된 내용인데, '우리 집은 중농으로서 농사가 많았는데, 형에게 징용장
이 나왔는데, 집안 친척들(동족 부락)이 모여서, 형이 가면 농사를 지을 사람이 없으니, 네가 대신
가라 해서 갔다'는 내용이나 '서울에서 학교를 다니고 있었는데, 區長으로부터 네 아버지에게 징

지역이 있고, 당국에 대한 협조가 소극적인 지역도 있었다. 이는 동원담당자의 적극성 정도에 따른 차이이기도 하지만, 국내의 지역별 상황(작업장 여부, 간척사업이나 토목공사가 진행된 지역, 식량생산에 필요한 노동력이 부족한 지역 등)이 반영된 점이 더 큰 원인이라고 생각한다. 특히 모집이나 관알선 단계에서는 국내 지역별 특성이 나타날 수 있다.

또한 국내 지역별 연구는 구체적인 송출구조 및 동원실태의 파악에도 도움을 주는 연구가 될 것이다. 조선총독부와 조선노무협회라는 중앙의 동원 주체의 지시가 지방에서 실제적으로 어떻게 구현되는가 하는 구체적인 과정을 파악할 수 있을 것이다. 물론 지방도장관의 지시에 따라 조선총동원연맹의 하부 조직과 경찰, 면직원 등의 유기적인 연결에 의해 송출이 이루어졌음은 몇몇 글을 통해 확인되고 있다. 그러나 국내동원과 국외동원의 관련성이나 이를 바탕으로 한 구체적인 송출실태 및 인원 파악은 규명되지 않고 있다. 이를 현재 발굴된 명부와 비교 분석하는 지역별 사례조사를 확대한다면, 구체적인 송출인원수를 확인하는 데에도 도움이 될 것이다. 특히 1957~1958년에 신고에 의해 정리된 왜정시피징용자명부는 현재 내용에서 신뢰성을 검증해야 하는 명부로 평가되고 있다. 지역별로 수록내용의 편차가 있고, 인적사항(생년월일, 이름)에서 오류가 나타나기 때문이다. 이는 직접 신고를 받는 방법이 아니라 이장이 대필하는 등 작성되는 과정에서 나타난 문제로 보인다. 당시 문맹률 정도를 볼 때 당사자들이 직접 신고서를 기재하는 것은 어려웠고, 생년월일이나 이름은 호적과 다른 경우가 많았으므로, 신뢰성 전체를 부정할 정도의 심각한 오류는 아니지만, 분석은 필요한 자료이다. 이러한 자료의 문제점은 사례조사를 통해 밝혀질 수 있을 것이다.

강제동원진상규명위원회 조사1과에서는 2006년 초부터 지역별 실지조사 방법을 통해 왜정시피징용자명부의 내용을 확인하고, 검증된 지역별 명부에 대해 '검증-왜정시피징용자명부(**지역)' 라는 이름을 부여해 피해자 판정 작업에 활용하고 있다.

용장이 나왔는데, 네 아버지는 농사를 지어야 하니, 빨리 귀향하여 징용을 가라는 연락을 받았다' 는 내용이 있다. 집안 친척들의 결정에 따라서, 또는 구장의 연락에 따라서 농사를 지어야 하는 사람을 대신해서 차출한 것이다. 이 점을 볼 때, 공출대상자의 결정을 한 가정의 범위를 넘어서 촌락공동체나 집안의 문제가 되었음을 볼 수 있다. 아울러 토지소유자들에게 최소한의 영농인력을 확보하려는 당국의 정책이 실제로 실천되는 사례라고 할 수 있다.

마지막으로는 지역의 경제적 상황 및 사회적 특성(향촌 사회의 계층 구조)
이 동원에 미친 영향을 살펴볼 수 있는 연구이기도 하다. 즉 전통적인 토반
이 실질적인 사회 권력을 장악하고 있는 마을과 그렇지 않은 마을과의 차이
를 볼 수 있고, 동원대상자의 경제적 상황에 따른 관련성도 찾을 수 있다.
"있는 사람들은 안 갔어. 아무 것도 없는 사람들, 힘없고, 먹고 살 거 없는
사람들만 갔어."라는 구술은 단지 구술자의 피해의식으로만 치부할 수 없는
여러 시사점을 제공해 준다.[45]

결국, 국내 지역별 연구는 국외노무동원이라는 주제뿐만 아니라 일제 말
기에 지방사회 전체의 사회구조를 파악하고, 지배정책의 운용에 대한 이해
를 높일 수 있는 연구주제이다. 국외노무동원에서 송출과정이 면서기나 구
장, 도장관의 개인적인 성향이나 능력만으로 가능한 것이 아니라 당시 사회
의 조직망과 동원체제가 있었기에 가능했다는 구조적인 인식을 하는 데에도
도움이 되는 연구라고 생각한다. 그러나 국내 지역별 연구는 아직 시도되지
못하고 있다.

이 연구가 진행되기 위해서는 지역별 자료수집이 선행되어야 한다. 문헌
사료는 현재 발굴된 지역관련 자료가 낳시 않지만 빌굴의 노력을 게을리 히
지 않는다면, 필요한 자료를 수집하는 것은 가능하리라 생각한다. 구술사료
의 경우에는 전체 지역을 대상으로 수집하는 방식보다 지역별 수집이 바람
직하다. 경우에 따라서는 특정한 마을(리 단위)을 선정하여 자료를 수집하고
명부와 분석하는 사례조사를 지역별로 실시할 필요가 있다. 이러한 작업은
지역의 연구기관이 선도적으로 하는 것이 가장 바람직하다. 현재와 같은 중
앙중심의 연구 풍토로는 한계를 보일 수밖에 없기 때문이다. 현실적으로 볼
때, 지리적 환경에 밝고, 지역 사정에 정통한 지역의 촌로와 향촌사학자들의
도움이 없다면, 실질적인 효과는 거두기 어렵다. 또한 이러한 작업을 통해
결국 지역사 연구에 기여한다는 점에서 지역 연구 기관들의 관심이 절대적
으로 필요하다.

둘째, 동원된 지역과 작업장에 대한 연구가 더욱 활발히 진행되어야 한다
는 점이다. 일본 본토에 대해서는 이미 조선인강제동원진상조사단의 지역별

---

45) 이는 다중동원과도 연계된다. 지역의 소외층이나 하층이 첫 번째 동원대상이었으므로 1인이 여러
차례의 동원을 경험하게 되는 것이다.

진상조사보고서의 내용을 보완한 다케우치의 지역별 현황조사 성과(竹內康人,『强制連行 全國地圖』2002년 改訂途中版)[46] 가 공개되었다. 그러나 남사할린과 남양군도의 경우에는 직종 정도가 파악된 상황이고, 중국 만주는 아직 작업장 실태도 파악되지 못한 상황이다. 또한 동원된 지역에 대한 연구도 현재까지는 지역별 실태가 중심이었다. 향후에는 지역과 직종을 연계한 연구, 지역과 지역 간 유사성을 규명하는 연구로 이어져야 한다. 한해 지역민의 송출이라는 점에서 보면, 남양군도와 남사할린, 만주가 유사점을 보인다. 작업장의 종류에서 보면, 광산과 삼림장, 제지공장이라는 분포가 남사할린과 중국 만주가 공통점을 보인다. 농업이민이라는 점에서는 남양군도와 만주에서 공통성을 찾을 수 있다. 최근에 중국 만주에는 농장만이 있었던 것이 아니라 비행장과 광산, 제지공장, 삼림장 등이 있었고, 소련에서 노동력이 유입되었을 것 가능성이 조심스럽게 제기되었다.[47] 남사할린의 조선인이 극동지방을 거쳐 소련 본토로 이동하는 경우가 있었고, 패전에 임박한 시기에 일본이 소련국경에 인접한 중국지역에 대규모 군사시설과 부락을 조성한 점을 통해, 두 지역 간 연계성을 살펴볼 필요가 있다. 즉 한반도를 중심으로 동원된 지역 간 공통점과 연계성이 나타난다고 예상된다. 이러한 추정을 구체화하기 위해서는 지역별 실태에 대한 연구가 더욱 확대되어야 한다. 현재와 같이 일본에 치중된 연구만으로는 지역과 직종을 연계하기도, 지역 간 특성과 공통점을 추출하기도 어렵다.

셋째는 다른 국가의 경우와 비교한 연구이다. 제2차 세계대전의 관련국 가운데 타국의 노동력을 동원한 국가는 일본만이 아니다. 독일은 800만 명 정도의 타국민을 노동력으로 동원했다. 일본의 경우에도 중국인노무자 문제가 있다. '강제성'이라는 점에 대해서도 보편적인 기준을 제시할 필요가 있

---

46) 이 내용은 엑셀 파일로 정리되어 웹상(http://www16.ocn.ne.jp/~pacohama/sensosekinin/flaber0506.html)에서 열람 및 다운로드할 수 있도록 제공되고 있다.

47) 그동안 중국 만주지역과 강제연행·강제노동의 관련성에 대해서는 전혀 연구가 이루어지지 않았다. 다만 농업이민자들에 대한 현지징용의 가능성이 제기되었을 뿐이다. 그러나 최근에 위원회에 신고한 생존자의 증언을 통해 공장과 토목건설현장, 광산에 동원 가능성 등도 생각할 수 있게 되었다. 아울러 연변대학의 손춘일 교수는 현지조사 및 중국 동북 3성의 군사시설 및 작업장 현황에 대한 자료 분석을 통해 가능성을 구체적으로 제기했다.(2006년 2월 3일 오전 10시. 세종연구소에서 손춘일 교수와 면담) 이러한 점을 볼 때, 조선인 군속과 노무자에 의한 강제노동이 이루어졌을 것이라는 점을 추정할 수 있다. 이 지역에 대해서는 또 하나의 국외노무동원지역으로서 실태조사 및 연구가 필요하다.

으며, 역사 연구의 보편성이라는 점에서도 다른 국가와의 비교 연구는 필요
하다.[48]

넷째는 다중동원이라는 다층성에 주목한 연구이다. 다중동원이란 여자근
로정신대에서 위안부로 전환된 경우, 노무에서 군속으로, 노무에서 군인, 국
내에서 국외노무로 전환된 경우를 의미한다.[49] 이 가운데 가장 많은 경우는
노무에서 군속으로, 국내노무에서 국외노무로 전환된 경우이다. 다중동원은
강제연행·강제노동의 특성, 중층적이고 복합적인 성격을 가장 잘 드러내주
는 주제이다. 다중동원을 통해 단지 일본당국이 얼마나 철저하게 노동력을
수탈했는가 하는 점이나 조선인 개인들이 처한 열악한 상황의 정도를 파악
하는 측면이 중요하다. 또한 당사자들이 다중동원을 경험하면서 동원 그 자
체에 대해 받아들이는 인식 정도도 중요한 연구과제이다. 이를 통해 당사자
들은 강제연행·강제노동의 성격을 규정짓기도 한다. 특히 군속은 노무와
분명히 구별되지 않는 상황이나 구조 속에 놓여 있음으로 인해 아직까지도
실태 파악이 명백하지 않은 경우이다.[50] 동일한 작업장에서 동일한 노동조
건에 처해 있었던 조선인들이 단지 서류상으로만 바뀐 '전환'을 어떻게 감
지힐 수 있었으며, 무슨 의미가 있었겠는가. '노무'로 있었딘 '군속'으로 있
었딘, 속박되어 있기는 마찬가지였으므로 이들에게는 아무런 상관이 없는
경우가 일반적이었을 것이다. 그러나 또한 필요한 연구과제는 이와 같이 1
인에게 집중된 동원의 피해를 어떻게 이해할 것인가 하는 점이다. 즉 한 사
람이 여러 번의 동원을 겪는 반면에 피할 수 있는 사람들이 있었다는 점이
다. 그렇다면, 동원된 사람과 동원되지 않을 수 있었던 사람들에 대한 계층
과 동원의 구조 분석이 필요하다.

다중동원에서 가장 크게 고려되어야 하는 점은 국내노무와 국외노무의 관
계이다. 우선 국내이든 국외이든 노무라는 점은 동일한데, 굳이 다중동원으
로 구분할 필요가 있는지에 대한 문제제기가 가능하다.

---

48) 독일의 노동력 동원에 대해서는 송충기, 「독일의 뒤늦은 과거청산」, 『역사비평』73호, 2005 겨울호
   참조.
49) 사할린 동포 문제 가운데 '이중징용'이라는 용어를 볼 수 있다. 그러나 이는 다중동원과는 다른
   의미이다. 사할린이중징용이란 사할린에서 일본본토로 '전환배치'된 광부들의 유족들이 사용하는
   용어인데, 당시에 사용한 역사적인 용어도 아니고, 노무동원의 실상을 나타내는 용어로서도 부족
   한 점이 많으므로 용어에 대한 재정립이 필요하다.
50) 심지어 노무자로 동원된 조선인이 사망 이후에 '군속'으로 기재된 명부(피징용사망자연명부)도 있다.
   은급이나 원호의 혜택을 고려한 관리자의 배려(?)이지만 사실 규명에는 어려움을 남긴 사례이다.

다중동원으로 구분하는 기준은 각각의 성격이 다르기 때문이다. 노무와 군속, 군인, 일본군위안부 등과 같이 소속이나 관리주체, 노동의 내용, 성격 등에서 차이를 보일 때, 다중동원의 구분은 적절하다. 그렇다면, 국내노무와 국외노무는 성격상 어떠한 차이가 있는가. 국외노무에서도 작업장이나 동원지역이 여러 번 바뀌는 경우가 있는데, 그러한 동원과 뚜렷이 구별되는 점은 무엇인가. 당시에 조선이 국가로 인정받은 것도 아니고, 조선인은 일본의 臣民이었으므로 국적별로 구분하는 것도 적절하지 않을 수 있다. 국내노무에서도 공장의 경우에는 오노다시멘트회사나 일본제철 등과 같이 일본에 본사를 둔 공장이 대부분이어서 노동의 내용이 차이를 보이지 않을 수 있다. 제주도 등 특정한 지역이 아닌 경우에는 국내노무에 동원된다 하여 국외노무에서 면제되는 것도 아니었다. 즉 어느 면에서 보면, 국내와 국외노무의 차이점은 찾기 어려워 보인다. 또한 국내노무는 국외노무를 위한 보조적이거나 예비노동력의 성격이 강했다. 이러한 구분은 국내노무를 국외노무와 다른, 또는 국외노무에 미치지 못하는 노동 강도를 가진 노무형태로 이해하게 만드는 결과를 낳을 수도 있다. 이러한 문제 제기가 가능하다.

그럼에도 나는 국내노무와 국외노무는 구분되어야 한다고 생각한다. 물론 국내노무는 군수공장이나 비행장, 군사구축시설 등 전쟁수행을 위한 목적이라는 점에서 국외와 동일하다. '근로보국대'라는 명칭도 국내만의 전유물은 아니어서 국외에서도 사용되었다. 또한 조선인은 국적으로 구분된 것도 아니어서, 국외와 한반도 어느 지역이든 상관이 없었다.

그럼에도 구분되어야 한다고 보는 첫 번째 이유는 국내노무의 가장 큰 특징이 식민지 조선의 통치정책과 관련 속에서 조선총독부에 의해 운용된 노무동원이라는 점이기 때문이다. 대부분의 국내노무는 조선총독부가 식민지 조선을 통치하는 데 필요한 노동력으로 투입되었다. 국내의 작업장은 일본의 전쟁 수행을 위해 직접적으로 필요한 작업장(광산, 군수공장, 군사구축시설)이기도 했지만, 동시에 식민지 지배라는 점에서도 유용성이 있었다. 특히 개간공사, 간척공사, 저수지와 발전소 등 토건공사는 전쟁수행을 위해서만 필요한 작업장이 아니었다. 물론 궁극적으로는 개간과 간척사업을 통해 넓힌 농지를 통해 생산된 식량은 일본의 전쟁수행을 위해 사용되었으므로 전쟁수행과 무관한 것은 아니다. 그러나 식민지 조선의 통치를 위해 필요한 점도 생각해야 한다. 1938년 이전 시기부터 계속되어 온 지역간노무수급조정 책이 이후에 국내노무 운용에 영향을 미친 점도 간과할 수 없다. 조선총독부 는 식민지 조선을 포기할 계획이 없었으므로, 식민지 지배를 위한 인력동원 과 통제정책은 비록 전시중이라도 중단될 수 없었다. 다만 인력 배분의 우선 순위와 시급성이 고려될 뿐이다.

두 번째 이유는 법적인 국적과 무관하게 조선인이 느끼는 심리적인 차이 이다. 법적으로는 일본인이지만, 정서적으로 자신을 일본인이라고 생각한 조선인의 수는 그리 많지 않았다. 특히 민중들의 경우는 더욱 그러했다. 아 무리 나라를 빼앗겼다 해도, 정서상 조선과 일본은 하나의 나라가 되기 어려 웠다. 그러한 점을 볼 때, 국내노무와 국외노무는 구분되어야 한다고 본다. 또한 이 점은 국내노무에 대한 현재의 인식과도 관련된다. 피동원자에게나 동원주체, 또는 현재 연구자나 정책 당국자들에게 국내노무는 다른 나라가 아닌 '우리나라'에서 있었던 일로 인식된다. 이러한 인식은 연구자나 경험 당사자 모두에게 '강제성'에 대한 간과, 노동 강도의 약화라는 인식으로 이 어지거나 국내노무를 국외노무를 위한 보조적인 성격으로 이해하여 국내노 무동원이라는 사실 자체를 인정하지 않게 되는 결과로 이어지기도 했다.

연구자나 경험 당사자 모두가 국내노무는 국외노무에 미치지 못하는 노동 강도를 가신 노무형태로 이해해 온 면이 적지 않다. 그러한 근거로서 동원거 리가 멀지 않고, 동원기간이 짧다는 점을 들곤 한다. 노동 강도가 약할 것이 라는 평가도 있다. 그러나 단선적인 비교로는 해답을 찾기 어려워 보인다. 동 원기간을 보면, 국외노무의 경우에도 동원기간이 2~3개월에 불과한 경우도 많이 볼 수 있다. 군인이나 군속의 경우에는 1주일에 불과한 사례도 있으므로 국내노무가 국외노무에 비해 짧다고 볼 수는 없다. 노동 강도에서도 국외노 무에 비해 약하다고 보기는 어렵다. 이는 국외와 국내라는 공간적 이해가 아 닌 직종과 지역별 특성에 대한 이해가 필요하기 때문이다. 동원거리라는 점 에서도, 국외노무가 수송을 당국이 담당한 데 비해, 국내노무는 당사자가 담 당한 경우가 많다. 수백 Km의 거리도 교통편이 제공되지 않아 도보로 해결 해야 하는 경우가 있었고, 이불이나 의복 등도 제공되지 않은 경우가 있었다.

결국 국내노무와 국외노무는 수직적 위계 관계로 볼 수 없는 독자성을 갖 는 제도로 인식할 때, 노무동원연구의 진전을 도모할 수 있다. 또한 국내노무와 국외노무를 다중동원으로 분류함으로써 강제연행·강제노동의 중층적이고 복합적인 성격을 파악하는 데 큰 시사점을 줄 것으로 생각된다.

그렇다면, 다중동원의 연구는 어떻게 이루어져야 할 것인가. 일단은 각각의 전환 고리를 파악하는 연구가 진행되어야 한다. 가장 먼저 규명되어야 하는 점은 단지 '전환되었다'는 사실 측면이 아니라, 언제 어떠한 상황 속에서 어떻게 그리고 얼마나 전환되었는가 하는 점이다. 두 번째는 전환에 대한 경험당사자들의 인식이다. 전환과정의 인지 여부, 전환에 대한 인식 정도, 전환 이후 삶의 변화 등이 해당된다. 특히 국내노무에서 국외노무로 전환은 여러 논의 꺼리를 제시한다. 노무에서 군속으로 전환된 경우에는 당사자가 인지하지 못하는 경우가 많았으나 국내노무와 국외노무로 전환은 한반도를 넘어선 공간적 이동이라는 점으로 인해 피동원자의 인식 정도가 달랐으리라 생각된다. 세 번째는 전환된 대상자들의 사회적, 경제적 배경에 대한 분석이다. 즉 어떠한 사람들이 전환되었는가 하는 점이다. 사회·경제적 상황과 무관하게 현지에서 무작위로 전환된 경우가 대다수일 것으로 추정되지만 다른 배경이 자리할 수 있다. 네 번째는 국내노무와 국외노무 간 상호 관련성이다. 국내노무의 중요한 성격은 황민화정책과 연결성이다. 자신의 노동력이 어떻게 착취되는지 모르는 상황의 가장 상징적인 형태는 바로 '보국대'이다. 근로에 대한 미덕을 강조함으로써 종래의 부역과 다른 차원의 '협력'이 가능하도록 했다. 국내노무의 경험은 이들이 국외로 동원될 상황에 직면했을 때, 별다른 거부감을 갖지 않도록 하고, 나아가 저항력을 약화시키는 데에도 영향을 미쳤다고 생각한다. 결국 국내노무는 강제연행·강제노동에 대한 민중의 체념과 순응을 사회적으로 확산시켜 원활한 인력동원체제가 운영되도록 일조를 한 셈이다.

연구방향의 다섯 번째는 동원지역 현지민과의 관계성이다. 송출된 조선인들은 대부분의 동원지역에서 다수였다. 일본에서는 일본인 남성들이 전장으로 나가서 부재하거나 남성이라 해도 노인과 부상자가 대부분이었다. 비록 조선인들이 강제노동에 내몰린 상황이었지만, 일본인이나 일반도일조선인(재일조선인)과 완전히 격리된 생활만을 한 것은 아니었다. 합숙소와 주변에서 일본인이나 일반도일조선인들과 접할 기회도 적지 않았다. 양자 간 교류가 일정하게 제한되었음에도, 교류자체가 존재했다면, 사회사적으로도 연구의 의미는 충분하다.

구체적으로는 조선인노무자가 현지 사회나 현지민에 대한 인식, 일본 민중들의 조선인노무자에 대한 인식, 양자 간 상호 관련성을 살필 수 있는 연구 등이 가능할 것이다. 지역에 따라 차이는 있지만, 일본 민중들이 조선인을 지배와 피지배의 관계가 아닌 시각에서 바라본 경우도 있다. 현재 일본 각지에서 조선인 강제연행 · 강제노동의 역사를 연구하고 조사활동을 하는 일본인 노인들로부터, 미미하나마 전시상황 속에서 조선인들과 공유했던 민중의식에 대한 회고담을 듣곤 한다.[51] 단편적이기는 하지만 노무자로서 생활을 한 조선인들의 입장에서 바라본 동원지역과 지역민에 대한 인식을 살펴볼 수 있는 자료도 발견된다. 또한 조선인 강제연행 · 강제노동이 동원지역에 미친 영향에 대한 연구도 가능하다. 그 외 일반도일조선인과 조선인노무자와의 관련성도 규명해야 할 과제이다. 이 점은 노동실태와 관련성 속에서 살펴보아야 할 점이 많지만, 조선촌이 형성된 지역에서는 지역사회사적인 관점에서 연구할 필요가 있다.[52] 특히 조선인노무자들의 저항 · 대응을 살펴보는 연구에서 조선촌의 역할에 대한 관심은 필요하다고 생각한다.[53]

여섯 번째는 원폭문제이다. 원폭 연구의 대부분이 방향을 피폭자 문제에 두고 있으나 국외노무와 관련성을 살필 수 있는 여지도 있다. 피폭자 가운데 노무동원의 경험자가 있으므로, 이들이 겪은 피해의 중층성에 대한 연구가 필요하다. 특히 조선인 노무자로서 피폭을 겪은 사람들 가운데에는 직접 피폭을 입은 경우도 있으나 2차 피해자가 많다. 즉 원폭 투하 이후에 폭심지역에 대한 뒷정리 업무를 위해 투입되었다가 방사능에 노출된 경우가 여기에 해당된다.

---

51) 저명한 르포작가인 하야시 에이다이(林 えいだい)는 어린 시절부터 부친이 탈주하는 조선인 갱부를 돕는 모습을 생활 속에서 접한 이야기와 탈주한 조선인들을 안전하게 귀국시키기 위해 부친과 같이 관부연락선을 타고 조선에 여러 차례 왕복한 경험을 전해주었다. 부친은 결국 조선인 탈주를 도운 죄로 특고에 끌려가 당한 고문이 원인이 되어 사망했다. 하야시 에이다이는 어린 시절의 경험이 이후에도 영향을 미쳐 평생 동안 조선인 강제연행 · 강제노동의 역사를 세상 밖으로 드러내는 르포작가의 길을 걷게 되었다고 회고했다. (2005.11.16. 일본 후쿠오카현 소재 하야시 에이다이의 연구실에서 면담 내용 중) 하야시 에이다이와 같이 극적인 경험을 하지 않았다 하더라도 조선인 노무자와의 조우가 같은 공간에 거주하던 일본인들에게도 일정한 영향을 미쳤음을 알 수 있다.
52) 현재 일반도일조선인들과 강제연행된 조선인노무자의 관계는 노동실태라는 측면에서만 알려져 있다. 일반도일조선인들이 함바가시라나 작업반장 등 노무관리에 관여한 경우가 많다. 이로 인해 구술자 가운데 일반도일조선인들에 대한 인식은 부정적인 편이다. 직접적인 노무관리자이므로 조선인노무자에 대한 인신적 구속이나 착취가 불가피했기 때문이다. 그러나 이와 반대로 이들이 조선인노무자에 대한 보호 역할을 한 경우도 있었으므로 노동실태 연구에서도 이 점은 다각적으로 접근할 필요가 있다.
53) 김찬정은 지역 사례조사를 통해 노무자의 탈주와 조선촌의 상관성을 제시했다. 金贊汀, 『在日コリア百年史』, 三五館, 1997, 125쪽.

일곱 번째는 조선인들의 노동운동이다. 대표적인 지역은 일본이 될 것이다. 재일조선인노동운동에 대해서는 많은 연구 성과가 발표되었으나 대부분 전시체제기 이전으로 국한되었다. 일본에서 박경식의 연구와 국내에서 노동운동사에 대한 통사에서 일부 다룬 정도이다.[54] 국내에서도 탈주로 대표되는 저항은 연구논문이 발표되었으나 이를 포함한 노동운동사 연구는 찾아볼 수 없다. 조선인들의 저항은 단지 탈주로 그친 것이 아니었다. 수만 명의 파업이 1945년 종전에 임박해서도 이루어졌다. 심지어는 일본 현지에 가서 맑시즘을 처음 알고, 이후까지 사회주의 운동가로서 평생을 걸어온 사람도 있다.[55]

〈표 2〉 1939~1944년 조선인의 동맹파업

연도	일본지역 파업 상황 (조·일 총수)				조선인의 파업						
	건수		참가인원 수		건수				참가인원 수		
	조선인	일본인	조선인	일본인	조선인 전체	일반 도일자	강제 연행자 파업	태업	조선인 전체	일반 도일자	강제 연행자
1939	1,305		142,034		185	153	32		13,770	9,630	4,140
	185	1,120	13.770	128,264			14	3			
1940	1,419		96,735		687	349	338		41,732	18,349	23,383
	687	732	41,732	55,003			60	48			
1941	933		55,788		588	96	492		38,503	4,997	33,526
	588	334	38,503	17,285			14	11			
1942	735		38,878		467	172	295		24,505	8,499	16,006
	467	268	24,505	14,791			48	68			
1943	741		31,484		324		324		16,693		16,693
	324	417	16,693	14,791			36	41			
1944	599		25,292		303		303		15,230		15,230
	303	296	15,230	10,062			32	35			

자료 : 內務省 警保局, 『社會運動狀況』; 『특고월보』, 해당 연도. / 주: 1944년은 11월 말까지의 통계임.

---

54) 朴慶植, 『在日朝鮮人運動史 - 8.15解放前』, 三一書房, 1979; 김경일 대표집필, 『한국노동운동사 - 일제하의 노동운동 1920~1945』, 지식마당, 2004. 이 가운데 『한국노동운동사 - 일제하의 노동운동 1920~1945』의 각 장마다 기술된 일본지역의 노동운동 부분은 내가 집필했다.
55) 1941년에 홋카이도의 광산에서 자유노동자로 일했던 허영철은 홋카이도에서 사회주의에 입문을 한 이후에 대표적인 전북지역 사회주의 운동가로 활동을 했다. 그는 당시 홋카이도 지역에서 공식

<표 2>를 보면, 1939년부터 1940년까지는 건수에서나 참가자 수에서 모두 일본인이 우위를 점한다. 그러나 1941년부터는 다른 상황이 나타난다. 참가인원 수에서는 1941년이 가장 극심하여 일본인의 두 배가 넘었다. 이 시기가 1939년에 도일한 조선인들의 계약기간이 만료되는 시기라는 점을 고려할 필요가 있을 것이다. 조선인 가운데에서 일반도일조선인과 강제연행된 조선인을 비교해 보면, 1940년부터 근접하다가 1941년부터는 강제연행 조선인이 급증한다. 여기에서 주목해야 하는 점은 1943년과 1944년 등 탄압과 단속이 극심한 시기에도 노동운동이 전개되었다는 사실이다. 특히 강제연행조선인들이 이 시기에 매년 300건이 넘는 파업과 태업을 벌였고, 만여 명이 넘는 인원이 참가했다는 것은 저항의 내용이 단지 탈주에 국한하지 않고, 적극적이었음을 의미한다.

이들의 노동운동에는 일반도일조선인들의 영향도 있었다. 강제연행이 시작되기 이전에 도일한 일반도일조선인들이 생활터전을 다진 곳이 강제연행된 조선인들의 노동운동이 강한 지역이기도 하다. 기존의 지역적인 조선인 운동의 토대를 바탕으로 강제연행 시기의 조선인노동운동은 맥을 이어 나간 사례도 찾을 수 있다. 그러므로 향후에는 선시체세기 새일조신인노동운동의 연구 활성화와 아울러 재일조선인노동운동사 속에서 강제연행된 조선인노동운동의 자리매김도 또 하나의 연구과제이다.

4. 맺음말

이 글은 제목에서 알 수 있는 바와 같이 국외노무동원 연구에서 필요한 고민거리를 공유하고 거친 형태나마 방향성을 생각해 보고자 하는 목적에서 시도되었다. 또한 지금까지 확립되었다고 생각된 국외노무동원의 상이 고착·화석화되었다는 인식 아래 다양한 문제제기를 하고자 하는 목적을 담았다.

흔히 연구자들 사이에서는 '일본이 참 대단하기는 대단한 나라' '그러니까 식민지를 지배하는 것' 이라는 등등의 찬사 아닌 평가가 오가곤 한다. 일

적인 노조활동은 금지되어 있으나 이전에 노조지도자들과 교류를 통해 사회주의에 입문했다고 한다. 한국정신문화연구원, 『구술자료총서1 – 내가 겪은 해방과 분단』, 선인출판사, 2001, 396쪽.

본의 지배정책이 오랜 기간 동안의 계획과 고민 아래에서 체계적으로 일사 불란하게 수행되었다는 점에 대한 나름의 평가인 셈이다. 그러나 실제로도 그러했는가. 일제가 전개한 강제연행·강제노동의 기준이나 방식은 문헌사료에 나타난 바와 같이 엄정한 원칙에 따르거나 일정하지 않았다. 전쟁의 전개 양상에 따라 임시적인 조치로 일관하기도 했다. 전쟁수행을 위한 중앙의 지시가 지방의 하부단위에까지 전달되어 일사불란하게 진행된 것도 아니었다. 1945년 3월에 징병을 도피했다가 해방을 맞은 趙萬濟는 징집 대상이었지만 영장발급이 5개월이나 지체되는 바람에 도피가 용이했다. 1944년에 일본제철 야하타 공장에 끌려갔던 林君鎬도 강제연행 거부자에 대해 가혹한 懲治가 가해졌던 동원상황 속에서도 "어렵게 살아가는 것을 안쓰러워 한" '동리 실력자(면서기 및 구장)'의 비호 및 묵인 아래 수년간이나 강제연행을 피해 생업에 종사하고 결혼하여 일가를 이루며 "딸 하나 낳고 참 재미나게" 살 수 있었다.[56]

특히 패전이 임박해서는 더욱 혼란스러운 양상을 보였다. "식량도 부족하고 하니까 나중에는 도망을 가도 그냥 두더라고" 하는 구술이 아니라 하더라도 일본의 정보문서에는 50%라는 탈주 상황이 기재되어 있다. 일본 당국은 노동현장에서조차 조선인들의 탈주를 방임할 수밖에 없었다.

그동안 국외노무동원은 한국과 일본에서 연구되어왔다. 양국의 연구지형에 따라 연구 경향은 차이를 보였다. 같은 주제이면서 다른 문제의식을 가지고 접근하는 경향도 보인다. 동원정책에서도 일본학계가 일본정부나 기업의 노동력 수급 차원에 관심을 기울이는 데 비해, 국내에서는 조선총독부를 중심으로 한 송출구조가 주요하게 다루어지고 있다. 남양군도나 남사할린과 같이 일본 본토가 아닌 지역에서도 차이점은 있다. 일본학계의 남양군도 연구가 남방정책의 차원에서 일본인의 이주사가 중심이 된 데 비해, 한국의 연구는 조선인의 동원과 노동실태가 중심을 이룬다.[57] 남사할린의 경우에도

---

56) "에 근데, 그때가 되면 일본도 전쟁에 막바지니까 어떤 거는 그냥 엉망진창이고 어떤 거는 어 빨리도 되고 오히려 잃어버리고 이렇게 빠지기도 하구. 이러한 혼란 인제 있었지요. 일제시대 때니까 …." 조만제 구술사료(1998년 11월 22일 수집, 면담자 : 정혜경, 면담장소 : 서울시 종로구 삼균학회 사무실) ; "아! 봐 준거지. 없이 산게. 불쌍허다고. 봐 준거지. 알려주고…. 아! 안 그러믄 되간디?" 정혜경 소장 구술사료 — 임군호(2002년 7월 27일 수집, 면담자 : 정혜경, 면담장소 : 전북 전주시)

57) 나는 남양군도에 동원된 조선인들이 주로 농장에서 일을 한 점을 중시하고, 이들 농업노동자들과

일본 학계의 연구는 인접한 홋카이도지역과의 관련성이 중심이 되고 있다고 생각한다. 물론 한국 학계의 연구는 아직 시작도 하지 못한 상황이지만 향후에 연구가 진행된다면, 러시아지역과의 관련성에 관심을 기울여야 할 것이라고 생각한다. 한일 학계는 향후에도 연구의 방향과 지향성에 따라 연구 성과의 내용이 달라질 것이다.

국외노무동원 연구는 한국이나 일본, 두 지역에서 다른 분야 연구에 비해 매우 뛰어난 수준이라고 볼 수는 없지만 향후에 여러 방면에서 가능한 연구 주제를 제시하는 분야이다. 새로운 자료가 발굴되고, 사회적 관심에서도 거리감이 적으며, 생존자들의 '뜨거운 이야기'를 들을 수 있는 현재진행중의 역동적인 연구 분야이기도 하다. 이러한 역동성이 역사연구에서도 긍정적인 기여를 할 수 있을 것이라는 소망 아래 논의의 장을 열어보았다. 향후 활발한 연구가 이어질 것을 기대하며 아울러 소론에 대한 선배 동학 제현의 질정을 기대한다.

국외노무동원의 관계에 관심을 갖고 있다. 나아가 1938년경에 동원된 조선인들이 전쟁의 본격화에 따라 군속으로 전환되는 과정에 주목했다.

2 일본제철(㈜)에 끌려간 조선인 노무자[1]

1. 머리말

일제 말기에 일본의 침략전쟁을 수행하기 위해 실시된 인력동원은 일본 당국과 기업, 군부에 의한 총체적인 합작품이다. 노무의 경우에, 동원의 주체는 일본정부와 기업이다. 당국이 법령과 제도로서 동원의 근거를 마련하고, 송출을 해주면, 기업은 조선인들을 군수물자 생산·토목공사 등에 사용했다. 다케우치(竹內康人)의 정리에 의하면, 홋카이도(北海道)에서 오키나와(沖繩)에 이르기까지 일본 본토에서 조선인을 사역에 동원한 사업장은 2,410개소이다.[2] 일본이 1946년에 16개 都道府縣을 대상으로 실시한 '조선인노동자에 관한 조사 결과'에서 밝힌 기업의 수는 406개이다. 최근에 일본정부는 이들 기업 가운데, 108개 기업이 현재까지도 운영되고 있음을 인정했다.

그동안 관련연구가 일본 당국의 정책에 치중되어 있었다면, 이제는 또 다른 축을 이루던 기업으로 연구관심을 돌릴 시기가 되었다. 현재 일본과 미국 법정에서는 몇몇 기업을 대상으로 한 소송이 진행 중이거나 기각판정을 통해 종료되었다.[3] 그 과정에서 많은 자료가 공개되었고, 피해자의 목소리를 들을 수 있었다. 일본제철주식회사도 이러한 기업 가운데 하나이다.

일본제철주식회사에 끌려간 조선인 노무자에 대해서는 고쇼 타다시(古庄

---

1) 이 글은 태평양전쟁피해자보상추진협의회 김은식 사무국장의 자료제공에 도움을 받았다.

2) http://www16.ocn.ne.jp/~pacohama/sensosekinin/flaber0506.html.

3) 소송의 현황에 대해서는 안자코 유카의 「일본의 전시동원관련 재판의 진전과 현황」, 『중한인문과학연구』6, 2001; 김은식, 「한국인 소송 현황」(2004년 작성, 미간행) 참조. 기업별 소송자료에 대해서는 태평양전쟁한국인희생자유족회 편, 『不二越强制連行未拂い賃金訴訟 報告集』, 2001(프린트본) ; 태평양전쟁피해자보상추진협의회 편, 『신일본제철 오사카 소송 재판기록』, 2004(프린트본, 미공개 자료); 국사편찬위원회·한국역사공동연구위원회 한국측위원회, 『원폭피해자곽귀훈소송기록』총3권, 2004; 국사편찬위원회, 『在韓被爆者手帳訴訟』총5권, 2004; 국사편찬위원회, 『후지코시강제동원소송기록』총4권, 2004; 국사편찬위원회, 『일본제철강제동원소송기록』총3권, 2005 등 참조.

正) 교수가 1993년 고마자와(駒澤)대학에서 발간한 경제학논집(25권 1호)에 「일본제철주식회사의 조선인강제연행과 전후처리」라는 논문을 발표하면서 학계에 소개되었다. 고쇼 교수는 1974년 고마자와대학 도서관이 구입한『朝鮮人勞務者關係』(일본제철 주식회사 총무부 근로과의 내부 자료)의 내용을 중심으로 조선인 노무자 강제연행의 실태를 소개하고 미불금공탁 등 전후 처리 과정을 언급했다. 또한 2002년에는 「조선인강제연행과 광고모집」(『在日朝鮮人史研究』32호)이라는 논문을 통해 동원의 허구성을 규명했다.[4] 조선인에게 가해졌던 강제연행의 과정이 '논밭에서 일하던 농민을 마구잡이로 끌고 간' 인간사냥식의 방법만이 아니라 광고와 모집이라는 '자발성'을 가장한 동원이 더 많이 사용되었지만, 여전히 사회의 인식은 제한적이다.[5] 고쇼 교수의 2002년 논문은 그러한 점을 불식시키는 데 유용한 글이다. 이러한 일련의 연구 성과를 통해 일제 말기에 조선인이 어떠한 과정을 통해 일본제철주식회사(이하 일본제철)에 연행되었으며, 현재 미불금 문제 처리가 어떻게 진행되고 있는가 하는 점이 알려지게 되었다.

고쇼 교수의 문제제기 및 자료 공개(미불금 공탁 명부 등)로 인해 국내 피해자단체에 의한 국내 피해자를 대상으로 한 확인작업이 이루어졌고, 소송도 제기되었다. 첫 번째 소송은 1995년 9월부터 신일본제철(일본제철의 후신)을 상대로 한 소송으로 원고 11인에 의해 제기되었다. 이 재판은 가마이시(釜石) 제철소에 동원되었다가 연합군에 의한 함포사격으로 사망한 사고에 대한 위자료 청구소송이었는데, 1997년 9월에 신일본제철이 희생자 유족에게 1인당 200만 엔씩 위로금을 지불하는 조건에서 화해가 성립되었다. 그 후 1997년 12월 생존자 2명이 원고가 되어 오사카지방재판소에 제기한 소송은 미불임금에 대한 지불요구를 내용으로 하고 있다. 그러나 2003년 1월 최고재판소에서 원고의 상고가 기각됨으로써 6년간의 걸친 소송은 결실을 맺지 못했다. 재판부는 광고에 의한 모집이 갖는 강제성은 인정하였으나 한일청구권협정과 국내조치법에 의해 원고의 청구권이 소멸되었다는 이유를 들어 상고를 기각했다.[6]

---

4) 古庄正,「日本製鐵株式會社の朝鮮人强制連行と戰後處理」,『經濟學論集』25卷 1号, 1993 ;『朝鮮人强制連行と廣告募集』,『在日朝鮮人史研究』32, 2002.
5) 2004년에 상영된 영화 '화씨 9.11'에서 나타나는 미국 빈민가 청년을 대상으로 한 직업군인징발의 모습을 통해 일제 말기 연행의 방법을 연상할 수 있다.

소송과 관련한 일본 학자들의 이러한 사회적 기여도에도 불구하고 '일본제철에 끌려간 조선인 노무자'에 대한 기존의 연구 성과는 첫째, 전후 처리 가운데 미불금 문제 처리라는 경제적인 문제에 비중을 둠으로써, 일본제철에 연행된 조선인 노무자의 전체 상을 파악하는 데 한계가 있다는 점, 둘째, 문헌 중심의 연구방법에 치중되었다는 점 등 두 가지 문제점을 갖고 있다. 나는 피해자의 역사에서 문헌이 갖는 한계와 구술사료의 중요성에 대해서 이미 여러 차례 지적한 바 있다.[7] 정책 자료로 대변되는 문헌사료가 실제 사실을 담지 못하는 경우가 많다는 점과 아울러, 상황에 대한 당사자의 인식이 역사 기술에서 차지하는 비중에 주목해야 한다고 생각하기 때문이다. 당시 직접 경험한 당사자가 느끼는 인식이 '事實'보다 중요한 측면도 있으나, 그보다 당사자 인식과 사실 간 간극에 대한 분석이 갖는 중요성이 매우 크다.

따라서 향후에 필요한 연구는 일본제철에 끌려간 조선인 노무자의 목소리를 통해, '왜, 어떻게 갔으며' '어떻게 생활했는가' 하는 점을 살펴보는 작업이다. 또한 일본제철이라는 특정한 노동현장의 경험이 향후 이들의 삶에 미친 영향은 무엇인가 하는 점을 분석하는 작업도 연구에 포함된다.[8] 이를 위해 나는 3인의 경험자에 대한 심층연접(구술사료수집직업)을 실시했고, 그 자료를 적극적으로 활용했다.[9] 그 외 일본제철이 생산한 문서인『朝鮮人勞務

---

6) 태평양전쟁피해자보상추진협의회 편,『신일본제철 오사카 소송 재판기록』, 2004(국사편찬위원회,『일본제철강제동원소송기록』총3권, 2005). 그동안 한국 정부와 사회는 물론, 학계에서도, 이들의 소송진행과정에 대해서는 별다른 관심을 기울이지 않았다. 그에 비해 일본의 경우에는 원로교수들의 소송지원활동이 활발한 편이다. 고쇼 교수 외에 일본사의 대가인 야마다 쇼지(山田昭次) 교수의 나고야 지역 조선여자 근로정신대 재판 지원이 그 대표적인 예이다. 이들은 재판정에 출두하여 증언을 하는 작업 외에 관련분야에 대해 학문적인 연구 성과를 생산함으로써 판결에 영향을 미치도록 하는 작업도 병행하고 있다.
7) 이에 대해서는 정혜경,「한국의 구술사료관리현황」, '한국역사기록의 관리와 발전방안' 학술심포지엄 발표문(한국역사연구회, 대전대학교 인문과학연구소 공동주최), 2000 ; 정혜경,「강제연행관련 구술사료수집의 현황 및 활용방안」,『구술사료로 복원하는 강제연행의 역사—2001년도 구술사료수집결과보고회 자료집』, 일제강점하강제동원피해진상규명등에관한특별법제정추진위원회, 2001 ; 정혜경,『일제 말기 강제연행관련 구술사료 관리방안』,『일제 말기 조선인 강제연행의 역사 – 사료연구』, 경인문화사, 2003 ; 정혜경,「한국근현대사 관련 구술사료관리의 방향 및 실행계획연구」, (국사편찬위원회 2003년도 연구과제); 한국구술사연구회,『구술사』, 선인출판사, 2005 등 참조.
8) 일본제철이 아닌 다른 노동현장에 연행된 경우에 향후에 다른 삶을 보여줄 수도 있을 것이다. 예를 들면, 군인의 경우에 귀국 이후에 국방경비대에 소속되어서 해방공간에서 좌우익 갈등의 한 복판에 서게 된다거나, 사할린 탄광으로 연행된 노무자가 미귀환상태에서 겪는 삶은 일본제철에 연행된 노무자와 같다고 볼 수 없다. 강제연행 경험자의 사회화 과정에 대해서는 개별 사례에 대한 연구를 통해 전체적인 내용이 규명될 수 있을 것으로 생각된다.
9) 구술사에서 구술자가 그 주제에 대표성을 갖느냐 여부는 중요하지 않다. 그보다는 구술자 개인의 경험과 이를 구술한 내용 자체가 중요한 사료로 평가된다. 필자는 소송의 원고 2인과 소송 및 보상에

者關係』와 정책문서, 국내에서 발간된 일간지, 소송자료 등을 보완자료로 활용했다.[10] 물론 구술사료가 현재에 기반을 둔 목소리라는 점에서 당시 경험자의 목소리가 제한적일 수 있다. 그러나 이들이 미청산 과제의 정점을 경험하고 있으므로, 이들의 구술은 대일전후청산의 현 주소를 보여준다는 점에서 의미가 있다.

2. 일본제철(주)에 끌려간 조선인 노무자

1) 일본제철주식회사의 설립

일본과 조선 및 만주의 제철소를 합병하려는 노력은 이미 1920년대 초부터 시작되었다. 1924년 10월 19일자 『시대일보』 기사에 의하면, 다카하시(高橋) 農相이 일본 내 제철회사의 합동을 위해 노력하고 있음을 알려주고 있다.[11] 그 후 제철회사 통일에 대한 기사는 발견되지 않다가 1930년대 초에 다시 일간지 기사에 나타난다. 『매일신보』(1931년 6월 23일자) 기사에 의하면, 若槻 내각이 제철합동실현을 정책으로 수립하고 노력 중이라는 사실을 알 수 있다.[12] 이후 계속된 노력의 결과, 1934년에 합병의 산물인 일본제철주식회사가 탄생했다.

일본제철은 1934년 1월 일본제철주식회사법에 의해 八幡제철소(관영), 釜石제철소·輪西제철소(이상 三井계), 朝鮮兼二浦제철소(三菱계)[13], 九州제철소(安山계), 富士제강소(涉澤계) 등이 합병하여 일본제철주식회사가 설립되었다. 그 후 야하타제철소의 위임경영으로 되어 있던 東洋제철소와 大阪제철소도 1936년에 합병되어 일본제철은 일본 국내 최대의 철강트러스트가 되었

전혀 관심을 보이지 않았던 1인 등 3인을 구술자로 선정하여 심층면접을 실시했다. 생존자 3인 가운데 2인은 소송의 원고로서 이미 개인의 신상이 공개된 상태이다. 그러나 이 글은 구술사료에 대한 분석을 중심으로 하고자 하므로 3인에 대한 구술사료를 인용할 경우에 가명을 사용했다.

10) 이 소송자료는 태평양전쟁피해자보상추진협의회가 소장하고 있던 중 2005년에 국사편찬위원회, 『일본제철강제동원소송기록』 총3권으로 발간되었으나 나는 이미 2004년에 보상추진협의회로부터 제공받아 논문 구성에 활용했으므로, 보상추진협의회 소장 자료를 전거로 제시한다.

11) 『시대일보』 1924년 10월 19일자, 「일본제철통일 점점 구체화」.

12) 『매일신보』 1931년 6월 23일자 「제철합동실현노력」.

13) 1913년 매일신보 기사에 의하면, 미츠비시(三菱)가 조선에 광업에 착안한 것은 이미 1906년인데, 1913년에는 광석채굴과 수질, 운반의 편리 등을 들어, 황해도 겸이포에 제철소를 설치하려고 계획 중이었다. 『매일신보』 1913년 1월 10일자 「제철소 설치」.

다. 당국이 합병을 한 이유는 정부 감독 아래 강력한 합동회사의 독점적인 지위를 이용해 제철업자와 제강업자 간 대립관계를 없애고, 제강업의 확고한 기초를 확립하기 위해서였다.[14] 그러나 합동 과정에서 神戸제강을 비롯한 재벌계 제강회사가 합병을 거부하였으므로 당국의 목적은 완전히 실현되지 못했다. 그럼에도 1937년 중일전쟁의 발발 이후 일본제철은 용광로를 증설하고, 강판공장을 완성하는 등 시설이 확대되었다.[15]

일본정책문서에 의하면, 철강업에 대한 조선인 강제연행 · 강제노동은 1942년 3월부터 개시된 것으로 나타나 있다. 즉 1942년 2월 각의결정 「조선인노무자활용에관한방책」에 의거해 3월부터 시작된 것이다. 그러나 가마이제철소 자료에 의하면, 이미 1940년에 100명, 1941년에 28명을 연행했다. 즉 각의 결정 이전에도 '모집' 의 형식으로 동원이 이루어지고 있었던 것이다.[16]

1945년 8월 해방을 맞을 때까지, 일본제철에는 약 1만여 명(99,119명)의 조선인이 노역에 시달리고 있었다. 이들의 출신지역을 보면, 충남과 전남, 전북, 강원도에 집중되어 있고, 평양지역 출신이 그 뒤를 잇고 있다. 이러한 지역적 편중현상은 당국의 '철강관계 회사 지역적 할당' 에 원인을 둔다.[17]

2) 일본제철에 끌려간 조선인의 삶

1만여 명에 달하는 것으로 알려진 조선인 노무자 가운데, 현재 국내에서 소재가 파악된 생존자는 그에 미치지 못한다. 내가 심층면접을 실시한 3명의 생존자는, 1997년 12월에 제기한 소송의 원고 2명(A노인, B노인)과 기타 1명(C노인)이다. A노인과 B노인은 독립기념관이 실시한 구술사료수집작업의 일환으로 2000년 10월에 자택을 방문하여, C노인은 2002년 7월 일제강점하강제동원피해등에관한진상규명특별법제정추진위원회가 실시한 전국순례행사 중에 전주에 있는 유족회 사무실 근처에서 각각 심층면접을 실시했다. A노인과 B노인은 집회에서 여러 차례 만나 인사를 나누어 면식이 있었고, 추가조사도 실시하였으나 C노인은 전주에서 처음 만났고, 2차 조사도

---

14) 1932년 현재, 일본의 선철생산액은 룩셈부르크에 이어 세계 8위에, 철강생산액은 벨기에에 이어 7위에 이르렀으며, 일본 국내에 소재한 제철 · 제강 기업은 38개소에 이르렀다. 상공성광산국 편, 『製鐵業參考資料』, 일본철강협회, 1933, 110~114쪽.
15) 古庄正, 「日本製鐵株式會社の朝鮮人强制連行と戰後處理」, 4~5쪽.
16) 古庄正, 「日本製鐵株式會社の朝鮮人强制連行と戰後處理」, 9~10쪽.
17) 태평양전쟁피해자보상추진협의회 편, 『신일본제철 오사카 소송 재판기록』, 2004(프린트본), 35쪽.

하지 못한 상황이다. C노인에 대해서는 추가 조사가 필요했지만, 현재 노인의 건강이 매우 좋지 않아 조사가 불가능하여 1차 면접 자료에 의존할 수밖에 없다.

3명의 노인 가운데, A노인과 B노인은 동원연도 · 동원과정 및 동일한 작업장 등 경험에서 중복되는 부분이 많이 있으나 C노인은 앞의 두 노인과 다른 경험의 주인공이다. 전북 익산 출신으로 평양 시내 이발소에서 일을 하던 도중 일본제철 大阪공장의 모집에 응해 1943년 9월에 입사한 A노인과 전남 장성 출신으로 친구를 찾아 평양으로 갔다가 광고 삐라를 보고 같은 시기에 일본제철 大阪공장 모집에 응해 입사한 B노인과 달리 전북 익산 출신의 C노인은 1944년 가을에 징용에 의해 소집영장을 받고 고향에서 일본제철 야하타공장(후쿠오카 소재)에 연행되었기 때문이다. 3건의 구술사료를 중심으로 일본제철에 연행되기 이전까지 과정을 살펴보자.

(1) 성장과정과 청년기

1923년에 전북 익산군 망성면에서 태어난 A노인의 젊은 시절은 "참혹한 생활" 그 자체였다. 학자 타입의 부친이 땅 한 평 없이 떠돌이 씨앗(종자)장사를 하는 생활고로 인해 일곱 살이라는 어린 나이에 작은아버지 댁(충남 논산군 노성면)에 양자로 들어갔다.

"구술자 : 그런데 너무 내 생활이 좀 참혹했었어. 아무리 생각해도. 그래 한번은 아버지께서 오시다가 내가 나무를 해 가지고 오는 거를 보고, 동지섣달에 눈이 펄펄 날린 땐데 그것도 비극 아니에요? 그런 얘기하자면. 그런 어린 것이 나무를 해 가지고 손에 토시도 없이 손은 쩍쩍 터 가지구서 …….
면담자 : 갈라지구.
구술자 : 새까맣지. 그러니까. 그런데 나무를 해 가지고, 망에다 해 가지고 오는데 아버지가, 내 선친이 동상(*동생)의 집으로 내가 잘 있나 보러 오시던 길이지요. 그런데, 그 말하자면 개울이 하나가 있는데, 내(川)가 하난데, 다리가 있어. 그래 이제 거기까지 와 가지고 내가 어깨가 아픈게, 그래 나무를 내려놓고서 있는 중인디, 이제 아버님이 오시다가 보니께, 이렇게 보니 쪼그만한 것이 나무를 그렇게 해 가지고 가다보니께 앉아 있으니께 보니께, 자기 아들인게. 얼싸안고 통곡을 하고 우시더라구. (*눈시울을 적심. 잠시 구술 중단) 허허, 그 생각을 하면 지금도 나도 목

           이 메어.
면담자 : 그 당시야 다 가난하게 살았지요 뭐.
구술자 : 그래 이제 동생 집에 맡길 때는 설마 이런 그. 더군다나 동지섣달이고, 때가 이런 추운 날에 나무시킬 줄이야 몰랐지. 그런데 이제 통곡을 하고. 그저 전부가 자기 죄라고 하면서 통곡을 하시던 것이 지금도 생각나요."[18] (A노인)

그나마 부친이 이듬해에 사망을 하자 A노인의 삶은 더욱 어려워졌다. 외가에 가 있던 모친은 만나지도 못한 채 양자라는 미명 아래 머슴살이에도 미치지 못하는 생활을 해야 했던 것이다. 그러한 상황에서 A노인이 탈출구로 생각한 것은 야학과 간이학교에서 배우는 글공부였다. 9세 때부터 동네 야학에서 언문과 산술을 배우고, 1년 6개월간은 공주에 있는 서당으로 한학을 배우러 다니기도 했다. 논산에서 공주까지 매일 걸어 다닐 정도로 학습 의지는 강했다. 거기에 그치지 않고 논산에 있던 간이학교에 다니기도 했다. 16세 되던 해에 나무를 하러 산에 갔다가 꿩 사냥을 나온 나카마(中馬) 순사부장을 만나 도와준 것이 인연이 되어, 나카마가 운영하던 잡화점 가게(논산군 광성면)에 점원으로 들어가게 되었다. 점원으로 배달 일을 하면서도, 늘 공부할 길을 모색하던 A노인은 1941년 태평양전쟁이 일어나자 18세의 나이로 조선무연탄주식회사에서 모집을 하러 나온 모집자의 말을 듣고 "기술계통의 공부"를 하고 싶은 욕심에 공작소 견습생으로 모집에 응해 평양으로 갔다. 그러나 막상 도착한 곳은 대동강 역전의 탄광이었다. 속은 것이다. 그러나 A노인은 일본어 실력을 무기로 노무과 담당자에게 연일 항의를 한 결과 탄광 작업을 면하고, 공작실에서 주물 녹이는 일을 하게 되었다.

"구술자 : 나 모집인지. 모집인지 나는 몰랐다. 공장에 취직, 미나라이(見習)해서 공작실에 취직을. 내 기술이 願이라 기술 알고 공부를 할라고 온 사람인데. 왜 이런 데다가 천지이단에 탄꼬(*탄광)에다가 갖다가, 굴 안에가 집어넣고. 내 일을 할까? 내 일을 맞덜 않고(*맞지 않고) 나 하덜 못한다. 내 않는다. 보내다구 말이야. 이러니까 그 사람(*노무과 노무과장 入岡)이 이제 애들이 일곱이나 돼. 자식이. 그래 자식을 생각해서 그랬던지. 나 같은 자식들이 죽 있으니까. 이렇게 깜박깜박하더니. 'これは'

뭐 이거 큰일났다구. 이 자식. (면담자 : 하하) 이 자식이 너무 맹랑하구
나. 그러더니 모집자 오기까지 기다리라고 그래. 그거 모집자 오기까지
기다리면. 새까만 방에서 나 이거 이 탄차보다 더 더러운데 옷 빨아 입
도 못하고 어떡할 것이냐 이거. 병자 그 병원에서 이제, 일하다가 다친
사람 하나 깨끗이 이제 거시기 하는 방이 하나가 있어. 그 방 그 사람이
서 같이 둘이 같이….
면담자 : 아, 쓰라구요?.
구술자 : 있으라구 그래. 이제 자식을 생각해서 그랬겠지 그 사람도. 일본사람이,
　　　　모집자 오도록 기다리라 그래.
면담자 : 그래도, 어르신 대단하시네요.
구술자 : 그래 안 갔어. 안 했어. 아니 무서웁고 말이야 죽겠는데. 왜 해? 내가.
면담자 : 가서 일하라고 하면 보통 사람들은 할텐데.
구술자 : 안 그러면. 그 수위들이 와 가지고 붙잡아오고, 붙잡으라고. 나 안 갔어.
　　　　붙잡으러 가면은 나는 노무과 가 가지고 따졌어. 아, 있잖아. 그러니까
　　　　이 사람이 일본말을 잘하고 하니까. 맞다 이거야 내 말이. 네가 뭔 일을
　　　　하겠느냐. 뭐 이 짝이지. 그래 하루는 또 연락이 왔어. 노무과에서 오라
　　　　고. 그래 갔지. 갔더만. 너 그럼 공장 일이라도 가서 배우라고 말이지
　　　　이래. 내일 아침 이력서 써 가지고 오라 그래. 그래 이력서를 써 가지고
　　　　떡 갔더니. 이레(*노무과 노무과장 入岡)가 나를 데리고 그 밑에 큰 참
　　　　공작실이 있어. 회사가. 자동차 고치는데, 이모노(鑄物)도 있지. 세이깡
　　　　(精管)도 있지. 센방(旋盤)도 있지. 대장간도 있지 말야. 여러 가지가 있
　　　　더라고. 가서 이제 그 공장 사무실로 들어가서, 그래 노무과 노무과장이
　　　　라면 탄광에. 공작실의 그, 저, 소장보다도 더 높으더라구. 그렇게 위해
　　　　줘. 탄꼬에서 일하는 사람들을. 그래 그 사람이 말이지. 얘 좀 어디 미
　　　　나라이(견습)로서 적합한 일 있으면 넣으라고. 그러니까. 이모노, 이모
　　　　노, 이모노 알지. 쇠로 그 쇠로 물 이렇게 녹여서 맨들어 가지고서 달아
　　　　놓고 이렇게 구녁에다 부어 가지고 가다 잡고 맨드는 거 있잖아.
면담자 : 아, 예, 주물하는 거.
구술자 : 주물. 그런 거 주물 녹이는 기술이 굉장한 것이거든. 그래 이제 나는 이
　　　　제 말하자면 그 주임지에다, 이레(*노무과 노무과장 入岡)가 그 노무과
　　　　장이 말을 해 가지고. 노무과장이 말을 하면 덜덜 떨지 뭐."[19] (A노인)

치열한 투쟁의 결과 얻어낸 공작소 주물 작업이었으나 한 달에 받는 3원으
로 식사비를 제외하면, 의복조차 사 입을 수 없었고, 위험성이 높은 작업이었
으므로, 그 후 "깨끗한" 의복을 제공해 주는 이발소로 옮기게 된다.

그러나 이발기술을 배울 요량을 하던 A노인은 이발소에서 1년간 청소와 머리감기는 일만 하게 되었다. 당시 이 이발소는 "고등관들이 다니는" 이발소인지라 장교나 고위층의 출입이 잦았다. 1943년에 징병대상자로서 연성소에서 훈련을 받던 A노인은 평소 안면이 있던 상등병 출신의 교사[20] 로부터 호적상 나이가 징병대상자에서 제외된다는 사실과 "너 여기서 훈련생 돼서 훈련받으면 군인 갔다 죽어. 지금 정세가 이러니까" 하는 말, 일본제철에서 모집을 한다는 소식을 듣게 된다. "내가 저 신문을 보니까. 일본 제철에서 사람 모집하러 왔어. 청년들을 백 명 모집하러 왔으니까 너 거기 가거라. 거기 가므는 기술도 배우고, 거기 가서. (*상등병이)뭐라 그러냐면, 돈도 좀 많이 받을 테고 말이야."[21] 라는 소리에 자극을 받은 A노인은 육군중위 기타가와(北川)를 소개받았다.[22] 이때 기타가와는 A노인에게 '일본제철 大阪제철소 제2기 훈련대'에 군속으로 입소할 것을 권했다.[23] 실제로 A노인이 군속으로 입소했는지 여부는 확실하지 않다.

현재 학계에서 군속은 군 부대 내 작업장에서 일을 하는 군요원이라는 인식이 일반적이어서, 군속은 군인과 같은 범주로 분류하고 있다. 이에 대해 나는 군속 가운데 포로감시원을 제외한 인력을 군노무자로서 노무 동원의 성격을 중시해야 한다는 견해를 제시한 바 있다.[24] 향후 다양한 사례에 대한 분석이 시도된다면, 군속에 대한 기존의 분류를 재검토하는 데 도움이 될 것이다.

A노인은 왜소한 체격에 신체검사를 무사히(?) 통과하기 위해 평소 안면이 있던 교장선생의 명함 뒷면에 소개의 글을 받아 모집에 응하게 되었다. 늘 학구열에 불탔고 기술을 배우고 싶어 하던 A노인에게 "기술도 배우고" "2년을 채운 후에 일본에 있으면 (*기술자로서)일본 사람과 똑같이 대우를 하고 월

---

20) 고쇼 교수의 논문에 의하면, 이 당시 일본제철에 응모하도록 권한 사람은 육군군속 河合利喆이었다. A노인으로부터 의사를 타진한 河合利喆은 육군중위 北川에게 소개를 해주어 A노인이 응모하도록 한 것이다. 古庄正, 「日本製鐵株式會社の朝鮮人强制連行と戰後處理」, 18쪽.
21) 독립기념관 소장 구술사료 (면담일자 : 2001년 10월, 면담자 : 정혜경, 면담장소 : 서울 암사동 자택).
22) 소송자료에 실린 원고 진술서에는 신문광고를 A노인이 직접 보았다는 내용이 있다. 즉 신문광고를 통해 '일본제철이 2억엔의 자본금을 가진 대기업이라는 점, 2년간의 근무기간을 마치고 돌아오면 국내 2개소의 제철소에서 기술자로 일하게 된다는 내용'이 기재된 광고라는 것이다. 신문광고 외에 평양시내 곳곳에 붙여진 벽보를 통해서도 이러한 내용은 알 수 있었다고 진술했다. 태평양전쟁피해자보상추진협의회 편, 『신일본제철 오사카 소송 재판기록』, 968쪽. 아마도 河合利喆의 권유와 신문광고를 동시에 접한 것으로 추정된다.
23) 古庄正, 「日本製鐵株式會社の朝鮮人强制連行と戰後處理」, 18쪽.
24) 정혜경, 「일제 말기 조선인 군노무자의 실태 및 귀환」, 『한국독립운동사연구』20, 2003. 이 논문은 수정 보완되어 이 책에 수록됨.

급을 준다”는 조건은 매우 큰 매력이 아닐 수 없었다.

B노인의 성장기 삶도 순탄하지는 않았다. 전남 장성에서 중층 정도의 경제 규모를 가진 농가의 장남으로 태어나 4년제 보통학교를 졸업했으나 부친이 경영하던 광산업이 기울어지면서 17세에 객지로 나오게 된다. 독실한 불교 신자인 할머니의 영향으로 불교대학에 입학하기 위해 서울에 왔으나 여의치 않아 종로회관이라는 술집에서 몸을 의탁하고 있다가 친구를 찾아 평양으로 갔다. 평양거리에서 본 벽보를 보고 일본제철에 응모를 하게 되었다. 이는 신문모집광고 외에 일본제철의 노동력을 모집하기 위해 다양한 방법이 사용되었음을 알 수 있다.[25]

> “구술자 : 예, 예. 거기서 일본 광고를 보고. 에 뭐 대우도 좋고 뭐 그럴듯한 뭐
>   거시기를 써 붙였대요. 광고 삐라에.
> 면담자 : 아, 삐라를 보셨어요? 신문이나 이런 게 아니고.
> 구술자 : 예, 그 백보, 그 앞으로 백보.
> 면담자 : 벽보요. 예.
> 구술자 : 벽에다 붙이는 백보, 그 거 모집한다고. 그거 보고설랑 지원했어요. 지원
>   했는데 그것도 마 떨어지는 사람은 떨어지고, 뭐 붙은 사람은 붙고 해
>   가지고 지원해서, 인자 백 명이라는 인원을 갖다 모집했어요. 모집 해
>   가지고, 마 일본 제철 주식회사, 大阪 제철소로 가게 됐어요.”[26] (B노인)

B노인도 벽보에 적힌 내용 가운데에서 기술을 배울 수 있다는 점에 크게 이끌렸다.

> “구술자 : 내 기억은 뭐 안 나지만 잘 해준다는 이 뜻은 거시기는 있어서 우리가
>   갔어요. 그러니꺼중 대우가 나쁘다고. 또 가서는 나쁠망정 거기서 거
>   벽보에다 나쁘다고 쓰면 누가 지원하겠소? 그래서 뭐 보나마나 뻔한
>   사실이제. 잘해줍디까 하고 이 거기서 2년간. 딱 거시기, 우리 견습 거
>   시기로 갔으니께. 딱 교육을 받고. 끝나면 한국에 와 가지고, 한국에
>   제철이 2개 있었어요. 청진 있고 겸이포 있고…

---

25) 소송자료에서 원고 진술서에 의하면, 당시 B노인이 일하던 평양 소재 낫빠식당 앞에 붙인 광고를 보았다고 한다. 광고의 내용은 A노인이 진술한 내용과 동일하다. 태평양전쟁피해자보상추진협의회 편, 『신일본제철 오사카 소송 재판기록』, 963쪽.
26) 독립기념관 소장 구술사료 (면담일자 : 2001년 10월 24일, 면담자 : 정혜경, 면담장소 : 서울 신천동 자택).

면담자 : 겸이포? 예, 예.
구술자 : 예, 황해도 일대. 평안남돈가, 황해도, 거길 이자 거시기를 시켜준다 말
　　　　이. 배치가 된다.
면담자 : 기술자로요? 예.
구술자 : 예, 그런 거시기도 다 마 써 있고. 이 그래서 인자 조건이 좋잖아요? 2
　　　　년 있다가는 한국에 나와서 마. 이 그래서 뭐 그것 때문에 간 것이지.
　　　　딴 걸로 안 갔어요. 기술이, 인자 기술 배울라고. '이 다시 한국에 와서
　　　　인자 떳떳한 거시기가 된다. 기술자가 된다' 이거죠."[27] (B노인)

　　A노인과 B노인이 같은 시기인 1943년에 동일하게 평양에서 100명 모집에
응해서 지원한 것에 비해서 C노인은 1944년에 징용영장을 받고 송출된 경우
이다. 전북 익산에서 4형제 가운데 막내로 태어난 C노인은 형님의 실성 등
집안의 우환으로 어려운 어린 시절을 보내게 되었다. 7세경에 큰 집에 의탁
하게 된 C노인은 14세가 될 때까지 큰 집에서 생활을 했다. 가정형편으로 학
교를 다니지 못하자 산 너머 마을에 열린 야학에서 국문을 깨우쳤다. 그러나
야학에 관한 C노인의 구술은 새로운 사실을 포함하고 있었다.

"면담자 : 어떤 사람이 가르쳐요?
구술자 : 몰라요.
면담자 : 동네사람이 가르쳐요?
구술자 : 거기 동네사람이 가르치지.
면담자 : 한국사람이요?
구술자 : 암만요(*그럼요).
면담자 : 음, 그럼 그 사람은 똑똑한 사람인가 보네요.
구술자 : 암만(*그럼), 그저 배워야 한다고. 우리두 독립해서 살폭잡고 배워야 한
　　　　다고.
면담자 : 독립해서 살을래믄?
구술자 : 에, 에. 일본 놈 밑에서 있을 마음을 안 가지구. 우리두 독립해서 살을
　　　　때가 있으니게. 이거 꼭 배워야 한다구 막.
면담자 : 그런데 그렇게 독립해서 살아야니까 배워야 된다고 그러면은 일본놈들
　　　　이 가만히 있을까요?
구술자 : 몰래!!
면담자 : 몰래?
구술자 : 몰래.

면담자 : 누가 일부러 가서 고자질하면 어떡해요?
구술자 : 그러면 없고, 아, 그리구. 그리구 한국 그렇게 세밀하게 일본 놈 수생질
         (*수색질) 안했어. 농촌, 농촌에서 그렇게 안 했어.
면담자 : 그러면은 장소는 어디서 모였어요? 어디서? 누구네 집 사랑방에서요?
구술자 : 장소는 저 사랑방에서 했지.
면담자 : 아, 사랑방에서요?
구술자 : 사랑방 큰 눔, 큰 사랑방 골라서…."[28] (C노인)

　　C노인의 구슬은 이 시기에 보통의 농촌 청년들이 관제야학에서 한글과 일
본어, 수신 등을 배우며 황민화교육의 기본을 익히던 것과 다른 내용이다. 이
점에 대해서는 다른 경험자에 대한 심층적인 현지조사가 필요하지만 일제 말
기에 통제 상황이 지역적으로 차이가 있었음을 감안한다면, 가능성을 생각할
수 있는 구술내용이다.
　　C노인은 소작을 부치면서도 성실히 생활을 하여 22세 때는 결혼을 하고,
딸도 낳았다. 그리고 2년이 지난 후 징용영장을 받게 된다. 징용기피자에 대
해 관이 의도적으로 살해를 하는 등 응징하자 겁에 질려 감히 징용영장을 거
부할 수 없었다.

"구술자 : 그러게, 그러게 징용두 안 갈 판인데. 저 거기 사람이 징용나와서 잽혀
         가 가지구서 죽었어.
면담자 : 동네사람이요?
구술자 : 아무 것두 안 먹구 안 주구. 뽄데기루(*본보기로) 했던게비여. 고기 또
         거시기 건네 사람.
면담자 : 동네사람?
구술자 : 그 암만. 동네나 똑같어. 게 뽄떼기루 그랬든개비여. 아무것두 주두 않
         구 막 죽일라구 작정하구. 징용 나왔는디 이런 말 안 듣구서 허닌게, 이
         적 숨어 다닐 거 아니여? 잡어다가 가… 가뒀어.
면담자 : 가기 전에 도망 다니니까
구술자 : 응, 응. 갖다 가뒀어. 가둬서, 죽여 버렸어.(*이 대목에서 구술자는 금방
         이라도 눈물이 떨어질 듯한 표정을 지음)
면담자 : 어, 그런 일이 있었어요?
구술자 : 아무것두 안 먹구 헝게. 본때기루 죽였어요. 아, 그렇게 잡으러 대닐 것
         두 없네.
면담자 : 무서워서.

---

28) 정혜경 소장 구술사료 (면담일자 : 2002년 7월 27일, 면담자 : 정혜경, 면담장소 : 전주 체육관).

구술자 : 징용이라믄 뭐 그냥 그나저나 죽은게 가야 한다구. 그래서 막 나 뿐 아니라 싹! 하니 징용 나오면 다 따라서 갔어. 구경이나 하다 죽는다구"[29] (C노인)

그러나 C노인은 남들에 비해 비교적 늦은 나이인 24세(1944년)에 징용영장을 받게 된다. 어려운 생활상태를 고려해 구장이 모집에서 면하게 해준 것이다.

"면담자 : 그런데 다른 사람에 비해서 징용을 늦게 가셨어요?
구술자 : 그렇지. 늦게 갔지.
면담자 : 어떻게 늦게 가실 수 있으셨나 봐요. 따른 사람들은 열 일곱 살….
구술자 : 빠졌지. 말하자면 피했어. 내가.
면담자 : 어떻게 알구 피하셨어요?
구술자 : 그랑, 그랑 모집으루는 피했지. 그러면서 징용생기는 뒤에는 그 昭和가 손들은, 몇 해 안 되어서(*패전 몇 년 이전) 그저 거시기 저, 지주... 징용이 생겼지.
면담자 : 그 모집 때 보통 모집 때 다 가시는데 어떻게 어르신은 모집 때 싹 빠지실 수 있었나 봐요.
구술자 : 내가 빠지면 살림을 못하게 생겼응게, 막 피했지요.
면담자 : 음, 근데 어르신은 모집 나왔을 때 동네에서 일 하구 계셨는데 도망가면은 일을 어떻게 해요?
구술자 : 그러구 밤에두 허고 막. 근처 사람이 있으니께 낫지.
면담자 : 예, 예. 아 그래서 늦게 가셨구나.
구술자 : 그래서 늦게 갔지.
(중략)
면담자 : 아. 할아버지는 좀 특별히 봐 드린 거에요?
구술자 : 저의, 어, 거기서 농사 거시기 허구. 그때 구장에서 무엇이니 말 한마디면 굉장했어. 그러게 봐 줬은게 그렇지. 저, 저 거시기 모집 군인 보내야 한다 하며는 틀림없이 저 가기 아니면 징역 갔어.
면담자 : 왜 구장이 할아버지는 봐 주셨대요?
구술자 : 아, 그러게 인자
면담자 : 결혼하구 그렇게 사니까?
구술자 : 농사두 지야 살으잉게. 살으잉게 보아 준 팩이지.
면담자 : 인정으루 그런 것두 좀 봐 주구 이렇... 이럴 수두 있었나 보지요?
구술자 : 그럭 헐 수 있지."[30] (C노인)

---

29) 앞의 주.

C노인의 구술에 의하면, 이렇게 구장의 재량에 따라 모집이나 징용에서 면할 수 있는 여지가 있었던 것으로 보인다. C노인은 당시에 "소문으루 모집가면은 고생한다. 이런 소문은 들었"으므로 도피가 가능한 사람, 즉 "저의 집에 먹구 살만 한" 사람은 대부분 도피를 했다고 생각하고 있었다. 그러므로 C노인은 "징용두 안 갈 판인데" 어쩔 수 없이 간 것으로 이해하고 있었다. C노인은 구장이 가지고 온 징용영장을 보고, 1944년 가을걷이를 마친 시기에 떠나, 부산을 거쳐 규슈(九州) 후쿠오카(福岡)의 야하타 제철에 도착했다.

(2) 일본제철의 생활

A노인은 행여 체격이 왜소해서 신체검사에 탈락을 할 것을 걱정하여 교장선생의 추천 글을 명함 뒤에 받아서 제출한 덕분인지, 아니면 기타가와(北川)중위의 덕택인지 무사히(?) 선발이 되었다. 100명의 선발자들과 함께 평양의 협화훈련대에서 3일간 간단한 군사훈련을 받은 후 1943년 9월 10일에 오사카로 출발했다. 부산에서 연락선을 타고 시모노세키(下關)에 도착한 후 A와 B노인은 오사카로, C노인은 규슈의 야하타 제철소로 향하는 경로였다.

'모집이니, 자유로운 신분으로 계약기간을 마칠 수 있으리라' 생각했던 A노인의 바램은 오사카에 도착하면서 허물어졌다.

"구술자 : 그런데 이제 大阪에 와서. 2년 동안, 약속이라는 게 2년을 마치면은, 갈 적에도 뭐 우리가 무슨 뭐 모집으로, 모집은 자유가 아니냐 이거 그렇지? 그렇게 갔으니까 우리가 하등 뭐 어디 도망 갈 이유도 없고 가고 싶으면 나 가겠다고 가는 게 원칙 아니여? 자유니까.
면담자 : 예, 예. 그렇죠.
구술자 : 기숙사에, 나 있던 기숙사에 4명인가 있었어. 4명. 3명이다. 3명. 방 요것보다 좀 널를까 그런디. 3명이지. 떡 들어 가 보니까 짐을 풀고서 각각 이제 방을 배당 받아 가지고서 들어가서 떡 보니까. 이 동쪽에, 아니 그 창살에는 말이지. 전부 이런 마루보루로다 콱콱 쟁여서 도망 못 가도록 말이지.
면담자 : 아, 그러니까 창살에다 망을 쳐 놓은 거예요?
구술자 : 이제 창살에다 망 친 것과 한가지지. 못망구루다 전부 이렇게 못 빠져 나가게끔 해 놨어. 도망 못 가게 해 놨더라 이거야. 그걸 보니까. 아! 나 이 속았구나 말이야. 그럼 끝 아니야?

<hr>

30) 정혜경 소장 구술사료 (면담일자 : 2002년 7월 27일, 면담자 : 정혜경, 면담장소 : 전주 체육관).

면담자 : 아, 그때 느끼셨어요?

구술자 : 에, 그때 느꼈지. 왜냐? 단체생활이라 군인이면은 모르겠구. 뭐라구 모르겠는데 말이지. 아 우리는 모집으로 자유로 가서 싫으면 가구 오구 하구 그건데, 그렇게 났는데 보니 아하, 이거 우리가 속았구나 말이야. 난 그렇게 생각하구. 뭐 그때 좀 철들은 사람은 그렇다고 인정했어. 그래 이제 누구한테 항의를 하겠어? 이제."[31] (A노인)

이는 B노인의 경우도 마찬가지였다. 오사카 역에서 트럭을 타고 도착한 작업장 내 기숙사에는 방마다 창문에 쇠창살이 끼워 있었고, 기숙사 문에는 망을 보는 사람이 있었으며 밤에는 자물쇠가 채워졌다. 또한 기숙사안에는 일본인 사감이 함께 취침을 했다.[32]

세 노인은 오사카와 규슈에 도착한 이후에 현지에서는 다시 1~3개월 정도의 교육을 받았다.[33] B노인에 의하면, '평양 훈련에서는 체벌이 없었지만 여기서는 지시되어진 대로 하지 못하면 체벌'[34] 이 있었다. "군사훈련이지. 막, 그냥, 총검, 총검 거시기도 하고. 아이고! 배는 고프고 지독한 놈의 훈련이야. 그래 가지고 오전에는 훈련받고 오후에는 공장 견습을 한나 밀이지"[35] 이들은 교육기간을 마친 후 작업장에 배치되었다. 작업장의 배치는 시험을 보아서 결정하게 되었는데, A와 C노인은 시험을 통과했다. 시험을 통과하지 못한 B노인은 "까스 바(*場), 석탄을 때 가지고 까스를 만들어서 쇠 녹이는 데로 불을, 까스를 보내는"[36] 작업을 하는 곳에서 일을 하게 되었고, A노인은 쇠를 녹이는 회로에서 기중기 운반작업을 하게 되었다.[37] C노인도 A노인과 같은 일을 하게 되었다. B노인이 담당했던 gas를 만들어 보내는 작업은 계속 석탄을 때는 일이었으므로 매우 고된 작업이었다. C노인의 말을 들어보면, 석탄 때는 일은 그야말로 "골병드는 일"이었다. "(*시험)떨어지면 이자 석탄 불 때는데. 석탄불 때는 디가 최고 나빠. (면담자 : 아아. 그러니깐 계속 석탄 넣는

---

31) 독립기념관 소장 구술사료 (면담일자 : 2001년 10월, 면담자 : 정혜경, 면담장소 : 서울 암사동 자택).
32) 태평양전쟁피해자보상추진협의회 편, 『신일본제철 오사카 소송 재판기록』, 963쪽.
33) 교육기간에 대해 A노인은 2개월로 B노인은 3개월, C노인은 1개월로 기억을 한다.
34) 태평양전쟁피해자보상추진협의회 편, 『신일본제철 오사카 소송 재판기록』, 963쪽.
35) 독립기념관 소장 구술사료 (면담일자 : 2001년 10월, 면담자 : 정혜경, 면담장소 : 서울 암사동 자택).
36) 독립기념관 소장 구술사료 (면담일자 : 2001년 10월 24일, 면담자 : 정혜경, 면담장소 : 서울 신천동 자택).

거. 하하하하) 그거 막 골병들어. 얼굴 뭐 그냥 콧구멍 새카매버려"[38](C노인)

　　이들의 노동 상황은 오사카 공장과 야하타 공장이 조금 차이를 보인다. 그러나 비슷한 점도 많았다. A노인은 하루 3교대 근무였으므로 8시간 근무를 했는데, B노인도 같은 작업장에서 근무를 했으므로 동일했을 것으로 생각된다. 두 노인이 오사카제철소에서 가장 어려운 점은 식사문제와 공습의 피해였다. 식사는 평소 식사량의 1/3에 해당하는 적은 양의 현미밥이었으므로 늘 허기를 느꼈다. 한 달에 조금씩 받는 용돈은 모두 양을 채우는 데 다 사용을 해야 했다. 이러한 상황은 청진에 와서도 개선되지 않아서 " 상한 고등어를 갖다가 냄비에다가 아무렇게나 뭐 끓여서 지져서 먹고서 전부 독이 나가 다 죽을 뻔"[39] 하기도 했다.

　　늘 양이 부족한 식사와 열악한 근무환경에도 이들의 근무자세는 성실했던 것으로 보인다. 기중기 운반을 담당한 A노인은 '주어진 일에 대해 열심히, 누구보다도 빨리 기중기 조작을 배웠다고 칭찬을 받아 기숙사안에서 모범공원으로 뽑혀, 총 3명의 모범공원과 같이 어딘가 정부기관에 가서 표창을 받기도' 했다.[40]

　　원래 이들이 받기로 한 임금은 매달 50원이 넘는 금액이었다. 이 금액은 당시 국내에서 면장월급 보다도 많은 액수였다. 그러나 이 임금은 명목상 임금에 불과했다. A노인은 '급료는 사감이 모두 수령을 하여 처리하였는데' '품행이 방정한 사람의 경우에, 부탁을 하면 한달에 2~3원 정도' 내주었다고 한다.[41] 나머지는 모두 강제저금을 하는 것이다.

"구술자 : 그러니 이제 월급은. 내가 거짓말 안 해요. 이 사람이 안 보내 주믄은 식구가 굶어 죽을 사람은 보내 줘.
　면담자 : 아, 직접 월급을요?
　구술자 : 월급을, 여기 내 월급도 있어. (*공탁금이 적힌 명부를 보며) 월급이 얼마냐면. 50원 52전. 그 때 돈 한 달에.

---

37) 독립기념관 소장 구술사료 (면담일자 : 2001년 10월, 면담자 : 정혜경, 면담장소 : 서울 암사동 자택).
38) 정혜경 소장 구술사료 (면담일자 : 2002년 7월 27일, 면담자 : 정혜경, 면담장소 : 전주 체육관).
39) 독립기념관 소장 구술사료 (면담일자 : 2001년 10월, 면담자 : 정혜경, 면담장소 : 서울 암사동 자택).
40) 태평양전쟁피해자보상추진협의회 편, 『신일본제철 오사카 소송 재판기록』, 971쪽.
41) 앞의 주.

면담자 : 한 달 에요? 예, 그러니까 약속은 이렇게 해 놓고 주진 않았어요?

구술자 : 그렇지. 그런데 왜 이걸 안 보내주면 식구가 죽을 사람은 보내주는데. 나 같은 사람은 뭐 객지로 돌아다니고 그러니까 저금을 한꺼번에 해서 준다 이거야. 너희들 그 독신자가 돈 주면, 다 써 버리고 부랑자가 된다 말이지. 에에, 그래서 이제. 그러면 이제 월급날이 되잖아. 월급날 딱 되면 그 이튿날 이제 통장을 가져 와.

면담자 : 아, 통장을 줘요?

구술자 : 우리들 통장을 갖다 봬.

면담자 : 들어갔다구요.

구술자 : (*돈이) 들어갔다. 그러구서 이제 그 이렇게 寮(*기숙사) 가운데 정문이야. 가운데가 정문인데 떡 들어가면은 그 료 사각 앞에다가 말이야. 이렇게 벼랑박(*담) 여기다 벼랑박 여기에다 누구누구 이름을 전부 써. 백명, 그 아무개는 얼마, 아무개는 얼마. 이제 파란 줄, 빨간 줄로 해 가지고. 그 이제 보면 그 올라가는 재미도 보고…."[42] (A노인)

이러한 경우는 B노인도 마찬가지였다. 월급을 지불하지 않기 위해 여러 이유를 댔는데, "일본에서는 그 용돈을 갖다 쪼끔 주는 것도 지놈들 뭐 이거 생색내득키 냈다고요. 그 용돈을 주면은 틀림없이 도망간다. 그 거시기가 있을 게 아니여? (면담자 : 아, 월급을 주면 도망간다) 돈을 본인이 가지고 있으년 도망간다. 혼자 마 이. 그리고 마, 히프게 쓴다느니 이런 것도 있고. 뭐 이 그런 저껀 뭐 여러 가지 거시기를. 뭐 이 단서를 붙여 가지고 그 안 줬지요. 또."[43] 통장과 도장은 늘 사감이 관리하고 있었고, 소액의 용돈도 일본에 도착한 이후 2~3개월이 지나서야 가능했다.[44]

C노인의 경우도 월급은 "저가 줄란 놈(*주고 싶은 사람)은 다 주었"으나 지금의 시세로 하면, 1만 원에 해당하는 돈이었다고 한다. 이 돈으로 신발과 양말도 사 신어야 했는데, 하루 외출로 다 사용할 정도의 금액이었다고 기억을 한다.[45] C노인의 기억을 조합해 보면, 앞의 두 노인의 경우와 마찬가지로 매월 약간의 용돈 정도를 받는 데 그친 것으로 판단할 수 있다.

---

42) 독립기념관 소장 구술사료 (면담일자 : 2001년 10월, 면담자 : 정혜경, 면담장소 : 서울 암사동 자택).

43) 독립기념관 소장 구술사료 (면담일자 : 2001년 10월 24일, 면담자 : 정혜경, 면담장소 : 서울 신천동 자택).

44) 태평양전쟁피해자보상추진협의회 편, 『신일본제철 오사카 소송 재판기록』, 965쪽.

또한 현장에서 조선인에 대한 폭행은 늘 볼 수 있는 상황이었고, 통제도 심했다. 외출도 처음 6개월간은 외출이 금지되어 있었고, 그 이후에도 1개월에 1회 정도였다.[46] "그 단체로 인자 이. 강제로 외출도 그때는 혼자는 안 보냈어요. 단체로 하고 뭐 적어도 몇 명 말입니다. 끼워서"[47] 해야 했다.

"그리고 인제 배가 고프니께 식당 뛰어 올라가지고 말이여. 뛰어올라 가가지고 몰래 밥을 훔쳐 먹는 사람. 만약에 어디로 깊이 도망 갈라고 하는 사람, 이런 사람들은 붙잡아다가 고만 방맹이로 두드려. (면담자 : 아, 그래요) *죽기 전까지 자유는 없지.(*:인용자) 자유는 없어. 자유는 없어. 그러니까 내가 못 살고 들어 왔다는기여. 그렇게 하고, 그렇게 하고 왔는데."[48] (A노인)

C노인은 하루 2교대 근무를 했으므로 1일 노동시간은 12시간이 넘는 긴 시간이었는데, 제철소 내에서 일을 하다가 일을 마치고 함바(*飯場, 노무자 합숙소)로 돌아갈 때에는 궤도차를 타고 다닐 정도로 넓었다고 기억한다.[49]

세 노인은 공습의 피해로 조선인들이 죽어나가는 모습을 보면서 전쟁의 참화를 절실히 느꼈다.

"구술자 : 일본은 원래 습기가 많은 데라, 많애서 목조집이 많아요. 목조. 목조집이라는 게 미군 정찰기 다 오고 탁탁! 다 이렇게 목조집이니까. 거 소이탄이라는 것은 공중에서 내려오면 도라무깡(드럼통)만한 게 하나가 내려오다 중간에 확 퍼집니다. 그 수십 개가 그 녹각탄이 이만큼 긴 녹각탄이, 이것이 확! 새카맣게 따 들어. 그러니까 불이 안 날 텍이 있어? 저 불덩인데 저게 불인데, 소이탄이니까이. 그런데 大阪을 싹 씰어 버렸어. 그냥 막. 이 쪽에 저 끝도 안 보이도록 훤해 버렸어. 마 훤해 버렸어. 그렇게 넓은 너무 간 디가. 가운데서 보면 보이지도 않는 그 大阪이거든. 훤해 버렸어요 그만. 사람 많이 죽었지요 뭐. 방공호에 들어가서 새까맣게 타져 가지고 죽고. 어찌구 막. 뛰고 막 막 그런데 우리 일행 중에는 딱 한 사람. 에 뭐 유대근이라고 있지. 야라무라 타이꼰, 유대근이라는 사람이 거 이. 뭐 이 연락병을 했는데. 공장하고 인자 숙소하고.

---

45) 정혜경 소장 구술사료 (면담일자 : 2002년 7월 27일, 면담자 : 정혜경, 면담장소 : 전주 체육관).
46) 태평양전쟁피해자보상추진협의회 편, 『신일본제철 오사카 소송 재판기록』, 971쪽.
47) 독립기념관 소장 구술사료 (면담일자 : 2001년 10월 24일, 면담자 : 정혜경, 면담장소 : 서울 신천동 자택).
48) 독립기념관 소장 구술사료 (면담일자 : 2001년 10월, 면담자 : 정혜경, 면담장소 : 서울 암사동 자택).
49) 정혜경 소장 구술사료 (면담일자 : 2002년 7월 27일, 면담자 : 정혜경, 면담장소 : 전주 체육관).

연락을 하다가 어찌게 소이탄에 맞아 가지고 다리 붙어 버렸어. 그러니 내가 알아 가지고 그냥 연락을 해 가지고 이제 병원으로 데려 갔는데 치료도 뭐 안 되는 거요. 그거 잘라 버렸어요. 잘라 버렸어. 그건 뭐. 그 당시엔 약도 없지. 넉넉지도 못하고 그러니까 마. 상당히 뭐 이 마취제를 하지 않아서 뭐 그런 것 같애요. 소리도 크게 나고 뭐 우는 소리도 나고 그러더니 결국 수술하다가 그냥 아침에 죽어 버렸는데….
　면담자 : 아, 수술하다가 돌아가신 거에요?
　구술자 : 네, 죽어 버렸어요."[50] (B노인)

이때 사망한 유대근에 대해서는 두 노인이 모두 동일한 내용을 구술하고 있다. 공습의 피해는 C노인이 근무하던 야하타 제철소에서도 동일했다.

"구술자 : 소이탠이라구. 막 비 오듯 했어.
　면담자 : 어, 비 오듯이요?
　구술자 : 그놈 맞으면 卽死혀. 아, 비 오득기 했은게 내 지금 뒤에다 막 쏟는데 아이구(*진저리를 치며).
　면담자 : 공장에서요?
　구술자 : 도망가는데. 살을라구. 그나저나 저 미국, 미국이라는 나라는 건들들 못혀. 저 이렇게 비향기 들어오는디. 비향기 들어오는데두 내가 다 봤네. 첫 번에는 네 대가 떠서 와. 저 실구서. 그쪽 실구서. 네 내가 오고 그 뒤에는 여덟 대. 또 그 뒤에는 열여섯 대.
　면담자 : 열여섯 대, 엄청 많이 오는 거네요.
　구술자 : 그 막 그냥 하늘을 덮어서 와. 그래 공장에다 공장 거길루만 막 쏟아냉겨. 그걸 보구 다 봤네.
　(중략)
　구술자 : 그러구 저러구 일본 놈들 몽땅 죽었어. 어떻게 해서 죽었는고 허니, 저 산에다 굴 판 눔을 굴 판 데가 불 나가지구서 막 쪄져 버렸어. 그 많은 사람이, 아 메칠을 그냥 그 송장을 파냈다구."[51] (C노인)

이렇게 계속되는 공습으로 제철소 가동이 어렵게 되자 A노인과 B노인은 청진제철소로 疏開된다. 이 가운데 1944년 2월경, A와 B노인은 모집에서 국민징용으로 전환된다. 국민징용으로 전환됨에 따라 복장에도 변화가 있어서, 빨간색 작업복에 파란색 천으로 징용자임을 표시했다. A노인은 징용으

---

50) 독립기념관 소장 구술사료 (면담일자 : 2001년 10월 24일, 면담자 : 정혜경, 면담장소 : 서울 신천동 자택).
51) 정혜경 소장 구술사료 (면담일자 : 2002년 7월 27일, 면담자 : 정혜경, 면담장소 : 전주 체육관).

로 전환될 때, 일본인 기숙사 사감으로부터 "너희 몸은 더 이상 너의 것이 아니니까 자유는 없다"라는 말을 들었다.[52] B노인은 오사카에 근무 도중에 징병대상자로 결정되어 공군정비사로 결정된다. 구두로 '징병을 통보받았'고, 징병검사를 기다리는 신세가 되었다.[53] 그때 떠도는 소문으로는 그대로 간다면, 6개월 만에 전선으로 떠나야 하는데, 다행히 오사카제철소의 인력이 모두 청진제철소로 이동을 하면서, 전선행을 피하게 되었다.[54] C노인은 공습이 격화되자 제철소 가동이 중단되었으나 인근지역에 원자탄이 떨어지면서, 그 후유증으로 15일간 식사도 하지 못하고 "피똥을 쌀" 정도로 고생을 하다가 해방을 맞이했다.[55]

일본에서 생활을 하면서, 외출을 할 때 간간히 시내구경도 하고, 심지어 나라(奈良)에 있는 사슴공원에 구경도 갔건만, 일본인에 대한 인식은 문명국민과는 일정한 거리가 있어 보였다. B노인이 표현하는 일본인은 "그 사람들 잘아요(*작아요). 아이구, 그 놈들 아주 야만진(*야만인)"이었다. 본래 야만인이었는데, "에, 우리 갈 때만 해도 어떻게 해서 외국문화를 갖다가 빨리 마거시기를 습득해서" 나아진 것처럼 보여도, 실제로는 여전히 "우리 갈 때만도 촌에는 남녀 공동 목욕"을 하고, "직장에서 봐도, 이를 막 입으로 막 씹어요. (중략) 그런데 이가 그 서까래를, 어이 그 새끼친 게, 허예서! 입안에 똑! 똑! 똑! 씹어요. 그거 자기 피를 빨아먹으니 나쁘다고"[56] 하는 그런 야만 상태였다고 표현했다.

비록 조선인을 데려다 완력으로 일을 시키고 폭력을 행사하지만, 일본인의 실제 모습은 '작고, 더럽고, 인륜을 모르는' 그런 '족속'이라는 인식은 다른 강제연행 경험자나 재일조선인들에게도 간혹 들을 수 있었다. 중학생 시절을 군마(郡馬)현에서 보낸 K노인(여)은 '겉으로는 늘 깨끗한 척 하는 일본 사람들'이 결코 깔끔한 생활을 하지 않았음을, 2층 베란다에서 본 "옆집 아낙이 한 번도 솥을 씻지 않고 물로 행구어내기만 한 후 매일 계속 같은 솥에 밥을

<hr>

52) 태평양전쟁피해자보상추진협의회 편, 『신일본제철 오사카 소송 재판기록』, 972쪽.
53) 태평양전쟁피해자보상추진협의회 편, 『신일본제철 오사카 소송 재판기록』, 965쪽.
54) 독립기념관 소장 구술사료 (면담일자 : 2001년 10월 24일, 면담자 : 정혜경, 면담장소 : 서울 신천동 자택).
55) 정혜경 소장 구술사료 (면담일자 : 2002년 7월 27일, 면담자 : 정혜경, 면담장소 : 전주 체육관).
56) 독립기념관 소장 구술사료 (면담일자 : 2001년 10월 24일, 면담자 : 정혜경, 면담장소 : 서울 신천동 자택).

하는 모습"에서, 야만스러운 모습은 '사촌형제 끼리 결혼'을 하거나 '남녀공용중학교 기숙사에서 교사와 남녀학생이 같은 목욕탕에서 목욕을 하던 모습'에서 각각 제시했다.

이와 달리 일본 주민에 대한 평가가 매우 높은 경우도 있다. '약속을 잘 지키고, 거짓말을 하지 않는' 사람들이라는 평가가 그것이다. 이와 같이 강제연행 경험자들에게 일본인들에 대한 평가가 극단적으로 나오는 것은 자신이 경험한 틀에서 벗어나지 못하는 원인이 가장 클 것이다. 또한 일본 당국이 표방하는 문화생활이 실제 지방에 까지 정착되지 않은 면도 있다. 그러나 한편으로는, 문화적 차이를 이해하지 못하는 점도 있을 수 있다. 그 결과 지배를 받는 입장에서 일본에 대해 갖는 평가의 정도는 결코 높을 수 없었다. '비록 지금은 너희가 우리를 이렇게 짓밟아도, 너희는 작고, 더럽고, 야만스러운 족속'이라는 평가, '늘 조선인은 더럽고, 일본인은 깨끗하다고 강조를 하지만, 실제로는 조선인보다 더욱 더러운 것이 일본인'이라는 평가를 통한 위안의 방식이 아니었을까.

3. 돌아온 이후

1) 도둑처럼 찾아온 해방, 그리고 귀향

세 노인들에게도 해방은 찾아왔다. 청진에 疏開된 두 노인이 힘든 귀환과정을 거친 데 비해 C노인은 비교적 편한 귀환과정을 거친다. C노인은 전쟁이 끝나고 인솔자의 안내 아래 "그냥 메칠이 지난 후 배루 실어다 줘서" 부산에 도착을 했기 때문이다. 이에 비해 A와 B노인은 역경의 귀환과정을 거치게 된다.

"구술자 : 8·15해방 전인디, 8월 12일이나 그쯤 됐을게요. 그날 밤에 마. 이 그 부두에 거, 복판 청진 앞 바다에서 무지무지 큰 폭음이 났어요. 났고 그 뭐 어느 놈하고 어디 그런가 보다 하고 하면서 그냥 회사에 들어 가 있다가 배들이 배 한 채가 거 일본서 마 거 철제니 이런 거 싣고 오다가 지뢰에 맞아 가지고. 부두에다 떴다 매 놨대요.
면담자 : 機雷를 맞아서요?
구술자 : 예, 근데. 그러고 좀 있다가 막 비행기가 댕기고 지금 소련군이 상륙한

다고 막 일본 헌병들이 막 거리, 거리 서서 빨리 도망가라고, 아 마 이 소리치고 야단이데요. 그래 가지고설랑은 집에 와서 보니까 그때 寮(*숙소)가, 사택으로 진 집에 우리들이 일행들이 들어가서 한, 하나에, 한 방에 한 5명씩인가 한집에. 들어가니까, 하니까 벌써 일행들이 다 갔어요. 무산으로 오라고 이제 쪽지만 써놓고, 쌀 쪼금 있는 거 놓고 갈테, 그 쌀 가지고 오라 이제 그. 그래서 이제 가니까 막 헌병들이 막 빨리 빨리 이제 이 도망가라고 막 소리치고 야단이야. 그래 무산으로 가 가지고. 마 세밀한 안에 얘기는 못하겠습니다이. 무산으로 가 가지고 설랑은 차에 탈라니까, 일본 놈들이 전부 차에 꽉 차가지고설랑은 아이 못 타게 해요. 그래 어디 탈 데가 있어야지. 그놈 차를 타야만 사는데. 그때 인제 뭐 기관, 기관차 거, 거 무슨 뭐 우게(*위에) 올라 탔어요. 우게 올라 바로 고 연통말이. 그저 옛날엔 석탄 때 놓니까. 그거 타고 설랑은 나오는데 하여튼 거기서를. 그 무산이라고 순 산골짝이거든요. 무지무지 해발이 높습니다. 그것이 길주로 이제 이렇게 내려올라면, 또가리처럼 이게 이제 산을 빙빙 돌아서 내려옵니다. 그래 그 내려오는 도중에 턴넬은, 굴은 무지무지 많애요. 아! 굴 속에 들어갈 때는 천장에서. 어이 주먹 같은 석탄이 그냥 불똥이 돼, 대가리에 떨어지고. (면담자 : 하하) 어어, 거 밑에로 떨어져 떨어지면 죽고 말입니다이. 굴속인데. 그걸 타고 나오면 머리가 홀짝 다 타져 버렸어. 그런 고생을 해 가면서는 서울 오니까 8.15 해방이 됐다 이거야."[57] (B노인)

소련군의 평양 진입이 시작되자 제철소 측은 조선인 노무자들에게 개별적으로 몸을 숨길 것을 지시한다. B노인은 무산으로 가서 기관차 위에 타고 오다가 머리카락이 홀랑 타는 고생을 하면서 서울에 도착을 했다.

같은 작업장에 있던 A노인도 "정처 없이 뭐 보따리 있는 거 싸 가지고 말이야 산으로 전부 산으로 기어들어" 갔다가 함경북도 무산에서 백암과 성진을 거쳐, 서울에 도착한다. 기관차를 타고 온 B노인과 달리 A노인은 성진에서 서울까지 걸어와야 했다.

"구술자 : 강을 건너, 건너. 이제 보따리도 다 떠내려가 버렸어.
　면담자 : 예, 홀몸이시네요.
　구술자 : 막 그냥 얼마나 비가 퍼붓던지 그해에 말이여. 8.15 해방에는. 그 에 제
　　거시기. 현찰을 가지고 오다 떠내려 가버렸지. 표적될 거. 이제 그 사진
　　같은 거도 전부 다 떠내려 가 버리구. 그런 세월을 겪어 가지고 어떡

해."[58] (A노인)

그 과정에서 일본 군인으로 오인을 받아 소련 군인에게 연행될 위험에 처하기도 했고, 강을 건너다 보따리를 잃는 등 논산으로 돌아갈 때까지 "눈물을 쏟는" 어려움은 계속되었다.

> "구술자 : 성진 가서 딱 내려 가지구서 보니까 성진에 폭격을 했어. 막 폭격을 해서 집들이 막 그냥 지붕이 절단나고 부서지고 그랬는데, 한 집에 가보니께 괜찮아. 안 부서진 집이 있더라구. 거기 마을에라도 좀 가서. 저녁이 다 되니까 자야 되지 않겠어. 그래 한 집에 들어가니까 그래 어떤 할머니가 이제 마루에 앉았어. 그래서 우리 아들도 군인 가고, 모집 가고 그랬는디, 살았나 죽었나 모르겠다구 걱정을 하고 있더라구. 뭐 그때 나이 한 육십도 넘었겠는데. 아, 그런데 로스케 놈들이 두 놈 들어 와. 군인이 들어 와 가지고. 너 가자 이거야.
> 면담자 : 어디로 가요?
> 구술자 : 너 군인이니까. 나 더러. 그래. 아니라구 나 아니라구 말이야. 해야 뭐 군인들이. 그 할머니가 나서 가지고 날 그렇게 안으면서 내 아들이라고 말이지. 그러니까 그때, 가더라구. 그 할머니 덕에 살았어요. 그래서 그 집에서 하루 저녁을 잤지."[59] (A노인)

2) 세 노인의 세 가지 삶

해방 이후 이들은 각기 다른 세 가지 삶을 살게 된다. A노인은 다시 시작된 작은집 머슴 생활과 결혼 이후에도 계속되는 부부의 삯일, 보따리 장사, 그리고 서울로 올라와서는 공장생활을 하면서 자녀를 양육하게 된다. 그에 비해 B노인은 고향에 내려갔다가 다시 서울에 올라와 미군부대에서 일을 하다가 경비대에 자원해서 들어가서 군인으로 생활을 했다. C노인은 고향으로 돌아와 농사일을 하면서 생활을 했다.

이들은 비록 동일한 시기에 거의 동일한 경험을 했으나 이러한 세 가지 삶은 이들이 팔순 노인이 된 현재, 필자에게 전혀 다른 인상과 성향의 노인의 모습을 보여주고 있다.

---

58) 독립기념관 소장 구술사료 (면담일자 : 2001년 10월, 면담자 : 정혜경, 면담장소 : 서울 암사동 자택)
59) 앞의 주.

A노인은 현재 가내수공업과 자녀들의 보조금에 의해 생활하고 있다. 비록 작은 집이지만 자신의 집을 가지고 있었고, 건강상으로도 문제가 없었다. 그러나 중학교 시절에 교내 폭력을 당해 정신박약 상태가 된 외아들의 뒷바라지를 해야 하고, 출가한 딸들이 제공하는 생활비에 의존해야 하므로 경제적으로 넉넉하다고 볼 수는 없다. 초등학교만 졸업하고, 이미 자신들의 가정을 꾸려나가는 딸들에게 많은 수입을 기대하기란 어려웠기 때문이다.

A노인은 학력이 높지 않으나 지식에 대한 과시욕을 비롯해서 유난히 나서기를 좋아하는 인물이다. 구술수집작업을 진행할 동안에도 가능하면 文字를 사용하고 싶어 하고, 문어체를 사용하는 경우가 많았으며, 다른 생존자와 달리 일본제철에서 막일을 하지 않았다는 점에서 자부심을 가지고 있었다. 같이 간 B노인은 시험에 떨어져서 석탄을 때는 '막일'을 하였지만, 자신은 시험에 통과를 하였으므로 '기술 일'을 했다는 자부심이다. 그래서 집회에서도 B노인과 일정한 거리를 두고 싶어했고, 일본인 지원자들에게 늘 자신의 '기술' 경험을 강조하곤 했다. 노인은 각종 집회에서도 앞에 나서거나 마이크를 잡으려 하고, 일본인만 보면 달려가 일본어로 대화를 시도하는 등 늘 두드러진 모습이었다. 자신이 두각을 나타내지 못하게 되면 격렬하게 달려들거나 욕설을 퍼부어대고, 경험자가 아닌 사람들에게서 정신적인 보상을 받으려 했다. 그것은 언론의 인터뷰나 방송 화면에 모습을 담는 일이기도 했다. 같은 아픔을 가진 경험자들과 섞이고 싶어 하지 않고, 피해자 노인들 사이에서 소외를 당하고 있었는데, 이에 대해 적극적인 방법으로 자기만족을 찾고자 한 셈이다.

그러나 필자가 구술사료조사작업을 통해 경험한 것은 타인에게 괴팍한 모습을 보이던 A노인이 가족들에게 유난히 자상하다는 점이다. 특히 아내에게 각별한 존경심을 나타냈다. 자신을 가난으로부터 벗어나게 한 것은 바로 아내라는 점을 강조했다. 가족에 대한 의존도가 강한 반면에 사회에 대한 관심이나 인식은 낮은 편이다. 미불금에 대한 재판이 진행 중이며 자신이 原告 대표이면서도 구술사료수집작업 과정에서는 재판 이야기나 전후보상에 대한 이야기보다 '존경하는' 아내와 '자랑스러운' 딸들, '자상한 권사님'에 대해 이야기하길 좋아했다. 그가 이런 모습을 보이는 것은 타인과의 원활하지 못한 관계와 함께 가족과 교회라는 도피처가 영향을 미친 것으로 보인다.

　일반적으로 생존자들이 보여주는 일제시기에 대한 고통스러운 기억이나 일본에 대한 적대감은 그다지 비중 있게 나타나지 않았다.[60] 그 이유는 일제시기에 제철회사에서 겪은 고통보다는 이전과 이후의 고통이 노인에게 더욱 크게 다가왔기 때문으로 추정된다. 또한 자신이 이루려던, '공부를 많이 하고 기술을 익히려는' 삶의 목표를 이루지 못한 데 대한 願望이 여전히 강하게 남아 있다는 점도 들 수 있다. A노인의 이러한 소망과 미련은 적극적인 삶의 모습이나 지나친 과시욕으로 나타나고 있다.

　그에 비해 B노인은 늘 A노인에게 양보하는 모습, 비교적 정신적으로 여유 있는 모습을 보였다. 구술사료수집과정에서도 "그 내용은 A노인이 잘 안다."며, 상세한 내용은 A노인에게 듣도록 하고, 자신은 노동현장에서 겪은 경험보다는 일본과 한국사회 및 한국정부에 대한 인식에 비중을 둔 구술을 했다. 비록 석탄을 때는 험한 일을 했지만 미리 도일을 한 조선북부지역 출신의 여성을 애인으로 두고 연애를 할 정도로 어려운 시절에도 나름의 인생을 즐겼다. A노인과 같은 작업장에서 근무를 했지만, 일본인으로부터 받은 폭력이나 학대에 대해서도 '뼈아픈 고통'이라기보다는 '다 같이 겪는 일'로서 비교적 관조직으로 표현했다.

　경제적으로 볼 때, B노인이 A노인보다 결코 나은 상황이라고는 볼 수 없다. 다만 재건축을 앞둔 석촌구 소재 소형 아파트에 거주하던 B노인은 비록 유복한 생활은 아니지만 아들과 동거를 함으로써 A노인처럼 직접 가내수공업과 같은 생산현장에 나서지 않고도, 생활할 수 있었다는 점이 다른 점이다. 또한 A노인에 비해 정규학교를 나왔으므로 학력이 높다고 할 수 있으나 집회에서 개인행동을 하지 않고, 늘 여러 사람 속에 파묻혀서 행동을 했다. 공개발언의 기회가 주어져도 발언을 한 적이 없었다.

　A노인과 B노인의 차이는 성장기 경제적 상황과 관련성이 있어 보인다. 어린 나이에 부모와 떨어져 작은 집에서 더부살이를 했던 A노인에 비해, 광산주 아버지를 둔 덕택에 학교를 다니며 여유 있는 유년시절을 보낸 B노인은 상대적으로 정신적인 안정감이 클 수밖에 없었다. 그러므로 비슷한 경험에 대한 스스로의 평가나 표현이 상이하게 나타날 수 있었고, 사회성 또한 차이

---

60) 그럼에도 대중집회에서는 분통을 터트리며 일본정부와 기업에게 보상을 요구하곤 한다.

를 보이는 것이다.

이에 비해 C노인은 세 노인 가운데 가장 고령자였고, 육체적인 상태도 매우 취약해 보였으나 얼굴 가득히 미소를 머금은 편안한 모습을 보여주었다. 노인은 귀향 이후에도 큰 변화 없이 그야말로 평범한 농민으로서 생활을 했다. 비록 유년시기에 혹독한 가난을 경험했지만 구장의 '배려'로 남보다 편안한 일제 말기를 보낼 수 있었고, 무토지 농민이었으나 성실히 일을 하여 자기 땅을 마련하면서 그럭저럭 생활을 할 수 있었다. 그러므로 사회에 대한 인식도 그리 비판적이지 않았다. 과거 자신의 경험에 대해서도 '다 그럴 수 있었던 일' '부자가 아니면, 누구나 겪는 일'이었고, 자신의 삶은 '비교적 잘 살아온 삶'이라 자평할 수 있었다. 자신도 일본제철의 피해자였으나 소송이나 재판에 별 관심이 없었고, 보상 문제에 대해서도 전혀 언급하지 않았다.

C노인의 이러한 인식은 첫째 자신의 경험에 대한 평가가 제한될 수 있었다는 점(다른 사람에 비해 짧은 기간동안 강제노동을 치루었다는 점, 자신의 경험이 권리를 주장할 수 있는 일이라는 인식이 미흡, 농촌생활로 인해 정보가 어두운 점), 둘째, 열심히 살아온 삶에 대한 만족감이 배경이 되었다고 생각한다. 가난하고, 돌보아야 할 식솔이 있다는 점으로 인해 1944년에야 강제연행을 당한 것은 미비하나마 공동체의 보호막이 있었음을 의미할 것이다. 또한 가난하게 태어나서 학교 문턱에도 가보지 못했으나 열심히 일을 해서 생활터전을 마련할 수 있었다. 노인이 되어서도 자식들에게 손 내밀지 않고, 도리어 손자들에게 용돈을 줄 수 있는 현실은, 성실함에 대해 사회로부터 인정을 받은 것이다. 그러므로 C노인은 사회에 대해 기본적인 신뢰를 갖고 있었다.

또한 남보다 비교적 '많게', 일제 말기의 그 어려운 시절을 보냈으므로 보상 요구나 소송의 필요성은 느끼지 못했다. 그런 것은 '고생한 사람'들이나 하는 일로 여겨진 것이다. 이러한 인식은 서울의 피해자단체에서 활동을 하며 자신의 권리에 대해 눈 뜨게 된 A, B노인과 달리, 농촌지역에서 정보에 어두운 점도 큰 몫을 한다.

수년간 현지조사를 실시한 나의 경험으로 볼 때, 지방의 경험자들은 서울이나 대도시 경험자들에 비해 권리에 대한 인식이 약한 편이다. 자신의 경험이 매우 혹독하다 해도, '어떻게 해도 안 되는 일' '보상받는다고 다니다가 괜히 돈만 날리는 일'이라는 인식이 강하게 남아 있다. 더구나 수십년간 계속되는 보상을 미끼로 한 사기사건의 대상지역이 주로 농촌지역이라는 점을 볼 때, 해방된지 60년이 넘도록 아무 일도 해결이 되지 않는 상황 속에서, 이들이 자신의 권리 찾기에 대한 무관심이 심해지는 것은 당연한 일이기도 하다. 이에 비해 서울이나 대도시의 경험자들은 비록 권리 찾기가 어려운 일이지만 다양한 방법으로 권리 찾기를 해야 한다는 인식을 강하게 갖고 있었다.[61] 피해자단체가 제공하는 정보와 언론보도, 각종 대중 집회 참석,[62] 권리 찾기에 대한 지원가들의 의식 고취 및 독려, 일본인 지원가들의 활동 등을 통해 일정한 인식이 가능하기 때문이다.

그러나 C노인과 같이 농촌지역에서 생업에 종사하느라 세상소식을 모르고 살았던 경우는 자신의 경험을 사회화하는 데 어려움이 더욱 컸다. 그러므로 인생의 황혼기를 맞은 C노인은 소송이나 보상보다는 여전히 농토를 지키고, 손자들에게 용돈 주는 재미에 이끌리는 것이다.

4. 맺음말

일본제철에 다녀온 세 노인은 비슷한 경험을 하였으나 자신의 경험에 대한 인식이나 사회에 대한 인식은 각기 달랐다. 그렇다면, 일본제철에 다녀온 경험이 이들의 삶에 미친 영향은 어떠한가. 이들의 삶에서 '일본제철에 끌려간 경험'은 어떤 의미를 갖는가.

일본제철은 일제 말기에 대표적인 군수기업으로서 1만여 명의 조선인을 강제로 동원한 기업이다. 일본제철은 신문의 모집광고나 벽보를 통한 자발성을 가장한 모집과 국민징용의 방법으로 조선인을 동원했고, 동원 기간 중에 계약기간을 지키지 않았으며, 임금도 지불하지 않고 강제우편저금의 형

---

61) 2004년 7월 28일 광주에서 열린 공청회(전쟁피해자와 함께 하는 이라크파병반대 전국도보행진단 주최)에 참석한 어느 노인은 미국 군수업체와 부시 가문의 유착관계를 설명하면서, 국제관계 속에서 강제연행피해자문제가 갖는 사회적 함의 및 반전의 필요성에 대해 상세히 언급할 정도였다. 이 노인은 목포에 거주하고 있지만, 태평양전쟁희생자광주유족회가 서울과 광주 등지에서 주관하는 각종 행사에 참가하는 열성을 보이는 노인이다.
62) 대중 집회는 강제연행 경험자들의 경험을 사회적으로 공유하고, 다양하게 인식하며, 강제연행 피해자로서 아이덴티티 확립에 도움이 된다. 대중 집회에서 사회 명사들의 연설과 구호 합창, 경찰과의 몸싸움을 통해, 자신의 경험을 사회화하고, 사회에 대한 인식을 넓혀나가며 자신의 역할을 행사 주최측의 방향성과 일치시켜 나가게 된다.

식으로 공제했으며, 해방 이후에도 미불임금문제를 해결하지 않았고, 소송
과정에서도 강제연행·강제노동 사실 자체를 인정하거나 사과하지 않았다.
즉 한일 간 과거청산은 여전히 이루어지지 않은 것이다.

이러한 일본제철에 동원되어 강제로 노동력을 제공해야 했던 조선인 가운
데 구술사료수집작업을 한 세 노인은 해방 이후 각기 다른 삶의 모습을 보여
주었다. 어려운 생활 속에서 적극적으로 삶을 개척하고자 했던 A노인은 해
방 이후에도 경제적 삶의 내용이 좋아지지 않았다. 기술을 배우고, 공부를
해서 삶의 질곡에서 벗어나고자 응모했던 A노인은 일본제철에서 기중기 운
전수로 일을 하는 데 그쳤고, 이후에도 막일에서 벗어나지 못했으므로, 자신
이 꿈꾸던 삶을 이룰 수 없었다. 미불임금으로 인해 경제적인 보상도 충족되
지 않았다. 그러므로 A노인의 삶은 여전히 전투의 한 복판에 놓여 있다. 개
인적으로는 종교의 힘에 의지하여 평안을 유지할 수 있으나 피해자들 사이
에서는 불안 불안한 모습으로 일관하고 있다. A노인에게 미불임금의 지불
과 보상은 경제적인 현재의 어려움을 보충할 수 있는 중요한 문제이자 자신
이 이루지 못한 꿈에 대한 정신적 보상의 의미를 갖기도 한다.

A노인과 같이 기술을 배운다는 점에 혹해서 일본제철에 응모했던 B노인
은 '석탄 때는 일'을 맡으면서 기술을 배우지 못했고, 해방 이후 군인이 되
었으나 유복한 생활을 영위하지 못했다. 그러나 A노인과 같이 막노동과 같
은 험한 일을 하면서 살지도 않았다. 자신의 학력과 경험에 맞는 '적절한
일'을 하면서 살아온 것이다. 또한 노년이 되어서 피해자단체에서 활동하
며, 자신과 같은 강제연행 경험자들의 다양한 피해의 모습을 보고, 자신의
경험을 사회화할 수 있게 되었다. 즉 자신만이 경험한 일이 아니며, 자신보
다 더욱 어려운 일을 경험한 사람들이 많다는 점을 인식하게 된 것이다. B노
인도 받아야 할 미불임금이 있었고, 보상의 필요성에 대해서는 공감하고 있
으므로 소송의 原告로 참여를 했고, 한일 간 과거청산의 걸림돌인 한일협정
문서 공개를 위한 소송의 원고대표가 되기도 했다. 그러나 B노인은 과거청
산문제가 원통함만으로 해결되지 않는다는 점을 알고 있기에 사회적인 노력
에 귀를 기울이고, 동료들에게 협조를 하는 것이다.

이에 비해 C노인은 성실함을 무기로 어려운 시기에도 무난한 삶을 살 수
있었다. 농촌의 하층 노동자로서 권력이나 재력은 없었으나 강제연행의 피

해를 비교적 짧은 시기로 그칠 수 있었고, 이후에도 평탄한 삶을 살 수 있었다. 연행되어 강제노동에 종사한 기간이 짧았기에 시간적으로나 경제적으로 남들에 비해 허튼 세월을 줄일 수 있었다. 농촌에서 산 까닭에 세상물정에 밝지 못했고, 강제연행의 피해를 보상받는 길이 자신의 권리라고 생각하지도 못했다. 그러므로 과거청산이나 보상, 소송 등에는 별로 관심이 없었다.

이를 통해 볼 때, 노인들의 세 가지 삶에서 일본제철에 강제로 끌려간 경험이 절대적인 비중을 차지한다고 보기는 어렵다. 그보다는 강제연행을 전후한 시기의 경험과 강제연행의 경험이 맞물리는 부분에서 삶의 모습은 차이를 보이는 것이라 생각할 수 있다.

그러나 이들에게 공통적으로 나타나는 점은 일본제철에서 보낸 세월이 '기술을 익히거나' '학교를 다니거나' '돈을 번' 시기가 아니었다는 점이다. 즉 청년기에 연행이 되어 자신의 향후 삶을 위한 준비를 전혀 할 수 없었다는 점이다. 요행히 연행기간이 짧았던 C노인을 제외한 두 노인은 귀향 이후에도 더 이상 기술을 익힐 수도, 공부를 할 수도 없었다. 2년간의 세월을 묻어버린 채 가상으로서 직업전선에 뛰어들어 그저 삶을 유지하는 데 급급해야 했다.

일제 말기에 강제연행으로 끌려가지 않은 모든 청년들이 자신의 미래를 위해 시간을 투자하고, 생활기반을 닦은 것은 아닐 것이다. 자신의 의지와 무관하게 자신을 위한 시간을 보내지 못하고, 자신의 장래를 위해 투자하지 못한 청년들도 있을 수 있다. 또한 일본제철에 끌려간 조선인들이, 같은 시기 다른 청년들의 삶보다 더 처절하고 고통스러운 삶을 살았다고 평가할 수는 없다. 그러나 끌려가지 않은 이에게는 강제로 끌려간 청년들이 겪었던 상실감은 찾기 어려울 것이다.

이 글에서는 일본제철에 다녀온 경험이 구술자 세 사람의 삶에 미친 영향의 구체적인 모습을 제시하지 못했다. 다만 '거짓에 속아서' '가지 않아도 되는데' 갔다는 사회적 상실감, 자신들이 택한 삶이 도리어 자신들을 속였다는 허탈감과 자괴심이 이후 이들의 삶에 어떤 방식으로든 영향을 주었을 것으로 유추할 뿐이다.[63]

---

63) 이 글은 『한국민족운동사연구』41(2004년)에 수록된 논문 「기억에서 역사로 : 일제 말기에 일본제철(주)에 끌려간 조선인노동자」를 수정 보완한 글이다.

3 국외 노무동원과 조선농업보국청년대

1. 머리말

일제 말기에 일본이 자행한 침략전쟁은 수많은 물자와 조선인의 노동력을 요구했다. 일본은 효율적인 물자조달과 인력동원을 위해 조선인에게 황민화정책과 인력통제·동원정책을 동시에 실시했다. 두 가지는 동전의 양면과 같이 연결되어 일본의 침략전쟁 수행을 뒷받침했다. 후방의 조선인들이 '銃後報國'의 역할을 충실히 수행하지 않는다면, 전선의 일본군은 안심할 수 없고, 조선인을 직접 전쟁인력으로 활용하기 위해서는 적절한 당근책이 필요했기 때문이다. 두 가지 정책의 동시 수행의 효율성을 높이기 위해시 '內鮮一體'로 대변되는 민족적 차별 철폐와 일본국민으로서 권리 부여라는 '당근책'이 사용되었다.

또한 식민지민을 장기간에 걸쳐서 전쟁에 동원하기 위해서는 일방적 강요를 넘어선 고도의 전략이 필요했다. 지속적인 교육과 통제를 통해 저항력을 무력화시키고, 자발성을 극대화하여 동원의 재생산 구조를 전 사회적으로 확립하는 방법이다. 구체적으로 징발 방법에서도 '인간사냥'의 강압적인 방법에 그치지 않고, 신문 모집광고나 벽보, '돈도 벌고 공부도 할 수 있는 좋은 직장'이라는 식의 기만적인 방식, '어차피 가야할 것인데 가능하면 좋은 조건을 선택하는 것이 좋다'는 등 자기 체념과 저항의 포기, 자발성을 유도하는 전략이 다양하게 사용되었다.

이보다 더한 고도의 기만술은 자신의 노동력이 어떻게 부당하게 사용되는지 인식하지 못하는 구조를 유지하는 것이다. 이를 위해 교육기관을 통한 황민화 교육과 농민훈련기관을 통한 중견인물양성책 등이 활용되었다. 앞으로 강제연행·강제노동의 송출관련 연구에서 구체적으로 연구되어야 하는 점은 바로 이러한 동원구조이다.

이 글은 일본의 농가에 파견되어 노동력을 제공했던 '조선농업보국청년대(이하 보국청년대)'의 실체를 통해 국외노무동원의 인식 정립에 다가서고자 하는 목적에서 작성한 글이다. 조선농업보국청년대는 조선총독부의 주관 아래 1940년 전후시기부터 1944년까지 총 3000여 명의 조선농촌청년들을 일본의 남단에서부터 북단에 이르기까지 총 24개현에 파견하여 일본농가에 노동력을 제공하도록 한 제도였다. 당국은 파견 당시 이들에게 '일본의 선진 영농법을 습득'하여 '조선에 적용함으로써 증산에 힘쓴다'는 명분을 내세웠지만, 실제로는 그러한 의도가 없었으므로 표명한 성과도 거두지 못했다. 이들은 일본 농가에서 노동력을 제공하는 데 그치지 않고, 심지어 토목건축노동현장에 까지 동원되어 무임금 노동력을 제공했고, 귀국한 이후에 다시 군인·군속·노무자로 연행되기도 했다.

보국청년대에 대해서는 박경식이 『조선인강제연행의 기록』에서 언급함으로써 그 존재를 소개했다. 그는 보국청년대를 "조선인은 농업생산에도 사용되었다. 젊은 조선인은 농업기술훈련의 목적으로 연행되었는데, 전쟁에 동원된 일본인 농가를 위해 일하는 조선인 총후보국단으로서 연행되었다."고 기술하여 보국청년대의 성격을 전쟁에 동원된 강제연행의 일환으로 파악하였다.[1] 이러한 인식은 박경식에 그치는 것이 아니어서 히구치 유이치도 보국청년대를 '내선일체라는 미명 아래 실시된 조선농민에 대한 억압의 한 형태'로 파악하고, 그 역할을 '일본농촌의 노동력 부족해소의 극히 일부'로 한정하면서 보국청년대를 '단기 강제연행'이라고 규정했다.[2] 경제사적 측면에서는 농산물증산정책과 관련지어 파악하기도 하고, 일부 지역사 연구에서도 언급되기도 했으나 소개에 그칠 정도여서 본격적인 연구로 이어지지는 못했다.[3]

이에 대한 본격적인 연구는 이 논문의 모태가 되는 정혜경(2002년)과 吉澤佳世子의 논문(2003년)이다.[4] 2002년의 논문이 보국청년대를 강제연행·강

---

1) 朴慶植, 『朝鮮人强制連行の記錄』, 未來社, 1965, 61쪽.
2) 樋口雄一, 『戰時下朝鮮の農民生活誌』, 社會評論社, 1998, 245쪽.
3) 内藤正中의 연구서(『日本海地域の在日朝鮮人 - 在日朝鮮人の地域研究』, 多賀出版, 1989, 98쪽)와 조선인강제연행진상조사단이 펴낸 『朝鮮人强制連行調査の記錄 - 中部·東海編』(柏書房, 1997, 61쪽, 396~407쪽)에서 島根縣과 岐阜縣 滋賀, 長野縣, 富山縣, 石川縣 金澤市, 三重縣 등지에 보국청년대가 파견되었음을 확인하고 있고, 도치키현에서 장기간 조사를 했던 재일동포 2세 孫大勇(2002년 7월 사망)의 조사에서도 확인되었다. 그러나 모두 본격적인 연구로 이어지지는 못했다.
4) 정혜경, 「일제 말기 강제연행 노동력 동원의 사례 : 조선농업보국청년대」, 『한국독립운동사연구』18,

제노동에서 노무동원의 한 사례로 설정하고 피동원자의 시각에서 입론을 전
개한 데 비해, 요시자와의 논문은 일본의 정책과 파견지역 일본 농민들의 반
응을 통해 보국청년대를 파악하고자 했다. 또한 내 글이 구술사료를 중심으
로 조선총독부 기관지 『매일신보』와 조선총독부의 발간물을 활용한 데 비해,
요시자와의 논문은 조선총독부 일문 일간지인 『경성일보』와 조선총독부의 발
간물 등 문헌사료를 폭넓게 활용했다.

　이러한 연구 현황에서도 알수 있듯이 현재 보국청년대는 한국근대사 연구
나 일본사 연구에서도 거의 알려지지 않은 채 여전히 연구의 불모지대로 남
아 있었다. 심지어 한국근대사 연구자들 사이에서는 보국청년대를 황민화정
책을 주관했던 친일단체나 관변단체로 오인하는 경우도 있다. 보국청년대에
관한 인식의 오류는 근로보국대에 관한 연구 등 관련되는 史實이 밝혀질 때,
수정될 수 있으리라 생각한다.[5]

2. 조선농업보국청년대의 실태

　보국청년대는 조선인 청년을 농번기에 일본 농가에 파견하여 노동력을 활
용하는 제도로서 1940년 전후시기부터 시작되었다. 보국청년대는 조선총독
부의 직접 지휘 아래 실시되었다. 조선총독부는 일본의 농업노동력 부족을
보충하고, 내선일체의 결실을 거둔다는 목적 아래, 일본의 선진영농법을 배
워 조선에서 증산을 위해 역할을 하도록 한다는 명분을 내걸고 조선청년을

2002; 吉澤佳世子, 「内地派遣朝鮮農業報國靑年隊の研究」, 『姜德相先生 古稀·退職記念 日朝關係史論
集』, 新幹社, 2003.

5) 근로보국대는 아직도 구체적인 내용이 밝혀지지 않은 주제이다. 그동안 국가총동원체제나 농촌통제
정책의 연구에서 국내동원의 한 부류로 이해되곤 했다. 그러나 김윤미, 「일제 말기 근로보국대 제도
의 수립과 운용」(수요역사연구회 월례발표회 발표문, 2006년 4월)을 통해 근로보국대의 전체적인
틀이 정리가 되었다. 김윤미의 연구에 따르면, 근로보국대란 '보국대' 또는 '근로단'이라는 이름으
로 구성, 운영되었던 노무동원 형태를 의미하는데, 국내로 국한되는 개념은 아니지만, 국내 노무동
원의 대표적인 동원 양상이기도 하다. 근로보국대의 활동 범위는 도내(道內)는 물론이고 도외와 국
외(일본, 만주, 중국 해남도, 사할린) 등지까지도 해당된다. 동원기간은 도외와 국외일 경우에는 대
부분 3개월 이상이며, 1년이 넘는 경우도 있다. 도외동원은 1인당 2~3회 정도 경험하며, 근로보국
대 활동을 하더라도 인력동원의 대상에서는 제외되는 것이 아니다. 그러므로 근로보국대 활동을 한
이후에 또는 도중에 노무동원과 병력동원, 준병력동원의 대상자가 되어 다중동원되는 사례는 일반
적이다. 이와 같은 근로보국대의 전체 틀 속에서 보국청년대가 어떻게 자리매김되어야 하는지에 대
해서는 고민해야 할 점이다.

일본농가에 파견하였다.[6] '보국'이라는 명칭에서도 연상되듯이 '공적인 활동'이라는 점을 노무 동원의 명분으로 삼았다.

그러나 실제 보국청년대의 파견실태를 보면, 전적으로 일본 농가의 노동력 충당이었음을 알 수 있다. 전시 기간 동안 일본은 석탄생산력의 50% 정도를 조선인에 의해 충당하고 있었고, 식량의 경우도 조선에서 들여온 양이 매우 높은 비중을 차지하였다. 주요한 식량이었던 쌀은 노동력 부족으로 인해 일본 국내생산이 감소하였으므로 조선 쌀에 대한 의존도는 높았다. 이에 일본 당국은 일본 국내의 쌀 생산부족현상을 조선에서 들여온 쌀과 함께 조선의 노동력을 통해 극복하고자 했다. 일본 남성들의 전쟁 동원으로 심각한 노동력 부족현상에 놓였던 당국은 당시 농업생산의 유력한 畜力이었던 조선 소를 연간 5, 6만두 정도 수입했고, 아울러 조선농민도 필요하게 되었다. 이러한 필요성에서 도입한 제도가 바로 보국청년대였다.

1) 파견 목적

조선총독부는 농림국이 간행한 『농업보국청년대기』 서언에서 보국청년대의 공식적인 파견취지를 다음과 같이 밝혔다. 여기에서 밝힌 파견 취지는 영농법 체득, 내선일체의 구현, 증산이라는 세 가지 내용이다.

"內地 농촌에서 銃後奉公의 실정과 진보된 영농법의 실제를 반도청년으로서 몸으로 체득하도록 한다. 이것이 자질의 연성향상을 도모하고 통치의 최고목표인 내선일체의 구현과 조선농업생산력의 획기적인 증산을 도모하며 이로써 時局下 조선농촌에 負荷된 사명에 만전을 기하도록 한다"[7]

이러한 주체세력의 입장은 보국청년대 파견이 막바지에 다다른 1944년도에도 일관되게 나타난다. 1944년도 제국의회의 조선총독부 예산설명자료에서 보국청년대의 파견 목적은 '내지의 근검의 미풍'을 배우도록 하는 것으로 기술되어 있었다.[8]

이는 『매일신보』기사에서도 동일하게 나타난다. 보국청년대 파견과 관련한

---

6) 樋口雄一, 앞의 책, 241쪽.
7) 조선총독부 농림국 농정과, 『農業報國靑年隊記』, 1942, 1쪽.
8) 「昭和19年度の歳出豫算について」, 『第85回帝國議會説明資料』

『매일신보』의 기사에서는 한결같이 '선진 농사법 습득'(1940년 5월 9일자) '영농 修學'(1941년 11월 11일자)을 내세우고 있다. 그와 동시에 '식량증산첨병으로 – 내지의 체험으로 활용'(1942년 7월 12일자)과 같이 '식량증산'이나 '내선 일체의 구현' '군인유가족에게 도움 주기' 등도 거론되었다. 또한 '내지 농촌에 봉사'(1941년 4월 9일자) 등 보국청년대 파견이 노동력 제공이 목적임을 나타내주는 기사도 있으나 전체적으로는 선진 기술의 도입을 우선적으로 내세우고 있다. 특히 1943년도에 들어서면 '식량증산'을 보국청년대 파견의 가장 큰 목적으로 내세워 일본파견의 목적을 분명히 했다.[9]

　이러한 인식은 일본의 신문보도기사에서도 동일하게 나타난다.[10] 신문기사에 반영된 보국청년대에 대한 일본인의 인식은 '報國'과 '內鮮一體'를 전제로 하고 거기에 '鍊成'이나 '體驗', '근로의 美風'이라는 측면과 '援農' '援軍'으로 이어지고 있다. 즉 보국청년대 파견의 의의로써 보국과 내선일체를 거론하고, 이로 인해 청년대 측이 얻은 성과는 연성과 근로의 체험으로, 일본 측의 성과는 노동력 충당으로 파악했다.

　히구치 유이치는 파견 목적에 대해 당시 조선 내에서 전개된 증산을 위한 기술적인 연구가 실효를 거두지 못하자 조선인 청년들을 일본에 보내게 된 것이라고 파악하였다.[11] 이러한 견해는 경제학 연구에서도 크게 다르지 않다. 보국청년대의 파견을 예고한 『경성일보』 1940년 1월 20일 기사에서도 '조선의 영농기술이 매우 뒤쳐져 있어서 정보 당 수확량이 일본의 반 정도에 지나지 않는' 다는 점을 언급하고 있다. 당시 일본이 증산에 주력했음은 말할 나위 없다. 식량과 인력의 확보는 '총후보국'에서 가장 중요한 과제였다. 이러한 과업 달성을 위해 수확량의 증대, 여성노동의 확대 등이 요구되었고, 농민도장과 농민연성소 등 농민훈련기관을 활용하였다. 이렇게 해서 조선 농촌에서 생산된 쌀 가운데 7, 8만 톤이 일본으로 보내지고 있었다.

　그러나 어느 면에서 보면, 이러한 견해는 파견 취지에서 밝힌 '선진영농법 도입'이라는 당국의 주장을 수용한 견해이다. 그보다 근본적인 배경은 노동력의 보충이었다고 생각된다. 아울러 당국이 밝힌 파견취지 세 가지는 농민

---

9) 『매일신보』 1943년 5월 22일자.
10) 『京都日日新聞』 1941년 11월 15일자 ; 『中外日報』 1942년 6월 6일자 ; 『神戸新聞』1942년 11월 11일자 ; 『下野新聞』 1944년 5월 3일, 6일자.
11) 樋口雄一, 앞의 책, 242쪽.

도장과 농민연성소에서 양성한 농촌의 '중견인물' 들에게 일본 출정병사의 농가에 가서 일을 함으로써 내선일체를 이룬다는 선전효과를 기대한 것이다. 결국 조선총독부를 비롯한 파견 주체 세력에게 '증산을 위한 영농기술' 이라는 점은 의미가 없었다.

그렇다면 청년대원 자신들이 밝히는 성과는 무엇인가. 먼저 일본 신문에 보도된 내용을 보도록 하자.

도치키현 瑞穗野村에 파견되었던 청년대원들은 귀국 직전에 현지에서 가졌던 간담회에서 '가족애' 와 '따뜻한 가족제도' 에 "감격을 토로"하였지만, 신영농 기술의 체득에 대한 내용은 찾기 어려웠다. 지면 가득한 일본인의 근면성에 대한 극찬으로 보아 청년대원들의 활동경험에서 얻은 가장 귀중한 성과로 내세울 만한 것은 '일본인의 근면성' 인 듯 했다.[12] 이는 달리 표현하면, 조선농민의 게으름이 '피폐한 조선 농촌의 원인' 이라는 주장이 되기도 한다.

당시 파견되었던 청년들이 남긴 감상문은 총독부와 관변단체가 간행한 발행물에도 게재되어 있다.[13] 1940년 제2차 보국청년대원이었던 함남 출신의 尹戴源은 "內地 농가는 일을 잘 한다고 전해오는 이야기는 들었지만 이 정도로 일을 할 줄은 몰랐습니다. 새벽 4시경부터 야채 출하 등을 하기 시작하여 어느 때에는 저녁 11시경까지 일을 하였습니다."라고 적고 있다.[14] 1942년 7월에 「개선한 농업보국청년대원들의 감상」이라는 제목으로 『매일신보』에 연재된 특집기사에서도, 참가자들이 '육친과 같이 접촉하야 이론을 초월한 내선일체의 감격을 빚어내고 … 숭고한 일본정신을 체득한' 청년대원들이 파견을 통해 얻은 성과는 신영농 기술과 거리가 먼 것이었다. 이들이 그토록 감동한 것은 '고등농림학교 출신자도 논에 들어가는 … 우수한 지도자가 있는 내지 농촌', '내 일 남의 일 구별 없이 적나라한 심정' 으로 농사를 짓는 모습, '남녀 구분 없는' 노동의 참모습 등이었다.[15]

---

12) 『京都日日新聞』 1941년 11월 15일자 ; 『中外日報』 1942년 6월 6일자 ; 『神戸新聞』 1942년 11월 11일자 ; 『下野新聞』 1944년 5월 3일, 6일자.
13) 「농업보국농업청년대원은 내지농촌에서 무엇을 배웠는가」『총동원』9월호, 1940 ; 湯淺克衛, 「농민도장과 여자훈련소」, 『조선행정』1942.2월호 ; 森洋三, 「농업보국대원을 현지에서 보다」, 『조선행정』8월호, 1942 ; 寺本寬, 「농민도장」, 『조선실정』1943.8월호 ; 岡山·廣島縣협화회, 「조선농업보국농업청년대 체험좌담회」, 『협화사업』3-7권 등등이 해당된다.
14) 국민정신총동원조선연맹, 「농업보국농업청년대원은 내지 농촌에서 무엇을 배우고 왔는가」, 『총동원』9월호, 1940(樋口雄一, 앞의 책, 재인용).
15) 『매일신보』1942년 7월 12일자.

1943년 5월에 石川현을 비롯한 4개현에 다녀온 보국청년대원(총 403명, 대원 390명, 반장 13명)의 성과를 홍보하고 있는 『皇農으로의 길』(조선총독부 농림국 농정과 편, 1943년 발간)에서도, 대원들이 밝힌 종합감상에는 다음과 같은 성과가 기술되어 있다.[16]

1. 敬神崇祖의 신념이 강한 것
2. 종후 농촌에서 전 가족 근로가 철저하고 보국정신이 왕성한 것
3. 인정이 敦厚하고 친절하여 어떠한 상황에서도 예의를 잃지 않는 것
4. 一家 단결의 기풍이 강한 것
5. 여성의 근로가 특히 현저한 것
6. 교육이 철저한 것
7. 작업과 휴양이 구별되어 이루어지는 것
8. 계량적인 작업을 하는 것
9. 농구를 소중히 여기는 것
10. 개량농구의 보급, 특히 동력농구의 이용이 활발한 것
11. 합리저인 施肥의 관념과 기술의 보급
12. 공동작업이 활발한 점
13. 가축의 이용이 철저하고 농경이 신속한 것
14. (해독 불능)
15. 농가의 收支가 크다는 점
16. 林相이 양호하다는 점

이러한 내용도 역시 신영농기술의 습득과 관련성을 찾기 어렵다. 가장 관련성이 밀접해 보이는 11번의 경우에도 제목과 달리 실제 내용은 '적은 면적에서 많은 수확을 거두기 위해 늘 새로운 지식의 흡수에 태만하지 않는다'는 원론에 그치고 있다. 이는 보국청년대원들이 일본 파견을 통해 구체적인 영농기술을 습득할 기회를 얻지 못했음을 의미한다.

여성의 경우에도 큰 차이를 보이지 않는다. 당국은 농촌에서 여성노동력의 동원을 목적으로 여성들을 파견하였으므로 신문지면을 통한 홍보활동은 매우 활발했다. 이를 통한 경험담에서도, 이들이 체득하였다는 '농업의 진수'

---

16) 조선총독부 농림국 농정과, 『皇農への道』, 조선행정학회, 1943, 46~51쪽.

는 '규율'과 '정신의 훈련'을 비롯해 '감사하는 마음'의 배양, '부인의 사명
과 활동에 대한' 감복이었다. 그 외 '정연한 침묵의 작업' '흙과 사람이 渾然
一體된' 작업의 모습에서 선진농업의 모습을 보았다고 피력하고 있다.[17]

　위에서 언급한 내용은 모두 총독부 당국이 파견대의 성과를 선전하기 위해
제공한 글이다. 그럼에도 이상에서 확인한 것은 영농기술습득이 아니었다. 노
동력 제공과 근대 규율의 體化를 위한 학습이었다. 해가 뜨면 일어나서 들에
나가고 해가 지면 집으로 돌아오는 전형적인 농촌사회의 노동 관습이 아닌 강
도 높은 노동의 습관을 익히는 것이었다. 하루 19시간의 가혹한 노동력 제공에
대한 대가로 이들이 얻은 것은 일본인의 근면성 정도였다. 감상문을 남긴 이들
은 하나 같이 여성노동력의 강도를 지적하고 있다. 이외에 비료 만드는 방법을
배웠다거나 일본농촌의 영농 습관 등을 배웠다는 감상도 있었다. 그러나 그런
영농방법이 굳이 일본에까지 가서 배워야 할 정도의 것이었는지에 대해서는
의문의 여지가 크다. 그렇다면 당국이 보국청년대를 파견한 궁극적인 목적에
대해서는 미루어 짐작할 수 있다. 구체적인 내용을 살펴보기로 하겠다.

2) 파견 실태

　보국청년대는 일본의 大分縣 · 熊本縣 · 佐賀縣 · 宮崎縣 · 鹿兒島縣(이상
九州지방), 山口縣 · 島根縣 · 鳥取縣 · 廣島縣 · 岡山縣(이상 中國지방), 奈良

縣 · 滋賀縣 · 三重縣(이상 近畿지
방), 岐阜縣 · 石川縣 · 富山縣 · 福
井縣 · 長野縣 · 愛知縣(이상 중부
지방) · 도치키縣 · 崎玉縣 · 茨城
縣 · 群馬縣(이상 관동지방) · 岩手
縣(동북 지방) 등 총 24개 縣에 파
견되었다. 이들이 파견된 지역은
일본 내 대표적인 농촌지역이었다.

〈그림〉 조선농업보국청년대의 파견지역

---

17) 1941년 5월 23일~25일 「보국부인대 이동좌담회」1~3회 ; 1941년 5월 28일-31일 「부인지도대보
　　고서」1~4회 ; 1941년 5월 28일~31일 「육원농민도장방문기」1~4회.

보국청년대의 파견현황에 대해서는 樋口雄一의 도표를 통해 확인할 수 있다.

〈표 1〉 보국청년대 파견 상황

번호	파견 연월일	기간	인원 수	명칭	파견지역	주최
1	1940.6	30일	136	조선농업보국청년대	大分縣, 熊本縣, 佐賀縣, 宮崎縣	조선총독부
2	1940.10	30일	20	- - - - - - - -	鹿兒島縣	강릉군
3	1941.5	10일	160	조선농업보국부인 지도대	岩手縣六原農民道場	조선총독부
4	1941.6	30일	313	조선농업보국청년대	山口縣, 島根縣, 廣島縣, 岡山縣	조선총독부
5	1942.6	30일	313	조선농업보국청년대	奈良縣, 滋賀縣, 岐阜縣, 三重縣	조선총독부
6	1942.5	11일	81	조선농업보국부인 지도대	岩手縣六原農民道場	조선총독부
7	1942.10.11	60일	100	조선흥농청년대	熊本縣, 佐賀縣	조선興農會
8	1942.10.11	40일	44	강원도농업보국청 년대	熊本縣玉明郡滑石村	강원도농회
9	1943.5	30일	403	조선농업보국청년대	石川縣, 富山縣, 福井縣, 長野縣	조선총독부
10	1943.5	30일	약200	조선농촌중견청년연 성대	長野縣八ケ岳中央鍊成農場	조선총독부
11	1943.7.8	30일	100	조선중견청년연성대	岩手縣六原農民道場	조선총독부
12	1943.11.12	40일	40	조선중견청년연성대	愛知縣岡崎市追進農民道場	매일신보사
13	1943.10.11	40일	350	조선농업보국청년대	岡山縣, 廣島縣, 島根縣, 鳥取縣	매일신보사, 경성일보사 외
14	1943.11. 12	40일	70	강원도여자농촌보국 대	宮崎縣宮崎郡浦武村	강원도청
15	1944.5	30일	663	조선농업보국청년대	枋木縣, 埼玉縣, 茨城縣, 群馬縣	조선총독부

〈참고자료〉 樋口雄一, 『戰時下朝鮮の農民生活誌』, 社會評論社, 1998, 240쪽, 〈표1〉 재구성.

　〈표 1〉에서 파악할 수 있듯이 보국청년대의 파견 주체는 조선총독부로 대변되는 식민정책 당국이었다. 조선총독부가 직접 주관하지 않은 경우라 하더라도 강원도청이나 강릉군, 지역 농회, 조선총독부기관지 매일신보사 등 모든 파견 주체는 조선총독부의 하부기구이거나 직접 관할을 받는 관변단체였다. 규모면에서도 조선총독부가 직접 주최할 경우에 인원 수가 많았다.

　특히 강원도의 경우는 보국청년대 파견에 적극성을 보인 지역이다. 강원도

는 1940년 5월에 10명의 농촌중견인물을 선발하여 일본 내 '전몰군인과 출
정군인가족'의 집으로 파견하기 시작한 이후 수차례에 걸쳐서 도 차원에서
보국청년대를 파견했다. 또한 보국청년대원 개인과 보국청년대를 파견하는
데 실적이 우수한 마을에 대한 표창장 수여를 통해 보국청년대 파견을 독려
하였다.[18] 1940년 6월 4일부터 34일간 예정으로 출발한 제1차 보국청년대는
경북과 경남(佐賀현 파견), 충남과 전북(熊本현), 경기와 충북·황해(大分현),
평북과 강원·함남·함북(宮崎현) 등지에서 10여 명씩을 선발한 후 2대 11개
반으로 나누어 道농민훈련소에서 5일간 훈련을 거친 후 파견하였다.[19] 이러
한 과정은 훈련기간이 늘어난 것 외에는 이후에도 큰 변화 없이 유지되었다.

또한 보국청년대원은 전국 각지에서 동원하였다. 1941년의 경우에 300명
가운데 지도자는 각도마다 1명씩 일본인이 참가하여 313명이 되었는데, 전
국 13도에서 20~30명 정도를 모았다. 이들을 일본의 島根縣 1町 2촌, 山口
縣의 3촌, 廣島縣의 3촌, 岡山縣의 4촌으로 각각 분할 배치하였다. 이들이
배치된 농가는 전쟁에 나갔거나 전사자로 인해 남성노동력이 전혀 없는 집
(출정농가)으로써 한집 당 한 명씩 파견되었다.[20] 1941년 6월(4차)과 1943년
5월(9차)에 파견되었던 보국청년대의 파견내용을 통해 살펴보면, 전국에 걸

〈표 2〉 출신도별 파견지역 현황

파견시점		1차(1940.6)		4차(1941.6)		9차(1943.5)
출신지별 파견지역	佐賀현	경북,경남	島根縣	강원,함남,함북	福井縣	경기,충북,충남
	熊本현	충남,전북	山口縣	평남,황해,평북	石川縣	전북,전남,경북
	大分현	경기,충북,황해	廣島縣	경기,충북,충남	富山縣	경남,황해,평남
	宮崎현	평북,강원,함남,함북	岡山縣	전북,전남,경북,경남	長野縣	평북,강원,함남,함북
파견인원		136명		313명		403명
훈련기간	5일(농민훈련소)		5일(농민도장,개조농업보습학교)		7일(농민도장,농업보습학교)	

〈자료〉 조선총독부 농림국 농정과, 『農業報國靑年隊記』, 1942, 1~2쪽 ; 조선총독부 농림국 농정
과, 『皇農への道』, 조선행정학회, 1943, 9~13쪽.

---

18) 『매일신보』 1940년 5월 7일자 ; 1942년 7월 19일자. 1940년 5월 7일자 기사에는 파견되는 대상
  자의 이름이 기재되어 있다. 강원도는 보국청년대의 파견에만 적극적인 지역이 아니었다. 지원병
  의 지원자 수에서나, 근로보국대의 결성에서도 단연 앞서가는 지역이었다. 물론 이러한 '열성'은
  지역민의 의사와는 무관한 것이었다.
19) 『매일신보』 1940년 5월 9일자 ; 6월 4일자.
20) 조선총독부 농림국 농정과, 『農業報國靑年隊記』, 1942, 1~2쪽.

쳐 선출되었음을 알 수 있다.

파견 당초에는 100여 명이 조금 넘을 정도였지만 시기가 지나면서 인원 수는 많아져 1944년에는 663명이 파견되기에 이르렀다.[21] 농촌조선인여성지도자를 대상으로 한 단기교육의 성격을 띤 〈표 1〉의 3번과 6번을 제외하고는 모두 파견기간이 30일을 넘고 시기적으로도 봄과 가을에 치중되어 있어서 대부분 농촌노동력 일손돕기(援農)의 일환이었음을 알 수 있다.[22]

그런데 〈표 1〉에 기재된 내용 외에도 파견사례는 추가로 확인할 수 있다. 『매일신보』 기사에 의하면, 1940년 9월에 경북도에서 보국청년대를 일본 佐賀현에 파견한다는 기사가 실려 있다. 그런데 이 기사에 의하면, 1939년 여름에 이미 중견청년 16명을 40일 동안 일본 佐賀현에 파견했음을 밝히고 있다.[23] 이로 보아 1930년대 말부터 이미 소수의 인원이 일본에 파견되었음을 짐작할 수 있다. 또 다른 자료에 의하면, 조선총독부 농림국 농촌진흥과가 1938~1939년에 걸쳐 조선농촌 청년 남녀 400명 정도를 농민훈련의 일환으로 이와데(岩手)현 소재 六原농민도장으로 파견했다고 한다. 이를 계기로 조선총독부는 보국청년대 파견 정책을 수립하게 되었다.[24]

위에서 언급한 두 가지 파견 사례는 히구치나 요시자와가 파악한 보국청년대 파견 현황에는 포함되어 있지 않다. 조선총독부 농림국이 수립한 「농업보국청년대내지파견요강」이 1940년 6월에 발표되었으므로, 이전 시기의 파견은 해당되지 않는 것으로 이해하는 것이다. 그러나 두 사례가 내용상에서 1940년 이후 파견의 내용과 차이를 보이고 있지 않으며, 강제연행·강제노동 정책의 진행과정에서 보면, 법적인 근거에 앞서서 수행된 사례가 적지 않았으므로, 포함하는 것도 무리는 아니라고 생각한다. 그러한 이유로 나는 보국청년대 파견 시기를 1940년이 아닌 '1940년 전후시기'로 기술했다. 향후

---

21) 이 인원 수는 자료에 따라 차이가 있다. 경성일보 기사에는 650명이, 히구치 유이치는 666명으로 각각 기술했다. 인솔자의 숫자를 포함하는지 여부에 따라 차이가 나는 것으로 생각된다.
22) 총독부에서는 각도와 군에 학력이 높은 여성지도자를 대상으로 황민화 정책 등을 담당하도록 하였는데, 이들의 대다수는 농사 경험이 없는 여성이었다. 1941년 5월 총독부는 각도에서 선발된 조선인여성지도자 160명을 10일간 岩手縣 六原농민도장에 파견하여 훈련시켰는데, 농사의 경험이 없는 여성들에게는 구체적인 농업지도가 진행될 수 없었다. 여기에서 농촌과 밀착한 형태의 농촌여성지도가 가능한 인력 양성이 필요하게 되었다. 樋口雄一, 「太平洋戰爭下の女性動員」, 『朝鮮史硏究會論文集』 32, 1994, 127쪽.
23) 『매일신보』 1940년 9월 18일자.
24) 보국청년대 파견 정책 입안에 관여한 야히로(八尋生男)의 구술을 근거로 한다. 요시자와, 앞의 글, 586쪽.

에 두 사례와 1940년 이후 파견의 관계나 차이점에 대한 연구가 진행된다면, 더욱 명쾌한 기술이 가능할 것이다.

보국청년대 파견과정 및 절차는 어떠하였는가. 파견은 농림국의 관장업무였으나 당국이 직접 개입했다는 점에서는 구체적인 절차가 일반적인 강제연행·강제노동의 송출 절차와 큰 차이가 없었을 것으로 판단된다.

중앙에서는 조선총독부 농림국이 보국청년대 파견업무를 총괄하였으며 지방에서는 군이 중심이 되어 업무를 수행하였다. 군의 하부인 면과 읍에서는 면서기와 구장이 중심적인 역할을 담당했다. 현재 보국청년대 파견의 실질적인 업무(대상자 선정, 훈련기관 이송, 수송을 위한 구체적인 업무 등)에 대해서 정확히 파악할 수 있는 자료는 없다. 보국청년대에 대해 비교적 상세한 과정을 기억하고 있는 C노인도 '郡(*군에 국한하는 것이 아니라 하부행정 당국을 포괄적으로 의미)에서 보냈다' 는 정도에 그치고 있다. 그러나 일반적인 강제연행의 절차나 남양농업이민 업무에서 면과 읍에서 수행하는 역할을 통해 볼 때, 보국청년대 파견업무에서도 면장 및 면서기와 구장의 역할이 적지 않았을 것으로 여겨진다.

이 시기에 일반적인 송출관련 업무 절차와 '남양농업이민' 관련 송출업무 절차를 보면, 다음과 같다.

○ 강제연행·강제노동관련 인력 송출 업무 절차 : 사업주의 신청수 결정 → 일본 부현장관 모집 신청 → 후생성 사정 → 조선총독부 접수 → 조선총독부, 모집 할당 → 후생성, 부현에 인원 수 할당 → 부현장관, 사업주에 할당 인원 수 통보 → 부현장관, 사업장허가서 수령 → 기업 모집원, 조선 도착 → 모집(조선총독부 → 지정된 도청 → 지정 군청, 경찰 → 지정 면 사무소 → 면 사무 당국, 구장, 경찰서 및 주재소, 면 유력자)

○ 남양농업이민 송출 업무 절차 : 계획 입안 → 사업주의 요청 → 남양청 접수 → 조선총독부에 요청 → 조선총독부 접수 → 道에 하달 → 해당 도 내무부, 희망자 선정 및 신원조사(지정 군청, 경찰 → 지정 면 사무소 → 면 사무 당국, 구장, 경찰서 및 주재소 등이 문서출납, 이주자 선정 업무, 이주자 신원조사 업무, 이주자 수송업무 등 농민송출과정의 실제

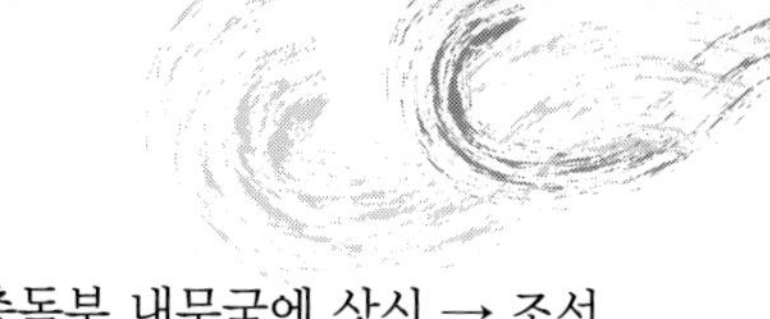

적인 업무를 담당) → 해당 도지사, 조선총독부 내무국에 상신 → 조선
총독부 접수 → 남양청 내무부 전달 → 남양청 내무부 접수 → 해당 도,
수송업무 → 기업 인수[25]

강제연행·강제노동관련 인력 송출 업무 관계법령은 「조선인노무자 이주
에 관한 건」, 「조선인 노무자 모집요강」, 「조선인 노무자 이주에 관한 사무취
급수속」, 「조선직업소개령」 등이다. 1939년 9월 1일에 발효한 '조선인 노동
자 모집 및 도항취체요강' 에 따르면, 조선인이 모집할당을 받은 석탄, 광산,
토건 등 시국관계 사업주는 먼저 일본에서 고용허가를 받은 다음에 조선총독
부의 허가를 받아 총독부가 지정하는 지역에서 사업주의 책임 아래 노무자를
징발하고 신체검사와 신원조사, 명부 작성 등을 행한다. 또한 모집된 노무자
는 고용주나 책임 있는 대리자의 인솔하에 집단적으로 떠나게 된다.
  '남양농업이민' 은 기업 모집원이 직접 조선에 와서 활동하는 것이 아니라
조선총독부와 해당 도의 적극적인 노력에 의해 수행되었다. 해당 도의 도지
사는 군을 중심으로 해당자를 선발하였는데, 선발과정 및 수송과정에 대해서
상세한 보고를 상신하고 있다.
  두 경우는 기업모집원이 직접 조선에 와서 업무를 하느냐, 조선총독부가 지
방행정기관을 통해 업무를 대행하느냐에 따라 약간의 차이는 있으나 선발과
파견업무를 지방의 군과 면에서 담당한 점은 동일하다. 따라서 보국청년대의
경우에도 유사한 절차를 거쳤을 것으로 판단된다. 또한 농촌통제정책을 추진
하던 실제적인 단체인 국민총력운동기관의 조력은 미루어 짐작할 수 있다.
  보국청년대를 맞이하는 일본에서도 배치와 관련한 당국의 직접적인 개입은
마찬가지였다. 현 당국이 관내의 배치 예정 마을을 선정하고, 마을의 농회에
서는 '현당국의 지시에 따라 긴밀한 계획' 을 수립했다. 1941년도에는 각 현의
지사가 조선의 출신지 도지사에게 감사장을 보내기도 했다.[26] 신문기사 내용
이나 총독부가 발간한 간행물을 살펴보면, 일본농촌사회는 파견된 보국청년
대원들을 반기고 차별 없이 대우함으로써 얼핏 내선일체가 실현된 듯 여길 정

---

25) 정혜경, 「1939~1940년간 남양농업이민관계 공문서의 미시적 구조 인식」, 『일제 말기 조선인 강
    제연행의 역사 – 사료연구』, 경인문화사, 2003, 175~176쪽.
26) 요시자와, 앞의 글, 587쪽.

도였다. 그러나 식민지 시기 내내 일본사회에서 조선인은 결코 환영받을 수 있는 존재가 아니었다. 전쟁기간은 물론이고, 1910년 이후 일본 당국은 내선 일체를 명분으로 내 걸고, 同化를 강조했지만, 실제로 일본인들은 기꺼이 받아들이지 않았다. 그러므로 조선인에 대한 일본 민간인의 습격이나 危害행위는 조선인들의 생명을 위협하였고, 이를 방어하기 위한 조선인의 대응이 식민지 시기 내내 일본 전역에서 끊이지 않았다.[27] 특히 전쟁이 시작되기 이전에 도일하여 일본에 생활터전을 갖고 있던 일반도일조선인(재일조선인)들은 직장과 거주지 등에서 민족차별과 직접적으로 맞부딪치면서 생활했다.[28]

　이와 같이 당시 일본 민간에서 조선인에 대한 차별의식이 여전한 상태였고, 특히 탄광이나 공사장에서 강제노동에 시달리던 조선인들은 차별의식을 절감하고 있었다. 심지어 노무지도자훈련소(공주 소재)에서 6개월간 지도자 훈련과정을 수료한 후, 1941년에 충남보국대장으로서 1,000명의 근로보국대를 이끌고 도일을 했던 J노인의 경우에도, 차별의식에서 자유로울 수 없다. 이바라키(茨城)현 히다치(日立)공장에 도착한 후에 '노예취급'을 당하던

---

27) 조선인노동자들이 일본생활 속에서 가장 견디기 어려웠던 것은 낮은 임금이나 열악한 노동조건만이 아니라 바로 민족차별이었다. '요시찰조선인'이라는 굴레가 없더라도 잦은 불심검문과 연행, 유치장 구류신세는 많은 재일조선인들이 겪는 일상이었다. 민족차별은 임금상황이나 노동조건에 바탕을 이루고 있었고, 조선인의 주택난을 가중시키는 요인이기도 했다. 식민지 시대 내내 겪는, '인내에 한계를 느낄 정도의 인간적인 차별'은 조선인이 감당해야 할 몫이었다. 노동현장에서도 차별은 심하여 임금차별과 직종 선택상의 차별이 상존했다. 이러한 차별은 조선인에 대한 집단학살이나 테러로 이어지기도 했다. 1910년에 山梨현에서 발생한 조·일노동자 충돌사건을 비롯하여 관동지진 당시 조선인학살사건, 三重현 학살사건 등이 바로 그 예이다. 1910년 11월 18일에 山梨현 北都留郡 소재 도쿄전등주식회사 제2수력공사장에서 400여명의 조·일노동자가 충돌하여 조선인 2명, 일본인 2명이 사망하고 20여명의 사상자를 낸 '山梨현 사건'은 강제병합 이후 지방에까지 침투한 일본사회의 민족차별과 배외주의의 경향을 분명하게 확인할 수 있는 사건으로 평가된다. 1926년 1월 3일에 발생하여 조선인 2명의 목숨을 앗아간 三重현 학살사건 또한 일본기층사회가 갖는 조선인에 대한 반감을 드러낸 사건이다. 이들이 조선인을 습격한 이유는 '방약무인'하다는 것, 즉 피식민지민으로서 행동하지 않고 당당하다는 이유였다. 관동지진 당시 조선인에 대한 배외적인 태도 및 일본사회가 갖는 조선인에 대한 부정적 인식에 대해서는 山田昭次, 「關東大震災期朝鮮人暴動流言をめぐる地方新聞と民衆」, 『在日朝鮮人史研究』5, 1979; 山田昭次, 「關東大震災と朝鮮人虐殺」, 『三千里』36, 1983; 樋口雄一, 「自警團設立と在日朝鮮人」, 『在日朝鮮人史研究』14, 1984; 山田昭次, 「關東大震災朝鮮人虐殺と日本人民衆の被害者意識のゆくえ」, 『在日朝鮮人史研究』25, 1995 참조. 야마나시현 사건에 대해서는 金浩, 「山梨縣梁川村の朝日勞動者衝突事件(1910)」, 『在日朝鮮人史研究』20, 1990, 미에현 사건에 대해서는 金靜美, 「三重縣木本における朝鮮人襲撃, 虐殺ニついて」, 『在日朝鮮人史研究』18, 1988 참조.
28) 이러한 일본사회의 민족적 차별대우는 조선인들이 식민지의 구조적 모순을 인식하고 민족운동의 주체가 되는데 크게 기여했다. 돈벌이 노동재(출가노동자)로 도일한 조선인들은 해고의 위험에도 불구하고 각종 형태의 민족운동에서 주체의 역할을 담당함으로써 일본 당국에게 위협적인 대상으로 자리하였다. 재일조선인의 민족운동에 관해서는 정혜경, 『일제시기 재일조선인민족운동연구』, 국학자료원, 2001 참조.

그는 조선총독부 노무협회 규정을 제시하며, 보국대장으로서 대우해 줄 것을 요구했으나 "조선의 규정은 일본에서 통하지 않으니 일본의 규정을 따르라"는 이유로 통솔권을 박탈당하고, 일반 노무자와 다름없는 강제노동을 강요당하면서 처음으로 반일의식을 느꼈다.[29]

그러나 보국청년대원들은 그런 분위기를 느끼지 못했던 듯하다. 일단 일본 농가에서 볼 때, 청년대원들은 당장 시급한 노동력을 해소해 주는 존재였고, 일본 남성들이 마을을 비운 상태에서 조선청년들의 분노를 격발시킬 필요가 없었다. 아무리 일본농촌여성이 노동 강도가 높다고 해도 덩치가 큰 장정을 완력으로 당하기는 어려웠으므로 조선인에 대한 차별의식을 드러낼 수 없었다. 일본 현지의 주민들은 한결같이 '내선일체의 성과'로 평가하며, 보국청년대원들의 노고에 후의를 표하였다. 일본 측이 명목으로 내건 것은 영농기술을 익힐 '우량농촌'이었으나 실제로는 노동력이 필요한 '출정농가'였다. 그러한 상황에서 '농업경험을 가지고 있고', '유창한 일본어를 구사하며', '아무런 보수도 받지 않고 일 잘하는' 보국청년대는 이용가치가 높은 노동력이었다.

일본인들의 반응은 이시카와(石川)현에 기주하던 일본 주민 니시다(西田淸吉)의 감상문에서, "대동아전쟁목적완수를 위한 식량 확보 작업에 반도와 내지인들이 함께 정진"한 사업에 참가한 보국청년대원들의 '노고에 감사의 뜻'을 확인할 수 있다.[30] 『황농으로의 길』에는 일본 현지 어린이들이 쓴 감사의 편지가 적지 않게 수록되어 있다. 일본의 언론에서 청년대원들의 활동을 '報國'이나 '援軍'으로 보도한 것으로 보아 보국청년대가 놓인 상황을 이해할 수 있다.[31] 애초에 조선청년들에 대해 부정적인 인식을 갖고 있던 마을에서도 막상 파견된 이후에는 환영일색이었다.[32]

1944년 봄에 이바라키(茨城)현에 파견되었던 C노인의 구술사료에서도 일본인 농가에서 일본인과 동등한 상태 속에서 생활했음이 나타나 있다. 일본 농가에 배치된 보국청년대원들은 일본 옷을 입고, 동등한 수준의 식사를 했

---

29) 독립기념관 한국독립운동사연구소 소장 구술사료(면담자 : 노영종 · 표영수, 구술일자 : 2001년 11월 3일자, 면담장소 : 충남 논산).
30) 조선총독부 농림국 농정과, 『皇農への道』, 조선행정학회, 1943, 52쪽.
31) 『京都日日新聞』 1941년 11월 15일자 ; 『神戸新聞』 1942년 11월 11일자.
32) 요시자와, 앞의 글, 595~596쪽.

으며, 무시당하는 일은 없었다고 한다. C노인은 그 배경을 '여자들밖에 없었고' '아들 대신으로' '자기 집의 농사일을 해주므로' 무시하거나 차별적으로 대할 수 있는 상황이 아니었다고 회고했다.[33] 보국청년대 파견 초창기에는 환송의식도 매우 성대하게 치뤄졌다. 1942년 6월에 파견되었던 보국청년대의 경우, 출발 당시에 총독부에서 모여 결단식을 하고 부민관에서 조선총독부가 주관하는 壯行會를 열었다. 7월 11일에 경성에서 열린 귀국행사를 보면, 경성 도착(오전 9시경) → 시가행진 → 조선신궁 참배 → 조선총독부 방문, 해단식 거행 → 농림국 주최 환영회(부민관) → 해산(오후 4시) 등으로 되어 있다. 해단식에는 정무총감이 참석하여 기념장을 수여하는 등 자못 성대했다. 이들 일행은 조선에 도착하기 이전인 7월 4일에 도쿄에서 수상관저와 척무대신의 관저를 방문하고 도죠(東條) 수상을 만났는데, 이 실황이 경성중앙방송을 통해 17일에 전국으로 중계 방송되기도 하였다.[34] 1943년 5월에 파견된 9차 보국청년대의 경우에도, 총독부가 주관하는 결단식과 장행회를 거친 후 일본으로 출발했고, 일본에서 귀국할 때에는 도쿄(東京)로 가서 궁성요배를 한 후 明治신궁 및 靖國신사 참배, 내무대신 관저 및 수상관저 참배를 하고 나고야(名古屋)·나라(奈良)·교토(京都)를 거쳐 시모노세키(下關)를 통해 귀국을 하였다.

이들의 귀국에도 환영행사는 성대했다. 고이소(小磯)총독과 다나카(田中)정무총감이 경성역으로 직접 환영을 나갔고, 부민관에서 열린 해단식에도 고이소 총독이 참석하여 훈시를 했다.[35] 이러한 행사를 통해 보국청년대원들이 느꼈을 감동과 감격은 짐작할 만하다. 그러나 바로 이듬해부터는 도 차원의 행사로 축소되어 1944년의 보국청년대는 道가 주관하는 환영식으로 그쳤다.[36]

이들은 '援農' 작업에만 동원된 것이 아니었다. 앞의 C노인의 구술에서도 알 수 있듯이 치바현의 비행장건설공장에서 1개월간 일을 해야 했다. 조선총

---

33) 독립기념관 한국독립운동사연구소 소장 구술사료(구술일자 : 2001년 11월 23일자, 면담자 : 정혜경, 면담장소 : 전주시).
34) 『매일신보』1942년 7월 10일자 ; 조선총독부 농림국 농정과, 『農業報國靑年隊記』, 6~7쪽.
35) 조선총독부 농림국 농정과, 『皇農への道』, 74~82쪽.
36) 히구치 유이치는 1944년에 파견된 666명의 보국청년대원의 경우에는 8월 2일에 수상관저에 초대받아 고이소(小磯)수상으로부터 격려의 말을 듣는 행사까지 마련되었다고 기술하였으나 사실 여부는 확인이 필요하다. 樋口雄一, 앞의 책, 244쪽. 1944년에 파견된 666명에 포함되었던 C노인은 귀국 직전에 참가자 50명 전원에게 치바현의 비행장건설현장에서 표창장을 수여했고, 귀국 직후에 일행 50명에게 도청에서 환영식을 베풀어주는 데 그쳤다고 기억하고 있기 때문이다.

독부 농무과장이 『경성일보』에서 설명한 내용에 의하면, 1944년 6월 말에 육군은 사이타마·군마·도치키·이바라키에 파견된 보국청년대 650명에 대해 내지 체류를 1개월간 연장하도록 하여 '군직영의 긴급공사'에 종사하도록 했다. 육군차관이 조선총독부 정무총감에게 전화로 의뢰를 해서 가능하게 되었다.[37] 1944년 봄에 이바라키에 갔던 C노인이 일한 비행장공사는 바로 경성일보 기사에서 언급된 '군직영의 긴급공사'였던 것이다.

〈표 1〉에서 나타난 바와 같이 농촌중견인물의 일본 파견대상에는 여성도 포함되어 있었다. 농촌여성에 대한 중견인물양성정책은 남성에 비해 시기적으로 늦었으나 당국의 주요한 대상이었다.[38] 이들의 파견 목적은 농촌의 중견인물로서 새로운 문물을 접하게 하고자 하는 것이었다. '내지농촌을 견학'이라는 매일신보 기사 제목(1941년 3월 12일자)에서도 알 수 있듯이 이들은 '농업보국부인지도대'라는 이름 아래 10여 일간 일본의 농민도장을 방문하는 프로그램에 참가했다.[39] 『매일신보』는 이들의 일본 견학을 전후하여 각오와 견학기, 좌담기, 보고서 등을 연재하여 선전효과를 극대화했다.[40]

연 2회, 보국청년대의 일본파견활동이 실제적으로 일본농가에 미친 기여도는 어떠하였을까. 1년 중 2회 동일한 지역에 파견되었다 하더라도 총 체류기간은 6개월에 불과한 결과가 되니 그리 길지 않았다. 그러나 이 파견 기간이 모내기와 추수철 등 농번기라는 점을 볼 때, 가장 노동력이 집중적으로 필요

---

37) 『경성일보』 1944년 6월 29일자.(요시자와, 앞의 글, 589쪽 재인용) 요시자와는 이 점을 들어 '전시동원의 의미가 청년대에 내포되어 있음이 명백'하다고 평가했다. 그러나 나는 '援農' 작업만으로도 강제노동의 성격은 충분하다고 생각한다.

38) 농촌의 남성농민에 대해서는 일찍부터 농민훈련소가 설치되었으나 여성을 수용한 농민도장은 1939년부터 설치되었다. 1938년 말에는 '부인촉탁'이라는 이름 아래 단기농어민훈련소에서 여성들을 교육하기도 했다. 총독부가 직접 지도에 주력하기 시작한 시기는 1940년 12월 농림국이 1941년도부터 장기부인훈련소를 11개소, 단기부인훈련소를 7개소 설치하기로 계획을 발표한 시기이다. 이즈음 각도에서 다른 명칭의 여성대상 훈련소를 중견부인훈련소로 하기로 결정했다. 그 후 남성 대상 시설과 竝置된 형태로 농민도장을 포함한 부인훈련소가 만들어졌다. 전북, 전남, 황해, 강원, 충남, 경남 등지(10~12개월 과정, 20~50명 규모). 이곳에는 17세부터 22세까지 독신여성이 수용되어 농업실습을 중심으로 가사, 수신, 국어, 공민, 산수 등을 학습했다. 『매일신보』 1938년 12월 3일 ; 14일자 ; 1939년 1월 26일 ; 2월 2일 ; 1941년 12월 14일자 ; 樋口雄一, 「太平洋戰爭下の女性動員」, 『朝鮮史硏究會論文集』 32, 1994, 127~128쪽.

39) 이 프로그램은 말 그대로 견학에 그치지는 않았다. '봉사와 수업을 겸하여 내지로 파견'(1941년 4월 29일자)되었다는 신문기사를 볼 때, 이들의 견학 프로그램에서도 노동력 제공은 적지 않은 비중을 차지했던 것이다.

40) 『매일신보』 1941년 4월 29일, 5월 22~25일, 28~31일자. 총독부는 이러한 과정을 거쳐 1944년에는 김포지역 여성들을 중심으로 부인농업보국대를 결성하기에 이른다. 『매일신보』 1944년 6월 7일자. 그러나 부인농업보국대는 일본에 파견활동을 목적으로 한 것이 아니라 식량증산에 여성노동력을 활용하기 위한 목적이었으므로 국내농촌지역 여성동원의 확대 양상이라고 할 수 있다.

할 때, 파견되었던 셈이니 일본농가에 대한 기여도는 적지 않았다.

3) 참가자 구성과 농민훈련기관의 관계

참가자의 선발 자격을 살펴보자. 충북도가 1941년 가을에 20명을 30일간 廣島현에 파견하고자 보국청년대원을 선발한 기사를 통해서 지원 자격을 살펴보면 다음과 같다. ① 町부락연맹 이사장, 애국반장, 도연맹 추진대원 ② 아직 일본 시찰의 경험이 없는 자 ③ 소학교 졸업 이상의 학력을 가지고 일본어를 잘 하는 자 ④ 근검 노력, 어떠한 곤란이라도 묵묵히 감내할 수 있는 자 ⑤ 봉사관념이 왕성하여 현재 농업에 종사하며, 다녀온 후에 농업에 종사함은 물론 부락의 중견이 되어 활동의 열의를 가진 자 ⑥ 연령 만 18세 이상 30세 미만의 자로서 품행이 방정하고 신체 건강한 자 등이다.[41]

1942년 5월에 파견한 4차 보국청년대원의 선발자격은 ① 도립의 長, 단기 농민도장, 개조농업보습학교졸업생으로 재학 당시 성적이 우수한 자 ② 귀향 후 농업생산보국운동에 진력하고 마을의 중핵으로서 활동하고 있는 자 ③ 스스로 농사에 종사하며 농사개선에 대해 상당한 체험을 가진 자 ④ 연령이 만 18세 이상 30세 미만으로써 품행이 방정하고 신체가 건강한 자이다.[42] 9차 (1943년 5월) 보국청년대원의 선발자격도 4차의 경우와 같다.[43]

반장은 농민도장 또는 개조농업보습학교 직원 중에서 일본인으로서 각도 별로 1명씩 선발한다. 반장의 자격조건은 어떠한가. 조선총독부가 밝힌 반장 (지도자)의 자격 및 역할은 다음과 같다. '농민도장 또는 개조농업보습학교 직원 중에서 각 도마다 내지인 지도자 1명을 선발하고 파견 전 기간을 통해 스스로 농업에 종사하는 한편, 대원의 지도를 담당하는 자' 이거나 '공립농민도장 또는 농업보습학교의 직원으로서 영농에 관한 실제적 경험을 가진 자' 였다.[44]

이상에서 살펴본 보국청년대 자격의 주요한 조건은 조직적으로는 국민정신총동원연맹과 밀접한 관련이 있거나 농민도장·청년연성소·훈련소 등 당국이 설립한 단기 훈련시설 출신이다. 당시 농민도장(이후 황민 도장)과 청년

---

41) 『매일신보』1941년 10월 19일자.
42) 조선총독부 농림국 농정과, 『農業報國靑年隊記』, 1942, 4~5쪽.
43) 조선총독부 농림국 농정과, 『皇農への道』, 12쪽.
44) 『농업보국청년대기』, 4쪽; 『皇農への道』, 12쪽.

연성대 등은 조선 내 60여 개소에 마련되어 있었다. 이들 기관의 출신자는 대부분 자소작농이나 소작농이었으므로 보국청년대원들도 경제규모는 큰 차이가 없었을 것이라 생각된다. 그렇다면 이들을 배출한 농민도장은 어떤 기관이며 어떠한 인물을 배출하였는가. 이들 기관은 총독부의 농촌통제정책 및 청년정책[45] 과 관련이 깊다. 그러나 양자 가운데 보국청년대 파견에 더욱 직접적으로 영향을 미친 것은 농촌통제정책이다.

당국의 대표적인 농촌통제정책인 농촌진흥운동의 전개 과정에서 '자력갱생'과 '중견인물양성'이 강조되었고, 이를 위한 구체적인 방법으로 수행된 것이 농민훈련소(농민도장, 혹은 농촌중견부인양성소, 농촌청년훈련소) 설립이다. 중견인물양성정책은 1930년대 전반기까지 '졸업생지도'가 중심이었으나, 1930년대 중반부터는 직접적인 농촌청년층이 운동의 대상이 된다.[46]

1932년부터 시작된 농촌진흥운동은 당국이 마련한 새로운 농촌통제책으로써 농촌경제의 타개방안으로써 수립되었다. 그러나 단순한 경제운동이 아니라 일본정신을 기초로 한 농가갱생운동이며 '유용한 황국신민의 육성'을 최종목적으로 하였다. 이 운동은 전체 조선농촌을 대상으로 관의 강력한 지도와 조직력을 뒷받침한 '국민운동'의 색채를 띠고 전개되었다. 농촌진흥운동은 조선총독부에 설치된 조선총독부농촌진흥위원회(1932년 9월 30일)의 주관 아래, 각 도와 郡島읍면에 농촌진흥위원회를 설치하고 전개했다. 면에는 면장(농촌진흥위원장)과 면서기가 중심이 되어 관의 행정사무와 농촌진흥운동을 일체화하였으며, 면 아래 행정보조기구인 동리에는 구장이 진흥회의 회장을 맡음으로써 농촌진흥운동은 말단농촌사회에까지 미칠 수 있는 체제

---

45) 총독부의 청년정책으로 1932년부터 전국 각지에 결성된 청년단도 전시 후방활동에 주력하였는데, 전시 후방활동에는 보국청년대와 유사한 활동이 포함되어 있었다. 전라북도의 경우에 청년단이 전개한 근로봉사활동 가운데에서 야학 수양, 방공훈련, 출정군인 환송영, 공동 時作과 아울러 '大森이라는 출정군인 집에 가서 부족한 일손을 거들어 추수를 돕는 일'을 찾을 수 있다. 和久歸農生, 「朝鮮に於ける靑年團運營指導の特異性とその實際」, 『朝鮮行政』1939년 7월호, 21～24쪽(허수, 「전시체제기 청년단의 조직과 활동」, 『국사관논총』88, 2000, 187쪽 재인용).

46) 이에 대해서는 富田晶子, 「農村振興運動下の中堅人物の養成-準戰時體制期を中心に」, 『朝鮮史研究會論文集』18, 1981(번역문은 「농촌진흥운동하의 중견인물의 양성」, 『일제 말기 파시즘과 한국사회』, 청아출판사, 1988년) ; 이기훈, 「일제하 농촌보통학교의 '졸업생 지도'」, 『역사문제연구』4, 2000 참조. 졸업생지도란 '졸업생의 농사개량을 통해 一家의 영농을 개선하고 졸업생의 근로를 통하여 전 가족의 근로에 미치고 지도생의 완성에 의하여 일가의 완성을 계획' 한다는 목적으로 시행한 중견인물양성정책이다. 이를 위해 도내 보통학교 가운데 몇몇 학교를 지정하여 졸업생들에게 지도를 실시하였다. 선정된 졸업생들은 '상당한 경작지를 가진 농가의 자제' 이거나 '학교에서 거리가 1.5리 내외 부락에서 연령 성분을 같이 하는 자' 라는 조건을 전제로 하고 있었으므로 그 영향이 전 농가에 미치기를 기대하는 것은 무리한 상황이었다.

가 형성되었다.

이러한 농촌진흥운동을 전개하기 위한 조직적 체제는 국민정신총동원운동의 전개와 아울러 새로운 국면으로 접어들었다. 국민정신총동원운동의 조직은 종래 농촌진흥운동의 조직체와 별도로 조직 운영되었으나, 전시생활의 철저를 위해 통제를 감수해야 한다는 원칙을 비롯하여 구체적으로 '생업보국' 의 정신 아래 증산을 강조하는 강령과 要目을 채택한 것으로 보아 양측의 연관성을 짐작할 수 있다. 이 연관성을 바탕으로 국민정신총동원운동의 조직이 애국반과 부락연맹을 결성하는 등 농촌진흥운동의 그것을 토대로 정비해 나가면서 상호 보완적인 역할을 해나가게 된다. 또한 전시체제로 돌입하면서 식량증산에 대한 수요가 증대하고 농촌재편성 문제가 요구되는 상황에서 종래의 농촌진흥운동은 국민총력운동에 흡수 통합된다. 이후부터 전시농업정책의 수행을 위한 농촌통제정책은 국민총력운동의 조직체가 주관해 나갔다.[47]

물론 보국청년대 파견사업은 국민총력운동의 기간 업무가 아니었다. 일제 말기에 접어들면서 조선의 농촌은 노동력 부족현상을 극복하기 위해 다양한 노력을 기울인다. 그 노력의 하나가 여성노동력의 활용이다. 그러므로 해외로 노동력을 송출하는 보국청년대 파견사업은 국민총력운동에서 중심적인 운동이 될 수 없었다. 그러나 보국청년대가 국민총력운동의 전개 과정에서 수행되었음은 확실하다.

보국청년대가 도일 직전에 거친 단기훈련시설은 농민도장·농업보습학교·농민훈련소 등이다. 이 가운데 가장 활발히 보급되는 훈련기관은 농민훈련소이다. 농민훈련소는 1933년 7월 경기도 양주군에 경기도농사훈련소 설치를 시점으로 전국 각지에 설립된다. 이는 특히 1935년부터 10년간 75,800여 개 전 부락을 대상으로 전개한 '갱생확충계획' 의 일환이기도 하였다. 농민훈련소 설립은 1935년에 들어서 정책적 차원에서 더욱 적극성을 띠게 된다. 1935년에는 농민도장 건물을 신축하거나 기존의 農業實修校를 농민도장으로 변경하는 제도적인 절차가 진행되었다.[48] 이러한 과정을 거쳐 이듬해에

---

47) 농촌진흥운동에 대해서는 선행연구가 다수 발표되었으나 이 가운데 농촌통제정책이라는 점을 중시하여 이 운동이 농촌사회에 미친 영향에 대한 연구는 김영희, 「1930, 40년대 일제의 농촌통제정책에 관한 연구「(숙명여자대학교 한국사학과 박사학위논문, 1996년)가 대표적이다. 김영희, 앞의 논문, 59, 61~62, 173, 180, 234쪽.

48) 『매일신보』 1935년 4월 20일자 ; 22일자 ; 23일자. 20일자 기사(「동래농민도장 사월중 건축 착

각 도별로 도지사가 훈령을 발하여 규정을 만들고, '농민도장' 이나 '농민훈련소' 의 설립을 명하게 된다. 이미 1934년 6월 17일에 충남에서 농촌훈련소 설치를 고시로 정하였고, 함경남도와 강원도에서는 1936년 4월 1일자로 각각 농민도장과 농민훈련소규정을 발표했다.[49] 1936년 총독부 당국이 밝힌 농민훈련소 훈련생의 계급별 구성을 보면, 자작농이 31.7%이고 자소작이 44.3%, 소작이 24%이다. 비록 소작이 24%나 차지하고 있으나 주류는 자소작 이상이었음을 알 수 있다.[50]

1936년 4월 1일에 발한 함경남도훈령 2호(함경남도 농민도장 규정)에 따르면, 함경남도 농민도장의 정원은 60명이고, 수련기간은 9개월 과정이며, 농민도장 부속농가에서 숙식을 하도록 되어 있다. 이들은 군수의 추천을 받아 입소여부가 결정되었다. 입소자격은 1, 20세 이상 30세 미만의 남자로서 보통학교나 심상소학교를 졸업하거나 이와 동등한 자격을 얻은 자 2, 신체 강건하고 지조견실하며 근로에 좋은 조건을 갖춘 자 3, 本道에 거주하며 현재 농업에 종사한 자로서 수료 이후에 농촌중견인물로서 활동할 자이다.[51]

농민훈련소에서는 주로 실습 위주로 훈련을 받았다. 충남 예산의 농촌청년훈련소에서는 '단련에 의해 적극적인 노동에도 이겨낼 수 있는 신체를 양성하기 위하여 매일 노동시간 목표를 12시간으로 한다' 고 규정하였다. 그 외 학과목은 수신과 국어(*일본어), '農民道' 라는 정신훈련 등이다. 그러나 정신훈련은 학과목 수업으로 그치지 않았다.

전북 진안군 농촌청년훈련소의 하루 일과를 통해 정신훈련의 정도를 살펴보자. 먼저 조석으로 신사참배와 조선신궁 요배·皇太신궁 요배·궁성요배·부모요배·훈화를 행하고 월례행사로 월 2회 국기게양일 행사, 월 2회 국체황실일 행사, 매주 일요일 사회봉사일 행사 외에 매월 30일에는 조회에

수」는 동래군 차원의 농민도장 건축 관련 기사이고, 22일자(「농업실수교를 농민도장제로 개선」)는 기존의 농업실습교를 농민도장으로 변경하는 내용에 대한 보도기사이며, 23일자 기사(「유림청년회 기부로 농민도장을 신설」)는 전남 고흥지방에서 유림청년회가 문묘건물을 농민도장으로 사용하도록 개축하는 내용이다.

49) 『조선총독부관보』2238호, 1934년 6월 17일자. 함남의 농민도장은 1936년 8월에 공사를 마무리하고, 宇垣총독이 참석한 가운데, 8월 1일 개장식을 거행하였다. 『매일신보』1936년 8월 4일자.

50) 조선총독부, 『農山漁村に於ける中堅人物養成施設の槪要』, 1936년(富田晶子, 앞의 글, 224쪽 〈표 5〉 재인용).

51) 함경남도훈령 제2호 「농민도장규정」, 『조선총독부관보』 2790호, 1936년 5월 5일자. 이후 농민훈련소의 수용인원은 증가하여 1940년에 평남도의 농민훈련소는 300명 규모로 확충되었다. 『매일신보』 1940년 1월 12일자.

서 칙어를 봉독하는 행사를 갖는다. 아울러 매월 2회 정신개발에 관한 강연을 하고, 매월 3일은 감사일로 정하여 각자 本家에 편지를 쓴다.[52]

함남 도지사가 발한 농민훈련소설립과 관련한 규정에는 설립목적을 '근로에 의해 황국농민의 신념을 배양' 하고 '지방에서 합리적 영농법을 修得하여 농촌갱생에 공헌' 하는 중견인물양성임을 명시하였으나, 1930년대에는 '문맹퇴치' 나 야학운영 등을 통한 교육에 치중하였고, '영농법 획득' 이나 '근로보국' 은 1940년대에 들어서 강조된 것으로 여겨진다. 1940년 1월 6일자 『매일신보』에 게재된 함남농민도장 출신 尹載源의 경험담을 보면, "일가의 생계를 부지할 수 없어 산중으로 들어가 연명"했던 윤재원이 농민도장의 훈련을 통해 익힌 근면과 합리적 영농방법의 도움으로 3년 만에 자작농으로 "광명스러운 갱생"을 획득했음을 알 수 있다. 앞에서 언급한 바와 같이 윤재원은 함남농민도장을 거쳐 같은 해 10월 보국청년대원으로서 일본에 파견되었다. 따라서 당국은 윤재원을 '농민도장을 거쳐 농촌갱생에 성공한', 농촌청년정책의 대표적인 사례로서 대대적으로 선전했다.

1930년대 후반에 농민훈련소에 대한 당국의 관심은 더욱 높아져 설치가 활발해졌을 뿐만 아니라 매년 도별로 농민훈련소와 농민학교장 회의를 개최하기도 하였고, 1940년부터는 농민훈련소에 대한 예산 배정이 증액되었다.[53] 단기농민도장이나 단기강습회는 1939년부터 설치되었으나 1942년부터 더욱 활성화되었다. 이를 위해 1939년에는 단기훈련기관의 운영을 위한 규정 등이 마련되었다. 이때 마련된 학습과정은 '정신적 훈육, 農民道 體究, 농어촌개척의 연구, 갱생농어가의 경영' 등이다. 또한 실습경영도 학습과정에 포함되어 있었다.[54] 1941년도에 들어서는 농림국장 주관 아래 전국농민도장長회의가 개최되어, 농민도장을 통한 생산성 확대를 논의하기도 했다. 이 자리에는 南次郎 총독이 참석하여 격려를 아끼지 않았다. 또한 같은 해 12월부터는 여성이 장기농민도장의 대상자가 되기 시작하였다.[55]

그러나 농민훈련소에 관한 농촌중견인물 대상자들의 관심은 당국의 추진

---

52) 富田晶子, 앞의 글, 227쪽.
53) 『매일신보』1939년 1월 25일 ; 1940년 1월 20일자.
54) 『매일신보』 2월 19일 ; 5월 9일자. 단기훈련기관 설치에 관해서는 『매일신보』 1939년 2월 25일 ; 5월 1일 ; 1941년 1월 17일 ; 19일 ; 2월 4일 ; 12월 14일 ; 1942년 3월 28일자 참조.
55) 『매일신보』 1941년 1월 17일 ; 19일 ; 2월 4일 ; 12월 14일 ; 1942년 3월 28일자.

의지를 따르지 못한 듯 여겨진다. 1939년 강원도는 농민학교와 농민훈련소의 입학지원자가 격감하는 현상에 대해 대책을 강구하고 있다.[56] 강원도가 분석한 지원자 격감의 원인은, 졸업자의 구직난과 이농에 대한 욕구이다. 농촌청년들이 농촌을 떠나려는 의지가 강함은 물론이고 '졸업자들이 농촌관련 기관에 취직을 하고 싶어 하지만, 여의치 않다' 는 점으로 보아, 당국이 양성하고자 하는 중견인물조차 직접 농사를 짓는 일이 아닌 관리직에 종사하고 싶어 한다는 점을 확인할 수 있다.

비록 농촌청년들이 농민훈련소 입소를 꺼렸지만 농민훈련소가 농촌청년으로부터 완전히 배척당한 것은 아니었다. 관제야학 운영이라는 당국의 정책으로 인해 1930년대 농촌청년들에게 농민훈련소는 일정한 유인력을 갖기도 했다. 1930년대에는 '농촌갱생' 이라는 실질적 측면보다 농촌진흥운동에 대한 일반인의 인식을 정착시키고 동원의 토대를 수립하고자 하는 단계였다. 특히 군 단위 농민훈련소는 서당출신이나 문맹상태의 농민들에게 '농촌야학'·'계몽야학' 이라는 이름 아래 무료야학을 개설했다. 야학운영은 문맹을 타파하여 농민의 생활상 불편을 덜어준다는 측면보다는 동원을 위한 사회교육의 일환으로 전개되었다.[57] 주로 교사들은 면사무소 직원이나 마을 내 보통학교를 마친 학력 소지자였는데, 조선어와 일본어를 가르쳤다. 이러한 과정은 무료로 운영되었는데, 교재도 무료 지급되었고 농사일이 끝난 저녁에 이루어졌으므로 청년들의 호응도는 높았다. 관제야학은 1940년대에도 계속 운영되었다.

일제 말기 관제야학의 일면을 구술사료를 통해 확인해 보자. 강제연행 경험자들 가운데 많은 수가 관제야학의 존재를 인지하고 있거나 관제야학을 거쳤다고 이야기하고 있다. 이 가운데 몇몇 예를 보면 다음과 같다. 전남 순천에서 태어나 해군 군속으로 일본지역에 연행되었던 서활원수 노인의 구술에 따르면, 야학은 여름 한 계절만 제외하고 1년 내내 계속 운영되었다. 장소는 마을의 회관이었는데, 이곳에서 조선인들은 일본어를 위주로 배우면서 조선

---

56) 『매일신보』 1939년 1월 24일자.
57) 『매일신보』 1938년 7월 22일 ; 12월 10일 ; 1939년 1월 17일 ; 2월 18일자. 1938년 7월 22일자를 통해 동래군수가 3개년 계획으로 관내 농민 전원이 교육을 받을 수 있도록 하겠다는 내용을 선전하면서 농민도장을 홍보하였다. 이들 야학은 道費에서 교본을 마련하여 배급하였고, 운영에도 직접 관여하였으므로 관제야학이다.

어도 조금 익힐 수 있었다. 이런 종류의 야학은 매년 운영되었는데, 젊은 처녀들도 참가를 할 정도로 젊은이들의 호응도가 높았던 것으로 기억하고 있다. 전북 장수에서 태어나 일본의 탄광으로 연행되었던 유길용 노인의 경우도 관제야학출신이다. 유노인은 '독립회관'으로 기억하는 장소에서 열린 야학에 '중견청년'들이 교사로 가르쳤음을 구술하고 있다. 유노인의 마을에서는 겨울에만 야학이 열렸는데, 학습내용도 일본어와 조선어였다. 두 노인은 동갑이었는데 이들이 경험한 야학은 약간의 차이를 나타낼 뿐, 농촌의 중견인물이 중심이 되어 무료로 운영했다는 점에서는 동일하다. 관제야학에 대해 이들은 무료로 공부를 가르쳐준다는 점에서 그다지 부정적인 기억을 갖고 있지 않았고 마을에서도 호응도가 높았던 것으로 기억하고 있다.[58]

보국청년대원의 자격은 청년단이나 농민훈련소 자격과 궤를 같이하고 있었고, 농민훈련소는 선발된 보국청년대원을 위한 단기훈련의 장을 제공했다. 그러므로 청년단 조직 및 농민훈련소 운영과 보국청년대는 불가분의 관계를 맺고 있었다. 보국청년대는 청년단과 농민훈련소 등 농촌진흥운동의 전개과정에서 수립된 정책의 구체적인 실천 사례였다. 비록 농민훈련소 설치나 청년단 운영이 보국청년대만을 위한 제도는 아니었으나 그 파생물이 보국청년대였음은 분명하다. 이들 정책에서 목적으로 한 '영농법 수득'을 통한 '농가갱생'을 구현하기 위해 직접적인 실천 대상으로 삼은 존재가 바로 보국청년대였기 때문이다.

3. 조선농업보국청년대의 성격

조선총독부가 생산한 자료에서는 보국청년대에 대해 일관되게 '내선일체'와 '총후보국'을 언급하면서, 영광스러운 '봉사'의 길을 찬양하고 있다. 그러나 보국청년대는 당국이 중견청년들에게 베푼 은혜도 아니고, 내선일체를 이루기 위해 온 몸을 바치며 선뜻 나선 보국의 길도 아니었다. 그저 무임금의 노동력 착취일 뿐이다. 보국청년대의 실체를 알기 위해 보국청년대원

---

58) 독립기념관 한국독립운동사연구소 소장 구술사료 - 서활원수(구술일자: 2001년 11월 11일자 구술. 면담자 : 정혜경, 면담장소 : 서울) ; 독립기념관 한국독립운동사연구소 소장 구술사료 - 유길용(구술일자: 2001년 11월 24일자 구술. 면담자 : 정혜경, 면담장소 : 전주시).

의 구술을 통해 일본에서 경험을 살펴보도록 하겠다.[59]

　　1926년에 김제에서 태어난 C노인은 자작농 집안에서 4남 2녀 가운데 장남으로 태어나 서당과 국민학교를 마친 상태에서 보국청년대에 참가하게 되었다. 당시 국민학교는 4년제와 6년제로 운영되었는데 그는 6년제를 다녔다. 서당에서는 3년간 수학을 했고, 6년제 국민학교를 마친 것으로 보아 농촌에서는 유식자에 속하였다고 생각된다. 본인 스스로도 일제 시대에 생활이 어렵지 않았다고 회고하고 있어서 비교적 경제적으로 안정된 상태에서 유년기를 보낸 것으로 여겨진다.

　　C노인은 1944년 봄에 19세의 나이로 郡의 지시에 따라 보국청년대가 되어 '내선일체'라는 명분 아래 일본 이바라키(茨城)현 西茨城府 北中村으로 파견되었다. 일본으로 출발하기에 앞서 전북 황등 소재 농민도장에서 일주일간 현지 적응훈련을 받았다.[60]

　　전북지역에서 50명이 간 것으로 기억을 하는데, 이들 50명은 이바라키현의 일본인 농가에 한 명씩 배치를 받아 농사일을 했다. 1개월(또는 3개월)[61] 정도 일을 한 후 다시 千葉縣의 비행장건설공사에 동원되었다가 7월 말경에 귀국을 했다. 경상도나 다른 지역에서 모인 보국청년대원들은 다른 지역에 배치 받은 것으로 기억했다.

　　농민도장에서 처음 만난 인솔반장(일본인)이 줄곧 함께 했는데, 이바라키현에서는 이들을 농가에 배치한 후 보이지 않다가 치바현으로 이동할 때 다시 나타나 인솔을 했고, 치바현에서는 줄곧 함께 생활한 후 귀국 당시에도 인솔을 했다. 인솔반장은 함바(노동자합숙소)에서도 이들과 함께 숙식을 했다고 한다. 인솔반장이 군인이나 경찰이 아닌 것은 확실하지만 구체적으로 어떤 존재였는지에 대해서는 기억하지 못했다. 파견될 당시부터 임금에 대한 약속은 전혀 없었고, 치바현의 비행장에서도 최소한의 용돈마저 지급되지 않았다.[62]

---

59) 독립기념관 한국독립운동사연구소 소장 구술사료.
60) 黃登의 단기농민훈련소는 1939년에 농촌중견훈련도장으로서 설립되었다. 『매일신보』 1939년 2월 2일자.
61) C노인은 이바라키현에서의 생활을 처음에는 1개월로 증언했다가 후에 다시 3개월로 정정했다. 그러나 치바현으로 이동하여 노무동원에 종사한 기간과 귀국 일시 등을 따져볼 때 이바라키현의 생활이 3개월에 달한 것은 아니라고 판단된다.
62) 조선총독부는 "봉사작업종사중의 식사는 배속농가의 가족과 함께 하고 농가로부터 사례 등은 일체 받지 않는다"고 하여 무임금노동을 명시하였다. 『농업보국청년대기』, 4쪽.

비행장에서는 일을 하는 동안에 휴일이나 외출은 전혀 없었다. 식사는 쌀밥을 제공해 주었는데 별로 불편함은 느끼지 못했다. 전북에서 출발한 50명이 모두 같이 치바현의 비행장에서 일한 후 7월 말 이후에 같이 귀국을 하게 되는데, 귀국에 즈음하여 일본군 장교가 전원에게 표창장을 수여하고, 귀국 직후에도 도청에서 마련한 성대한 환영식에 참석하는 등 환대를 받았다.

C노인은 귀국한 이후에 경찰시험에 응시하여 합격하고 김제와 정읍, 부안 등지에서 경찰로 근무를 하던 중 해방을 맞이하였다. 일제 말기에 일반적으로는 경제적으로 어려운 상황이었으나 C노인의 경우에는 경찰월급(월 24원으로 기억)을 받으면서 자작농으로 농사도 지었으므로 어려움을 느끼지 못했다고 한다. 해방 이후에도 계속 경찰로 근무하였으나 농사일을 위해 7~8년 만에 퇴직을 하였다.

C노인의 구술사료를 통해 알 수 있는 내용은 자작농의 아들이면서 국민학교 졸업의 학력을 가진 구술자가 군으로부터 선발되어 농민도장에서 1주일간의 훈련을 통해 보국청년대원으로서 일본에 파견되었다는 점이다. 그런데 일본 농가에서 일을 하는 것으로 그치는 것이 아니라 3개월 이후에 다시 치바현의 비행장에서 노무 동원에 종사한 이후 귀국을 했다. 그 후 그는 성대한 환영을 받은 후 경찰생활을 하게 된다.

이상의 내용에서 특징적인 점은 첫째, 보국청년대가 농촌지역 파견에 그치지 않고 노무 동원에까지 동원되었다는 점이고, 둘째, 농사기술을 익힌 것이 아니라 노동력을 제공하고 왔다는 점, 셋째, 귀국 이후 경찰이라는 자리를 통해 대민통제업무를 담당하는 지배권력의 하부층에 편입되었다는 점이다.

일제 말기는 조선의 전 민중이 인력 동원과 물자 동원의 대상이 되었던 시기였다. 끌고 가는 자, 끌려가는 자, 모두 이 상황을 벗어날 수 있다고 생각한 사람은 극소수였다.[63] 군속지원서를 쓴 사람 가운데에는 군의 직원도 있

---

63) 구술사료수집을 위해 찾은 노인회관에서 '끌고간 자'(구장)와 '끌려간 자'가 동석을 하는 경우도 있다. 양자가 직접 이해 당사자는 아니었지만, 당시에 그러한 역할을 담당한 노인들이 동석을 하는 경우가 종종 있다. 물론 강제연행의 하부수행자로 역할을 담당한 구장 출신의 노인이 자신 있게 증언에 임하는 경우는 없다. 짐짓 잘 들리지 않은 척 하면서 질문을 회피한다. 그러나 다른 노인의 증언이 진행되는 동안에, 간간히 인터뷰에 끼어들어 당시 자신이 수행했던 역할의 불가피성

었다. '어차피 가게 될 것이라면 조금 더 돈을 많이 주는 데로 가자'고 생각한 것이 '죽을 고생'이 될 줄은 몰랐던 것이다.[64] 동원은 1회로 그치지 않는 경우도 있었다. 다중동원이다. 근로보국대로 강제노동에 종사한 이후에 다시 탄광으로 끌려가거나, 계약 만기로 귀국한 노무자 출신이 다시 동원되는 등 인력 동원을 위한 당국의 의지가 매우 강하던 시기였다.[65]

*"(*강제연행에 대해서) 말, 말은, 말하는 사람은 없었지. 그때 그때만 해두 젊은 사람들은 다 어디로 가던지, 가게 마련잉게. 일 하러 이북으루 가나. 일본으로 가나. 일 하러 가게 마련잉게로."[66]*

1941년에 규슈(九州) 탄광으로 연행되었던 박승철 노인(1914년생)의 말이 아니더라도 농촌의 청년들은 인력공출에서 자유로울 수 없다는 점을 잘 알고 있었다. 그러므로 강제연행관련 구술사료수집과정에서 한결같이 들을 수 있는 '그 시대는 그런 시대였다'는 이야기는 지난 시절에 대한 후한 평가로만 치부될 수 없다. 주변의 젊은 사람들이 하나씩 둘씩 사라지는 상황에서 반전운동을 일으키거나 연행거부와 관련한 시도는 할 수 없는 상황이었다. 더구나 매일 매일 한반도 전국을 뒤흔드는 전승보로 인해 '세계가 일본 천하가 될것이다'는 사회적 분위기를 거역할 수 있는 조선농민은 소수였을 것이다.[67] 그런데 이에 비해 보국청년대원들은 단기간 노동에 귀국 이후에도

을 표출하는 경우는 볼 수 있다. "그래도 내가 미리 알려주고 그래서 많이들 피했지"라던가 "안 그러고 어떻게 살았간?" 등등. 누구도 거부할 수 없는 상황에서, 자신이 구장이므로 그 일을 담당했을 뿐이라는 변명에 대해 동석한 강제연행의 피해자들이 크게 면박을 하지 않는 모습은 단지 세월이 지났기에 가능한 상황이라고 여겨지지 않는다. 양측 모두 험난한 한국현대사의 한 복판에 있었음을 공감하기 때문일 것이다.

64) 우영철 구술사료(1997년 한국정신문화연구원 수집 자료. 면담자 : 정혜경, 면담장소 : 강원도 평창군 진부면).

65) 1927년 전북 익산에서 태어난 김월섭은 근로보국대(군산, 신태인, 김제, 평북)와 노무자(九州) 등 총 5회에 걸쳐 동원되는 불운을 겪기도 했다. 독립기념관 한국독립운동사연구소 소장 구술사료 - 김월섭 구술(구술일자 : 2001년 11월 24일자 구술. 면담자 : 정혜경, 면담장소 : 전주). 그 외에 2차로 연행된 경우나 노무 동원으로 노역을 하던 도중에 징병으로 연행된 경우도 다수 확인된다. '일제강점하강제동원피해진상규명등에관한특별법제정추진위원회'가 주관한 구술사료수집작업의 구술자 54명 가운데 5명 정도가 2차·3차 연행을 경험한 다중동원의 피해자였다. 창녕지방에서 연행된 경험자를 대상으로 한 현지조사결과에 따르면, 생존자 55명 가운데 총 4명이 여기에 해당된다. 윤상대와 김길두, 김복양은 노무 동원을 2회 겪은 경우이고, 김종기는 야하타 철공소에 근무 도중 징병으로 연행된 경우이다. 강제연행생존자증언집편집위원회, 『채인돌』, 창녕박물관, 2000.

66) 독립기념관 한국독립운동사연구소 소장 구술사료 - 박승철 구술(구술일자 : 2001년 11월 24일자 구술. 면담자 : 정혜경, 면담장소 : 경기도 구리시).

67) "사실 말이지 그렇게 조속한 일본의 패망을 내다볼 수 있었던 사람은 거의 없었으니까. … 싱가포

생활의 어려움을 느끼지 못한 상황이었다. 그런 시기에 단 기간의 '봉사'로 시대적 상황에서 벗어날 수 있었던 보국청년대의 실체는 무엇인가. 일제 말기에 신체 건장한 조선인 장정이 비교적 고향에서 편안하게 지낼 수 있었던 상황은 어떻게 이해할 수 있는가.

일제 말기에 초등교육이나 그에 준하는 교육과정을 마친 중소지주 출신의 농촌 청년들이 일제의 치밀한 계획적 동원정책에 대해 어떠한 대처가 가능한 상황은 아니었다. 이들은 자신들의 의지와는 상관없이 당국에 의해 선별되어 '중견인물'이라는 허울을 쓰고 무임금노동에 종사해야 했다.[68] 주변에서 모든 조선 청년들이 국내와 일본, 미크로네시아(남양군도) 등지에서 강제노역에 동원되는 것을 목도하면서도, 식민체제 자체를 거부할 조직력을 갖지 못한 개인이 할 수 있는 역할은 원천적으로 차단되었다고 할 수 있다. 어떤 형태로든지 동원의 대상에서 제외되는 것이 불가능하다면, 가능하면 조금이라도 편안하고 안전하며 단기간으로 면하는 것이 상책일 것이다.[69]

그렇다면 보국청년대의 성격에 대한 해답은 당국의 인력공출 정책에서 찾아야 한다. 일제는 농촌진흥정책 과정에서 시작된 농촌정책을 전쟁 수행과 연결 지어 단계별, 계층별로 노동력을 활용할 필요가 있었다. 노동력 외에 이용할 여지가 없는 하층 농민들은 국내외의 노동력으로 활용하고, 조금이라도 말단인력으로서 역할을 할 수 있는 농민에 대해서는 강제연행의 화살을 피하고 지배층의 말단이나마 편입할 수 있는 기회에 대한 기대감을 나타냄으로써 조선 농민에 의한 농촌통제의 방식으로 삼고자 하였던 것이다. 그로 인해 일제의 통치가 아무런 방해나 위협에 처해질 리 없고, 경제적인 비용이 추가되는 것도 아니었다. 그러한 방식을 통한 부가가치는 매우 컸다.

남보다 조금이라도 더 배웠고, 가진 것이 있다면, 힘든 탄광이나 멀리 남양군도 등지로 끌려가지 않고 단기간의 무임금 노동으로 대체할 수 있다는 것은 상당한 이점으로 인식되었다. 이러한 혜택을 입은 보국청년대원들이 귀국

르 함락 '전승경축일'에는 남양에서 노획한 고무로 만든 공이 조선의 그 북단 시골 국민학교 아동들에게까지 선물로 나누어졌다. … 대일본제국은 '영구불멸'이고 전쟁은 '필승'이었다" 이영희, 『歷程 – 나의 청년시대』, 창작과 비평사, 1988, 35쪽.
68) 그러나 보국청년대원들은 무임금 노동에 크게 개의치 않은 듯하다. C노인은 용돈마저도 지급하지 않는 무임금 노동에 대해 당연한 것으로 여기고 있었다.
69) 당시 C노인은 결혼한 직후였고, 장남으로서 농사일을 주도적으로 해야 하는 입장이었으나 보국청년대 파견을 피하거나 도주를 고려해 볼 상황이 아니었다.

이후 일제에 더욱 순응하게 된다는 점은 총독부 당국이 기대한 또 하나의 노림수였다. 청년대 파견과 관련된 각종 환영행사는 물론이고, 귀국 직전에 현지에서 이루어지는 간담회와 귀국 직후 국내에서 열리는 귀환보고대회 등은 청년대원들에게 이들의 활동이 갖는 의미를 되새기게 하는 데 기여했다.

조선총독부 당국의 입장에서 볼 때, 보국청년대는 일본 당국이 내세웠던 '내선일체'와 '총후보국'은 물론이고, 중견인물 양성의 성과물이라는 점에서 상징성을 갖는 존재였다. 조선총독부는 보국청년대를 통해 "(*보국청년대원들은) 농촌의 중견자로서 반도를 대표한다는 自重과 자긍심을 갖고 파견의 취지를 명확히 파악한 純情有爲한 청년. 반도와 가장 관계 깊은 농업국으로서 알려진 중국(*일본의 중국지방을 의미)의 4현, 진흥이 현저한 13개 우량 町村, 壯丁의 應召로 심각한 일손부족을 느끼는 질박한 농가. 이러한 좋은 조건에 혜택을 받아 시일이 지나면서 작업의 진전에 따라 청년과 농가 및 농촌의 친밀함은 더욱 깊어지고 융합은 더욱 깊어가 드디어 서로 아버지라고 부르고 어머니라고 하며 자식과 같이 이끌어 가는 사이에 內鮮이라는 소리는 물론, 內鮮이라는 단어조차 초월하여 조선통치의 최고 지표인 내선일제를 땅에서 실천"하고자 했다.[70] 농촌통제정책을 통해 선발한 조선의 청년들, 좋은 조건의 혜택을 입은 청년들을 일본 농가에 파견하여 일손 부족을 해결하면서 내선일체를 이루려는 것이 조선총독부의 궁극적인 목적이었다.

이상에서 살펴본 내용에 따라 보국청년대의 성격을 규정하면, 보국청년대는 강제연행·강제노동 가운데 노무동원의 범주에 해당한다.[71] 보국청년대는 당국의 농촌통제정책에 따라 수립된 농촌청년층에 대한 동원정책의 산물이다. 당국은 1930년대부터 수립한 농촌정책에 따라 전국을 대상으로 지배정책의 지지 세력과 하부 수행자층을 양성하는 데 그치지 않고, 선진 영농법 습득과 내선일체를 내세우며, 이들의 노동력을 동원하였다. 당국은 파견대상자의 선정에서 훈련과정, 귀국 이후에 부가효과를 극대화하기 위한 노력(귀국 이후 합숙훈련)을 아끼지 않았다. 그에 대해서는 정신적·현실적 보상이 주어졌다.

---

70) 조선총독부 농림국 농정과, 『農業報國靑年隊記』, 4~5쪽.
71) 이 점에 대해서는 앞에서 소개한 박경식과 히구치 유이치가 모두 해당된다. 요시자와의 경우에는 원농 활동 외에 '군 직영의 긴급공사'에서 일을 해야 했던 점을 들어서 '전시동원'과의 의미를 파악했다. 요시자와 앞의 글, 589쪽.

그러나 실제적으로 이들의 파견활동은 당국이 내세운 논리와 같이 조선농촌사회를 변화시키는 데 기여하지 못했다. 당국도 농촌사회의 변화를 의도한 것은 아니었다. 당국은 귀국한 보국청년대원들을 농촌의 영농지도자가 아닌 경찰 등의 하부수행자로 활용하였다. 설사 청년들이 조선농촌을 개량하고자 한다 하여도 그것은 가능한 일이 아니었다. 토지소유문제나, 종자개량, 시비방법, 농기구개량 등 조선농촌문제의 걸림돌에 대한 근본적인 해결 없이 몇몇 청년들의 근면성만으로 생산력 향상은 기대하기 어려웠기 때문이다.[72]

4. 맺음말

일제 말기 강제연행·강제노동의 역사는 현재 이해하고 있는 사실 이상으로 다양한 스펙트럼을 갖고 있다. 이 글은 일제 말기에 전개된 강제연행·강제노동의 다양한 양상을 파악하고 공백을 채우고자 하는 데 목적을 두었다. 이를 위해 당국이 조선의 농촌청년들을 대상으로 수행한 보국청년대의 파견목적, 파견과정 및 실태에 대한 고찰을 통해 강제연행의 또 다른 양상을 제시하였다. 소지주 정도의 경제력과 국민학교 정도의 교육을 받은 농촌 청년들이 '내선일체'와 '선진 영농법 습득을 통한 조선농촌 갱생'이라는 미명 아래 일본 농가와 토목노동현장에 파견되어 단기간 노역을 제공한 후 귀국한 것이 보국청년대의 실체이다. 농민훈련기관을 통한 농촌훈련생 양성 과정은 보국청년대를 이해하는 데 직접적인 영향을 미친다. 농민훈련소와 농민훈련소가 운영하는 관제야학에서는 정신훈련과 근로훈련이 교육과정의 중심이 되었다. 이러한 엄격한 규율을 강조하는 당국의 농촌청년정책에 따라 양성된 조선의 청년들이 보국청년대로서 파견되었다.

보국청년대의 역사는 강제연행·강제노동의 역사 가운데 극히 소수인 3,000여 명이 경험한, 하나의 작은 사례이다. 그러나 일제 말기에 대한 완전한 역사적 복원이 이루어지지 못하고 있는 상태에서 이러한 작은 사례의

---

72) 또한 귀국한 청년들이 반드시 농업에 전념한 것은 아니었고, 경우에 따라서는 일본으로 다시 동원되어 노동력을 수탈당한 경우도 있었다. 樋口雄一, 앞의 책, 244쪽.

규명은 강제연행·강제노동이라는 사실에 다가서는 데 필수적인 과정이라고 생각한다.

이 글은 구술사료를 중심으로 문헌사료를 채용하는 방식을 사용했다. 문헌사료는 '영농기술을 배우기 위해 도일한 조선인 중견인물의 성과'에 대한 내용으로 일관하고 있다. 이에 비해 구술사료는 보국청년대가 무임금 노동력을 제공한 강제연행·강제노동의 일환이었음을 확인해 주고 있다. 나는 2001년에 '일제강점하강제동원피해진상규명등에관한특별법제정추진위원회'가 주관한 구술사료수집사업을 수행하는 과정에서 수집한 구술사료를 통해 구체적인 실태를 파악할 수 있었다. 그런 점에서 이 글의 가장 큰 기여자는 바로 소중한 경험을 풀어내준 구술자이다.[73]

---

73) 이 글은 「일제 말기 강제연행 노동력 동원의 사례 : 조선농업보국청년대」(『한국독립운동사연구』18, 2002)를 대폭 수정 보완했다. 이 글에서 구술사료를 인용할 때, 구술자의 이름이 밝혀짐으로써 구술자 본인에게 불편함을 끼칠 수도 있다고 판단되는 구술자는 익명을 사용했다.

4 조선인 군노무자

1. 머리말

국내에서 강제연행·강제노동에 관한 전문적인 연구가 시작된 시기는 1980년대 중반이라 할 수 있다.[1] 그러나 20년 가까운 연구기간에도 불구하고 범주와 정의 등 성격 규명에 대한 본격적인 논의는 시작도 하지 못한 상태라고 평가된다. 현행 연구에서, 1938년 이후 일제에 의한 인력동원을 분류할 때, 노무동원·병력동원·준병력동원·여성동원이라는 네 가지 분류가 일반적으로 사용되었다. 이 분류기준은 문제점이 적지 않으므로 자료 발굴 및 史實 규명 진전에 따라 새로운 설정이 이루어질 필요가 있다.[2] 분류기준과 범주 논의에서 가장 난제는 군속의 자리매김이다.

최근의 분류기준과 범주 논의를 통해 군속의 자리매김을 살펴보면, 다음과 같다. 가장 일반적인 범주화는 세 가지 분류이다. 첫째, 김영달은 노무동원(모집, 관알선, 징용, 군요원), 병력동원(지원병, 징병, 준병사), 여성동원(여자정신대, 일본군위안부)으로 분류했다. 둘째, 2003년에 보건복지부가 한국정신문화연구원에 의뢰하여 수행한 연구용역과제인 「일제하 피강제동원 실태조사연구」(연구책임자 : 권희영)에서도 노무동원(기존의 노무동원에 여자근로정신대 포함)·병력동원(군인, 군속)·성동원(일본군위안부) 등 세 가지로 범주화하였다.

두 가지로 분류한 경우는, 山田昭次·古庄正·樋口雄一의 분류이다. 노동동

---

1) 비록 1964년에 북한 연구자 이국순의 「일제 말기 조선인강제징용에 관한 고찰」(『역사과학』5월호)이 1970년에 일본어로 번역되어 소개가 되었고(『통일평론』73호), 1973년에 김대상의 『일제하강제인력수탈사』(정음사)가 발표되었다. 그러나 본격적인 연구의 물꼬를 튼 것은 허수열의 노동력 동원에 관한 연구(「조선인노동력의 강제동원의 실태」, 『일제의 한국식민통치』, 정음사, 1985)로 평가된다.
2) 강제연행의 범주 및 분류기준에 대한 내용은 이 책 제1부 「조선인 강제연행·강제노동 연구, 미래를 위한 제언」 참조.

원(모집 · 관알선 · 징용, 여자근로정신대)과 군사동원(병사 – 지원병 · 징병, 군요원 – 군속 · 군부, 군위안부)으로 대별했다. 나는 노무동원(여자근로정신대, 군노무자 포함), 병력동원, 준병력동원(포로감시원), 성동원 등으로 기존의 네 가지 분류를 중심으로 세부 분류를 수정했다.

네 가지 예를 중심으로 내용을 구체적으로 살펴보자. 김영달의 분류는 군속을 준병사(해군설영대와 포로감시원)와 군요원(기타 군속과 軍夫)으로 구분하여 준병사는 병력동원에, 군요원은 노무동원에 포함한 것이 특징이다. 이에 비해 한국정신문화연구원의 분류는 군속을 세분화하지 않고, 병력동원에 포함시켰다.

세 가지 범주로 파악한 또 다른 연구에는 히구치 유이치(樋口雄一)도 포함된다. 그동안 연구의 진전으로 인해 군인으로 징집된 조선인 가운데에서 상당수가 농경대나 특설작업대, 특설대라는 이름으로 노동력을 제공했음이 밝혀지고 있다.[3] 이를 근거로 군인과 군속을 동일한 범주에 포함하는 의견을 제시했다. 히구치는 군속 가운데 군노무자를 '兵的인 조선인 동원자'로 규정하여 노무동원과는 구별하여 범주화하였다. 히구치의 구분에 의하면, 군노무자는 특설대나 농경대와 같은 성격의 병력동원대상자가 된다.[4]

두 가지 분류인 山田昭次 · 古庄正 · 樋口雄一 분류는 동원주체에 충실한 분류이다. '병력'이 아닌 '군사'라는 용어를 사용하여 노동의 성격을 병사와 군요원으로 세분화했다. 그러나 포로감시원 문제는 여전히 미결이다.[5]

내가 한 분류는 네 가지 분류체계를 중심으로 하지만, 여자근로정신대와 군노무자를 노무동원에 포함했다는 점에서 기존의 분류와 다르다. 이 분류는 인력동원의 범주화나 분류 자체가 여전히 과도적이라는 점을 전제로 한 분류이다.

그 외에 츠카사키 마사유키(塚崎昌之)는 1945년 3월 이후를 병력과 노무동원의 구분이 없이 '혼연일체화한 시기'로 설정하고, 시기별로 각기 다른 범주 설정이 필요하다는 점을 강조하기도 했다. 이는 조선인징병제를 통해 동원한 병사로써 병참부대를 강화하고자 한 시기가 1945년 3월 중순 이후라는 자신

---

3) 北原道子, 「朝鮮人兵士を主に編成された日本陸軍特設作業隊 · 臨時勤務隊について—北海道と樺太の場合」, 『在日朝鮮人史研究』32, 2002; 塚崎昌之, 「濟州道における日本軍の本土決戰準備」, 『靑丘學術論集』22, 2003.
4) 樋口雄一, 『戰時下朝鮮の民衆と徵兵』, 總和社, 2001, 173쪽. 그러나 필자는 징병제에 의한 동원대상자였던 농경대 및 특설대와 군노무자는 동원 방법이나 동원의 목적이 달랐다고 파악하여 별도로 이해한다.
5) 山田昭次 · 古庄正 · 樋口雄一, 『朝鮮人戰時勞働動員』, 岩波書店, 2005, 38쪽.

의 입론에 근거한다.[6] 이 주장은 후방부대에 적용이 가능할 것이다.

위의 새로운 범주 설정에서 나타나는 공통점은 기존에 '준병력동원'으로 불리던 노동력에 대한 재인식이다. 그러나 이러한 의견들이 정확한 것이라고 보기는 어렵다. 현재 규명된 인력동원의 모든 사례를 포괄한 것이 아닐 뿐만 아니라, 군속을 병력동원으로 포함한 연구자들의 근거도 여전히 미약하기 때문이다.[7] 해군설영대와 포로감시원은 동원목적이나 근무 내용이 동일하다고 볼 수 없다. 또한 위의 구분에서 노무위안부는 성동원이나 노무동원 어디에도 포함되지 않는다.

지금까지 진행된 논의의 진전된 내용은 군속을 노동 내용과 동원 목적에 따라 세분화했다는 점이다. 만약 군속을 단일한 성격으로 볼 경우에는 어느 분류에도 적합하지 않다. 예를 들어 군속을 노무동원에 포함할 경우에는, 포로감시원의 성격이 적절하다고 보기 어렵다. 또한 1943년까지 군속의 동원을 군이 주도적으로 주관하였음을 볼 때, 노무동원으로 분류하기에는 적절하지 않다. 그렇다고 군속을 병력동원에 포함하는 것도 적절하지는 않다. 관리주체가 군이라는 점은 명백하다. 그러나 포로감시원을 제외하면, 노동의 내용이 노무와 차이를 보이지 않기 때문이다. 경험자들의 인식에서도 노무와 구분은 모호하다. 후쿠오카의 제4연료창과 같이 광부로서 노역을 한 군속 경험자가 스스로 군속이었다고 인식하지 못한다. 심지어 군속명부에 등재된 생존자가 스스로 노무자였음을 강하게 수장하기도 한다. 30만 명이 넘는 군속 가운데, 군속으로서 군이 발부한 영장을 받아서 송출된 경우는 소수이다. 징용영장으로 연행된 이후 현지에서 군속의 완장을 차게 된 경우가 많다. 남양군도와 같이 현지의 기업에 근무하던 조선인을 전쟁 발발 이후에 일괄적으로 군속으로 동원한 경우도 드물지 않다. 군속 전환은 단지 관리주체가 기업에서 관으로 변경된 것뿐이다. 그런데 동일하게 군부대가 근무지라는 점으로 인해 동일한 성격으로 파악하는 것은 당시 상황에 대한 이해가 부족한 결과라고 생각된다.

그렇다면 원호와 恩級이라는 점에서 군속은 어디에 포함되어야 하는가. 군

---

6) 츠카사키는 인력동원시기를 모집기(1939.9~1942.1), 관알선기(1942.2~1944.8), 징용기(1944.9~1945.3), 징병기(1945.4~8)로 구분하고 제 4기인 징병기에는 병사로서 소집하여 노동력으로서 사용했음을 강조했다.

7) 김영달이 해군설영대와 포로감시원을 '군병사'로 지칭하며 병력동원에 포함한 근거는 일본당국이 군속을 병력으로 이용했다는 점이다. 이에 비해 한국정신문화연구원이 군속을 병력동원에 포함한 근거는 軍部가 동원주체였고, 군속이 군과 관련한 현장에서 근무를 한 점 등이다. 金英達, 『金英達著作集2 - 朝鮮人强制連行の研究』, 明石書房, 2003 , 41쪽.

속은 육군성령과 해군성령에 의해 급여가 규정되어 있고, 전후에는 '전상병자
전몰자유족등원호법'에 의해 보상을 받았다.[8] 이 점을 보면, 군속은 일본군의
직접 관리대상이었고, 동원 주체도 군이었다. 그러므로 명백히 병력동원, 혹은
군사동원의 범주에 해당된다.

이같이 군속을 어디로 범주화할 것인가 하는 점은 고려해야 할 점이 많다.
동원주체를 중시할 것인가 또는 동원의 목적과 노동 내용을 중시할 것인가에
따라 구분은 달라질 수 있다. 전자를 기준으로 한다면 일본군위안부피해자의
경우에도 병력동원이 될 수 있다.

나는 동원목적과 노동내용을 중시하는 편이 타당하다고 생각한다. 그렇다면
징병제에 의한 동원대상자였던 농경대 및 특설대와 군노무자가 비록 동일한
성격의 일을 했다 하더라도 동원 방법이나 동원의 목적은 달랐다고 파악하여
별도로 이해하는 시각이 필요하다.[9] 인력동원의 범주화는 향후 연구의 진전 및
시각에 따라 새로이 정립될 수 있을 것으로 기대한다.

군속(軍屬)에 대해서는 1980년대부터 일본에서 우쓰미 아이코(內海愛子)의
연구가 발표되기 시작하였는데, 2000년대에 들어서는 국내에서도 연구논문이
발표되었다. 이들 논문은 크게 실태론을 다룬 연구와 군속들의 저항을 다른 연
구 및 보상에 관한 연구 등으로 나눌 수 있다.[10] 이들 연구는 군속에 대한 이해
가 제한적이고, 범주나 개념 정리가 이루어지지 않아 자의적이고 포괄적으로
사용하고 있음을 한계로 언급할 수 있다. 즉 '군에 속해 있다'는 의미의 군속이

---

8) 일본군의 원호 체계에 대해서는 남상구의 연구가 주목된다. 南相九, 「전후 일본에 있어서의 전쟁 희
   생자의 '기억' − 국가에 의한 전몰자 추도 · 현창 · 보상」, 2004학년도 千葉대학 박사학위청구논문.
9) 츠카사키는 최근에 재일조선인사연구에 수록한 논문을 통해 농경대나 특설대와 같은 병력은 단지
   노동력을 착취하는 데 그치는 것이 아니라 본토결전에서 마지막 총알받이로 사용할 목적을 가지고
   있었다는 주장을 제기했다. 塚崎昌之, 「朝鮮人徵兵制度の實態」, 『在日朝鮮人史硏究』34, 2005.
   68~70쪽.
10) 內海愛子, 「アジア民衆から見たBC級戰犯裁判−蘭印法廷の朝鮮人戰犯」, 『記錄』5, 1979; 內海愛子,
   「朝鮮人BC級戰犯の記錄−難航する遺骨返還」, 『朝鮮硏究』201, 1980; 內海愛子 · 村井吉敬, 백남철
   편역, 『조선인 반란』, 국문사, 1981; 內海愛子, 『朝鮮BC級戰犯の記錄』, 勁草書房, 1982; 三田登美
   子, 「戰時中の田奈部隊彈藥つくりの朝鮮人勞働者」, 『在日朝鮮人史硏究』12, 1983; 海野福壽 · 權丙
   卓, 『恨−朝鮮人軍夫の沖繩戰』, 河出書房新社, 1987; 海野福壽, 「朝鮮人軍夫の沖繩戰」, 『明治大學
   駿台史學』73, 1988; 臼杵敬子, 「韓國舊軍人 · 軍屬 · 徵用者 · 遺族22人の肉聲全證言」, 『週刊 ポス
   ト』, 1990; 內海愛子, 「朝鮮人軍人 · 軍屬たちの戰後」, 『季刊 靑丘』6, 1990; 內海愛子, 『朝鮮人皇軍
   兵士たちの戰爭』, 岩波書店, 1991; 樋口雄一, 『皇軍兵士にされた朝鮮人』, 社會評論社, 1991; 今村嗣
   夫, 「'上官'の命令を裁く−元朝鮮人軍屬'BC級戰犯者'の訴え」, 『ミレ』29, 1992; 內海愛子 · 臼杵敬
   子 外, 「'軍隊慰安婦''BC級戰犯'と戰後補償」, 『狀況』, 1992; 內海愛子, 「朝鮮人戰犯」, 『季刊 靑丘』
   13, 1992; 內海愛子, 「戰後處理と朝鮮人BC級戰犯」, 『歷史評論』508, 1992; 平湯眞人, 「BC級戰犯裁

단일한 성격의 구성원으로 이루어지지 않았음에도 불구하고, 군속=포로감시원으로 인식하는 것이 일반적이었다. 특히 연구의 대상이 군속 가운데에서 극히 소수인 포로감시원과 그로 인해 발생한 BC급 전범에 치우쳐 있다.

이 글은 군속 가운데 노동력을 제공한 피동원자를 군노무자로 지칭하고, 노무동원이라는 측면에서 살펴보고자 한다. 구체적으로는 군노무자로 동원된 조선인들의 연행과정과 생활실태 및 귀환과정이 해당된다. 이를 위해 매일신보와 조선총독부 관보 등 문헌사료와 구술사료를 활용하였다. 그러나 군노무자가 송출된 전체 지역을 대상으로 한 연구는 논문 한편으로 가능한 작업이 아니므로 이 글에서는 구술사료를 통해 확인한 지역으로 한정하여 살펴보지 않을 수 없다. 군노무자에 대한 상세한 사실 확인을 위해서는 파견 지역 각각의 연구가 필요하다. 그러므로 이 글은 군노무자에 대한 전체적인 이해를 돕는 데 그칠 수밖에 없게 되었다.

2. 군노무자의 동원 실태[11]

군속의 사전적 정의를 보면, '軍務員의 구 용어'로서 육·해군에 종속하는 문관, 문관대우자, 工員·雇員·庸人 등 「군속선서」 또는 「군속독법」에 의해 복무하는 일체를 총칭한다. 군속은 군인이외의 신분인데, 군인의 경우와 같이 국가의 관리인 문관과 兵에 상당하는 고원·용인으로 구별된다.[12]

조선인에 대한 군속동원과 관련하여 일본 당국의 통계자료에는 군속과 군요원의 용어가 혼재되어 나타나고 있고 '軍夫'라는 용어도 사용된다.[13] 즉 군인

判が問いかけうもの」, 『季刊 靑丘』18, 1993; 内海愛子, 「韓國·朝鮮人元BC級戰犯の國家補償裁判-歷史の不條理に苦しむ人人に司法が追い打ちをかけた」, 『世界』628, 1996; 内海愛子, 「朝鮮人BC級戰犯問題を語る」, 『社會民主』507, 1997; 丹羽雅雄, 「在日韓國人元軍屬の戰後補償-鄭相根大阪地裁判決の意義と課題」, 『戰爭責任研究』16, 1997; 金英達, 「日韓會議での朝鮮人軍人·軍屬·被徵用勞働者に關する論議」, 『在日朝鮮人史研究』, 1998; 김은숙, 「한국인 BC급 전범재판의 피해보상청구소송」, 목포대 교육대학원 석사논문, 2002; 강정숙, 「일제 말기 조선인 군속 동원」, 『성대사림』23, 2003; 김도형, 「해방전후 자바지역 한국인의 동향과 귀환활동」, 『한국근현대사연구』24, 2003.

11) 이 글에서는 '군속'의 의미를 '군에 속한 인력'이라는 포괄적인 의미를 사용했다. 그러나 구술사료를 인용하는 가운데 나오는 '군속'이라는 용어는 군노무자의 의미로 사용했음을 밝혀둔다. 아울러 이 글에서는 재일조선인 출신 군속을 포함하지 않았다.

12) 정의에 대한 보완은 일제강점하강제동원피해진상규명위원회 표영수 전문위원의 교시에 의해 이루어졌다.

13) 大藏省 管理局 編 『日本人の海外活動に關する歷史的調査』제 10책 朝鮮篇 제 9분책, 1947; 近藤釰一 編, 「最近に於ける朝鮮の勞務事情」, 『太平洋戰下の朝鮮(5)』, 友邦協會, 1964.

외에 군에 소속되거나 군의 지시에 의해 운용된 인력을 군속, 또는 군요원으로
표기한 것이다.

그러면 군속과 군요원은 어떤 관계인가. 김영달의 정의에 의하면, 군요원이
란 '군직접요원', '군현지부대요원'의 약칭으로 육해군의 요구에 따라 징발되
어 집단적으로 육해군이 직할하는 사업장이나 각지의 전선에 배치된 자인데,
신분은 군속이나 군부이다. 군속이란 '군에 고용되어 군으로부터 정규 급료와
보수를 받는 자'라는 의미인데 無給 군속도 있었다. 육해군문관·雇員·庸人
등이 포함된다. 군부란 '군속이라는 신분을 지니지 않고 군 관계의 일에 종사
하는 인부'라는 의미를 갖는다. 그러므로 군요원과 군속, 군부는 '군인이 아니
면서 군에 고용되어 군관계의 일에 종사하는 인력'이라는 점에서는 같은 범주
로 이해할 수 있다.[14]

군속을 징발하는 표면적인 방법은 해군징용공원규칙에 의한 모집과 국민징
용령에 의거한 차출 및 현지 전환(현원징용)이다. 세부 명칭은 해군징용공원,
해군작업애국단 외에 北部軍經理部요원, 운수부요원, 米英人俘虜감시요원(포
로감시원) 등이 있고, 일반적으로는 군속이라 불리웠다.

그러나 나는 군속에서도 다시 업무내용에 따라 포로감시원(米英人俘虜감시
요원)과 군노무자로 구분하는 것이 필요하다고 생각한다. 이 가운데 군속 가운
데 포로감시원은 소수이고, 대다수를 차지하는 것은 군노무자이다.[15]

군속이 전쟁기간 중에 투입되는 것은 당연했으나 조선인 군속은 전쟁의 확
대 이후부터 투입되었다. 군속은 병사와 달리 무장을 갖추지 않았으므로 일본
군부에 직접적인 위협이 되는 존재는 아니었다. 그러나 조선인을 전쟁터에 직
접 동원하는 문제는 군속이든 군인이든 매우 민감한 사안이다. 정책담당자들
의 입장에서는 조선인을 노무동원자로서 후방에서 활용하는 것보다 정신적인
부담이 매우 크기 때문이다.

그러나 전쟁의 확대는 조선인 군속을 동원해야 하는 상황에 놓이게 되었다.
그 결과 조선인 군속은 남방의 비행장이나 철도건설현장, 군 관할의 군수공장
노무자, 운수요원, 포로수용소의 감시요원으로 끌려갔다. 패전 당시까지 동원
된 조선인 군속은 15만여명 정도이다.[16]

---

14) 金英達, 『金英達 著作集1 － 朝鮮人强制連行の研究』, 明石書店, 2003, 66쪽.
15) 경리부요원과 운수부요원, 법무관도 군노무자에서 제외해야 한다.
16) 군속 동원자 수는 자료에 따라 편차가 있으나 15만여 명 정도 되는 것으로 파악된다. 154,907명

조선인 군속은 업무내용에 따라 포로감시원과 군노무자 가운데 먼저 포로감
시원의 동원 과정을 살펴보자. 태평양전쟁에서 조선인이 포로감시원으로 동원
된 배경은 1941년 12월 8일 진주만 공격과 말레이 상륙을 필두로 마닐라(1942
년 1월)와 싱가포르(1942년 2월), 자바(3월), 필리핀(5월)의 점령에서 찾을 수
있다. 점령지역의 확대는 영국과 네덜란드·오스트리아·미국 등 연합군 병사
의 포로화로 이어졌다. 이 시기 일본군의 포로가 된 연합국 병사는 261,000여
명으로 추정된다. 따라서 일본 군부는 포로에 대한 관리의 필요성에서 1941년
12월 육군성에 포로정보국을 설치하고 이듬해 5월부터 포로감시원을 모집하
게 된다.[17]

포로감시원은 대만인과 조선인을 대상으로 충당하였는데, 한반도에서는
1942년 6월에 군속을 모집했다. 이때 제시한 모집요강에는 식량은 관급, 피복
은 무료대여, 관사제공에 월급은 전투지역 노무자에게는 50원(지금의 4급 공
무원 급료 수준), 비전투지역은 30원을 제공한다는 조건이 명시되었다. 조선총
독부는 각 읍면에 인원 수를 할당하여 면서기와 순사들을 앞세워 동원했다. 이
때 동원된, 3223명의 청년들은 군속 신분임에도 노구치(野口)부대(부산 서면
소재)에 수용되어 2개월간 사격과 총검술 등 군사훈련을 받았다.[18] 훈련을 마
친 이들은 인도네시아와 필리핀, 뉴기니아·미얀마·태국 등 각처 포로수용소
에 배치되어 말단 실무자로 사역당했다. 기간은 2년 계약이었으나 기간이 만
료된 이후에도 귀국은 불가능했고, 30원이나 50원의 급료도 처음에는 지급했
으나 나중에는 지급하지 않았다. 이들은 패전 이후 전범으로 처리되었다.

그러나 포로감시원보다 앞서 동원된 군속은 군노무자이다. 군노무자로서 군
속은 해군작업애국단, 군속공원, 국민징용령에 의한 차출이 있고, 시설대(설영
대), 국경수비대 등이 있다. 그 외 특설육상근무대와 특설수상근무대를 군속
으로 구분하는 경우도 있다.[19]

전쟁 초기에 일본은 군 관할 공장이나 토목건설사업에 '모집' 형식을 통해
군노무자로서 군속을 채용했다. 전쟁의 장기화에 따라 특수징용 또는 관알선

(『在日朝鮮人の槪況』), 154,907명(『日本人の海外活動に關する歷史的調査』), 154,186명(『일제강점기
강제동원 진상규명 특별법 제정 공청회 자료』, 2001년 4월 24일자), 145,010명(김영달, 앞의 책.
『日本人の海外活動に關する歷史的調査』에서 통계상 오류를 수정한 내용).
17) 김도형, 앞의 글, 155쪽.
18) 훈련내용에 대해서는 김도형의 앞의 글, 156~157쪽 참조.
19) 이 주장은 히구치에 의해 제기되었고, 현재 일제강점하강제동원피해진상규명위원회에서도 군속으
로 구분하고 있다. 이 점에 대해서는 논의가 필요하다고 생각한다.

의 형태로 대대적으로 군속을 연행하게 된다. 조선인을 군노무자로 동원할 수 있는 근거는 1940년 11월 19일자 「해군징용공원규칙」이다. 규칙 제2조에 징용공원이 해군 군속임을 명기하고 있다.[20]

현재까지 군노무자의 동원은 1943년 국민징용령 개정 이후부터로 알려져 있었다. 그러나 『매일신보』나 『경성일보』 기사를 분석한 樋口雄一의 연구(2002년)에 의해 1941년 말에 동원 사례가 있음이 밝혀졌다. 이것은 이 글에서 인용한 장**와 나**의 구술사료에서도 확인된다. 즉 1940년 11월 19일자 「해군징용공원규칙」이라는 근거가 마련됨에 따라 1941년부터 동원이 가능하게 된 것이다.

문헌사료에 나타난 가장 이른 시기의 군노무자 동원 사례는 해군의 작업애국단과 군속공원이다. 해군의 작업애국단은 특별 편성된 군속인데, 1941년 12월 8일에 남방 경영지의 기지 設營을 목적으로 파견이 결정되었고, 1942년에는 현지에서 작업이 시작되었다.[21] 이들에 대한 계약기간은 2년이었고 일본 국내와 조선에서 모집되었다.[22] 조선에서 모집을 시작한 시기는 제2차 모집시기인 1942년 7월로 알려져 있다.[23] 『매일신보』 7월 28일자 기사에 의하면, 7월 17일에 총독부가 발표한 전형일정에는 자격요건이 '19세~40세 까지 남자' 로 되어 있다.[24] 1943년 3월에 실시된 남방군속 모집에는 1주일 만에 4천 명이 응모했다고 한다.[25] 이들의 모집과 송출은 1943년까지 이루어졌는데, 모집조건에는 학력사항이 필요하지 않았으므로 일본어 사용이 불가능한 사람들도 포함되어 있었을 것으로 추정되지만, 높은 경쟁률을 볼 때 실제로 선발된 청년들은 일본어 사용이 가능했다고 생각된다.

軍屬工員은 조선인을 군직할공장의 노동력으로 활용하는 것으로서 1942년부터 모집했다. 이전에는 일본군의 직할공장에서 조선인은 일할 수 없었으나 노동력 부족현상이 심각해지자 1942년 1월에 조선인의 동원이 결정되었다. 도죠(東条) 수상과 미나미(南次郎) 총독은 1월과 3월에 각각 회담을 통해 군직할공장에 조선인 동원을 결정했다. 한반도 내에서 동원된 사례는, 1942년 9월 항

---

20) 樋口雄一, 『戰時下朝鮮人勞務動員基礎資料集』 2, 綠陰書房, 279~282쪽.
21) 이 때 동원된 사람들은 군속을 '설영대' 로 지칭한다. 우** 구술사료(1997년 한국정신문화연구원 수집 자료. 면담자 : 정혜경, 면담장소 : 강원도 평창군 진부면, 면담일 : 1997년 8월 12일).
22) 『경성일보』 1943년 3월 12~14일자(樋口雄一, 『戰時下朝鮮の民衆と徵兵』, 總和社, 2001, 176쪽 재인용).
23) 『경성일보』 1942년 7월 18일자(樋口雄一, 앞의 책, 177쪽 재인용).
24) 『매일신보』 1942년 7월 28일자.
25) 樋口雄一, 앞의 책, 177쪽.

공기술공원의 동원이다. 13~17세의 국민학교 졸업자가 모집대상자였다. 당국은 이들에게 성적에 따른 승진이라는 조건을 제시했다.[26] 그 후 군직할공장의 조선인 파견은 일본지역으로까지 확대되었다.[27] 『매일신보』 1943년 5월 14일자부터 18일까지 연재된 「우리 군속들의 남방해군생활체험기」의 기고 내용을 미루어 볼 때, 이미 1941년에 군노무자 파견이 있었음을 확인할 수 있다.[28]

여기에 기고한 청년들은 대부분이 '*년에서 *년 반 동안 남방에서 근무를 하다가 귀국'을 하였는데, 근무지나 파견연도 등은 밝히지 않고 있다. 그러나 '1941년에 남방 **도에 가서 수로작업감시업무를 담당하고 국내로 돌아와 경성부 성동사무소'에 근무한 淸原君의 경우를 통해 1941년에 징발된 사실을 확인할 수 있다. 또한 이 기사를 통해 일반적으로 알려진 군노무자와 다른 내용의 군노무자 파견이 있었음을 추정할 수 있다. 이들의 경우에는 그 이후에 송출된 군노무자와 동일한 정도의 노역을 수행한 것으로 여겨지지는 않는다. 전쟁동원을 독려하고, 내선일체의 효과를 과시하기 위한 상징적인 의미에서 운영된 제도로 추정할 수 있다.

가장 많은 군노무자 동원은 국민징용령의 개정에 근거한 일반징용(국민징용)에 의해 이루어졌다. 1943년 7월 20일에는 국민징용령을 개정하여 조선인에게도 일반징용을 행하였다. 이 일반 징용자 가운데 군 당국의 요구에 따라 군속으로 차출하여 군수공장 및 전선에 배치하였다. 1944년 2월에는 한반도 내로 동원되었으나 8월부터는 송출지가 일본으로 확대되었다.[29] 송출인원도 이전에 수백 명 단위에서 1944년 이후부터는 수천 명 단위로 확대된다.[30]

또 다른 경우로써 '특설육상근무대'나 '특설수상대' '수상근무대' 등의 이름으로 군공사에 동원한 경우를 살펴보자. 히구치는 '이들이 한반도 내에서 노역에 종사하였는데, 공원과 雇員으로 이루어진 노동자부대였고, 병사나 하사관의 지휘를 받는 존재로서 병사로 등록되어 일했다'고 언급하고, 징병대상자가 군 공사에 동원된 경우(야전근무대)와 다르다고 파악하여 군노무자로 구분

---

26) 『경성일보』 1942년 9월 20일자(樋口雄一, 앞의 책, 180쪽 재인용).
27) 樋口雄一, 앞의 책, 180쪽.
28) 『매일신보』 1942년 5월 14~18일.
29) 히구치는 1944년 이후 일반징용에 대해, 일반적으로 노무 동원이라는 점에서 연구가 진행되고 있지만 이 시기가 군사적 색채가 강하므로 군사적·兵的 동원으로 접근해야 한다는 견해를 밝혔다. 樋口雄一, 앞의 책, 182쪽.
30) 경북에서 연행된 심**은 경북에서 군노무자로 송출된 인원이 3,400명(4개 중대)이라고 기억했다. 태평양전쟁희생자보상추진협의회 작성, 「강제동원진상조사대상자현황」.

하였다.

이에 비해 츠카사키는 야전근무대 속에 육상근무대와 수상근무대가 구성되었는데, 항만과 항로정비, 선반은닉기지의 건설 등을 임무로 담당한 부대로 파악한다. 1945년 3월 3일자 軍令陸甲 제37호 「야전근무대본부, 육상, 수상근무중대임시동원요령」에 근거하여 야전근무대는 본토결전을 대비한 부대로서 오키나와가 함락된 이후에는 규슈(九州)에 배속(北九州·熊本 서부군 직할)되었다는 주장이다. 이들의 동원방법에 대해서는 1945년 현역 징집병일 가능성이 높다고 추정했다.[31]

두 가지 주장의 핵심은 '특설육상근무대' 나 '특설수상대' '수상근무대' 등이 야전근무대에 속하는지 여부와 노동자부대에 대한 성격 규명이다. 히구치가 야전근무대와 다르다고 파악한 데 비해 츠카사키는 야전근무대라고 보았다. 그러나 두 사람 모두 이들이 병사로 등록된 점에 동의한다.

그렇다면 노동자 부대는 어떻게 보아야 하는가. 나는 노동자 부대와 군노무자가 동일하다고 생각하지 않는다. 특설육상근무대가 노동자 부대였지만 그와 같은 종류의 노동자 부대는 여럿 있었음이 현재 밝혀지고 있고, 노동자 부대의 역할도 '노동에 국한하지 않는다' 는 주장이 제기된 상태이다. 그러므로 징병 대상자로서 병사로 등록된 경우에는 병력동원에 포함이 되어야 할 것이다. 이 점은 앞에서 논의한 군속의 범주 및 분류와도 관련되는 문제이다. 군속의 성격은 병력동원에서 노동자 부대의 실체 파악 및 1945년 이후 조선인 병력의 활용도 및 동원 목적 등에 대한 연구가 진행될 때 분명해질 것이다.

군노무자의 연행 형태는 모집, 강권적 방법, 현지 전환(현지 조달) 등 세 가지이다. 이 세 가지 방법이 시기 순으로 적용된 것은 아니다.

첫째로 모집을 살펴보면 다음과 같다. 모집이라는 동원 방법은 포로감시원을 포함한 군속은 물론이고 일본군위안부나 노무동원에도 일반적으로 사용된 방법이다. 그러나 '모집' 이라는 용어로 인해 동원 상황을 자의성이나 선택의 여지가 있었다고 이해하는 것은 오류이다.

얼마 전까지 국내 학계에서 강제연행·강제노동의 성격과 범주를 논할 때, 1944년 이후 국민징용만이 강제연행·강제노동이라는 인식이 있었던 것이 사실이다. 전시체제기 인력동원정책을 이해하지 못한 결과이다. 이러한 몰이해는

---

31) 塚崎昌之, 앞의 논문, 34, 67쪽.

정책자료에 대한 충실한 분석과 구술사료를 통해 서서히 불식되어 가고 있다.

군노무자의 동원에서 '모집'을 생각해 보자. 군노무자 경험자들이 표현하는 "모집 비슷하게"는 바로 모집이 갖는 함의를 잘 나타내준다. 일제 말기에 조선은 '국가총동원체제' 아래에 놓여 있었으므로 조선의 전 민중이 인력과 물자 동원의 대상이 되었던 시기였다. 끌고 가는 자, 끌려가는 자, 모두 이 상황을 벗어날 수 있다고 생각한 사람은 극소수였다. 이왕 갈 것이면, 죽도록 고생하는 '北海道(홋카이도) 탄광'으로 가지 말고 그래도 조금 나은 데로 가려는 분위기가 적지 않았다. 당시 조선 민중들 사이에서 홋카이도 탄광은 '살아 돌아오지 못하는' 최악의 동원지역으로 인식되었다. 홋카이도는 전시체제기 이전부터 혹한과 다꼬베야(문어방), 엄청난 노동 강도, 노동재해로 도망자가 속출했던 지역이었다. 홋카이도에 대한 부정적인 인식은 오랫동안 민중들 사이에 고착되어 있었다. 그 결과 연행 당시, 인솔자가 행선지를 알려주지 않아도 당사자나 가족들은 홋카이도로 간다고 믿었던 경우가 많았다. 구술 인터뷰를 할 때 흔히 경험하는 일이기도 하고, 소송을 제기한 유족들도 대부분이 부친의 송출 지역을 홋카이도로 알고 있다가 자료를 통해 다른 지역임을 확인하곤 한다. 이러한 상황에서 군인보다 안전하면서도 막일꾼보다 대우가 좋다고 알려진 '군속' 모집이 대안으로 여겨진 것은 당연할지도 모른다.

전남 장흥에서 면장의 아들로 '농업실업학교'를 나와 비교적 풍족한 가정에서 생활하던 김**은 1942년에 "행여나 가보나, 돈벌이가 될려나 모르겠다."하고 지원한 길이 뉴기니아행 해군 군속이었다. 임금이나 노동조건에 대한 정보는 전혀 없이 "데려 가니까 돈 주겠지 하고, 돈 때문에" 갔으나 1943년 1월 19일 연합군의 공격으로 패퇴하여 귀국할 때까지 "단돈 10원"도 받지 못했다.[32]

일본에 유학하여 중학을 졸업한 박**도 '넉넉한 집안에 태어나 농사를 직접 지을 필요가 없는' '집안에 재산이 좋은' 환경이었는데, 1942년에 군노무자로 송출되었다. 당시에 박**는 이미 결혼을 하여 세 명의 자녀를 둔 상태였기에 떠나고 싶지 않았으나 '나뿐 아니라 전체가 다 가야하는' 시대 상황 속에서 '해군 군속으로 가면 아주 좋은데'라는 선전에 행선지도 모르고 출발했다. 출발 당시에는 월급이 100원 정도 된다는 이야기를 들었으나 '돈보다도 우선 젊

---

32) 김＊＊ 구술사료(면담자 : 김명진, 한국독립운동사연구소 소장 구술사료). 그는 해상에서 입은 폭격으로 부상을 입고 돌아온 이후에 면서기로 취직을 하여 일제 말기에도 경제적으로는 그다지 어렵지 않게 보냈다.

은 사람들이 (*고향에 남아) 있으면 고역 당하니까 편리할려고' (*:인용자) 택한 길이었다. 현장에서는 토목공사를 담당하였는데, 일본 유학 경력 덕택에 1944년 10월부터는 농업반에 배속되어 비교적 편안한 생활을 할 수 있었다. 월급은 약속한 금액 대신 10원씩 받다가 그나마 1년 이후에는 받지 못하고 강제 저축으로 처리되었다.[33]

모집의 방법에서는 군노무자에게 많은 액수의 월급과 각종 혜택이 제시되었다. 그러나 제시되었을 뿐, 실제로 이루어진 것은 아니었다.

군노무자 징발에서 가장 일반적으로 사용된 방법은 강권적인 방법이다. 총동원체제의 운용에도 불구하고 가능하면 동원의 대상에서 벗어나려는 조선인의 노력 또한 완전히 사라지지 않았으므로 지역별 할당이라는 방법을 사용하였다. 당시 지역의 가장 큰 권력자인 부ㆍ읍ㆍ면장이나 면서기, 경찰에 의해 지목되면 상황은 출두명령서를 받은 것과 다를 바 없었다. 이들의 손아귀에서 벗어나는 것은 불가능했기 때문이다. 가족들에게 닥칠 위험을 무시하면서 출두를 거부할 수 있는 사람들은 없었다. 강권적인 방법도 형식상으로는 '모집'이었다.

1941년 12월에 남양군도에 간 나**는 면이 발급한, '일본 노무자'라고 도장 찍힌 영장을 받고 떠난 길이 남양군도 팔라였다. 나**의 사례는 장**의 사례와 같이 내가 분석한 구술사료 가운데 가장 이른 시기에 군노무자로 파견된 사례이다. 나**는 3년 계약에 월 38원을 약속받았으나 임금은 받지 못했다. 1943년 6월부터 식량보급이 끊어지면서 기아의 생활이 시작되었다.[34] 1943년에 해군군속으로 동원되었던 서***는 이사장이 가져온 영장을 받고 소집지인 지서(*주재소)로 가자 "대번에 머리를 싹 깎아버리고" 郡으로 끌려가서 말뿐인 "신체검사를 두 번이나 합격"한 후 군속으로 떠난 사례이다.[35] 선택의 여지가 없는 '연행'이다.

應徵士의 경우도, 대표적인 강권적 동원방법이다. 응징사는 1943년 7월에 개정된 국민징용령에 따라 실시하게 되었는데, 일본 후생성은 8월 10일에 응징사복무기율을 공포했고, 조선에서도 1944년 2월 8일부터 응징사복무규율이 실시되었다. 응징사는 생산량 증대를 목적으로 노무자에게 군인 복무와 동일한 의무를 부여하기 위한 제도였다. '군무에 복무하는 용사가 국가에 의해 신

33) 박＊＊ 구술사료(면담자 : 김명진, 한국독립운동사연구소 소장 구술사료).
34) 나＊＊ 구술사료(면담자 : 우수미, 한국독립운동사연구소 소장 구술사료).
35) 서＊＊＊ 구술사료(면담자 : 정혜경, 한국독립운동사연구소 소장 구술사료).

분이 보장되는 것과 마찬가지로 응징사에게는 응징사라는 특별한 신분을 부여하고 복무규율과 표창제도 및 부조제도를 마련한다'는 취지이다.[36]

1944년 6월 17일 경북도 광공부장이 관할군수회의에서 배포한 공문내용에 따르면, 6월 24일까지 응징공원 350명(21세~30세 청장년)을 대구공회당에 집결시키도록 되어 있었다. 면 등 농촌하부행정당국은 할당인원을 맞추기 위해 이미 정해진 청장년들의 영장을 만들어 서명을 마친 후 당사자들에게 통보하는 방법을 취했다. 여기에 추가된 것이 '영예로운 군속'의 호칭과 120원의 월급이라는 약속이었다. 단기간에 동원된 이들은 장행회를 거쳐 군속으로서 대구사범학교에서 3주일간의 훈련을 마친 후 현지에 송출되었다.[37]

강권적인 방법을 사용할 때에도 동원주체들이 내세우는 명분은 '특별히 생각해 준다'는 배려였다. 1944년에 연행되어 오키나와 게라마 열도로 끌려간 서석화는 영장이 발부되기 며칠 전 면장과 부면장으로 부터 '정중한 교섭'을 받았다. "이번에 군대 군속 모집이 있는데 조건이 매우 좋은 것 같으니 자네 같은 모범청년이 앞장서는 것이 좋겠구만. 가더라도 일도 수월하고 돈도 많이 준다는데 결심하게." 그럼에도 서석화가 이를 피하기 위해 뒷산 숲 속에 숨어 있자 춤두명령서를 전하기 위해 찾아온 면직원은 '우려'와 '배려'를 동시에 전달한다. "가고 안 가는 것은 당일 사무소에 나와서 결정할 문제지만 출두하지 않으면 非國民으로 엄한 처벌을 받을 것이오. 그리고 이번에 모집하는 군속은 대우도 좋고 안전한 지대로 가기 때문에 모두들 좋아하고 있소." 어차피 인력동원이란 피할 수 없는 것인데, 대우도 좋고 안전한 지대로 가는 군속을 특별히 추천해준다는 배려성(?) 엄포인 셈이다.[38]

당국의 '배려'는 효과를 나타내기도 했다. 강원도 평창군 대화면에서 군노무자로 동원된 우**은, 1943년에 영장을 받고 동원된 예인데, 당국의 '배려'에 대해 당시에는 '운이 좋다'고 생각했다. 우**은 동원 당시 월급이 120원이라는 조건이 큰 위안이 되었다고 한다. 교사월급이 20여 원에 불과하고, 군수의 월급이 105원이던 시절에 120원이라는 월급이 가진 유인력은 대단했다. 그럼에도 우**가 가질 수 있는 더 큰 위안은 남양군도가 비교적 나은 조건의 송출

---

36) 『경성일보』 1944년 6월 20일자(권병탁, 『게라마열도』, 영남대출판부, 1982 , 74~75쪽 재인용).
37) 응징사의 연행과정에 대해서는 권병탁, 앞의 책, 74~117쪽 참조.
38) 권병탁, 앞의 책, 116~119쪽. 경산 지방에서 군노무자로 게라마 열도에 끌려간 사람은 540명이다. 이들 가운데 1946년 1월 포로송환 당시에 275명이 귀국했는데 이들은 태평양동지회를 조직했다.

지라는 자신의 인식 때문이다. "결국 거기 안가면 다른데 끌려가게 되 있는데, 기왕 끌려갈 바엔 남양군도가 좋으니까 기분이다 가자! 허구 갔다."는 구술이 이를 뒷받침한다.[39] 다른 경험자의 경우에는 남양군도를 노동조건이 열악한 송출지로 인식하고 있었는데, 이와 달리 우**는 남양군도에 대한 인식이 좋은 편이었다. 이는 지역적으로 정보가 제한된 점이 작용했을 것으로 추정한다. 1차 대전 이후 1930년대 후반까지 『매일신보』에 나타난 남양군도에 대한 표현을 보면, '꿈의 낙원'으로 묘사되어 있다.[40] 우**는 이 내용을 수용했을 가능성이 높다.

가장 다수의 군노무자를 동원하는 방법은 국민징용령 개정에 의한 차출이다. 1943년 7월 20일에 국민징용령이 개정되면서 조선인에게도 적용된 일반 징용은 군노무자의 동원을 신속하게 할 수 있는 체제를 마련했다. 국민징용령 개정을 통해 군 당국은 일반 징용자 가운데에서 군속으로 차출하여 군수공장 및 전선에 배치할 수 있게 되었다.

국민징용 대상자 가운데 차출하는 방식은 군노무자의 성격을 이해하는 데 저해요인이 되기도 한다. 즉 일반징용 대상자들 가운데 임의로 차출했으므로 피동원자 자신이 군속이었음을 인식하지 못함은 물론이고, 문헌사료상으로도 구분이 쉽지 않다. 현지에서 사망한 이후에 남긴 명부에 '군속'으로 명기되어 있으므로 비로소 군노무자였음을 확인한 경우도 적지 않다. 또한 국가기록원이 소장하고 있는 '강제연행자 명부' 가운데 하나인 「피징용사망자연명부」에서 군사시설이나 전장에서 일반 노무자가 사망한 경우에 '노무자'가 아닌 '군속'으로 이름이 등재된 경우를 볼 수 있다. 노무자라 하더라도 사후에 군속에 포함될 경우에는 일본정부의 원호 대상이 될 수 있기 때문에, 당시에는 배려 차원에서 기재했을 가능성이 있다. 이러한 점은 군노무자를 정확히 자리매김 하는 데 어려움을 더하고 있다.

세 번째는 현지에서 군노무자로 조달한 현지 전환의 경우이다. 1941년에 팔라오로 간 정**이 그 경우에 해당된다. 남양군도 소재 남양흥발(주)에 의해 징용되어 팔라우에 송출된 정**은 1943년 말에 군노무자로 동원되었다. 학교에서 강연회가 있다고 하여 모인 자리가 남양흥발(주)에서 파견된 인솔자의 설명회였다고 한다. 정**은 이 자리에서 회사소개와 조건 등을 설명 듣고 면장의

---

39) 우＊＊ 구술사료(면담자 : 정혜경, 1997년 한국정신문화연구원 수집 자료).
40) 식민지시대 일간지에 나타난 남양군도에 대한 인식에 대해서는 정혜경, 「1920~30년대 식민지 조선과 남양군도」, 『한국민족운동사 연구』48, 2006 참조.

소개로 지원을 하였다. 남양흥발(주)의 소속원으로 응모한 것이다. 팔라우에서 경리업무를 담당하던 정**은 1년 만에 전쟁이 패색이 짙어지면서 남양흥발(주)가 문을 닫게 되자 회사 측에 의해 일괄적으로 해군 358부대에 '군속'으로 인계되었다고 기억한다.[41]

현지에서 군노무자로 동원된 또 다른 사례인 왕**도 1939년에 남양흥발(주)에 의해 송출된 경우이다. 당시 농업이민이나 노무자 모집과 달리 왕**은 남양흥발(주)에 의해 송출된 남양흥발(주) 소속원이었음에도 불구하고 팔라오 내도립병원에서 일했다. 함라보통학교를 졸업하고 의사였던 작은아버지 병원에서 7년간 근무했던 왕**은 도립병원에서 통역과 주사 놓기 등 간단한 의료 업무를 담당했다. 당시에 일본인 군의관은 일본인을 담당하고 왕**은 조선인을 담당했는데, 1943년 3월 21일 미군의 공습이 있은 이후에 일괄적으로 군속 신분이 되었다. 공습 이후 폭격으로 병원이 무너지자 환자를 데리고 산으로 피난하게 되었는데, 그 과정에서 강제로 군노무자가 된 것이다. 군노무자가 된 이후에는 산을 개간하여 식량을 조달하는 것이 주 업무였다. 도립병원 근무 당시에는 월 50~60원의 월급을 받아 생활의 여유가 있었으나 군속이 된 이후에는 임금도 없었고, 일본군의 폭행이 심해 허벅지가 부러질 정도였다.[42]

조선에서 심상소학교 3학년을 다니다가 학업을 계속하기 위해 1943년에 야마구치(山口)현으로 밀항한 김**은 선원으로 있다가 배가 징발되어 강제적으로 군노무자가 된 경우이다 그는 형의 경제적 지원으로 海人양성소와 학원을 다니던 중 형이 남양군도에 군속으로 연행되면서 경제난으로 학업을 중단하게 된다. 시모노세키에서 생활을 해결하기 위해 선원이 되었는데, 그 배가 징발되면서 자신도 군속이 되었다. 김**은 야마구치현 제3해군열려소에 배속되어 해안 부대와 배를 왕래하며 심부름을 했다.[43]

1939년경에 사이판에서 남양흥발(주) 제당공장 소속 직영농장의 현장사무소에 근무하던 한동섭은 전쟁이 발발한 이후, '자기도 모르는 사이'에 군속으로 전환된 경우이다. 전쟁이 일어나자 한동섭은 17~45세의 현원은 모두 징용한다는 소식을 들었는데 귀국을 하려 했으나 허용되지 않았다고 한다.[44]

---

41) 정＊＊ 구술사료(면담자 : 표영수, 한국독립운동사연구소 소장 구술사료).
42) 왕＊＊ 구술사료(면담자 : 표영수, 한국독립운동사연구소 소장 구술사료).
43) 김＊＊ 구술사료(면담자 : 우수미, 한국독립운동사연구소 소장 구술사료).
44) 한국정신문화연구원, 『1995년도 해외 희생자 유해 현황 조사 사업 보고서』, 383쪽.

다음으로, 훈련과정을 살펴보자.

포로감시원의 경우에는 부산의 노구치(野口) 부대(육군부산서면임시군속교육대)에서 2~3개월간의 훈련을 받았지만 군노무자가 노구치 부대에서 훈련을 받은 경우는 드문 편이다. 포로감시원으로 사용될 군속은 노구치 부대에서 일반 병사와 같은 내용의 훈련(전투훈련과 정신훈련)을 받았고, 기합도 상당히 심했다. 그러나 군노무자의 경우에 부산을 거쳐서 송출이 되었으면서도 노구치 부대를 거친 경우는 드물다.

서***는 부산에서 또 한번의 신체검사를 마친 후 바로 송출되었는데, 부산에 머문 기간은 3일 정도였다고 기억한다. 인제군에 모였다가 서울로 가서 부산을 거쳐 남양군도로 간 우**도 부산에서는 훈련을 받은 적이 없었다. 그는 담당할 업무에 대한 사전교육을 전혀 받지 못하고 남양군도에 도착한 후에야 자신들이 '설영대'에 소속되었음을 알았다고 한다.

'軍夫徵發令狀'을 받고 수상근무대로서 오키나와로 송출된 김원영은 대구의 제24연대연병장에 모인 후, 10일간 머물면서 신체검사와 간단한 군사훈련과 정신훈련을 받았다. 김원영은 오키나와로 가는 동안에 군인과 동일하게 군장을 하고, 불침번을 서는 등 '비무장군대'로서 규율을 강요당했다. 그러나 기간도 10일에 불과했고 훈련내용도 포로감시원에 미치지 못했다.[45] 오키나와 게라마 열도로 연행된 경산출신 군노무자들의 경우에도 대구에서 3주간 훈련을 받았지만 훈련의 강도가 포로감시원과 비교할 정도는 아니다.

훈련기간의 차이는 연행지역 및 시기와 관련되는 것으로 생각된다. 후방인 일본 본토로 가는 경우, 또는 1940년대 초반에는 훈련기간이 짧거나 생략되고, 지역이 오키나와나 중국, 남양군도 등 전투지역이거나 패전에 임박한 시기에는 훈련기간이 길어진 점을 확인할 수 있다.

앞에서도 언급한 바와 같이 군노무자에 대한 징발 방법은 모집과 강권적인 방법의 연행, 현지조달(현지 전환, 현원 징용) 등이었다. 세 가지 방법 모두가 당사자에게 업무에 대한 사전정보를 제시하지 않았다. 이들은 '군속'이 무엇인지 알지 못하는 상황에서 그저 동원의 대상이었다. 징발 당시에 노무로 알고 있었지만, 실제로는 군속이었던 경우가 다수이다.

1944년 9월, 일본 후쿠이(福井)현에 연행되어 선창에서 일을 했던 이**는 면

---

45) 김원영 저, 岩橋春美 日譯, 『沖繩に强制連行された朝鮮人軍夫の手記』, 1~9쪽.

의 지도원으로 부터 징발을 당했는데, 출발할 때에는 몰랐다가 현지에 도착해서야 '군속'이라는 소리를 들었다.[46] 아오모리(靑森)에 다녀온 조**도 17세 때인 1944년에 생활고를 이기지 못해 징용을 가려고 군청 노무계를 찾아갔으나 연령이 너무 어려 징용에 해당되지 않으니 신체검사를 받으라는 권유에 따른 것이 해군 군속이었다.[47] 또한 이들은 대체로 단기간의 훈련이나 별도의 훈련기관을 거치지 않고 송출되었다.

군노무자 연행실태와 관련하여 구술사료를 통해 알 수 있는 점은 1943년 7월 국민징용령 개정을 기점으로 변화를 가져온다는 점이다. 즉 국민징용령 개정 이전에 군노무자로 징발된 사람들은 노무자에 비해 높은 학력과 비교적 높은 생활조건, 하부행정세력과의 관계 등을 나타낸다. 이들은 농촌지역에서는 비교적 높은 학력(심상소학교, 보통학교, 실업학교, 농업실업학교, 일본 중학교 등)과 경제적으로 풍요로운 상태에 놓여 있었다. 우**은 자신과 함께 대화면에서 끌려간 8명이 모두 "생활력이 넉넉하고 여유 있는 사람들"이었다고 기억한다. 이들은 영장을 받을 당시, 이왕이면 많은 월급을 받을 수 있는 지역으로 가고자 면에 일정한 영향력도 행사했던 것으로 여겨진다. 면장의 아들도 있었고, 군노무자를 다녀온 이후에 면서기를 지냈던 사람도 있었다. 이를 볼 때, 군노무자는 조선 민중들 사이에 인력동원의 종류 가운데 비교적 편안한 대상으로 인식되었음을 확인할 수 있다. 이들 가운데 학력이 높거나 경제조건이 좋은 경우에는 현지에서 생활도 비교적 편리한 상황으로 전환할 수 있었다.

그러나 국민징용령 개정 이후에 징발된 경우에는 피연행자들의 경제적 상황이나 학력 등이 일반적인 노무동원의 경우와 차이를 찾을 수 없다. 연행 당시에 특정한 근무조건이 제시되지도 않았다. 이러한 점은 군노무자의 성격을 유추하는 데에 영향을 미친다.

3. 군노무자의 역할 및 노동 실태

군노무자의 현지 실태를 알려주는 문헌사료는 찾기 어렵다. '군속'에 관한 신문기사도 장렬하게 전사한 군속을 선전하는 내용이거나 동원을 촉구하

---

46) 이** 구술사료(면담자 : 정혜경, 1996년 강원도 평창).
47) 조** 구술사료(면담자 : 표영수, 한국독립운동사연구소 소장 구술사료).

는 기사에 불과하다. 일본의 조선인강제연행진상조사단에서 발간한 조사보
고서나 지역사례를 통해 단편적인 내용을 파악할 수 있을 정도이다. 그러므
로 군노무자가 처한 상황을 파악하는 것은 매우 어렵다.

1) 후방의 군노무자

군노무자는 전방에만 동원된 것이 아니다. 후방에서도 군노무자의 노동력
은 시급히 요구되었다. 후방지역은 한반도와 일본 본토, 오키나와, 남사할린
(南樺太)이 해당된다. 그러나 오키나와는 전세의 변화에 따라 戰場이 되었으
므로 후방지역이라고 보기는 어렵다. 가장 많은 군속이 동원된 대표적인 후
방지역인 일본 본토에 대해 살펴보자.

군노무자의 노역이 생산에서 중심역할을 했던 일본 본토의 항공기지나 군
수공장, 지하호(지하공장, 지하 군사시설)은 일본 전역에 산재되어 있다. 이
가운데 대부분은 일본 패전과 함께 폐쇄되면서 군노무자들이 겪었던 강제노
동의 흔적도 사라져버렸다. 그러나 1970년대부터 시작된 발굴 및 현지조사
의 결과 지역사례가 조금씩 밝혀지고 있다. 몇몇 예를 살펴보면 다음과 같다.

하나의 예는, 현재 텐리시(天理市) 인근에 있었던 야마토(大和)항공기지
(海軍舞鶴鎭守府管轄 近畿航空基地, 大和항공기지 또는 柳本비행장으로 불
림)이다. 항공기지는 300헥타르에 달하는 용지에 조성되었는데 1943년에
기공하여 1945년에 폐쇄되었다. 이 항공기지는 1944년 7월 이후에는 특공
기지로 바뀌어 150기의 연습기가 훈련을 받았다. 1942년 미드웨이해전의
참패 이후 전세가 순조롭지 않은 상태에서 본토 결전을 대비한 항공기지 조
성이 시작되었는데, 1943년부터 조선인 노동력이 투여되었으나 1944년에
이르러서는 격증했다. 공사는 활주로 건설, 하천도로 변경, 격납고 · 사무요
원숙소 · 해군장병 숙소건설 등으로 동시에 착공되었다. 공사는 조선인 군노
무자 외에 인근지역 천리교 신자들, 학도동원과 근로동원 등으로 진전을 보
여 8월 15일에는 제1활주로가 완성될 정도였다고 한다. 공사장에 학도 동원
되었던 일본인들의 증언에 의하면, 조선인 군노무자들은 외부와의 연락이
단절된 상태에 있었음에도 일본의 패전을 예상하고 있었다고 한다.[48]

효고(兵庫)현 소재 스미토모(住友)금속공업프로펠라제조소 히로노(廣野)지

---

48) 籔景三,「大和航空基地と强制連行」,『靑丘文化』창간호, 1991 , 43쪽.

하공장도 해군설영대의 노역으로 이루어진 산물이다. 1943년 9월에 발족한 프로펠라제조소는 1944년에 일본 금속프로펠라 생산의 73%를 점할 정도의 비중을 가진 작업장이다. 그러나 1944년 12월 미군의 공습으로 생산이 어려워지자 1945년 2월 이후 疏開작업이 시작되었다. 이 작업을 담당한 노동자들이 바로 해군설영대라는 이름의 군노무자이다. 600명의 해군설영대와 3,000명의 조선인 토목건설대가 2월부터 건설작업에 들어가 8월 15일 패전까지 계속되었다. 물자와 인원부족에 낙반사고 등 위험한 작업에 조선인 군노무자가 활용된 것이다.[49]

아오모리(靑森)에서 해군군속으로 근무한 조**의 업무는 작은 배를 타고 큰 배의 하물을 실어 기지로 나르는 하역작업이었다. 숙소에는 6~7명 정도씩 배치받았는데, 생활의 가장 큰 어려움은 식생활이었다. 파견된 지 8개월이 지나서야 월급을 받을 수 있었는데, 그 달에 해방이 되어 그 돈을 들고 우키시마마루(浮島丸)를 탔다가 폭침사고의 와중에서 교토(京都)에서 분실했다.[50]

후방의 군노무자는 시급한 수요가 있을 때에는 다중적으로 동원되곤 했다. 서***는 사세보에서 노역을 하던 1945년 초에 또 한번의 신체검사를 받게 된다. 남양군도로 끌고 가기 위한 목적이었다고 기억한다. 송출예상지역이 남양군도였는지는 확인이 필요하지만 일제 말기에 후방의 군노무자에 대한 선생터 동원계획은 일반적이었다. 심지어는 포로감시원에 대해서도 징병 동원이 실시되었다. 평소에 마라톤으로 강건한 체력을 유지하던 오**도 수미트리에서 포로감시원으로 근무 중 신체검사를 받고 특공대 파견이 결정되었다. 그러나 말라리아에 장염, 게다가 위하수 까지 겹쳐 입원을 하게 되어 특공대 파견을 면했다. 오**은 특공대 파견이 결정되자 너무 낙심한 나머지 병에 걸리게 되었다고 구술했다.[51]

후방에서 조선인 군노무자의 역할은 군수공장, 군공사장의 각종 건설작업 및 하역과 경작작업등이다. 그 외 후쿠오카와 야마구치 등 몇몇 지역에 설치된 해군연료창의 광부들도 해군 공원의 신분이었으므로 탄광부의 역할도 추가된다.

---

49) 徐根植, 「海軍設營隊の下で朝鮮人がトンネル掘リ」, 『地下工場と朝鮮人强制連行』, 明石書店, 1990, 80~91쪽.
50) 조＊＊ 구술사료(면담자 : 정혜경, 한국독립운동사연구소 소장 구술사료).
51) 오＊＊ 구술사료(면담자 : 정혜경, 한국독립운동사연구소 소장 구술사료).

2) 전방의 군노무자

대다수 군노무자가 파견된 전방으로는 남양군도를 들 수 있다. 우**의 구술을 통해 남양군도에서 군노무자의 생활을 살펴보기로 하자. 1,600명의 일행과 함께 1943년 10월 2일에 하코자키마루(箱崎丸)를 타고 떠나 18일간의 여정 끝에 트럭섬(츄욱)에 도착한 우**은 이미 현지에서 근무 중인 조선인 4,000명(그외 일본인 6000명 주둔)을 만날 수 있었다. 트럭섬에 있을 때에는 일본군이 식료품을 수송해 주었으나 1944년에 나울섬(남유도)에 간 후로는 식량을 조달해 주지 않아 1년 3개월을 풀과 호박으로 연명했다. 트럭섬에서는 1일 12시간 근무를 하였는데, 비행장을 닦는 일이었다. 한방에 40~50명씩 막사에서 생활을 했다. 설영대로 갈 때는 1년 기한이라고 했는데, 1년이 지나자 본인 의사는 묻지도 않고 다시 기간이 연장되었다. 임금은 당초 약속한 금액의 절반이 집으로 송금되었고, 현지에서는 일체 돈을 받지 못한 상태로 조선에서 가지고 간 소지금 20원으로 사용했다.

남양흥발(주)에 근무 중, 회사 측에 의해 일괄적으로 해군 358부대에 군속으로 인계되어 군노무자가 된 후 정**은 팔라우에서 방공호를 파고 막사를 짓는 일을 하다가 패전을 맞았다. 군속으로 인계될 때 김제에서 왔던 28명은 귀국이 결정되어 귀국하던 도중에 뉴기니아에서 폭격으로 사망했다고 한다. 군노무자가 된 이후에 삶은 이전과 상상할 수 없어서 "일본놈 밑의 순전 노예 생활"을 하면서 "짐승의 취급"을 받았다. 열악한 식량사정에 정글로 도주하는 군속이 속출했고, 폭격을 피해 도망 다니는 일이 주요 일과라고 할 정도였다.[52]

장**은 군속으로 남양군도 사이판(사카모도 부대)과 트럭섬에서 근무하다가 3년 만에 귀환하였으나 다시 군인으로 동원되어 자은도에서 신호병으로 복무한 경우이다. "그냥 돈벌이라면 죽을 데라도" 가야하는 상황에서 1941년 남양군도에 군속으로 지원한 장**은 다행이 1944년에 돌아왔으나 징병대상자에 해당되어 진해에 가서 다시 신체검사를 받았다.[53]

장**의 남양군도 군속 지원은 앞에서 인용한 나**의 사례와 같이 일반적인 군속 모집보다도 시기가 이른 경우이다. 그러나 모집 당시부터 군속임이 알려

---

52) 정＊＊ 구술사료(면담자 : 표영수, 한국독립운동사연구소 소장 구술사료).
53) 장＊＊ 구술사료(면담자 : 표영수, 한국독립운동사연구소 소장 구술사료).

져 있었고, 4,000명이라는 대규모 인원이 동시에 송출되었으며 구술자 자신이 소속 부대의 이름을 기억하고 있었던 점 등을 볼 때, 왜곡된 진술이나 기억은 아닌 것으로 판단된다. 남양군도와 같이 남양청의 관할 아래 놓여있던 지역의 경우에는 일본인 군속 모집의 연장선상에서 진행된 것이 아닌가 추정한다. 남양군도는 1938년부터 관주도의 농업이민과 노무자에 대한 동원이 있었던 지역이었기 때문이다.[54]

13층짜리 배에 수 천 명이 동승하여 송출된 남양군도에서 장**의 생활을 보면, 임금은 월 50원이었는데, 45원을 고향에 송금해 주고 그 외는 일체 주지 않았다. 남양군도에서 하는 일은 병원기지 건설이나 비행장 닦는 일이었다. 그는 1944년에 도쿄(東京)를 거쳐 시모노세키(下關)를 통해 귀국하였는데, 귀국 직전에 도쿄에서는 궁성을 참배하는 등 여유 있는 시간도 가졌다. 그러나 귀국한 이후에 징병통지서를 받고 다시 군인으로 동원되었다.

뉴기니아에서 근무했던 김**은 뉴기니아에 도착 당시부터 연합군의 공격을 받아 승선한 군함 3대 가운데 1대가 잠수함의 공격으로 침몰되고, 트럭섬에 하선을 하지 못하고 며칠간을 바다에서 지내는 위급한 상황이었다. 그러므로 현지에 도착해서는 전세가 위급하여 부상자를 치료하는 위생병 업무에 배속되었다. 김**이 할 수 있었던 일은 체온을 재거나 환자(조선인)에게 식사를 제공하는 정도였는데, 야전병원에서 치료를 하던 중 폭격으로 환자의 대부분이 사망하는 일도 비일비재했다. 6개월 정도가 지나서는 5명이었던 위생병들도 다 흩어져 각자 살길을 찾아야 하는 상황이었다.[55]

육군 군속으로 만주국에 근무했던 정**는 군인과 동일한 근무조건을 유지했다. 군인생활과 동일하게 내무반 생활을 했는데 1실에 4~6명 정도 생활했다. 근무시간은 1일 8시간이었고, 일요일은 휴일이었으며, 토요일도 반나절만 근무하였다. 휴일에는 주로 내무반에서 생활했는데, 가끔 외출도 허가되었다. 그러나 현지인들의 반일감정이 강하여 외출을 할 경우에는 2~3명이 조를 이루어 다녀야했으므로 안전을 위해 외출은 삼가했다.[56]

---

54) 남양군도의 노동력 동원에 대해서는 정혜경, 「공문서에 대한 미시적 구조로 본 남양농업이민」, 『일제 말기 조선인 강제연행의 역사 – 사료연구』, 경인문화사, 2003;今泉裕美子, 「朝鮮半島からの 南洋移民」, 『아리랑通信』 32, 2004年 5月號; 정혜경, 「일제 말기 '남양군도'의 조선인노동자」, 『한국민족운동사연구』 44, 2005; 정혜경, 「1920~30년대 식민지조선과 '남양군도'」, 『한국민족운동사연구』 48, 2006 참조.
55) 김** 구술사료(면담자 : 김명진, 한국독립운동사연구소 소장 구술사료).
56) 정** 구술사료(면담자 : 김명진, 한국독립운동사연구소 소장 구술사료).

오키나와는 후방이었으나 전세의 급변에 따라 전장으로 변한 지역이다. 수상근무대원으로서 오키나와 아마미(奄美)大島에 도착한 김원영이 담당한 일은 2,000여 평의 황무지를 개간하여 식량을 생산하는 일과 수송된 쌀가마니를 나르는 일이었다. 산 위의 진지구축 현장으로 식량을 운반하거나 목공이나 토공으로서의 일도 수상근무대원의 업무였다. 전투용 호를 파는 일도 담당했다.[57] 그 후 오키나와에 대한 연합군의 폭격이 잦아지고 전세가 급박해지자 군노무자의 식량운반작업은 최전선까지 이어졌다.

1944년에 오키나와 나하에 파견된 경북 경산 출신 군노무자들은 8886水勤부대로[58] 불리면서 김원영의 부대와 마찬가지로 나하부두의 하역작업에 동원되었다. 이들이 운반하는 물품은 무기와 군수품, 식량이었다. 그러나 10월 10일 오키나와 본도에 대한 연합군의 공습 이후 군노무자들은 본도를 떠나 게라마 열도로 이동했다. 당시 일본 군부는 특공비행부대(가미가제특공대)와 자폭용 獨船인 특공주정 신요정(震洋艇)을 통한 특공작전을 고안했는데, 여기에 사용할 舟艇이 300척 가량 게라마 열도에 배치되어 있었다. 군노무자들이 해야하는 일은 특공정이 곧 바로 출동할 수 있도록 숨겨 놓을 굴을 파는 일이었다. 1945년 3월에 완성된 굴을 이용해 특공주정을 탔던 소년들 가운데에는 조선인도 15명 있었다. 그러나 3월 25일 게라마 열도는 연합군에 의해 함락되었다.[59]

전방에서 조선인 군노무자가 담당한 역할도 후방과 다르지 않았다. 하역과 식량 조달, 토목건설작업 등이다.

일본 당국은 전방의 군노무자 사상자에 대해 관심을 표명하여 소속감과 동기유발의 효과를 거두도록 유도하였다. 당국은 1942년 6월에, 지난 1937년 12월에 발생한 상하이(上海) 전투와 양자강 전투 전사자 가운데에 포함된 군노무자 2명(해군공원)에 대해서 金緻훈장을 수여했다.[60] 1942년 8월 요코스카(橫須賀) 진수부가 발표한 전사자 명단 가운데에는 남양군도와 뉴기니아 방면에서 전사한 군속 18명의 명단도 포함되어 있다.[61] 군속의 전사 소식은 이에 그치지 않아 1943년 5월과 7월, 1944년 2월과 3월, 1945년 4월에도 연일 전사자에 대한 합동장례식 및 위령제가 보도되었다.[62] 신문에 보도된 전사자의 수는 1943년에는

---

57) 김원영, 앞의 책, 27~36쪽.
58) 8886 수근 부대는 앞에서 언급한 1945년 수상근무대와 동일한 성격으로 보기는 어렵다.
59) 권병탁, 앞의 책, 135~169쪽.
60) 『매일신보』, 1942년 6월 28일자.
61) 『매일신보』 1942년 8월 28일자.

4~5명이었으나 시기가 지나면서 격증하여 1945년에는 **명에 달했다.

이들 기사에서 노린 효과는 합동장례식을 거행하고 유족에 대한 원호정책에 따라 보상을 했다는 점이다. 이들 기사는 일본 본토보다 더 앞서서 군속에 대한 부조를 할 예산을 수립했다는 점을 강조했다.[63] 이들이 군노무자인지 포로감시원인지 여부는 명시되어 있지 않지만, 포로감시원에 비해 군노무자의 숫자가 많았다는 점과 1944년 10월에 실린 기사「해군군속에 恩賞 吩咐 – 설영대원의 광영」등을 볼 때 군노무자가 중심을 이루고 있다고 보여진다.[64]

또한 군노무자가 전쟁을 위해 협력하는 미담을 소개함으로써 선전효과를 배가하고자 했다.『매일신보』에 실린, 1944년 12월에 경북 출신의 군노무자(송출지역 미상)들이 1천 원 가까운 산업전사위문금을 아베 총독에게 보냈다는 기사가 여기에 해당된다.[65]

4. 귀환 과정

군노무자의 귀환 과정 또한 단편적인 자료만을 접할 수밖에 없어서 전체적인 규모나 성격을 추출하기 어렵다. 몇몇 사례를 통해 살펴보기로 하겠다.

남양군도에 있던 군노무자는 일본의 패전과 동시에 연합군에 의해 관리를 받게 되었다. 그 과정에서 단기간이나마 집단 수용되기도 했다. 물론 포로감시원과 같은 차원의 수용은 아니고, 귀환을 대기하는 동안 관리의 효율성을 위한 것이었다. 나울섬에 있던 우**은 연합군이 상륙하자 호주군에 의해 수용소에 수용되었다가 1946년 6월에 귀국했다. 그는 귀국이 늦어진 이유를 수송선의 부족에서 찾았다.[66] 그러나 수용소에서 생활은 "대우가 참 좋았던" 것으로 기억한다. 귀국 일정이 늦어지면서 수용소에서 잡일을 하기도 했는데, 그 대가로 200달러 정도를 받아서 용돈으로 사용했다.[67]

---

62)『매일신보』1943년 5월 14일자; 8월 20일자; 1944년 2월 20일자; 3월 17일자; 1945년 4월 9일자.
63)『매일신보』1944년 6월 14일자.
64)『매일신보』1944년 10월 29일자.
65)『매일신보』1945년 1월 18일자.
66) 팔라오에 있었던 나**는 해방 소식은 이미 8월 19일에 들었으나 1년 6개월이나 기다려 1947년에야 귀국한 경우이다. 나**도 귀국이 늦어진 원인을 배를 구하지 못했기 때문이라고 기억했다.
67) 우**은 남양군도에 있을 당시 월급의 반은 집으로 송금이 되었고, 귀국할 때 권업은행권 4000원 수표를 받았으나 미군정의 통화정책이 바뀌면서 사용할 수 없게 되었다.

우**의 귀환 경로는 구레(吳)→히로시마(廣島)→센자키(仙崎)→군산이다. 우**이 귀환할 당시에는 부산에 콜레라가 만연해서 군산으로 들어왔다. 우** 은 1946년 5월에 센자키에 도착한 후 GHQ를 상대로 재판을 벌였다. 권업은행 발행 수표를 현금으로 바꾸기 위한 재판으로써 528명의 대표로 전라도 출신의 이강국을 내세웠다. 그러나 "맥아더 사령관이 한국에 인플레 때문에 돈 못 준 다. 그냥 가거라. 그리고 그 보내주마."라고 해서 빈손으로 돌아오게 되었다.

그러나 남양군도 지역이라 하여 모두 수용소를 거친 것은 아니었다. 팔라오 에 있던 정**은 8월 15일에 해방 소식을 듣지 못하다가 12월 29일에 배를 타고 나오라는 통지를 받고 15명의 조선인 군속을 거느리고 8일간 배를 타고 귀환했 다. 정**의 구술에는 8월 15일 해방 이후부터 귀환까지의 과정이 생략되어 있 다. 다만 일본 측이 자신들이 패전한 것이 싫어서 패전사실을 감추고 있었던 것 으로 기억했다.[68] 팔라우에 있었던 왕**도 1년 이상 해방 소식을 듣지 못했던 경우이다. 1년 이상 기간이 지난 후에 "일본놈들이 이기도 지도 안했는디, 끝났 다고만 허지 안 일러줘"서 미군이 진주한 이후에야 알고, 1946년에 미군이 제 공하는 해병대 배를 타고 귀국할 수 있었다.[69] 나울섬에 근무하던 우**이 종전 직후부터 수용소 생활을 한 것과 비교해 보면, 팔라우섬이 1년 이상 연합군의 관리 아래에 놓이지 못했다는 점은 같은 남양군도 전역에 대한 연합군의 통제 가 동시에 미치지 못했음을 알 수 있다.

김원영의 수기에 의하면, 1945년 3월 25일 연합군에 의해 함락된 오키나와 의 경우, 군노무자들은 함락 직후에 일본군의 무모한 작전으로 인해 다수가 희 생된 경우도 있다. 게라마 열도에서는 연락병의 전령을 받고 본부 참호에 모인 200여 명의 군인과 군노무자, 본토인들에게 일본 장교가 수류탄 1개와 건빵 1 봉지를 주고 미군이 주둔한 진지에 접근하여 수류탄을 던질 것을 명령하며 등 뒤에서 총을 들이대고 협박하여 다수의 사상자가 발생했다. 그러나 27일 이후 에는 연합군에 항복하거나 그들에 의해 접수되어 간단한 심문을 받고 수용소 에 수용되었다가 5월 말경 200명가량은 하와이로 이송된다.[70] 수용소가 수용 인원을 초과하였기 때문이다. 수용되었던 조선인들은 1946년 1월과 2월에 각

---

68) 정** 구술사료(면담자 : 표영수, 한국독립운동사연구소 소장 구술사료).
69) 왕** 구술사료(면담자 : 표영수, 한국독립운동사연구소 소장 구술사료).
70) 김원영의 수기를 통해볼 때, 石川수용소로 판단된다. 김원영의 수기에는 500명이 하와이로 이송 되었다고 적혀 있다. 김원영, 앞의 책, 145쪽.

각 하와이와 오키나와를 나와 귀국했고, 경산 출신의 군노무자는 275명이 귀국했다.[71]

같은 수상근무대 8886부대에서 일했던 심**도 비슷한 내용을 증언했다. 그는 1945년 3월 26일 연합군의 상륙작전이 벌어지자 밤중에 산정에 올라가 피신하고 있던 중, 특공대부대장이 군노무자 40여 명을 소집하여 막대기를 하나씩 주며 적군을 공격하라고 명했다고 한다. 이를 피해 달아나 阿嘉島山에 차린 본부를 찾아 합류하였는데, 4월 28일에는 일본군이 식량을 찾아 도주했다 잡힌 군노무자 7명을 총살시키는 현장을 목격하고 다시 도주하여 연합군의 포로가 되었다.[72]

김원영이 속한 오키나와 수상근무부대도 5월 말에 다른 일본군부대와 함께 신죠(新城)로 이동했다가 7월 초에 연합군에 투항한다. 일본군 장교들로부터 '미군의 포로가 되면, 성기를 잘린다'는 등 악선전에 투항을 생각하지 않던 일행들은 연합군의 공격으로 일본군이 흩어진 상태에서 미군에게 발각되었다. 고쿠바(國場)의 수용소로 이송되어 통역으로부터 간단한 심문을 받고 조선인임이 밝혀졌다. 그 후 이시카와(石川)수용소로 이송되었다.[73]

일본에서 귀환하는 경우에는 대부분이 개인적으로 배를 구해 귀환한 것으로 나타난다. 일본의 패전 이후 군노무자에 대한 군부의 관리가 소홀해지면서 방치상태에 놓이자 일본 현지에서 자금을 마련해 배를 구한 후 귀환한 것이다.

일본의 군노무자 귀환과정에서 빠트릴 수 없는 것은 우키시마마루폭침사건이다. 우키시마마루에는 군노무자만이 승선한 것은 아니었으나 이 사고로 다수의 조선인 군노무자가 사망했기 때문이다. 1945년 8월 24일 오후 5시 20분경 마이즈루(舞鶴)만으로 들어오던 우키시마마루가 침몰하여 승선 중이던 조선인 7천여 명 가운데 4000여 명이 사망하였다(일본승무원 255명 가운데 사망자 25명).[74] 우키시마마루 폭침사건의 생존자들의 귀환도 개인적인 차원에서 진행되었다. 우키시마마루 폭침사건에서 살아남은 조**은 어느 강당으로 옮겨졌는데, 그곳에는 각 도별로 사람을 찾는 프랭카드(한글)가 붙어 있었다. 그곳

71) 권병탁 앞의 책, 176~180쪽, 185~201쪽.
72) 태평양전쟁피해자보상추진협의회 작성, 「강제동원진상조사대상자 진술서」 중에서.
73) 김원영, 앞의 책, 122~145쪽. 김원영의 수기는 石川수용소로 이송되는 것으로 끝나 이후 귀환과정은 알 수 없다.
74) 우키시마마루 폭침사건에 대해서는 사이토 사쿠지 편저, 『우키시마호 폭침사건 진상』, 가람기획, 1996 참조.

에서 건빵과 모포, 마른 콩을 제공받아 연명하다가 센자키를 통해 연락선을 타고 귀환했다. 고향 사람 몇몇이서 개인적으로 배를 구해 타고 온 것이다.[75] 나무 조각 하나를 의지해서 떠내려 오다가 '육지에 걸려서' 살아남은 정**의 경우도 마찬가지이다. 해군기지로 옮겨져 해군 숙소에서 1주일간 기거하던 정**은 해군이 내준 기차를 타고 시모노세키(下關)까지 간 것이 일본 당국이 제공해 준 전부였다. 다시 사흘을 기다려서 귀국선을 탈 수 있었으나 이를 기다리지 못한 다른 일행은 대부분 개인 비용(1인당 20원)으로 배를 구해 귀국했다.[76]

패전 직후 조선인들이 자치 기구를 만들거나 해당 지역 조선인 단체의 도움을 받아 귀환을 준비한 경우도 있다. 남양군도의 마샬군도에 다녀온 박**는 8월 14일 밤에 방송을 통해 해방 소식을 들은 후 조선인들로 보안대라는 자치조직을 구성하고 치안을 유지하며 귀국을 준비했던 일을 기억했다. 보안대원은 10여 명 정도였는데 내부 규율을 준수하도록 함은 물론이고 검찰의 기능까지 가지고 있었는데, 박**는 보안관을 맡았다. 조선인들은 큰집을 숙소로 사용하며 12월 초에 귀국할 때까지 보안대의 관할 아래 있었는데, 식사는 미군이 해결해 주었다.[77]

비전투원인 군노무자들은 전쟁 기간 동안 상당수가 희생되었다. 특히 이들이 근무했던 전방은 매우 많은 사상자를 냈던 격전지였으므로 비전투원이었던 군노무자의 희생도 많았다. 이들의 사망 및 행방불명과 복원 수에 대해서는 통계마다 약간의 차이가 있으나 대략 조선인 군속의 복원율은 69% 정도로 추정하고 있다. 이 가운데 육군 군속의 복원율은 67%이고, 해군 군속의 복원율은 71% 정도이다.[78] 이 가운데 군노무자의 희생자 수를 파악할 수 있는 정확한 수치는 알 수 없다. 몇몇 단편적인 자료나 구술사료와 수기집 등을 통해 확인한 내용으로 볼 때 송출 지역별로 편차가 적지 않을 것으로 보인다. 특히 격전지였던 남양군도와 오키나와 등지의 희생자가 많은 것으로 나타나고 있다. 몇몇 사례를 통해 살펴보기로 하겠다.

1945년 3월 9일에는 미군의 공습으로 이오지마(硫黄島) 요코스카(橫須賀)해군시설부에서 근무하던 조선인 군속 1000명 가운데 10여 명만이 남고 모두가

---

75) 조＊＊ 구술사료(면담자 : 표영수, 한국독립운동사연구소 소장 구술사료).
76) 정＊＊ 구술사료(면담자 : 황민호, 표영수, 한국독립운동사 소장 구술사료).
77) 박＊＊ 구술사료(면담자 : 김명진, 한국독립운동사 소장 구술사료).
78) 김민영, 「강제동원피해자에 대한 조사 및 인원 추정」, 『2003년도 일제하 피강제동원자 등 실태조사연구 보고서』(한국정신문화연구원).

사망하는 사고가 일어났다. [79] 나울섬에 파견되었던 우**은 1600명의 동료 가운데 1946년 6월 귀국 당시 528명만이 돌아왔다고 한다. 사망의 원인은 대부분 기아였다. 공습이 심했으나 폭격에 의한 사망보다는 기아가 더 많았다고 기억한다. [80] 박**는 송출 당시 諏方丸이라는 만 톤급 배에 탑승하여 떠난 7~8천 명에 달했던 조선인(군인, 군속)이 귀환 당시에는 1천 명을 넘지 못했다고 기억했다. 그는 아사와 병사, 공습으로 60%는 사망했을 것으로 추정했다. [81] 남양군도에 다녀온 나**는 33,000명 가운데 300명이 살아 돌아왔다고 구술했다. [82]

김**도 뉴기니아에 있던 조선인은 대부분 살아 돌아오지 못했을 것으로 추정한다. 연합군이 뿌리는 한국어 항복권유격문에도 불구하고 관망하던 김**은 주위의 일본인들이 라디오로 무전을 하는 등 행동이 수상하여 뒤를 쫓아간 결과 1943년 1월 19일, 해변가에서 기다리던 배 두 척을 발견하고 사투를 벌여 배에 오를 수 있었다. 일본인들은 "최종적으로 배가 두 대 오기로 했다. 여기서 배 못 타면 죽는 거니까. 배에 구멍이 뚫리면 막을 나무 두 개씩을 가져라."라고 알려주면서 해변가에서 철수군함을 기다린 것이다. 그러나 배가 출발하자 잠수함에 의한 공격이 다시 시작되어 배를 숲에 숨겨놓고 산으로 올라가 3일간 기다리기두 했다. 리바르또까지 간 일행은 병원선을 타고 일본 구레에 도착할 수 있었다. 이 과정에서 김**은 폭격을 맞아 갈비뼈가 파열되는 부상을 입었다. 구레에 머물던 중 구레가 함락당하자 다시 시코쿠(四國)의 어느 지역에 이송되었다가 시모노세키를 통해 부산으로 귀환했다. 그런데 김**의 귀환과정에서 뉴기니아에서 구레로 오는 과정에서 만난 조선인은 한 명도 없었다. 김**은 배 안에서 동포를 찾아보았으나 만날 수 없었고, 폭격을 피해 산으로 올라갔을 때에도 동포를 찾아보았으나 만날 수 없었다. 그는 조선인의 사망 원인을 전투 중 폭격 및 풍토병으로 인한 사망 외에도 일본군 철수 이후에 잔류하다가 사망한 경우가 많을 것이라고 추측했다. "한국 사람이 많이 죽었을거라. 내가 생각할 때 많이 죽었어. 순전히 개죽음으로 많이 죽었어. 내가 생각해도 내가 확실히 영리하니까 살았지. 영리하니까. 내가 영리한 놈이요. 왜냐면 누구도 살라고 나가지 죽을라고 나가지 않거든. 그 뒤를 따라 나가야 쓰겠다 이거야"

---

79) 樋口雄一, 『皇軍兵士にされた朝鮮人』, 114~115쪽.
80) 우** 구술사료(면담자 정혜경, 한국정신문화연구원 소장).
81) 박** 구술사료(면담자 : 김명진, 한국독립운동사연구소 소장 구술사료).
82) 나** 구술사료(면담자 : 우수미, 한국독립운동사연구소 소장 구술사료).

일본군이 비밀리에 철수준비를 하고 있음을 조선인들이 알아차리기 힘들었고, 일본군의 철수과정에 합류하지 못한 조선인은 살아남기 어려웠을 것이라는 판단이다.[83]

5. 맺음말

조선인 군노무자는 일본 당국이 부대 내에서 편의적으로 활용하기 위해 운용한 인력동원의 대상자이다. 그러나 강제연행·강제노동의 역사 가운데 군노무자에 대한 연구는 부진하고 규명되지 않은 부분이 많은 분야이다. 이는 군속 연구가 포로감시원에 치중된 결과이다. 아울러 군노무자와 일반노무자를 혼동한 이해도 연구부진에 한 몫을 했다. 이는 연구자와 피해자 모두에게 동일하게 해당된다.

일제 말기에 군속과 일반노무자를 구분하여 이해한 피동원자는 그리 많지 않았다. 실제로 연행되었던 경험자들이 스스로 군노무자와 노무자를 구별하지 못하는 경우가 대부분이다. 인터뷰 도중에도 '군속'이라고 했다가 노무자라고 하는 등 혼동을 일으키곤 한다. 당시에 징용으로 알고 지원한 것이 '군속'이었던 경우는 허다하게 찾을 수 있다. 이러한 혼란은 군노무자로서 군속이 갖는 복합적인 성격의 결과라고 생각한다. 즉 군부대로 파견이 되었으나 실제 업무는 노무동원과 동일했으므로 스스로도 혼란을 일으키는 것이다. 이러한 점은 사실 규명에 저해요인으로 작용하기도 한다.

앞에서도 살펴본 바와 같이 군노무자와 포로감시원은 동일한 군속의 범주에 포함하고 있으나 실제로는 징발과정과 실태, 귀환과정에서 큰 차이를 보인다. 또한 군노무자라 하더라도 1943년 7월 국민징용령 개정 이전과 이후는 징발과정에서 차이가 두드러진다.

이 글은 강제연행·강제노동 연구가 일제 말기의 시대적 상황 및 정책의 전개 과정과 일정한 관련 속에서 진행되어야 하며 피학적 실태론에서 탈피하고 다양한 스펙트럼을 파악해야 한다는 바람을 바탕에 두고 있다. 그러나 이를 위해서는 군노무자의 실체 가운데에서도 여전히 해명되지 않은 문제들

---

83) 김＊＊ 구술사료(면담자 : 김명진, 한국독립운동사연구소 소장 구술사료).

이 해결되어야 한다. 가장 큰 문제는 식민정책 및 군의 전쟁운용정책과 관련 속에서 군노무자를 살펴보아야 한다는 점이다. 아울러 병력동원으로 범주화되어 있는 특설부대와 군노무자와의 차이 및 일반노무자와 군노무자의 차이 등이 해명되어야 한다. 그러나 이 점은 현재 자료가 발굴되는 과정이므로 자료 발굴 및 연구의 진전에 기대를 해야 하는 부분이다. 그 외 각 파견지역별로 군노무자가 처해 있던 조건이나 귀환과정의 차이 등에 대한 지역사례연구도 추후 연구과제이다.

이러한 자료의 한계 속에서도, 군노무자 동원과 관련한 당국의 정책이 갖는 의도와 목적이 무엇인지 하는 점은 살펴보아야 할 것이다. 일반노무자의 동원이 가능한 상태에서 별도로 군노무자를 동원한 당국의 정책이 갖는 의도와 목적은 무엇인가. 또는 일반노무동원과 관계는 무엇이고, 양자 간의 차이점은 없는가 하는 점이다. 이는 시기적으로 구별해서 파악해야 할 것이다.

먼저 1943년 7월 국민징용령 개정 이전을 살펴보면, 참여의식 고취 및 승전 분위기를 통한 동기유발이라고 생각된다. 일반노무동원의 대상자와 비교해서 경제조건과 학력 등이 높은 연행대상자에게 마치 일반노무동원과 다른 침여기회를 제공하는 것으로 여기도록 함으로써 노동력의 효과를 증대하고 사회전반에 적극적인 전쟁 지원 분위기를 조성하고자 하는 의도가 강하게 작용했을 것이다.

두 번째로 국민징용령 개정 이후는 확전에 따른 노동력 충당과 노부제도의 불만 해소라는 두 가지 점이 관련되어 있다고 생각된다. 일반노무동원을 통해 기업과 탄광, 일반 토건공사장의 일손은 어느 정도 해소가 되었지만 군부대나 군 시설, 군공장 등지의 일손은 해소되지 못했다. 전선이 넓어지거나 또는 본토결전을 대비하면서 군수공장이나 지하터널 등 군 관련 시설과 식량조달이나 하역 등 군부대의 운영을 보조할 노동력 부족은 더욱 심각해졌다. 그러나 1943년 이전에 연행방식이나 행정체계로는 수요를 감당할 수 없었으므로 국민징용령 개정을 통한 전면적인 동원 체제 운용이 필요해졌다. 그 후 패전이 짙어지면서 이러한 방향은 변화를 가져온 것으로 보인다. 1945년 3월 이후에는 징병제를 이용한 노동력 확보가 불가피해졌기 때문이다. 그러나 이는 여전히 추론에 머물고 있어서 1945년 3월 이후 인력동원의 범주나 성격에 대해서는 추후 고찰이 필요하다.

현지에서 군노무자의 업무는 노동부대를 비롯해 위생부대, 식량조달부대 등 기타 전쟁 수행에 필요한 보조적인 임무였다. 후방에 근무한 군노무자들은 전쟁 말기에 이르러서는 본토결전을 위한 각종 시설물 공사에 동원되었고, 전방의 군노무자들은 노동력 제공은 물론, 위생병, 농업작업대 등 각종 업무를 수행해야 했다. 이들은 전세의 변화에 따라 식량조달을 받지 못했고 비전투부대였으므로 외부의 위험에 방치되어 더욱 많은 사상자를 냈다. 이들에게 파견 당시에 약속했던 조건(임금과 근무기한)이 제대로 지켜지지 않는 경우가 많았고, 식량부족으로 인한 고통을 가장 심하게 겪었다.

이 글은 군노무자의 성격과 실태, 귀환과정 등을 규명하기 위한 시도의 첫 걸음이다. 문헌사료와 구술사료의 교차 분석을 통해 법이나 제도보다 실제 운용과정 및 내용을 파악하고자 하는 목적에서 시도되었다. 군노무자의 성격을 규명하는 작업은 군속, 군부, 군용인, 군요원 등 자료 속에서 혼란스러울 정도로 불리우는 군노무자의 명칭에서 알 수 있듯이 여전히 명쾌하게 규명하기 어려운 부분이다. 이러한 혼란은 관련 법령이나 제도에서 규정된 직능이 실제 운용과정에서 해당되지 않는 경우가 적지 않은데서 오는 결과이기도 하다.

이 글은 적지 않은 추후 연구 과제를 남겨놓았음에도 작은 성과는 남겨놓았다고 자평한다. 개괄적이기는 하지만 군노무자의 연행실태와 노동실태, 귀환과정 등에 대해 살펴본 점, 군노무자의 동원시기가 1941년임을 입증한 점, '군노무자'라는 명칭을 통해 군속이 갖는 노무 동원으로서의 성격 규정을 시도했다는 점, 이를 통해 인력동원의 성격과 범주 설정에 대한 또 하나의 의견을 제시한 점, 구술사료의 활용 등이다. 향후 군노무자를 포함한 군속 전반에 대한 학계의 연구 진전을 기대한다.[84]

---

84) 이 글은 「일제 말기 조선인 군노무자의 실태 및 귀환」(『한국독립운동사연구』20, 2003)을 수정 보완했다.

해방 이후 강제연행·강제노동 귀환자의 사회적응과정

1. 머리말

지난 2004년 2월 13일, 국회 본회의장에서는 '일제강점하강제동원피해등에관한진상규명특별법'의 통과를 알리는 의사봉이 세 번 울렸다. 이를 통해 해방 후 59년 만에 처음으로, 이들이 겪은 일이 무엇인가에 대해 조사를 하게 될 법적 근거가 마련되었다.[1] 59년 동안 한국정부와 사회가 무관심하고 있던 동안에 연 인원 800여 만 명[2]에 달했던 피해자들은 2005년 12월 말 현재 5만 명 이상 생존하고 있는 것으로 파악된다. 살아남은 이들도 대부분 80세 전후의 노인들이다.

이 글은 지난 2003년 봄, 강제연행의 피해를 당한 생존자(이하 생존자)에 대한 생활실태조사 결과의 일부 및 이 가운데 몇몇 생존자에 대한 심층면접조사결과를 바탕으로 이들의 사회적응과정을 살펴보는 데 목적을 둔다. 이 생활실태조사는 전수 조사가 아니라 대략적인 생존자의 생활실태를 파악하

---

[1] 이 법에 근거하여 2004년 11월 10일에 국무총리실 소속 일제강점하강제동원피해진상규명위원회가 설치되었다.

[2] 김민영 교수는 일본에서 발표된 각종 통계에 대한 분석을 바탕으로 연인원 약 794만 명이라는 수치를 제시했다. 이 수치에서도 약간의 중복 합산한 부분은 발견된다. 그러나 큰 틀에서는 활용할 만한 수치라고 생각된다. 수치에 관해서는 남북한의 통계가 차이를 보인다. 그러나 북한이 주장하는 840만 명은 성동원 피해자가 포함된 수치이고, 김민영의 794만 명 수치는 성동원 피해자의 수가 포함되지 않은 점을 볼 때, 수치간 차이는 크게 나지 않을 것으로 생각된다. 김민영의 수치에 관해서는 한국정신문화연구원, 『일제하 피강제동원 생존자 생활실태조사』, 2003 참조. 통계수치와 관련해 최근에 낙성대경제연구소에서 개최한 국제심포지엄 자료집('일제의 전시체제와 조선인 동원', 2006.3.3)에 실린 홍제환, 「전시노무동원 인원의 추정에 관한 검토」에서 기존의 통계에 대해 비판했다. 내가 생각하기에 현재 연구 수준에서 통계의 수치보다 더욱 중요한 것은 통계의 대상을 어떻게 할 것인가 하는 점이다. 노무동원의 종류와 범주도 정해지지 않았으며, 새로운 노무동원의 유형이 발굴되는 상황에서 '기존의 통계에 대한 실증적 연구'란 것이 갖는 의미는 찾기 어렵다고 생각한다. 다만 현재로서는 통계를 인용할 때, 전거를 밝혀두는 것이 필요할 뿐이다.

기 위한 프로젝트 차원의 시범조사였다. 나는 이 조사를 통해 생존자들의 생활상태의 일면을 이해할 수 있었다. 이 조사는 그동안 생존자에 대한 전수조사가 진행되고 있지 않은 상황에서 지역별·종류별로 균형 있게 피해 생존자를 대상으로 조사하고자 계획되었다. 물론 당초 의도와는 달리 짧은 준비기간과 조사기간이라는 외적인 요소 외에 조사과정에서 나타난 문제점들로 인해 충분히 만족할 만한 조사를 수행하지는 못했다. 그러나 생존자들에 대한 전반적인 상황이 규명되지 못한 상황에서 실시된 조사라는 점을 감안할 때, 의미와 소득은 있다고 생각된다.[3]

생존자들의 사회적응과정을 살펴보는 이유는 이들이 단지 과거의 역사를 간직한 '박제된 존재'가 아니라 한국현대사의 격랑을 다양하게 경험한 주체이기 때문이다.[4] 이러한 연구를 위해서는 역사학적 연구방법 외에 사회학·심리학·법학 등 다양한 연구 방법이 사용될 수 있다.[5]

그러나 본고에서는 생활실태조사와 구술사료를 바탕으로 한 역사학적 연구방법을 통해 접근해 보고자 한다.[6] 이를 위해서는 미시사적인 방법이 필요할 것으로 생각되는데, 미시사적인 방법에 대한 필자의 이해가 충분하지

---

3) 어려운 조건 아래에서도 조사에 임한 단체들은 매우 적극적이고도 성실히 조사해 주었다. 이들 단체는 조사 취지에 공감함은 물론이고, 이러한 실태조사를 실시한다는 점 자체에 매우 고무적이었다. 지면을 통해 조사를 담당해 준 단체들에게 감사의 마음을 전하고 싶다.

4) 강제연행피해자의 사회적응화 과정에 대해서는 '일본군위안부'를 대상으로 한 연구를 찾을 수 있다. 이상화, 「일본군 '위안부'의 귀국 후 삶의 경험」, 「일본군 '위안부'문제의 진상」, 역사비평사, 1997; 심영희, 「침묵에서 증언으로 : '군위안부' 피해자들의 귀국 이후의 삶을 중심으로」, 「정신문화연구」79, 2000. 이들 연구는 '차마 말할 수 없는 경험'을 트라우마로서 지니고 살아가야하는 피해자를 대상으로 했다는 점에서 이들의 치유 및 사회화 과정에 주목한 연구이다.

5) 특히 연구의 진행과 더불어 실태조사나 자료수집과정에서 생존자들이 갖고 있는 트라우마의 분석을 통해 정신적인 치유라는 결과로 이어져야 한다. 그러나 나는 171명에 대한 생활실태조사에 모두 참여하지 않고, 이 가운데 30% 정도에 해당하는 생존자들과 평소 교분과 구술자료수집과정을 통해 해결하고자 노력하는 데 그쳤다.

6) 이전 시기에도 구술생애사 연구방법론은 시도되었으나 본격적인 글은 1990년대에 발표되었다. 1994년에 윤택림이 「한국문화인류학」25집에 「기억에서 역사로:구술사의 이론적, 방법론적 쟁점들에 대한 고찰」을 발표한 이후, 같은 해에 윤형숙이 「생애사 연구의 발달과 방법론적 쟁점들」(「배종무총장퇴임기념 사학논총」)을 발표했고, 이듬해에는 제임스 흡스의 「증언사 입문」이 유병용에 의해 번역 출판되기도 했다(한울출판사). 또한 서울대학교 교육학과의 김기석 교수는 1994년부터 대학원 과정에 구술사 강좌를 개설해 오고 있다. 기록관리학적 측면에서는 국내 몇몇 기록관리학 관련 대학원에 강의가 개설되어 있다. 한국근현대사에서 구술사 및 구술사료 관리에 대해서는 정혜경, 「한국의 구술사료관리현황」, '한국역사기록의 관리와 발전방안' 학술심포지엄 발표문(한국역사연구회, 대전대학교 인문과학연구소 공동 주최), 2000 ; 정혜경, 「강제연행관련 구술사료수집의 현황 및 활용방안」, 「구술사료로 복원하는 강제연행의 역사—2001년도 구술사료수집결과보고회 자료집」, 일제강점하강제동원피해진상규명등에관한특별법제정추진위원회, 2001 ; 정혜경, 「일제 말기 강제연행관련 구술사료 관리방안」, 「일제 말기 조선인 강제연행의 역사 - 사료연구」, 경인문화사, 2003 ; 정혜경, 「한국근현대사 관련 구술사료관리의 방향 및 실행계획연구」, (국사편찬위원회 2003년도 연구과제); 한국구술사연구회, 「구술사」, 선인, 2005 등 참조.

않아 개략적인 연구를 진행하는 데 그치지 않을 수 없었음을 밝혀둔다.

2. 생활실태조사를 통해 본 생존자들의 삶

1) 생활실태조사의 과정

생활실태조사는 2003년 2월, 보건복지부가 한국정신문화연구원에 의뢰한 연구과제(『일제하 피강제동원 생존자 생활실태조사』)의 수행과정에서 진행되었다. 그러므로 생활실태조사의 상세한 내용은 연구보고서를 참조할 수 있다. 생활실태조사를 하게 된 배경은 다음과 같다.

생존자들은 대부분 농촌의 빈농출신으로서 학업에 종사하거나 생업에 종사해야 하는 시기에 송출되었으므로 귀국을 한 이후에 한국사회에서 경제력이나 사회적 지위 면에서 취약함을 피하기 어려웠다. 더구나 이들은 교육의 기회를 부여받지 못했기 때문에 일본어 습득율도 낮았고, 이로 인해 작업현장에서 부상을 당할 확률이 높았다. 열악한 노동현장의 시설과 무리한 노역도 사고시의 가능성을 갖고 있었다. 그 결과 노후에 노동후유증이 남게 되었다. 그러나 실제로 이들이 현재 어떠한 생활을 하고 있는가 하는 점에 대한 체계적인 조사가 이루어지지 못했으므로 이 점은 추론에 불과했다. 구체적인 상황을 이해하기 위해서는 실태조사가 필요했다. 게다가 2002년 7월에 '일제하강제동원에의한징용자생활안정지원법' 안이 국회 상임위원회에 계류됨에 따라 법안의 심의를 위해서도 피해 생존자의 실태에 대한 정확한 파악이 요구되었다. 따라서 이를 규명하기 위해 생존자에 대해 생활실태조사 결과를 실시하게 된 것이다.

실태조사의 과정을 보면 다음과 같다. 생존자에 대한 생활실태조사는 전국에 산재한 모든 생존자를 대상으로 하기는 어려우므로 대표 표집을 선정해 실시하는 것이 바람직하다. 그러나 현재 생존자에 대한 파악이 정확히 이루어지지 못한 상황에서 표집을 선정하는 것은 의미도 반감될 뿐만 아니라 현실적인 어려움이 더욱 크다. 그다음 방법으로는 특정 지역을 선정하여 실태조사를 실시하는 방법이 있다. 그러나 이 방법도 짧은 조사기간과 전문 인력이 부재한 상황에서는 실시하기 어려운 방법이다.

그렇다고 하여 생활실태조사를 실시하지 않을 수 없으므로 가능한 방법을 찾아야 한다. 나는 짧은 조사기간 동안에 비교적 다양한 사례를 대상으로 실시하기 위해 오랫동안 생존자들과 교감하면서 일정한 전문성을 축적한 피해자 및 지원단체의 도움을 얻어서 수행하기로 했다.[7]

구체적인 조사과정을 보면 다음과 같다.

첫째, 3월 10일 조사계획안을 수립한 후, 실태조사를 위한 조사대상 및 협력단체를 선정했다.[8] 단체 선정은 활동가들의 자문과 추천을 얻어 '일제강점하강제동원피해진상규명등에관한특별법제정 추진위원회' (이하 추진위) 소속 집행단체를 대상으로 했다.

둘째, 조사원 교육을 실시했다. 이번 실태조사는 조사대상자가 직접 설문지를 작성하는 방법이 아니라 조사원이 방문하여 질문지를 작성하는 방법을 택하였다. 조사대상자들의 대부분이 80세 이상의 고령이고, 질병이나 기타 이유로 직접 질문지를 작성할 수 있는 상황이 아니었기 때문이다. 그러므로 조사목적과 내용에 대한 조사원의 인지도는 조사내용에 매우 중요한 역할을 하게 된다. 2003년 3월 23일부터 4월 5일까지 현지(광주, 대구, 부산)를 방문하여 준비된 질문지를 제공하고 협조를 구함과 동시에 조사원에게 조사내용과 방법을 설명했다.

세 번째로 조사가 진행되었다. 조사원은 조사를 담당한 단체의 자원봉사자나 내부의 인력으로 선정하였는데, 그 이유는 비교적 조사대상자에 대한 이해도가 높기 때문이다. 강제연행 · 강제노동의 역사에 대해 전혀 모르는 조사원인 경우에 약간의 교육만으로 제대로 조사에 임할 수가 없다. 조사를 위해 먼저 단체가 파악하고 있는 생존자의 명단을 바탕으로 전화연락을 통해 방문조사 가능성을 타진한 후 조사를 실시했다. 비록 항목별로 誤記가 발

---

7) 조사 방법을 피해자 및 지원단체로 상정한 것은 단기간에 조사대상자를 선정하고, 조사대상자에 대한 사전 정보(주소, 연락처 등)를 파악할 수 있다는 점 등 조사수행과정에서 갖는 장점 때문이다. 더구나 조사 내용에는 피조사자의 프라이버시와 관련된 부분으로 여길 수 있는 항목도 있는데, 단체와 관련된 조사원들이 수행함으로 인해 피조사자가 가질 수 있는 거부감을 상쇄시킬 수 있다.
8) 전남 지역 : 노무동원(태평양전쟁희생자광주유족회), 경북 : 원폭피해자(원폭피해자와 함께 하는 시민모임), 서울 · 경기 : 노무동원(태평양전쟁피해자보상추진협의회), 경남 : 노무동원(미츠비시중공업 한국인징용자재판지원회), 강원도 : 노무동원 · 병력동원(태평양전쟁한국인희생자유족회).

생하거나 간혹 누락된 경우도 있었으나 비교적 충실한 내용을 담을 수 있었다고 평가한다.

조사를 진행한 결과 각 단체별로 다음과 같이 결과물을 수합할 수 있었다.

<표 1> 노무동원, 통제 관련 법령 및 통첩·결정

조사 단체	조사 인원 수	총조사 기간	조사 종류
태평양전쟁한국인희생자유족회	77명	27일	군인,군속,노무자,여자근로정신대
원폭피해자와 함께 하는 시민모임	16명	16일	원폭 피해자
태평양전쟁희생자광주유족회	48명	40일	군인,군속,노무자,여자근로정신대
미츠비시중공업한국인징용자 재판지원회	3명	2일	노무자
태평양전쟁희생자보상추진협의회	27명	15일	군인,군속,노무자,여자근로정신대
총 조사인원 수	171명	100일	

2) 생존자들의 생활실태

이상과 같이 생활실태조사는 조사 방법과 과정에서 보여준 아쉬움에도 불구하고 귀한 성과물을 얻을 수 있었다.[9] 이상에서 구체적인 내용을 살펴보기로 하겠다.

먼저 이들의 평균 연령은 77.3세이다. 이를 범주별로 다시 세분화해서 살펴보면, 노무동원이 80.5세, 군인이 81.3세, 군속이 73.9세, 원폭피해자가 69.2세, 여자근로정신대가 73.9세이다. 피조사자 가운데 최고령자는 90세(노무동원)이고, 최소연자는 59세(원폭피해자)이다.

조사대상자의 범주별·성별 분포를 보면 <표 2>와 같다. 조사대상자의 91.81%는 남성으로서 압도적인 다수를 차지한다. 이는 조사단체가 조사대상자를 선정할 때 성비를 고려하지 않은 점도 있으나 생존자의 성별 비율에서 남성이 압도적으로 많으므로 나타나는 당연한 결과이기도 하다.[10]

---

9) 이 생활실태조사가 갖는 문제점과 한계에 대해서는 보고서 『일제하 피강제동원 생존자 생활실태조사』 66~67쪽 참조.

10) 현재 여성동원의 대표적인 종류인 일본군위안부는 30만 명으로 추산하고 있고, 여자근로정신대의 경우에도 현재 파악된 숫자는 2천여 명에 불과하다. 이를 합산한다 해도 여성동원자의 수를 전체 생존자 숫자와 비교해 보면 극히 소수이다.

<표 2> 범주별 성별 분포

종류	비율	성별 분표	
		남	여
노무자	50.87%/87명	50.87%/87명(100%)	
군인	16.95%/29명	16.95%/29명(100%)	
군속	16.95%/29명	16.95%/29명(100%)	
원폭피해자	9.35%/16명	7.01%/12명(75%)	2.3%/4명(25%)
여자근로정신대	5.84%/10명		5.84%/10명(100%)
총수	100%/171명	91.81%/157명	8.18%/14명

* 괄호 안은 종류별 비율 대비 성비

<표 3> 파견지역별 분포

	노무자	군인	군속	원폭피해자	여자근로정신대	전체
일본	45%/77명	6.43%/11명	5.26%/9명	9.35%/16명	5.84%/10명	71.92%/123명
중국		4.09%/7명				4.09%/7명
만주	1.75%/3명	3.5%/6명	0.58%/1명			5.84%/10명
남양군도		0.58%/1명	8.18%/14명			8.77%/15명
동남아		0.58%/1명	2.33%/4명			2.33%/4명
기타	4.09%/7명	1.75%/3명	0.58%/1명			7.01%/12명
총수	50.87%/87명	16.95%/29명	16.95%/29명	9.35%/16명	5.84%/10명	100%/171명

파견지역은 일본이 압도적이다. 특히 노무자의 경우에는 일본 파견자가 77명으로 전체 조사대상자 가운데 일본이 45%로 가장 높고, 노무자 인원수(87명)에서 차지하는 비율도 88.5%이다. 이러한 지역별 편중도는 강제연행시기 송출지역별 송출인원비율과 일치한다. 일본 대장성 관리국이 밝힌 1939년~1944년간 노무자 동원 통계에서도 일본은 95% 이상을 차지한다.[11]

'기타'의 경우에는 국내 동원과 다중동원 등이 해당된다. 군인 동원의 경우에도 국내 동원 사례가 있는데, 제주도와 목포가 파견지역이다. 노무자의 다중동원의 경우에는 노동현장에서 근무하던 중 영장을 받고 징병을 가게 된 사례와 근로보국대로 국내에서 노역에 종사하다가 국외(일본, 남양군도

---

11) 정인섭, 「전시동원체제하의 한인 희생」, 『1995년도 해외 희생자 유해현황 조사사업 보고서』, 한국정신문화연구원, 72~73쪽.

등)로 송출된 사례가 해당된다.

범주별로 보면, 군속의 파견지역은 남양군도와 동남아 지역이 가장 많고, 군인의 경우에는 일본이 중국과 만주의 합한 숫자(13명)에 이어 다수(11명)를 차지한다. 일본에 파견된 군인은 노동부대의 성격을 띤 특설부대(농경대나 특설대, 자활대)의 비율이 높다.

<표 4> 범주별 가족총수와 동거 가족 수 상황

구분	가족수	노무자	군인	군속	원폭피해자	여자근로정신대	전체
가족총수	독거	0.58%/1명			1.75%/3명	1.16%/2명	3.5%/6명
	2인	2.92%/5명	1.16%/2명		0.58%/1명		4.67%/8명
	3인	2.33%/4명	1.75%/3명	0.58%/1명	0.58%/1명	0.58%/1명	5.84%/10명
	4인	5.26%/9명	4.09%/4명	2.33%/4명	1.16%/2명	0.58%/1명	11.69%/20명
	5인	4.09%/7명	2.92%/5명	2.33%/4명	3.5%/6명	1.16%/2명	14.03%/24명
	6인	12.28%/21명	4.09%/7명	1.16%/2명	1.16%/2명	0.58%/1명	19.29%/33명
	7인	11.11%/19명	2.92%/5명	4.67%/8명	0.58%/1명	1.75%/3명	21.05%/36명
	8인	10.52%/18명	1.75%/3명	5.26%/9명			17.54%/30명
	9인	1.16%/2명		0.58%/1명			1.75%/3명
	10인	0.58%/1명					0.58%/1명
동거 가족 수	독거	2.33%/4명		1.75%/3명	4.09%/7명	3.5%/6명	11.69%/20명
		4.59%		10.34%	43.75%	60%	
	2인	35.08%/60명	11.69%/20명	9.35%/16명	1.16%/2명	0.58%/1명	57.89%/99명
		68.96%	68.96%	55.17%	12.5%	10%	
	3인	5.84%/10명	2.92%/5명	2.92%/5명	1.75%/3명	0.58%/1명	14.03%/24명
		11.4%	17.24%	17.24%	18.75%	10%	
	4인	2.33%/4명	0.58%/1명	1.16%/2명	0.58%/1명		4.67%/8명
		4.59%	3.44%	6.89%	6.25%		
	5인	1.16%/2명	1.16%/2명	0.58%/1명	1.16%/2명	0.58%/1명	4.67%/8명
		2.29%	6.89%	3.44%	12.5%	10%	
	6인	3.5%/6명	0.58%/1명	0.58%/1명		0.58%/1명	5.26%/9명
		6.89%	3.44%	3.44%		10%	
	7인	0.58%/1명		0.58%/1명	0.58%/1명		1.75%/3명
		1.14%		3.44%	6.25%		

* 하단은 종류별 피조사자 내 비율

피조사자 전체 평균 가족 수는 5.72명인데, 원폭피해자와 여자근로정신대의 경우에 평균 가족 수에 미치지 못하는 5인 이하 사례가 13명(원폭피해자 총수의 81.25%)과 6명(여자근로정신대 총수의 60%)으로 매우 높게 나타난다는 점이 특징이다. 이는 원폭피해자가 귀국 이전에 이미 가족을 잃었거나 귀국 이후에 잃은 경우가 많다는 점을 의미한다. 아울러 여자근로정신대의 경우에는 다른 피조사자에 비해 가족구성원 수가 적음을 보여주고 있다. 이러한 특징은 동거 가족 수에서도 나타난다. 독거의 경우에는 원폭피해자가 43.75%이고 여자근로정신대가 60%로서, 다른 종류의 생존자 대부분이 2인 동거인 점과 대조된다.

<표 5> 월 소득 상황

금액	노무자	군인	군속	원폭피해자	여자근로정신대	전체
없음	23.97% /41명	9.94% /17명	11.69% /20명	5.84% /10명	2.92% /5명	54.38% /93명
10만원 미만	2.92%/5명					2.92%/5명
10~15만원 미만	5.84%/10명					5.84%/10명
15~20만원 미만	1.75%/3명	0.58%/1명			0.58%/1명	2.92%/5명
20~25만원 미만	2.92%/5명	1.75%/3명	1.75%/3명	0.58%/1명	1.16%/2명	8.18%/14명
30~35만원 미만	2.3%/4명	0.58%/1명	2.3%/4명		0.58%/1명	5.84%/10명
35~40만원 미만	1.16%/2명					1.16%/2명
40~45만원 미만	1.75%/3명			0.58%/1명		2.3%/4명
50만원 미만	2.3%/4명	1.75%/3명		1.16%/2명		5.26%/9명
50~100만원 미만	1.75%/3명		1.16%/2명			2.92%/5명
100~150만원 미만	1.75%/3명	2.3%/4명		1.16%/2명		5.26%/9명
200만원 이상	0.58%/1명					0.58%/1명
기타	1.75%/3명				0.58%/1명	2.3%/4명
총수	%/명	%/명	%/명	%/명	%/명	100%/171명

* 하단은 종류별 피조사자 내 비율

월 소득 상황에서 나타나는 점은 '없음' 항목이 93명으로 반수 이상을 차지한다는 점이다. 모든 종류별 분포에서도 예외 없이 가장 높은 비율을 보여주고 있다. '없음'의 경우, 실태조사서를 통해 조달내역을 살펴보면, 자녀의 지원이 가장 많다. 그 외 지방자치단체의 보조금(3~17만 원)이나 노인회관에서 지급하는 보조금(3~5만 원) 등에 의존하여 생활한다고 밝힌 사례도 볼 수 있다.

그다음을 차지하는 것이 10~35만 원 사이(39명, 22.8%)이다. 월 소득 50만 원의 항목도 5.26%로 5위인데, 사례를 살펴보면, 2인 이상의 가족이 해당된다. 비교적 고소득층이라 할 수 있는 60만 원 이상의 경우(15명, 8.77%)는 퇴직 후 연금(80만 원)이나 6·25상이군인연금(70만 원), 훈장포상연금(80만 원), 임대료(130만원, 200만 원) 등이 포함된 액수이다. 원폭피해자 가운데 2명은 자영업으로 100만 원의 수입이 가능한 실례이다. 원폭피해자의 연령이 다른 피조사자에 비해 낮은 점을 감안할 때 생산활동 참여 기회가 높을 것으로 추정된다.

〈표 5〉의 '기타 항목'은 형제나 주변(동네주민, 성당, 노인회관)의 도움으로 생활하는 경우인데, 금액이 일정하지 않다. 자녀가 질병이나 무직상태여서 지원을 받을 수 없는 상황이 해당된다.

한국 거주 일반 노인의 월 소득과 피조사자의 월 소득을 비교해 보도록 하자.

통계청이 조사한 2000년 말 현재 60세 이상 노인 가구(가구주 연령 69.4세)의 월 경상소득 1,272,000만 원이다. 1999년 말 현재 65세 이상 노인 가구의 소득분포율을 보면, 50만 원 미만이 47.7%로 가장 높고, 그다음이 50~100만 원 미만(27.4%)이다.[12]

피조사자의 월 소득에서 '없음'과 '기타'를 제외하고 산출한 74명의 평균 월 소득은 30만 원 정도이다. 이는 2000년말 현재 60세 이상 노인 가구(가구주 연령 69.4세)의 월 경상소득 1,272,000만 원과 매우 큰 격차를 보인다. 그러나 65세 이상 노인 가구를 대상으로 하면, 월 소득에서 생존자와 차이는 줄어든다. 1999년 말 현재 65세 이상 노인 가구의 소득분포율을 보면, 50만 원 미만이 47.7%로 가장 높고, 그다음이 50~100만 원 미만(27.4%)이

---

12) 통계정보시스템 www.kosis.nso.go.kr.

다. 그럼에도 월 50만 원~100만 원의 수입을 가진 피해 생존자가 5명으로 2.92%인 점을 감안하면, 전국 65세 이상 노인 가구의 소득분포율 27.4%와는 비교가 되지 않는다.

생존자의 월 소득과 정부가 정한 최저생계비 수준과 비교해 보면, 다음과 같다. 보건복지부가 정한 2002년도 최저생계비는 1인 34만 5천412원, 2인 57만 2천58원, 3인 78만 6천827원, 4인 98만 6천250원, 5인 112만 5천311원, 6인 126만 9천809원 등이다. 최저생계비를 기준으로 하면, 피조사자 가운데 다수를 차지하는 2인 세대(57.89%)의 최저 생계비는 57만 원이 넘어야 한다. 그런데 피조사자 가운데 50만 원을 넘는 소득을 갖는 경우는 15명에 불과하다. 상당수가 최저생계비에 미치지 못하는 생활을 하고 있는 것이다. 그러나 이들은 최저생계비에 미치지 못하는 대상자에게 해당되는 국민기초생활보장제도의 수혜를 받지 못하는 경우가 대부분이다.[13] 〈표 3〉에서 알 수 있는 바와 같이 가족이 없는 독거노인은 3.5%(6명)에 불과하므로 이들을 제외한 노인들은 수혜 대상에서 제외되기 때문이다.

피조사자가 필요하다고 생각하는 소요 생활비 금액은 30~50만 원이 대부분이다. 아울러 부족하다고 밝힌 생활비는 10만 원 내외가 대다수이다. 이는 월수입의 분포가 10~35만 원 사이에 집중된 것과 비교할 때, 어느 정도 일치점을 보인다.

피조사자가 필요하다고 생각하는 소요 생활비를 국내 거주 노인(65세 이상)을 대상으로 한 가계지출 통계와 비교해 보기로 하자. 1997년 12월 말 기준 65세 이상 노인 가구의 평균 가계지출은 1,021,200원이고, 60세 이상 노인 가구의 가계지출은 1,326,300원이다. 또한 2000년 12월 말 기준 60세 이상 노인 가구의 가계지출은 1,255,800원이다.[14] 이와 비교해 볼 때, 피해 생존자 가계지출비의 열악한 상황을 알 수 있다. 생존자의 대부분이 市府가 아닌 郡府지역 거주자임을 감안하여 농가의 월 가계지출과 비교해 보아도 이 상황은 크게 달라지지 않는다. 1997년에 농가의 월 가계지출은 1,420,407원이다.[15]

---

13) 2002년도 기초생활보장제 수급자는 모두 155만 명 정도이다.
14) 통계청, 『가구소비실태조사보고서』1, 1998, 160~161쪽 ; 통계정보시스템 www.kosis.nso.go.kr.
15) 전국경제인연합회, 『99년판 한국경제연감』, 1999, 1087쪽.

〈표 6〉 생활비 조달 내역

금액	노무자	군인	군속	원폭피해자	여자근로정신대	전체
자력	11.69%/20명	3.5%/6명	1.16%/2명	2.92%/5명	1.16%/2명	20.46%/35명
자녀지원	23.97%/41명	9.94%/17명	11.69%/20명	5.84%/10명	2.92%/5명	54.38%/93명
정부보조	5.26%/9명	2.3%/4명	1.75%/3명		0.58%/1명	9.94%/17명
배우자지원	2.92%/5명	0.58%/1명	1.75%/3명	0.58%/1명		5.84%/10명
각종연금	1.75%/3명	0.58%/1명	1.16%/2명			3.5%/6명
임대료	2.3%/4명				0.58%/1명	2.92%/5명
기타	2.92%/5명				0.58%/1명	2.3%/4명

생활비 조달 방법은 자녀지원, 정부보조(국민기초생활보장, 경로연금)배우자의 노동, 자력(농사, 삯일, 폐지수집, 식당주방보조), 각종 연금(6.25부상자연금, 참전용사연금), 임대료 등으로 나타난다. 3인 이상 동거가족(52명)은 모두가 동거가족의 지원에 의해 생활비를 조달하고 있었고, 2인(부부)이 동거하는 경우(99명)에는 배우자의 노동에 의지하는 경우가 10명으로 나타났다. 자력으로 조달하는 경우에는 자녀의 보조금이 일정 정도(5~10만 원) 포함되기도 한다. 독거노인 20명은 임대료로 생활을 하는 1명을 제외하면, 10만 원 내외의 보조금에 의지하는 경우가 7명, 별거가족의 지원에 의존하는 경우가 9명, 기타가 3명이다.

일반적으로 노인들의 생활비 조달은 임대료와 연금, 자녀의 지원이 가능한데, 이 가운데 부동산 임대료와 연금이 가장 안정성이 있는 방법이다. 그러나 현재 많은 노인들은 자녀의 지원에 의존하는 것으로 알려져 있다.

생활비를 전적으로 자녀지원에 의존하는 경우에, 자녀의 지원금 액수는 동거와 별거에 따라 차이가 난다. 자녀와 별거하는 99명 가운데 자녀로부터 지원금을 받는 38명이 지원받는 금액은 20만 원이 가장 많고, 그 다음이 30만 원, 10만 원, 40만 원, 50만 원 순이다. 그러나 자녀 지원금의 가장 큰 문제점은 정기적으로 지원되지 않는 경우가 많다는 것이다. 대부분 별거상태의 피조사자들은 자녀 지원금이 정기적으로 지원되지 않는다는 점을 애로로 꼽고 있다. 이는 자녀 1인이 전담하지 않고, 여럿이 분담하는 경우에 발생하기도 하지만, 전담 자녀의 경제상황에 따라서 지원이 원활하지 못한 경우가 발생하기 때문이다.

정부보조금은 지급주체와 종류에 따라 차이가 난다. 국민기초생활보장제도 급여비와 경로연금, 교통비 보조금 등이 있다. 국민기초생활보장제도는 가족의 소득 합계가 최저생계비 이하인 가구가 보호대상자이다. 대상자로 선정이 되면, 의료기관을 무료로 이용할 수 있고, 매달 생계비와 주거비를 지원받는다. 지원받는 금액은 최저생계비에서 가구의 소득과 다른 법에 의한 지원액을 뺀 나머지가 된다. 즉 소득이 20만 원인 2인 가구의 경우에, 2인 가구의 최저생계비 57만 원에서 가구소득 20만 원과 다른 법에 의한 지급액 3만 원, 의료비와 교육비 등 평균 5만 원을 뺀 29만 원을 지급받는 것이다. 2001년에 소득이 전혀 없는 가구가 받은 지원금의 액수를 보면, 1인 가구가 30만 원, 2인가구가 50만 원, 3인가구가 69만 원, 4인 가구가 87만 원, 5인 가구가 99만 원이었다. 피조사자 가운데 수혜자라고 밝힌 노인은 45만 원을 받는다고 밝혔다.

경로연금은 1998년 7월부터 시행되었는데 65세 이상 노인 가운데 일반 저소득 노인은 월 26,250~35,000원을, 국민기초생활보장수급자는 월 45,000(65~79세) ~ 50,000원(80세 이상)을 지급하고 있다.[16] 그 외 노인회관에서 지급하는 보조금(3~5만 원)에 의존한다고 답한 경우가 있는데, 경로연금과 동일한 것인지 여부는 확인하지 못했다.

피조사자가 생활비 지출항목 가운데 으뜸으로 꼽는 것은 의료비이다. 이는 월 의료기관 이용횟수와 무관하지 않지만, 그보다는 비교적 많은 비용이 들어가는 시술을 받는 경우가 많기 때문이다. 노동현장에서 입은 노동후유증이 가장 큰 원인이고, 그 외 농촌지역에서 나타나는 특징 가운데 하나인 빈번한 교통사고(화물차에 의한 뺑소니 사고)나 낙상, 각종 수술 등이 높은 의료비 부담의 원인으로 나타났다. 의료기관 이용횟수를 보면 다음과 같다.

<표 7> 의료기관 이용횟수(월 기준)

횟수	노무자	군인	군속	원폭피해자	여자근로정신대	전체
1~2회	12.86%/22명	2.3%/4명	4.67%/8명	3.5%/6명	0.58%/1명	23.97%/41명
3~4회	9.35%/16명	3.5%/6명	2.92%/5명	1.16%/2명	0.58%/1명	17.54%/30명
5~6회	4.67%/8명					4.67%/8명
7회	1.16%/2명					1.16%/2명

16) 저소득노인은 소득기준이 1인당 48,6000원 이하이고, 재산이 가구당 5,040만 원 이하인 노인이 해당된다. 1998년 현재 경로연금을 받는 노인은 모두 65만 8천여 명으로 알려져 있다. 이는 같은 시기 65세 이상 노인인구 305만 명과 비교하면, 21.5%에 달한다.

8회	1.16%/2명					1.16%/2명
10회	3.5%/6명	1.16%/2명	1.16%/2명		1.16%/2명	7.01%/12명
12회	1.16%/2명					1.16%/2명
15회	1.16%/2명					1.16%/2명
16회			0.58%/1명			0.58%/1명
30일	1.75%/3명	0.58%/1명	2.3%/4명		0.58%/1명	5.26%/9명
없음	6.43%/11명	2.92%/5명	4.09%/7명			13.45%/23명
기타	7.6%/13명	6.43%/11명	1.16%/2명	4.67%/8명	2.92%/5명	22.8%/39명
총수	%/명	%/명	%/명	%/명	%/명	100%/171명

'기타 항목' 연 1~2회 정도 이용하는 경우나 매일 투약하기는 하지만 의료기관 이용 횟수가 연 5회 미만인 경우이다. 특히 원폭피해자의 경우에는 피조사자가 病歷이나 의료기관 이용 횟수에 관한 정확한 답변을 피하고 있어서 '기타 항목'이 가장 많은 수를 차지한다. '없음 항목'에는 자가 치료(부황 뜨기, 뜸 뜨기)에 의존하는 경우가 다수 포함된다.

의료기관 이용횟수에서 나타나는 특징은 월 1~2회 이용이 가장 높은 비율(23.97%)이고, 이용하지 않는 경우도 13.45%(23명)이나 되지만 전체 평균(월 6.5회)을 웃도는 7회 이상이 23.97%(41명)로 매우 높다는 점이다. 피조사자들의 월 평균 의료기관 이용횟수(6.5회)는 일반인들의 의료기관 이용횟수에 비해 매우 높다. 1999년 말 현재 일반인의 이용횟수는 연평균 4.8일이다.[17] 또한 주목해야 할 점은 비록 피조사자 171명 가운데 매일 이용하는 비율이 5.26%(9명)에 달하고 있다는 사실이다. 이는 입원을 요하는 질병은 아니지만 만성질환이 심하다는 점을 의미한다.

3) 해방 이후 생존자들의 삶과 사회적응과정

이상의 생활실태조사 결과를 바탕으로 해방 이후 삶의 상태와 사회적응과정을 추론해 보면 다음과 같다. 먼저 삶의 모습을 살펴보자.

경제성장과 생활수준의 향상으로 의학이 발달함에 따라 평균연령은 높아지고 있다. 그 결과 노인 가구의 수도 증가추세이다. 1998년 말 현재 65세

---

17) 통계정보시스템 www.kosis.nso.go.kr.

이상 노인 인구는 전체 인구의 6.6%(305만여 명)이고, 2002년에는 13.2%
를 차지했다. 이 가운데 약 0.2%에 해당하는 9,714명이 노인복지시설(實費
시설 포함)에 수용되어 있다.[18] 그러나 노인 가구의 대부분이 생산 활동에 종
사하지 못함으로 인해 경제적인 어려움은 매우 크다. 2002년 말 현재 노인
가구(60세 이상 노인 가구, 평균 연령 69.4세)가 호소하는 경제적인 어려움
은 66.5%에 달한다.[19] 노인 가구 가운데 많은 수가 경제적인 어려움을 느끼
고 있음을 의미한다.

　이러한 일반 노인의 경제 상황은 생존자 실태조사에 참여한 피조사자의
경우에도 다르지 않다. 구체적인 항목 각각을 살펴보면, 심각성은 더하다.
앞에서도 살펴본 바와 같이 월 소득, 의료기관 이용횟수 등 모든 항목에서
일반 노인 가구의 평균 정도에 미치지 못함을 알 수 있다. 그럼에도 정부 보
조금(경로연금, 국민기초생활보장)을 받는 비율은 9.94%(17명)로 1998년
65세 이상 노인 전체의 비율(21.5%)에 비해 낮다. 이 가운데 국민기초생활
보장제도의 수급대상자는 1명에 그친다.

　여기에는 수급자임을 밝히지 않은 피조사자가 있었을 경우가 추정되므로,
중요한 특징은 아니다. 그러나 국민기초생활보장제도의 경우에는 실제적으
로 가족이 있는 노인은 수급대상자가 되지 못하므로 피조사자 가운데 수급대
상자는 독거노인(20명) 가운데에서도 가족이 없는 6명만이 해당된다. 그러
므로 피조사자 가운데 수급대상자가 될 수 있는 대상자는 최대 6명으로 제한
된다. 경로연금의 경우에는 액수가 적어서 생활지원의 의미는 찾기 어렵다.

　피조사자의 생활실태 가운데 가장 심각한 것은 생활상 불안정함과 의료비
부담이 크다는 점이다. 자녀지원에 대한 의존도가 높음으로서 안정된 소득
을 보장할 수 없고, 의료기관 이용횟수가 높아 의료비 부담이 크게 작용한
다. 실제로 조사에 응한 노인의 대부분은 생활비 가운데 가장 큰 지출항목을
의료비로 꼽았다. 무엇보다도 가장 큰 어려움은 경제적인 문제였다. 자녀와
별거 상태인 피조사자들의 대부분은 자녀 지원금이 정기적으로 지원되지 않
는다는 점을 애로로 꼽고 있다. 이는 자녀 1인이 전담하지 않고, 여럿이 분
담하는 경우에 발생하기도 하지만, 전담 자녀의 경제상황에 따라서 지원이

---

18) 전국경제인연합회, 『99년판 한국경제연감』, 1999, 237쪽.
19) 통계정보시스템 www.kosis.nso.go.kr.

원활하지 못한 경우가 발생하는 데 기인한다.

배우자(할머니)의 삶일에 의지하여 연명하는 노인도 다수 찾을 수 있다. 농가의 별채에 세 들어 사는 노인 부부는 방에 변변한 장판조차 깔지 못한 상황이었다. 할머니가 밭에서 삶일을 하는 동안 TV 앞에서 하루 종일 소일 하는 팔순의 노인에게 세상은 원망의 대상일 뿐이다.

두 번째로 생존자들의 해방 이후 사회적응과정을 살펴보면 다음과 같다.

생존자들은 18~24세에 연행된 경우가 가장 많다. 이 시기는 생존자 개인 에게 있어 활발한 생산 활동과 학업에 종사하여 생활기반을 마련하고 자신 의 인생계획을 구체적으로 준비해 나가는 시기였다. 그러므로 이 기간 동안 에 연행되었다는 것은 개인적인 손실이 다대함을 의미할 뿐만 아니라 후손 에게도 일정한 영향을 미치게 된다.

이들의 대부분은 연행 당시 농촌의 빈농 출신으로서 경제적 기반이 전무 하였고, 일본어를 습득하지 못한 관계로 노동현장에서 노동재해를 입는 경 우가 많았다. 그로 인한 노동후유증은 노년에 까지 남아 육신을 괴롭히고 있 다. 또한 이들은 임금의 미불상태에서 돌아오게 되었고, 자력으로 귀환 비용 을 담당해야 하는 경우도 많았다. 그러므로 귀국 이후에 경세적인 기빈을 마 련하는 데 곤란함이 더욱 심했다. 그 결과 절대적인 빈곤에 허덕이는 비율이 높고, 이에 따라 자식들의 교육에 투자할 여력이 없음으로 인해 자시들에게 도 빈곤은 대물림되었다. 이러한 빈곤의 악순환은 노년의 생존자들이 자녀 의 지원을 받는 것이 어렵게 됨을 의미한다. 또한 이들은 노동현장에서 받은 정신적인 고통으로 인해 사회생활에 적응하는 능력 및 대처능력이 떨어지게 되어 생활상의 곤란함과 동시에 사회 부적응 상태에서 소외계층으로 남게 되었다. 구체적인 사례를 살펴보자.

3. 사례를 통해 본 사회적응과정

1) 홋카이도 탄광에 다녀온 Y노인

전남 해남에 사는 Y노인은 일본에서 험하기로 이름난 홋카이도 미쓰비시 탄광에 끌려갔던 노인이다. 1927년 11월 해남에서 출생하여 6년제 화원공립

심상학교를 졸업한 Y노인은 그 지역에서는 비교적 학력이 높은 측에 속했
다. 그러나 1944년 정월 설날 아침에 일본으로 연행되어 미쓰비시 탄광에서
노역에 시달리게 되었다. 7형제의 장남으로 태어난 Y노인은 비록 부친이 흥
업회사에서 땅을 부치고 살았으나, 자작지도 가지고 있었으므로 끼니를 걱
정할 정도는 아니었다. 더구나 6년제 공립심상소학교를 마쳤으므로 당시로
보면 '중견청년'이었던 것이다. 학교를 마친 뒤 읍내 포목가게에서 점원으
로 일을 하던 Y노인은 음력설에 설을 쇠러 고향에 왔다가 끌려가게 되었다.
노인은 '이전에 이미 영장을 받고 도주한 경력이 있었던지라, 이를 괘씸히
여긴 이장이 바로 연행되도록 조치를 했다'고 믿고 있었다. 홋카이도에서
후탄부로서 운반하는 일을 하던 Y노인은, 당시에 당한 구타로 현재까지도
허리를 잘 사용하지 못하고 있었다. Y노인은 해방이 되자 현지에서 장사를
하여 주위 동포들의 끼니를 해결해 주는 등 능력을 발휘하다가 이듬해 정월
에야 간신히 배를 구해 귀국했다. 배를 타기 위해서는 현지에서 센다이(仙
台)까지 가야했고, 센다이에서도 배를 구하는 일은 쉽지 않았기 때문에 귀국
은 늦어졌다.

　귀국을 한 이후에 결혼을 하고, 4형제를 두었는데, 아들 3형제를 대학원
까지 마치게 할 정도로 교육에 적극적이었고, 경제적인 여유도 있었다. 그러
나 자식들 학비를 위해 농토를 처분한 데다 20년 전에 병환을 얻은 아내의
병원비로 재산을 모두 잃게 된다. 현재 Y노인은 경제적으로 최악의 상태에
놓여 있다. 아내의 사망 이후 자식들이 사업에 실패하면서 Y노인에게 생활
지원을 해주지 못한 때문이다. 몇몇 자식이 보내주는 월 10만 원과 마을에
서 나오는 생활보조금 3만 5천 원이 수입의 전부이다. 13만 5천 원이라는
수입은 Y노인의 한 달 병원비를 조달하는 데에도 부족한 형편이다.

　200엔의 미불임금을 여전히 받지 못하고 있는 Y노인은 일본으로부터 임
금은 물론, 보상과 사과를 받지 못하는 이유를 국력에서 찾는다. "우리나라
저기 이북보고 절대 핵을 못 맨들게 한다구 해도 나는 그걸(*핵무기 만드는
것을) 찬성해요. 지금 제내들이, 일본 제네들이 지금 큰소리하고 독도도 저
희 것이라고 꽝 꽝 엉뚱한 소리하고, 느그들 있지 않습니까? 시방 우리 저
이북이나 이남서 핵 같은 거 안 맨들면, 저그 시키는 대로 다 또 뺏어갈 거
아닙니까?"

　Y노인은 현재 협심증과 허리통증의 후유증을 앓고 있는데, 건강이 악화되

는 속도가 매우 빨라보였다. 1차와 2차면담 사이는 5개월이 조금 못되는 기간이었는데, 그 사이 알아볼 수 없을 정도로 체중이 줄었고, 쇠약함이 역력했다.

온화한 표정의 Y노인이 생계걱정을 할 때보다 더욱 가슴아파할 때는 홋카이도에서 겪은 고통을 구술할 때였다. 노인의 가슴에서 울컥 치밀어 눈물을 쏟게 한 것은 '인간이하의 대접'이었다. "우리 한국사람 하나 죽어봤자 포리(*파리) 죽은 거 만도 뭐 더 쉽게 생각"한다는 Y노인은 큰 눈에서 눈물을 훔치며 "죽어도 용서할 수 없다."는 말을 되 뇌였다. 그러므로 낮에 마을회관에 나와서 식사를 해결해야 하는 열악한 상황이었음에도 생존자들이 조금이라도 자존심을 잃은 모습을 보이는 것을 참을 수 없어 했다. 일본은 "몇 년 후엔 물 속으로 풍당 다 들어가부린다."고 訴狀에 쓸 정도로 Y노인의 한은 깊어보였다.

한국정부와 사회에 대한 불신은 깊은 편인데, 특히 정부에 대한 불신은 매우 깊었다. 박정희 정권부터 현재에 이르기 까지 정부가 보여준 자세에 대한 비판은 날카로웠다.

귀국한 이후에 성실하게 일을 하고, 자식을 가르쳤던 Y노인은 현재 생계유지가 어려운 상황에 놓여있다. 그러나 아내의 병구완을 하면서도 자식을 '최고학부'까지 가르쳤다는 자부심은 현재의 배고픔을 잊게 하는 데 큰 도움이 되는 듯 했다. 다만 자신이 받아야할 미불임금 200엔에 대한 집착은 매우 강했다. 구술작업을 마친 이후에도 수시로 전화를 걸어 미불임금에 대해 문의를 해 왔다. 내가 미불임금의 보상금 청구소송작업과 관련된 일을 하지 않고 있다는 점을 잘 알면서도….

2) 근로보국대로, 징용으로 국내외를 전전해야 했던 K노인

전북 익산에 사는 K노인은 군산과 신태인, 김제와 평북지역에 근로보국대로 동원되었고, 다시 규슈(九州)에서 노무자로 일을 해야 했던 파란만장한 경험을 가진 인물이다. 1927년 전북 이리에서 삼형제 가운데 장남으로 태어나 농촌에서 막일을 하며 곤궁하게 생활하던 K노인은 1941년경에 보국대로 군산비행장에 동원되어 약 2개월간 노역에 시달렸다. 그 후 다시 김제발전소와 신태인발전소에서 각각 2~3개월씩 일을 하고, 다시 평북 강계로 끌려갔다. 강계에서는 6개월이라는 약속과는 달리 1년이 지나서야 고향으로 돌

아올 수 있었다. 무려 4번이나 근로보국대로 동원된 K노인은 다시 1944년
경에 군속으로 선발되어 규슈로 떠났으나 도착한 이후에 징용으로 바뀌어
사가(佐賀)현 탄광에서 생활했다. 그 후 탄광생활 중인 1945년 징병영장이
나와서 훈련을 받던 중에 해방을 맞이했다.

　해방이 되었으나 10월에야 귀국선에 올라 여수를 거쳐 귀국한 K노인은
고향에 돌아와서도 품삯노동자의 생활에서 벗어날 수 없었다. 해방 이후 탄
광에서 방치된 상태에 놓여 있던 K노인은 자력으로 배를 구해 타고 귀국을
할 수 있었다. 그 후 6·25가 발생하자 군대에 입대하고 5년간 복무한 이후
에 35세에 느즈막 하게 결혼을 하고, 자녀를 두었다.

　K노인은 일생 동안 빈궁한 생활을 하고 있다. 본래 농토가 없는 삯일을
하는 농촌의 노동자로 "한 끄니 두 끄니 밥 못해먹는 때가 참 허다한" 생활
이었고, 학교라고는 다닌 적이 없었으므로 귀국 이후에도 생활이 더 나아질
리 없었다. 더구나 포구가였던 고향에 배가 들어오지 않게 되면서 농토가 없
는 K노인에게는 달리 삶의 방도가 없었다. 학교 문턱에 가보지 못한 것이
한이 되어 삯일을 하면서도 자녀를 간신히 초등학교는 마치게 했으나 도시
로 나간 이들 자녀들의 삶도 풍요로움과 거리가 멀 수밖에 없었다.

"지금까장두 농토가 없어서. 농촌에서는 어쩌니 저쩌니 해도 이 시골에서 살라믄
농토가 있어야 해. 농토가 있어야 그 놈 지어서 다 자녀들 가르치고 가족이 먹구
살구 다 그러는디. 농토가 없은게 매일같이 인간취급은. 우리 같은 사람은 나이가
있고 그러는게 일두 누가 오라구두 안해요 … 이제 사는 것, 사램이 숨만 안 떨어
져 사는 것이지, 사는, 사는 것도 아니고."

　스스로 인간취급을 못 당하고 산다고 생각할 정도로 K노인의 상실감은
커 보였다. 작은 키에 다부진 몸을 가졌기에 다른 노인에 비해 나이는 젊어
보였으나 표정은 매우 어두웠다. "어려서부텀 고생을 타고난 고생인가 보두
만. 뇌무자란 뇌무자는 우리 조선 땅에두 다 댕겼지. 종말에는 가서 일본 가
서 참 8·15해방을 만나 가지고 왔지. 그렇게 참 고생을 무진장하게 헌 사람
이야."라는 구술에서 나타나듯이 체념적인 모습도 강했다. 그러기에 일제
시기의 고생을 자신의 운명으로 받아들이는 데 주저함이 없었을지 모른다.

　K노인이 세상을 보는 눈은 체념에 그치지 않는다. 일견 과격하고 도덕성

이 결여된 모습을 보이기도 한다. 자신을 동원한 실무자에 대해 상황을 이해하지만 용서가 되지 않는 모습은 빈농 상태의 생존자들에게서 나타나는 공통점이기도 하다. "그 사람들두 허구잡하서(*하고 싶어서) 헌게 아니지만, …참 잡아죽여도, 안 아깝게 생기구(*생각이 되고)."

> "딴 사람들은 돈을 물 쓰듯이 쓰고 댕기는 것 보면, 참 부러워 보이기도 하구. 참 도둑놈이 따루 없다구 생각이 들어가네요. 나이만 젊으믄 참 저눔 때려 눕히고 돈두 참 뺏어 쓸만두 하지만, 이제는 제가 그 사람들이(*그 사람들에게) 뚜드려 맞게 생겼으니 어디루 어디라 그려유."

노인의 이 말은 단지, 돈을 물 쓰듯이 쓰는 사람을 보면, 강도짓이라도 마다하지 않을 정도로 삶에 찌들어 있었음을 의미하지 않는다. 현재 세상에서 "제일 귀한 것이, 밥"인 노인에게 강도나 절도가 도덕적인 선악을 고려할 대상이 되지 않기 때문이다. 만약 그럴 힘이 남아 있다면, 절도나 강도도 배를 채울 수 있는 수단이라는 생각을 생면부지의 사람인 나에게 털어놓는 K노인의 신정을 일반인은 이해하기 어려울 것이다.

또한 그동안 노인을 속여 왔던 사회에 대한 불신이 노인의 도덕적인 판단 자체를 의미 없도록 만들기도 했다. 방송국에서 취재를 나오거나 중앙에서 누군가가 나오면, 이를 기화로 대서소 비용이라는 명목으로 십여만 원의 돈을 징수하고, 이후에는 감감무소식인 피해자단체에 대한 불신이 노인에게 영향을 미쳤다. 그와 아울러 해방 이후 50여 년이 넘도록 사회로부터 관심을 받지 못하고 있는 현실이 사회 전체에 대한 불신을 키우는 데 한몫을 했다. 젊은 시절에 겪은 수년 동안의 고생에 대해 사회가 알아주지 않는다는 것에 대한 원망이 사회 전체에 대한 불신으로 고착되었던 것이다.

3) 大阪제철노동자 S노인

1923년에 전북 익산군 망성면에서 태어난 S노인은 일곱 살이라는 어린 나이에 양자가 되어 작은 아버지댁(충남 논산군 노성면)으로 들어갔다. 이듬해에 부친이 사망하면서 S노인의 삶은 더 어려워진다. 어린 시기에 '참혹한 생활'을 경험한 것이다. 양자라는 미명 아래 머슴살이에도 미치지 못하는 노동을 하면서도 야학과 간이학교에서 수학을 하고, 읍내의 일본인 상점에 취직을 해서 생활을 하던 중 평양시 소재 조선무연탄주식회사 견습공과 이발소 등에서 일을 했다. 다행히 주변의 귀여움을 사서 大阪제철주식회사(현재 신일본제철주식회사)에 들어가는 행운(?)을 얻게 된다. 높은 월급에 공부도 할 수 있다는 모집조건에 많은 사람들이 응모를 하게 되는데, S노인도 특무상사 군소의 추천으로 1943년 9월에 입사하게 된 것이다. 노인은 오사카에서 근무하다가 전쟁이 심해지자 1945년 6월에 청진으로 疏開된다. 그 후 해방을 맞이한 것이다. 해방 이후에도 숙부와 숙모의 슬하에서 보낸 삶은 대가 없는 희생의 연속이었다. 청진에서 '로스케(소련군)'를 만나 고생을 하고, 교통편이 없어 걸어서 고향에 돌아온 S노인은 형님의 남양군도에서 목숨 값 폭으로 받은 임금을 모두 착복한 숙부와 숙모 밑에서 또다시 농사일을 전담하게 된다. 형님까지 합세한 농사일은 많은 소득을 냈지만, 그들 형제에게 돌아오는 것은 없었다. 24세에 강경의 처자와 혼인을 하였으나 세경 한 푼 없이 부부가 모두 종살이나 마찬가지로 살아야했다. 땔나무와 쌀 한 가마, 작은 된장 단지를 실고 강경으로 가서 장모의 도움으로 세간을 난 이후에야 그 종살이에서 해방될 수 있었다. 강경에서나 1971년에 서울로 이사를 온 이후나 부부의 삯일과 보따리 장사 및 교회 덕택에 간신히 6남매를 초등학교 이상 가르칠 수 있었다. 현재 S노인은 가내수공업과 자녀들의 보조금에 의해 생활하고 있다. 비록 작은 집이지만 자신의 집을 가지고 있었고, 건강상으로도 문제가 없었다.

일본제철에 다녀온 S노인은 학력이 높지 않으나 지식에 대한 과시욕을 비롯해서 유난히 나서기를 좋아하는 인물이다. 구술수집작업을 진행할 동안에도 가능하면 文字를 사용하며 자연스러운 구술을 하지 않았고, 다른 생존자와 달리 막일을 하지 않았다는 점에서 자부심을 가지고 있었다. 각종 집회에서도 늘 앞에 나서거나 마이크를 잡으려 하고, 일본인만 보면 달려가 일본어로 대화를 시도하는 것은 물론이고 이기적인 모습도 정도가 조금 지나쳐보였다. 자신이 앞자리에서 두각을 나타내지 못하게 되면 격렬하게 달려들거나 욕설을 퍼부어대고, 피해자가 아닌 사람들에게서 정신적인 보상을 받으려 했다. 그로 인해 노인들 사이에서 소외를 많이 당하고 있었는데, 적극적인 방법으로 대응하고 있었다.

그러나 필자가 심층면접조사를 통해 경험한 것은 가족들에게 유난히 자상하다는 점이다. 특히 아내에게 각별한 존경심을 나타냈다. 자신을 가난으로

부터 벗어나게 한 것은 바로 아내라는 점을 강조했다. 그가 이런 모습을 보이는 것은 타인과의 원활하지 못한 관계와 함께 가정이라는 도피처가 함께 영향을 미친 것으로 보인다.

가족에 대한 의존도가 강한 반면에 사회에 대한 관심이나 인식은 낮은 편이다. 미불금 490원에 대한 재판이 진행 중이며 자신이 原告대표이면서도 재판 이야기나 전후보상에 대한 이야기보다는 '존경하는' 아내와 '자랑스러운' 딸들에 대해 이야기하길 좋아했다. 일반적으로 생존자들이 보여주는 일제시기에 대한 고통스러운 기억이나 일본에 대한 적대감은 그다지 비중 있게 나타나지 않았다. 그 이유는 일제 시기에 제철회사에서 겪은 고통보다는 이전과 이후의 고통이 노인에게 더욱 크게 다가왔기 때문이다.

4) 나고야 미츠비시 여자근로정신대원 J노인

J노인은 전남 화순군에서 '생활유지는 할 수 있는' 집안의 막내딸로 태어나 학교에 다닌 것 외에는 '무방하게' '바깥출입도 조심스러운' 농촌의 처녀로 생활했다. 농촌이었으나 할머니의 반대를 무릅쓰고 큰 언니를 학교에 보낼 정도로 개명한 집안에서 자란 J노인은 학교생활을 회고하면서 큰 소리로 웃을 정도로 즐거운 기억을 갖고 있었다. 이런 J노인이 근로정신대원으로서 나고야에 연행된 것은 14세(만 12세)인 1943년경 광주 삼촌댁에 심부름을 갔다가 '돈도 벌고 공부를 시켜준다'는 모집원의 회유에 속아 부모에게 상의도 하지 않은 채 6촌언니와 함께 기차를 올랐다.

"멋모르고 타기는 탔는데…이거 부모 얼굴도 못보고…세상에…부모 말씀도 안 듣고 그렇게. 부모 말씀에 거역한 일, 일, 일도 한번도 없었는디. 글쎄 이렇게 사람이 떠나서 되느냐 싶으니까 마음이 고향 역을 지나가니까 그렇게 눈물이 복받쳐 들어가요. 내가 요…내가 이래서 된가…내가 이래서는 안 되는데. 내가 부모…어…여게 의논 한마디 없이 얼굴보두 보지 못하고 내가 이렇게 떠나서는 안 되는데"

어린 마음에 멋 모르고 떠난 길은 비행장의 근로정신대원이었다. 약 6개월간 노동을 하던 중 1944년 12월 7일 지진을 틈 타 도망을 하다가 부상을 당한다. 이때 함께 도망을 한 6촌언니는 사망을 하고, J노인은 간단한 치료를 받은 후, 다시 도야마(富山)현의 미쓰비시 중공업 소속 다른 노동현장으로 이송되어 일을 하게 되었다. 결국 탈주는 실패한 것이다. 나고야의 지진으로 같이 간 동무 6명을 잃고, 충격 속에서도 일은 계속해야만 했다. 구타와 굶주림을 견디면서 일을 하던 도중에 해방을 맞이하였으나 임금은 커녕 소지품조차 '나중에 보내줄 터이니 놓고 가라'는 말에 빈손으로 귀국했다.

"그래 갖고 시집갈라고 딱 요렇게 선 같은 것 보면은 "아～저 여자 일본 갔다 왔다"고 그러고 "일본갔다 왔다" 그러고이. 일본 갔다 온 사람은 다 사람이 몸이 망쳐 오는 것이재에, 어쳐게 제대로 온 사람이 어디가 있다냐? 그래 갖고 굉장하게 반대가 많았어요. 그러지만은 끝판에 가서 인제 스무살 때, 스무살 때 마침 그래도 저를 갖다가 좋아한 남자가 있어서 인자 결혼은 했는데. 그거도 시부모, 시부모님이 알고 그렇게 결사적으로 반대를 하대요. 반대를 하는데도…쩝…본인이 좋단께 할 수 없이 결혼을 했죠. 그러다가…("아…일본갔다오면 그런 인식이 있었구나.": 면담자) 그러면…거 심했어요. 그래 갖고 차라리 내가 일본에서 죽었으면…한국에 이렇게 나와 가지고 고생을 않고 이런 소리 저런 소리 부모에…근께 부모 가슴에 못만 박은 여…불효자가 시집을 제대로 갔겠습니까? 시집가가 또 얼마나 있다가 또 혼자 되아 부렀지요이. …(침묵)…."

귀국을 한 기쁨도 잠시, J노인은 근로정신대원의 경력으로 인해 혼사길이 막히는 어려움에 처하게 되었다. 어렵게 결혼을 했으나 8개월 만에 남편이 사망하면서 시부모의 반대로 다시 혼자가 되었다. J노인은 당시 임신 8개월의 몸이었다. 그 이후에 J노인은 주변 사람들에게 여자근로정신대원임을 숨기고 살아왔다.

"그래가 자식들도 몰라요. 내가 정신대가, 정신대 끌려갔다왔다 소리를 어떻게 합니까? 그런디…그러고 또 동네서도 친구들 다하～ 아무도 몰라요. 몰라…오로지 여 사무실(*피해자 단체) 인자 우리 회원들만 저기를 알지 전혀 모르고, 왜냐면 이 사람들이 먼 말을 하면 요새이 인저 그전보다 위안부가 소문이 굉장히 안좋지 않습니까이? 그런께 정신대를 갖다 왔다게도 일단은 일본을 발을 들였은게 그걸로 취급을 해 부러요. 위안부로…그러기 땜에 그런 챙피를 사기 싫은께 아예 자식들한테도 요 광주에 가서 우리 카토릭 신자들이 그렇게 많지만은요. 다 일본 정신대로 끌려갔다 왔다는 건 아～무도 몰라요. 아무도 모릅니다. 지금…그저 단지 알고

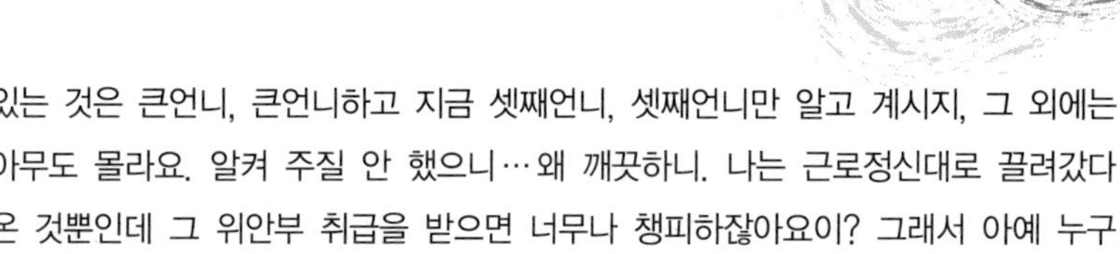

있는 것은 큰언니, 큰언니하고 지금 셋째언니, 셋째언니만 알고 계시지, 그 외에는 아무도 몰라요. 알켜 주질 안 했으니…왜 깨끗하니. 나는 근로정신대로 끌려갔다 온 것뿐인데 그 위안부 취급을 받으면 너무나 챙피하잖아요이? 그래서 아예 누구한테도 뭐 입밖에 내본 일이 없어요."

J노인은 일본에서 구타와 기압 등 육체적으로 여러 가지 어려움을 겪었다. 그러나 겪은 고통 가운데 가장 힘들었던 것을 배고픔이라 표현했다.

"그게 배고팠던 설움이 또 있고. 배고팠던 설움이…배고팠…배가 고팠던 설움이 제일 크고, 너무나 우리가 헌다고 했지만은도 거기서…거의 일본사람, 한국사람들 차별을 해 가지고 그 구박당한 거 그것이 너무나 원통하고요."

이상에서 사례로 든 네 명 가운데 세 명의 노인은 필자가 직접 심층면접조사를 실시한 인물이다.[20] 이들에 대한 구술사료의 내용을 바탕으로 사례별 차이를 살펴보면 다음과 같다.

Y노인은 독거노인으로서 비록 경제적으로나 육체적으로는 상황이 매우 열악했으나 체념적인 모습이나 사회적인 박탈감은 보이지 않았다. 사회에 대한 불신도 그다지 깊지 않았다.[21] 이는 자신도 일제 시기에 일정한 정도의

<표 8> 면접 사례들의 귀국 이후 생활

	교육 배경	해방 이전 연행 상황	귀환과정	귀국 이후 생업	자녀교육 상태	현재 생활상태	사회적응상태
Y노인	공립심상 소학교 (6년)	홋카이도 탄광	1946.1월 귀국(밀선을 구입)	농사 (고향)	대학, 대학원	• 경제상태:최하층 • 건강상태:매우 열악 • 가족관계:독거	• 지역사회의 보살핌 • 안정감 • 균형적인 사회인식 • 정부에 대한 불신이 강함

20) 네 노인에 대한 구술자료는 독립기념관 소장 구술자료를 이용했다. 이들에 대해서는 여러 이유(가족에 미치는 영향, 사기사건의 이용될 가능성)로 인해 성명을 공개하지 않음에 대해 독자들에게 양해를 구한다. K노인(면담일자 : 2001년 11월 24일, 면담자 : 정혜경, 면담장소 : 전북 전주), Y노인(면담일자 : 2002년 7월 30일;12월 22일, 면담자 : 정혜경, 면담장소 : 전남 해남 화원면), S노인(면담일자 : 2001년 12월, 면담자 : 정혜경, 면담장소 : 서울 암사동 자택), J노인(면담알지 : 2001년 11월 24일. 면담자 : 남신동. 면담장소 : 전남 광주).
21) 경제적으로도 열악했으나 호흡이 곤란하거나 한기가 들어서 정상적인 생활이 어려울 정도로 건강상의 문제가 매우 심각했다.

k노인	무학	근로보국대, 규슈탄광(총5회)	1945.10월 귀국(밀선을 구입)	삯일 (고향)	초등학교	• 경제상태:최하층 • 건강상태:양호 • 가족관계:동거	• 사회적 박탈감, 상실감, 체념이 강함 • 과격한 사회인식 • 사회,정부에 대한 불신이 강함
S노인	야학, 간이학교	大阪 제철회사	疏開로 1945년초에 귀국	삯일(고향) 공장노동 (타향)	초등학교, 중등학교	• 경제상태:하층 • 건강상태:양호 • 가족관계:동거	• 강한 과시욕 • 가족과 교회생활을 통한 안정감 • 사회,정부에 대해 무관심
J노인	능주국민학교 4년 재학중	나고야미쓰비시중공업	1945년 10월 귀국	결혼 직후 남편의 사망	초등학교, 중등학교	• 경제상태:하층 • 건강상태:불량 • 가족관계:동거	• 사회적으로 폐쇄적 • 부모에 대한 강한 죄책감 • 가족에게 근로정신대원인 사실과 피해자단체에 소속된 내용을 숨김

교육을 받았고, 자식들에게도 교육을 시켰다는 점이 일정한 역할을 한 것으로 보인다. 마을에서 노인이 갖는 위치도 영향을 미친 것으로 보인다. 일정한 정도의 학식을 지닌 '점잖은 할아버지'이므로 비록 경제적으로는 어려워도 소외된 존재는 아니었다. 나는 Y노인이 노인들이 가득한 마을회관에서나 버스 터미널에서 만난 이웃과 대화하는 모습을 통해 이웃의 보살핌을 감지할 수 있었다.

또한 자신이 겪은 고통에 대해서도 구조적인 인식의 정도가 강했다. 개인적인 고통을 이야기할 때는 눈물을 흘리고, 두 주먹을 꽉 쥐기도 했으나, 식민지의 구조적 모순에 대한 이해가 높았다. 그러므로 이후에 후손들이 이러한 고통을 당하지 않기 위한 나름의 처방도 제시할 수 있었다.

S노인은 강한 의지를 나타내는 인물이었는데, 다른 노인에게 찾을 수 없는 자신감이 있었다. 이기적인 언행으로 인해 피해자들의 모임에서 아무리 지적을 당해도 의지는 전혀 꺾이지 않았다. 집회에서도 피해자들 사이에 자리하지 않고 멀찍이 있다가 변호사나 연구자 등 소위 지식계층과 각별한 사이임을 주변에 과시하고자 했다. 이 점은 어린 시절의 경험이 크게 작용했다고 생각된다.[22]

또한 자신의 힘으로 제철회사에서도 '막일'을 하지 않을 수 있었다는 점

---

22) 양자로 들어가서 고생할 당시와 부친의 사망 당시를 구술할 때에는 눈물을 쏟았으나 일본에서의 경험을 이야기할 때에는 도리어 활기를 띠며 무용담을 이야기하는 듯 했다.

과 현재의 건강상태, 기독교 신자로서 정신적인 위안이 영향을 미쳤을 것이다. 그러므로 사회적인 박탈감은 찾을 수 없었다.

이에 비해 배운 것이 없고, 팔자를 잘못 타고 태어나서 남들 보다 고생을 더 많이 하고, 지금도 세끼 끼니 걱정을 해야 하며, 세상으로부터도 버림을 받고 있다고 생각하는 K노인의 현재 상황은 경제적인 열악함 이외에 사회적 박탈감이 크게 자리하고 있다. 그 원인은 학력과 경제력 양쪽에서 찾을 수 있을 것이다.

J노인은 사회적인 편견으로 고통이 현재에 까지 이어지는 경우이다. J노인은 부모와 상의하지 않고 12살의 어린 나이에 '철없는 행동'을 한 대가를 지금까지 치르고 있었다. 귀국을 한 이후에는 별로 크게 생각하지 않았던 근로정신대원이라는 경험이 혼사 길을 막을 만한 일이라는 것을 알게 된 이후, 일본에서의 경험은 J노인에게 부정적으로 각인되었다. 비행기 부품을 조립하고, 비행기에 페인트칠을 한 것이 평생의 걸림돌이 될 것이라는 생각을 하지 못했다. 그러나 동네에서 수군거림의 대상이 되고, 어렵게 결혼을 하면서, 한국 사회의 벽을 절감한 것이다. 그 후 현재까지 자식들에게 까지 숨기고 싶을 정도로 그의 과거는 은폐해야 하는 대상이었다. 특히 한국사회에서 일본군위안부피해자할머니들의 문제가 사회적 이슈가 되면서, J노인의 과거는 더욱 마음 깊숙이 자리하게 되었다. '근로정신대'와 '일본군위안부'가 동일한 성격이 아니고, 따라서 자신도 성피해자가 아님에도 자신이 나서서 이를 밝히는 것은 감히 생각할 수 없는 일로 여겼다. 다른 노인들과 달리 자신의 가족이나 자식들에 대해서는 물론, 현재 생활에 대해서 이야기하지 않은 점도 이러한 이유라고 생각된다.

J노인은 사회 구조적인 인식은 부족한 편이다. 자신의 피해에 관한 일본의 책임이나 피식민지 국민으로서 겪는 고통으로 인식하지 못하고, 개인적인 어리석음의 탓으로 여기고, 단지 받지 못한 미불임금만을 아쉬워할 뿐이다. 자신의 고통이 바로 부모에게 알리지 않고, 제멋대로 행동한 대가라고 생각을 했다. 그러면서도 자신의 억울함을 토로하고 면담자에게 인정받고 싶어 했다.

4. 맺음말

일제 말기는 조선인 대중들이 사회의 보호망과 거리가 멀었던 시기이다. 그렇다고 각자 개인의 능력을 펼칠 수도 없었던 시기였다. 더구나 전쟁기간이 길어지면서 식민지 민중에 대한 동원이나 착취가 일관된 정책 아래 일사불란하게 운용되지도 못했다. 지역마다, 또는 하부토대에서 운영하는 정도에 따라 민중에게 미치는 영향은 큰 차이를 보였다.

사례를 통해 살펴보면, 이러한 차이 속에서도 생존자들에게 추출할 수 있는 공통점은 있다. 학력과 경제력이 열악한 경우는 해방 이후에도 상황을 개선시키기 어렵다는 점, 그로 인해 사회적응력이 뒤떨어진다는 점이다. 동일하게 끼니를 걱정하는 상황에서도 학력이 있는 경우에는 사회적 박탈감을 찾기 어려운 반면에 그렇지 못한 경우에는 과격성하게 표출될 정도로 박탈감의 정도는 심했다. 또한 비록 해방 이전에는 학력과 경제력이 약했으나 자력으로 이를 극복한 경우에 사회적응력은 매우 높았음을 알 수 있다.

여자근로정신대와 같이 사회의 인식이 잘못된 경우에는, 피해자 개인이 겪는 사회적 부적응현상이 더욱 심했다. 피해자 개인이 사회의 인식을 바꾸어놓기는 어려웠기 때문에 피해자 자신이 세상 속으로 숨는 방법을 택하는 것이다.

피해자들의 사회적인 적응과정에는 개인적인 능력이 크게 영향을 미친다. 해방 이후에 한국 사회는 생존자에 대해 아무런 사회적 관심을 기울이지 않았다. '다 같이 겪은 어려운 시절'이라는 일반적인 인식이 당연하게 받아들여졌다. 사회에서 살아남은 자는 다행이고 그렇지 못한 경우에는 할 수 없다는 식이었다.

사회적응이라는 점에서 특히 유가족[23] 들의 경우에는 상황이 더욱 심각하다. 이들은 유아기에 가장을 잃음으로서 결손가정에서 자라야 했고, 이로 인해 경제적인 어려움과 사회적인 냉대를 함께 겪어야 했다.[24] 당시 한국 사회

---

23) 강제연행기에 현장에서 사망한 피해자는 물론, 귀환과정에서 목숨을 잃은 피해자의 가족을 지칭.
24) 유족 가운데 여성의 경우에는 어려움이 더욱 컸다. 1940~1950년대 한국 농촌에서 모친의 힘만으로 자식을 부양하기 힘든 상황이었으므로 모친의 재혼이나 가출, 자녀 遺棄 등으로 인해 모친과 떨어져 파란만장한 어린 시절을 보낸 사례는 적지 않다. 부친이 없기에 사회적으로 받는 '호로자식'이라는 냉대 외에 가족으로부터 받는 상처는 더욱 컸다. 모친에 대한 '남편을 잡아먹은 여자'라는 시댁의 비난은 자녀에게도 미쳐, '아비를 잡아먹은 재수 없는 *'이라는 비난을 피할 수 없었

가 이들을 소수자로서 끌어안을 수 있는 경제적·정서적 여유가 없었기에 이들의 문제는 '지극히 운이 나쁜' 개인의 문제로 치부될 수밖에 없었다.[25]

생환자나 유가족들이 겪은 고통은 결코 개인적인 능력의 문제가 아니면서, 현재 대물림되고 있다. 그러므로 향후에 피해 생환자에 대한 문제는 단지 노인복지의 차원에서 접근하기보다 이러한 결과에 대한 사회적 책임을 전제로 해야 할 것이다. 삶의 상태를 개선하기 위한 최소한의 조치를 취함과 아울러 이들의 고통에 대한 사회적 관심을 통해 치유하도록 해야 한다.[26]

던 것이다.

[25] 현재 이들 유가족에 관한 연구는 전무한 상황이다. 향후에는 유가족의 사회적 적응현상과 치유 방안에 관한 연구도 진행되어야 할 것이다.

[26] 이 글은 「해방 이후 강제연행 생존자의 사회적응과정」(『한국근현대사연구』27, 2004)을 수정 보완한 글이다.

2. 미귀환의 현실 : 유해문제, 해결을 기대하며[1]

1. 머리말

일제 말기에 일본의 침략전쟁으로 인해 동원된 조선인 수는 연 인원 790만 명에 이르는 것으로 추산된다.[3] 이 가운데 현지에서 또는 귀환 과정에서 희생된 숫자는 20만 명에서 60만 명에 이르기까지 추측만할 뿐, 현재 확실한 인원 수를 산정하지 못하고 있다. 지난 1980년에 사망한 자민당 중의원 아라후네 세이주로(荒船淸十郎) 의원은 1965년 11월 20일 사이타마(埼玉) 3구의 선거구민을 모아놓고 한 시국강연회에서 '징용공 사망자가 57만 6000명, 조선인 위안부가 14만 3000명 등 총 90만 명'이라고 이야기했다.[4] 朴慶植의 추계치를 보면, 약 30~50만 명이 목숨을 잃은 깃으로 나타난다.

한국에서 산정한 사망자수는 어느 정도인가. 1995년에 해외 희생자에 대한 유해현황 조사사업프로젝트의 연구책임자였던 권희영 교수는 사망자를 26만 7600명으로, 프로젝트의 공동연구자인 정인섭 교수는 36만 3천 명으로 추산했다.[5] 최근에 김민영 교수는 노무자 사망자 수 43만여 명, 군인 군속 사망자수 121,566명 등 55만여 명으로 추산했다.[6]

이들 사망자 가운데, 일본당국이나 기업이 유가족들에게 사망통보를 한 경우는 드물다. 사망통보를 한 경우에도, 정식으로 사망통지서를 보내고 유해

---

1) 이 글은 일제강점하강제동원피해진상규명위원회 남상구 전문위원의 많은 지적과 결정적인 敎示에 의해 완성될 수 있었다. 아울러 이 글은 필자의 소속처인 일제강점하강제동원피해진상규명위원회의 업무방향이나 공식적인 견해와 무관함을 밝힌다.
2) 이 글에서는 '유해'와 '유골'을 혼용했다. 구체적으로 '유골'은 화장을 한 이후에 뼈의 상태를 의미할 경우에, '유해'는 유골을 포함한 포괄적인 의미일 경우에 각각 지칭했다.
3) 김민영, 「강제동원피해자에 대한 조사 및 인원 추정」, 『2003년도 일제하 피강제동원자 등 실태조사 연구 보고서』(한국정신문화연구원).
4) 김용수, 『한일 50년은 청산되었는가』, 고려원, 1995, 235쪽.
5) 한국정신문화연구원, 『1995년도 해외 희생자 유해현황 조사사업 보고서』, 84쪽, 208쪽.
6) 김민영, 앞의 글, 46쪽, 48쪽.

의 상황에 대해 알린 경우는 극히 드물고, 대부분은 일방적인 '통보'로 끝났다. 사망통보를 받지 못한 대부분의 유가족들은 해방 이후에 돌아오지 않는 가족을 기다리다가 스스로 확인작업에 나서기도 했다. 10년이 넘는 기간 동안 '아버지 기록 찾기'를 해 온 한 여성은, 결국 자신의 아버지가 사망을 하였고, 현재 야스쿠니(靖國) 신사에 합사되어 있다는 사실을 확인하고 망연자실한 경우도 있다.[7] 야스쿠니 신사에 합사가 되어 있다면, 사망에 대한 기록이 있다는 증거인데, 왜 유가족들에게는 지금까지도 알려주지 않았다는 것일까. 그러나 이 유가족은 그 나마 다른 유가족들에게는 부러움의 대상이다. 수십 년 동안 돌아오지 않는 아버지의 흔적을 찾아 나섰으나, 아직도 부친에 대한 생사를 확인하지 못한 여성은 그저 빈 무덤만을 지키고 있을 뿐이다.

본래 '무연고' 유해란 있을 수 없다. 연고 없는 인간이란 존재하지 않기 때문이다. 그러나 일본에 남아 있는 조선인 유해의 대부분은 '무연고'의 상태이다. 즉 유가족을 확인할 수 없는 유해라는 의미이다. 있을 수 없는 '무연고' 상태가 된 원인은 亡者에 관해 성명과 본적지, 생년월일 등 기본적인 신상기록이 있음에도 불구하고 통보하지 않은 일본 당국과 해당 기업에 있다. 가해자인 일본은 사망 통보라는 최소한의 의무를 제대로 하지 않음으로 인해 사망 당시 고국에 가족이 있었던 유해의 주인공을 연고가 없는 '무연고'의 상태로 만든 것이다.

일본 당국과 기업이 사망사실을 통보하지 않은 것은 법적인 문제도 야기했다. 현재 한국의 유가족 가운데에는 사망통보를 듣지 못해 호적정리를 하지 못한 경우도 있다. 처자가 있는 경우에 아내가 재가를 했으나 호적정리가 안되어 재가를 한 가정에서 재산권을 인정받지 못한다거나 재가 이후에 출생한 자녀를 호적에 올리지 못하는 경우도 볼 수 있다. 일본 당국과 기업이 희생자에 대해 최소한의 조치도 취하지 않은 것이다.[8]

사망 여부에 대한 확인도 이러한 어려운 상황이지만, 이와 맞물려 더 복잡하게 얽힌 문제는 유해이다. 일본의 패전으로 인해 단절되었던 유골 및 위패

---

7) 일본 도쿄의 야스쿠니 신사에는 전쟁에서 일본을 위해 희생한 전몰자 246만 명이 합사되어 있다. 이 가운데 2만 636명의 조선인도 포함되어 있다. 여기에 합사된 조선인의 가족은 최근까지 합사사실은 물론 사망사실 조차 몰랐다. 심지어 살아있는 사람도 합사되어 있었다. 관련 유족들은 2001년 6월부터 야스쿠니 신사 합사취하를 요구하는 소송을 제기했다.

8) 호적정리와 관련해서는 지난 2004년 11월에 발족을 한 '일제강점하강제동원피해진상규명위원회'(http//gangje.go.kr 이하 위원회)의 조사 작업을 통해 가능하다. '일제강점하강제동원피해진상규명등에관한특별법(법률 제7174호, 2004년 3월 5일 공포)'에 의해 호적정리가 가능하도록 되어 있다.

의 봉환은 1948년부터 있었고, 현재까지도 간헐적으로 계속되고 있지만, 유족들 사이에서나 활동가들 사이에서 유해문제는 접하기 어려운 점을 가지고 있다. 그동안 유해봉환과 관련해 사기사건도 그치지 않았고, 여러 부작용을 낳기도 했다. 그러므로 피해자단체에서 유해봉환은 거론해서는 안 되는 금기와 같은 것이 되어버린 듯 하다.[9]

그러나 유해문제가 열어서는 안 되는 '판도라의 상자'가 된 가장 큰 책임이 일본임은 말할 나위 없다. 일본은 침략전쟁을 위해 수백만의 조선인을 동원하고, 4천만 명이 넘는 아시아인을 희생시켰으나 패전 이후 지금까지 단한 번도 책임 있는 자세를 보이지 않았다. 유해의 문제에서도 마찬가지이다. 일본의 유해수습정책은 자국 중심의 사고에서 한 걸음도 벗어나지 않고, 일관되게 자국민보호의 차원에서 진행되었다. 그러므로 피해국의 유해문제에 대해서는 무관심으로 일관하거나 가능하면 사실을 은폐하는 데 급급했다. 각지에 조선인 유해가 매몰된 사실을 알면서 발굴 작업도 하지 않았고, 지방자치체나 사찰 등이 소장하고 있는 관련 자료에 대한 조사 공표도 하지 않았다. 1952년에 중국인 강제연행피해자 유해의 귀환 사업이 시작되기는 했으나 이경우에도 진류일본인과 중국인 유해의 교환 형식으로서 자국민을 위해 취한 조치였다.[10] 일본의 일관된 자세와 한국정부 및 사회의 무관심은 60년의 세월과 함께 유해문제가 더욱 더 복잡하게 얽히게 되는 데 일조를 했다. 그렇다면 언제까지 우리 조상의 유해가 일본과 태평양의 여러 섬, 中國 등지에 방치되는 것을 보고 있어야 하는가. 비록 늦은 감은 있으나 어떤 방식으로든 실타래를 푸는 노력이 시작되어야 할 때이다.

이 글은 필자가 수 년 동안 피해자 개인과 정부 당국자, 시민단체의 의견을 청취하고, 논의하는 과정에서 얻은 소견을 피력한 정도에 불과하다.[11]

---

9) 유해봉환문제를 포함한 유골정책에 대해서는 남상구, 「전후 일본 정부의 전몰자 유골 정책」, 『한일민족문제연구』9, 2005 참조.

10) 한혜인, 「유골문제 해결을 위한 제언(안)」, 3쪽. www.geocities.jp/futureasia04/index.htm.

11) 2004년 11월에 발족한 국무총리 산하 일제강점하강제동원피해진상규명위원회에는 유해조사업무를 전담하는 부서가 설치되어 있고, 전문가들이 업무를 담당하고 있다. 그러므로 향후에 유해문제에 관해서는 위원회의 전문가들에 의해 수준 높은 연구가 진행될 것으로 예상된다. 특히 일본의 유골처리과정이나 전몰자 추도의 역사에 대해서는 현재 남상구에 의해 많은 연구 성과가 발표되고 있다. 이 글은 유해문제관련 전문가들이 미처 강제연행 희생자 문제에 관심을 갖기 이전에 필자가 작성한 글이므로 전문성이 결여된 지극히 초보적인 수준이며, 필자의 소견을 밝힌 정도에 지나지 않는다. 그러나 이미 몇 년 전부터 준비한 글이므로 차마 폐기하지 못하여, 발표하게 되었다. 향후에 이 분야에 연구가 활성화될 것으로 기대하며, 독자 제현께 양해를 구한다.

2. 일제 말기 강제연행 · 강제노동 희생자 유해문제의 현황

1) 희생자 유해, 무엇이 문제인가

일반적으로 인간사회에서는 亡者에 대한 외경심을 가지고 있으며, 망자에 대해 예를 갖추는 방법이 전해 내려오고 있다. 인간들이 집터를 이루고 모여 살기 시작한 이후부터 시신을 집터의 아궁이 옆에 매장했고, 점차 시기가 지남에 따라 별도의 장소에 모셔왔다. 따라서 한국의 세시풍속에서도 관혼상제라 하여 상례와 제례는 성인식이나 혼례와 버금가는 중요한 의식이다. 딸을 가진 어머니는 상례를 가장 중요하게 여겨 시집을 가기 전에 딸에게 베개를 시신으로 삼아 상례의 예법을 가르쳤다. 특히 조선시대 이후로는 매장문화가 중심이 되어 화장 등으로 시신을 훼손하는 행위는 금기시되었다. 지역에 따라 草墳을 하는 경우도 있으나 이 전통도 시신에 대한 훼손의 의미라기보다는 지역 실정에 맞는 매장방법의 하나이다. 조상의 묘를 잘 써야 후손이 복을 받는다고 생각을 했고, 상례나 제례에서 정성이 부족하면 화를 입는다고 여겼다. 또한 살아있는 사람이 머무는 곳은 주택이고, 죽은 이후에 머무는 곳은 幽宅이라고 하며 산소를 정성껏 관리한다. 그러므로 홍수로 산소가 쓸려가고, 시신이 유실되는 일이라도 발생을 하면, 후손들은 매우 큰 죄를 짓는 것으로 여겨 전전긍긍한다. 현재는 지나친 매장문화로 인해 전국토가 산소로 변할지 모른다는 위기감이 급증하여 화장문화를 보급하기 위해 노력할 정도이다. 이러한 민속 전통은 일제 시대에도 크게 달라지지 않았다. 비록 외지로 나간 가족이라도 시신이 훼손되거나 봉환되지 않는다는 것은 받아들이기 어려웠다. 그러므로 유해봉환은 당연한 순서였다. 그러나 강제연행 사망자의 시신 관리는 그러한 일반인들의 정서와 일정한 거리를 둔 과정을 밟아왔다. 한국적 정서와 무관하게 화장되는 것은 물론이고, 화장 이후에 남은 유골이 합골과 분골을 거쳐 개체성이 파괴되는 것이 대부분이었다.

강제연행 시기에 조선인의 유해문제가 일본인을 대상으로 한 제도적인 장치 속에 포함되기는 했으나 실제 운용상에서는 동일하게 처리되지 않았다고 생각된다. 물론 군인군속에 대한 은급이나 부조, 전사자 매장에 대한 규정은 마련되어 있었다. 대표적인 예가 1904년 5월 10일자 「戰場掃除及戰死者埋葬規則」이다. 그 내용 가운데 특기할 점은, '제국군대 소속자 사체는 각별히 화장하고 그 유골을 내지로 환송한다. 단 경우에 따라서는 유발을 환송하고

유골은 전장에 가매장하는 것도 가능하다'(제9조), '환송 유골 또는 유발은 육군매장규칙 제6조에 따라 내지의 육군 매장지에 매장하도록 한다. 단 유족이 인도를 요청할 경우에는 이를 허락한다'(제10조) 등이다. 이 규정에 따라 군인군속이 사망할 경우에는 현지에서 화장을 하고 그 유골을 일본으로 봉환하여 군인묘지에 매장하거나 유족에게 전달했다. 특히 아시아태평양전쟁 시기의 유골은 군과 지역사회에 의해 정중히 모셔졌고, 유가족이 유골에 강한 애착을 갖게 되었다고 알려져 있다.[12]

또한 국민징용령(1939년 7월 8일 제정)에서도 사망자 부조와 구제에 대한 내용은 제19조에 명시되어 있었으나 유해 처리에 관한 규정은 찾을 수 없었다.[13] 노무자의 경우에는 대표적인 기업들이 유해처리에 관한 규정을 만든 것으로 알려져 있으나 실제로 규정에 의거하여 처리했는지에 대해서는 자신할 수 없다. 강제연행 경험자들을 대상으로 수집한 구술사료의 내용에 의하면, 조선인 노무자들이 사망한 경우에, 대부분은 처리과정에 대해 확인할 수 없고, 드물게 화장을 하여 인근에 보관했다는 소식을 들은 적이 있는 것으로 나타난다. 구술 내용에 의하면, 사망 이후의 처리과정은 고사하고, 사망 여부에 대해서도 동일한 작업장에서 일하는 동료들이라 해도 확인하기는 쉽지 않았던 것으로 알려지고 있다. '병든 동료를 데리고 간 이후에 다시는 돌아오지 않았다'거나 '누구누구가 사고를 당했다고 들었는데, 그 이후에 본 적이 없다'라거나 '도망을 가다가 잡혀 왔는데, 아마 죽었을 것'이라는 식의 풍문이 대부분이다. 공습이나 작업장 사고로 인해 다수의 피해자가 발생했을 때, 별다른 절차 없이 현지에서 곧바로 화장을 하여 재를 주변에 뿌린 경우도 있었던 것으로 나타난다. 이런 경우에는 납골당의 허가를 얻지 않았고, 유골을 사찰에 맡기지도 않았으므로 매화장인허가증이나 사찰의 과거장이 남아 있지 않게 된다.

이에 비해 장례 의식을 치뤘다거나 유해를 고향의 가족에게 보내주었다는 이야기는 별로 듣지 못했다고 한다. 아주 드문 사례이지만 고향 친구들이 귀국을 할 때 유골을 가져간 경우가 있을 뿐이다. 연합군의 공습에 의해 사망한 경우에도, 현지에 대충 매장을 해버렸다는 구술내용은 있었으나, 전쟁 통에

---

12) 남상구, 「전후 일본정부의 전몰자 유골 정책」, 190~191쪽.
13) 징용령 제19조 3항과 4항에 의하면, 피징용자가 사망한 경우에 유족의 생활이 곤란한 경우에 부조를 할 수 있도록 되어 있다.

매장한 지역을 확인하지 못하고 돌아왔다고 한다. 이러한 내용을 볼 때, 당시에 현지에서 조선인 희생자들의 유해가 어떻게 다루어졌는지에 대해 추측할 수 있을 것이다.

1948년 이후 현재까지 유골 봉환과 관련한 현황을 살펴보면, 〈표 1〉, 〈표 2〉와 같다. 〈표 1〉은 유골의 전체 현황을 보여주는 것은 아니고, 대표적인 몇몇 유골봉환에 대한 내용을 보여주는 표이다. 〈표 2 〉는 미송환된 유텐지(祐天寺) 유골의 실태이다.

〈표 1〉 일제 말기 강제연행 사망자 유골봉환 종합현황[14]

년월일＼구분	남한	북한	비　고
1948. 2. 3 1948. 5.31	4,597 (유골456) 3,046 (유골330)		G.H.Q지시에 의거하여 厚生省이 송환한 것으로 추정됨 현재 行方不明 상태 • 1948년 2월 3일 봉환건 : 47.2.26 G.H.Q의 지령으로 유족이 남한에 거주하는 자의 유골만 한정. 한국 부산으로 송환된 것으로 추정됨 • 1948년 5월 31일 봉환건 : 3,046명분은 부산으로 송환된 것으로 추정됨. 다만 육군 936명분, 해군 341명분 합계 1,277명분은 G.H.Q의 불승인으로 송환되지 못함
1970. 7. 1	1		일본 德積島 遺骨수습단장이 서울 소재 일본대사관에서 유족에게 인도
1971. 3.17	1		일본 外務省 동북아과 직원이 서울 일본대사관에서 유족에게 인도
1971.11.20	246		일본 外務省 직원이 부산 공항에서 韓國 外務部 직원의 입회아래 유족대표인 釜山 永樂公園 소재 재단법인 釜山靈院 이사장 정기영에게 인도(한국정부 승인)
1973.11.15	240		長崎 민단이 한국 목포시에 인도한 유골로서 95.10.10 '망향의 동산'으로 移葬
1974.12.20	911		일본 후생성 수송 책임자인 정무차관이 부산공항에서 유해 911위를 한국 보건사회부 차관에게 인도 • 1974. 12. 20 : 유족에게 641위 인도 • 1977. 2. 28 : 잔여유골 269위는 유족이 부산영원 이사장 정기영에게 위탁하여 부산영원 納骨堂에 보관 중

14) 태평양전쟁보상추진협의회 김은식 사무국장이 작성한 자료 및 일본 후생성 자료, 남상구의 논문(「전후 일본정부의 전몰자 유골 정책」, 203쪽)에 수록된 〈표 4〉를 바탕으로 필자가 재구성했음.

날짜	수		내용
1976.10. 1	115		北九州, 北海道에서 최종수, 배해원이 노동자 유골을 봉환하여, '망향의 동산'에 이관(北九州의 유골은 한국인 與否 미확인 상태)
1976.10.28	22		일본 후생성 원호국 조사과장과 2명의 직원 및 외무성 직원 1명 등이 부산공항에서 한국 보건사회부 환경위생과장에게 인도
1977. 5.15	5,000여		李鎔澤 등이 南洋群島 티니안에서 발굴한 무연고 유골로서 '망향의 동산'에 봉안함. 일본인유골 포함 가능성 있음
1977.10.27	253		재일거류민단의 '순난유골봉환위원회'가 일본 北海道지역에서 발굴한 무연고 유골을 한국 '망향의 동산'에 이장
1978. 3. 30	1		일본 후생성 원호국 조사과장과 직원 1명이 김포공항에서 한국 보건사회부 사회과장에게 인도
1978. 5.10	7		일본 외무성 직원이 한국 외무부 직원 입회 아래 부산영원 이사장 정기영에게 인도, 유족에게 인도함
1982. 12. 7	5		일본 후생성 원호국 업무제1과장과 직원 1명이 김포공항에서 재한국일본국대사관 관원의 입회 아래 한국 보건복지부 사회과장에게 인도함
1984. 4. 24	1		일본 후생성 원호국 업무제1과장과 직원 1명이 김포공항에서 재한국일본국대사관 관원의 입회 아래 한국 보건복지부 사회과장에게 인도함
1987. 8.10	705	430	재일 소세종 所屬 스님 중 일부가 유텐지 유골을 京都 소재 高麗寺에 이관하여 고려사 경내 '韓日友好平和의 塔'에 安置했다가 후생성과 在日本朝鮮人總聯合會의 항의로 단계별로 復元조치
1992.3.1	2		일본 北海道 소재 空知民衆史講座가 발굴한 유골 2주를 한국 '망향의 동산'에 이장
1992. 5.20	104		재일동포 배해원이 東京 대향사에서 봉환한 유골로서 태평양전쟁한국인유족회장 金景錫이 春川納骨堂에 보관함
1995	10		일본 北海道의 민단 본부(2주)와 소라치(空知)민중사강좌(8주)가 한국 '망향의 언덕'에 봉환
1998. 3.10	4		황해도 출신 학도병 1주, 제주도 출신 3주의 유골을 일본 후생성에서 한국 외교통상부로 引渡
2005. 6. 16	1		일본 외무성 직원이 김포공항에서 보건복지부 직원에게 전달

〈표 2〉 미송환된 유텐지 유골 및 位牌의 실태[15]

신분별 출신지역	군인, 군속 육군	군인, 군속 해군	군인, 군속 이외의 자	계	비　　고
한국	343	323	49	715	우키시마호사건 피해자(1945, 8,
북조선	317	114	1	432	24) 유골 208주, BC급 전범 유골 5
계	660	437	50	1,147	주 포함

　이를 통해 유해문제의 본질적인 점을 생각해 보고자 한다. 먼저 그동안 진행된 유해봉환의 문제점을 들면 다음과 같다.

　첫째, 유해조사가 아닌 유골봉환에 중점을 두었다는 점이다. 유골봉환은 유골조사의 전 과정 가운데 최종 단계이다. 그러므로 사망자가 얼마나 되고, 사망자가 누구이며, 사망자는 무슨 일을 했으며, 왜 사망했는가 하는 사망에 이르기까지 기본적인 내용이 파악되고, 이후에 일본에서 관리된 상황(유골인가, 유발인가, 위패인가의 여부, 합골과 분골의 여부, 현재 보관된 상황, 명부 존재 여부) 조사가 선행되어야 한다. 이러한 조사 내용을 바탕으로 유가족이 봉환 여부를 밝히도록 해야 한다. 유가족의 봉환 의사에 따라 봉환이 추진되는 것이다.

　그러나 그동안에는 이러한 모든 과정이 생략된 상황에서 봉환을 추진한 경우가 일반적이었다. 그러므로 유해의 주인공이 누구인지 모르는 경우도 많았고, 유가족 확인이 이루어지지 못했다. 유골함에 적힌 亡者의 정보만으로 망자를 확신한 경우도 있고, 별도로 망자가 명기되어 있지 않은 유골함도 명부에 의지하여 망자의 신원을 확인한 경우도 있다. 시기가 지나면서 확인의 길은 더욱 멀어지게 된다. 유골을 사찰이나 납골당에 맡긴 측의 담당자가 바뀌거나 하면, 이와 관련한 정보는 더욱 확인이 곤란해진다. 상황이 이러함에도 '유골 모셔오기'의 일환으로 유해봉환이 이루어지면서 '누구의 조상인지도 모르는 유골'이 발생하게 된 것이다. 비록 모든 경우는 아니지만, 한국으로

---

15) 일본은 패전 이후에 조선출신 전몰자 유골을 福岡현(육군관계 유골)과 엦지방복원부(해군관계 유골)가 담당하여 송환을 준비하던 중, 1950년 한국전쟁으로 인해 송환이 중지되자 1968년 5월 16일에 엦지방복원부로부터 해군관계 유골 874주와 福岡현에서 육군관계 유골 1,454주(1968년 11월 28일) 등 총 2,328주가 후생성으로 이관되었다. 그 이후 신원이 확인된 1,181주는 한국으로 송환되고, 나머지 1,147주는 1971년 6월 29일에 유텐지에 예탁되었다. 厚生省, 『引揚げと援護三十年の步み』, ぎょうせい, 1978, 79~80쪽.

봉환된 유골 가운데에는 일본인의 유골도 포함되어있다고 알려져 있다. 봉환 작업을 할 때 착오나 실수로 인해 발생한 일이다. 당시 유해발생 보관 상황을 볼때, 국적구분 자체가 곤란한 점은 감안된다. 그러나 이러한 실수는 유해문제 전체에 대한 불신으로 이어지고, 그 결과 유가족들도 유해의 주인공에 대해 불신감을 갖게 되었다.

이러한 '봉환을 위한 봉환'은 그동안 현지에서 관리를 했던 사찰이나 납골당에도 적지 않은 혼란을 주게 된다. 이미 봉환이 이루어졌음에도, 무책임하게 봉환한 책임이 관리주체에게 돌아가는 경우가 있기 때문이다. 물론 관리주체가 관리상의 편이를 위해, 내어달라는 요구에 충분한 검토 없이 응했다면, 일정한 책임이 없을 수 없다. 전달해야 할 대상이 정확한지, 봉환 이후에 발생할 문제점에 대해 숙고할 필요가 있었기 때문이다. 그러나 그 책임이 오로지 관리주체에게만 돌아가야 하는 것은 아니다. 어느 면에서는 순수하지 못한 목적에서 봉환을 한 측에도 책임을 물어야 한다.

둘째, 유골과 位牌를 구분하지 못한 인식 문제이다. 일본의 사찰과 납골당에는 유골 외에 위패도 함께 보관이 되어 있는데, 이를 모두 유골이라 인식하여 발생하는 문제가 있다. 내가 유골봉환현황을 작성하기 위해 여러 자료를 확인해 본 결과 유골보다 더 많은 수를 차지하는 것은 위패이다. 유골은 없고, 대신 위패가 있는 것이다. 그런데, 이를 합산하면서 마치 모두 유골인 것처럼 통계를 낸 자료가 적지 않았다. 심지어 유텐지의 유골현황에서 위패와 유골이 합산되어 있다는 것을 아는 사람은 별로 많지 않을 정도이다. 다들 유골로만 인식을 한다. 유골이라고 보관된 경우에도 순수한 유골 외에 유발과 손톱 발톱 등이 포함되어 있다. 심지어 야스쿠니신사에는 유골이나 위패가 아닌 제신자 명부만이 있음에도 이를 유골이나 위패로 착각하는 유족들이 적지 않다. 또한 유가족들 당사자도 자신의 조상이 위패만으로 남아 있다는 것을 받아들이지 못하는 측면도 있다.

셋째, 유가족들이 갖는 일본과 한국정부에 대한 불신감이다. 양국 정부 또는 종교계 일부에서 무리하게 봉환만을 추진하려 함으로 인해, 유가족들이 당연히 요구해야 하는 권리를 포기하게 만든다는 점이다. 유해문제해결과정에서 봉환은 가장 마지막 단계일 뿐 최우선 단계는 아니다. '언제 어떻게 사망한 누구인지도 모르는 유해'를 봉환하기에 앞서 반드시 취해야 할 선행 조치가 있다. 그럼에도 그동안 정부가 '망향의 동산'[16]에 유골봉환을 할 때, 또는 종교계가 유골봉환을 할 때, 유가족들의 의사와 무관하게 진행한 경험이 있었다. 종교계는 인도적인 차원만을 중시한 결과 유해를 봉환하는 것이 가장 절실하다고 인식하는 경향이 강하기 때문이다. 이 점은 유해의 봉환으로 인해, 일본이 전쟁책임에서 자유로워질 수 있다는 점을 우려하는 유가족들이나 시민단체의 입장과 큰 차이점이다.

넷째, 사망자의 출신지역이 남북한에 걸쳐 있음에도 한국 중심으로 사고를 한다는 점이다. 1987년에 재일조계종 소속 스님들이 유텐지 유골을 일방적으로 봉환하려고 한 점은 그러한 인식을 대변해 준다.

2) 유해문제, 최근에 어떻게 진행되고 있는가

1990년대 이후 오랫동안 수면 아래 잠자고 있던 유해문제는 2002년에 한국에서 터진 사건(세계미술가교류협회가 주관한 봉환사업)과 일본 北海道 札幌 別院의 유해문제로 다시 논의의 대상이 되었다. 세계미술가교류협회의 사건은 한국의 지상파방송에서 특집 프로를 통해 봉환사업이 가진 실태 및 허구가 폭로되기도 했다.

이 가운데 北海道의 유해문제는 한국 언론에서도 주목을 했다. 삿포로에서 101명분의 명부가 발굴되고, 유골의 합골 문제가 거론되면서 비인권적인 행위에 대한 사회적인 반향을 불러일으켰다.[17] 이 문제는 1999년 12월 淨土眞宗 本願寺 홋카이도 교구기간운동 추진위원회에 속하는 승려들이 이전부터 삿포로 별원에 강제연행 희생자의 유골이 보관되어 있다는 소문에 근거하여 2000년 4월부터 조사를 실시한 결과 밝혀졌다. 조사를 위해 교구기간운동 추진위원회 산하에 구성한 유골문제에 관한 조사위원회가 조사를 한 결과 합골된 채로 방치된 유골과 유류품정리부의 존재를 확인했다. 이에 조사위원회가 2001년 7월에 보고서(삿포로별원 납골당에 방치된 조선인 유골 합장문제에 관한 보고)를 제출함으로써 내용이 알려지게 되었다.

당초 확인된 유골은 치자키(地崎)공업 소유 납골당에 안치되어 있었던 3개

---

16) 망향의 동산' 의 무연고 합장묘역은 1994.10.2에 설치되었는데 일본 내 산재한 유골 가운데 각 縣에서 발굴하여 安置를 요청한 유골을 안치 중이다.
17) MBC와 KBS, EBS 등 한국의 지상파 방송에서는 이 문제와 北海道 유골문제를 계기로 유골문제에 관심을 갖고 광복절 특집 프로를 비롯해 여러 차례 방송프로를 편성해 방영하기도 했다.

의 납골단지와 정화중이라는 납골단에 안치된 3개의 스틸상자였다. 그러나 유골은 이미 1969년 7월과 1997년 10월 등 2회에 걸쳐 합장이 되어 개별성은 완전히 상실되었고, 양도 작았다. 관리 부실로 곰팡이가 슬고, 썩은 유골은 폐기했던 것이다. 또한 치자키공업 납골당의 납골단지에는 유골 외에 돌멩이와 염주구슬, 담뱃대만이 들어 있었던 납골단지도 있었다. 유골유류품 명부를 조사한 결과, 명부의 주인공들은 치자키공업 외에 스가와라(管原)건설도 관련이 된 것으로 알려졌다.[18] 이후에 유가족 확인을 해 본 결과 사망사실을 통보받은 유족은 있었으나, 사망통보만 있었을 뿐, 다른 통보나 조치는 전혀 없었던 것으로 나타났다. 즉 조선인들을 죽음에 이르게 했던 스가와라건설·치자키공업과 유골을 관리한 치자키공업은 사망 당시 이들의 본적과 주소지를 알고 있었음에도 불구하고 유족들에게 유해 봉환을 하지 않았으며, 유가족의 허락도 없이 합골을 해버린 것이다. 이러한 비인도적인 처사는 모두의 공분을 불러일으키기에 충분했다.

이 사건을 계기로 홋카이도의 활동가와 연구자들은 사실 발굴에 그치지 않고, 2003년 2월 5일에 '강제연행·강제노동희생자를 생각하는 北海道포럼'을 결성해, 유족확인과 일본기입 및 정부에 대한 책임 요구 등을 조직적으로 전개함으로써, 일회적인 관심으로 끝나지 않도록 기여했다. '강제연행·강제노동희생자를 생각하는 北海道포럼'은 2001년부터 매년 1회씩 발굴한 유가족과 관련 학자를 초청한 학술대회를 개최하고 있으며 한일 양국에서 유일한 유골문제 홈페이지를 운영하고 있다.[19] 2005년 6월 18일에는 도쿄에서 '강제연행희생자 핫라인'이 개설되었다. 핫라인은 오랫동안 유골문제를 제기해 온 조선인강제연행진상조사단이 중심이 되어 유골문제 해결을 위해 정부와 민간에 관련정보를 제공할 목적으로 만들어졌다.[20] 물론 강제연행 네트워크에서도 유골문제는 조사 대상으로 하고 있으나 유골문제를 포함한 강제연행·강제노동 문제가 중심이므로 새로이 핫라인을 개설한 것이다.[21] 또한

18) 채홍철, 도노히라 요시히코, 「슬픔을 함께 – 혼간지삿포로별원 강제연행 희생자 유골문제」, 『일본의 과거청산을 요구하는 제2회 국제연대협의회 서울대회 발표문』, 2004, 240~241쪽.
19) www.geocities.jp/futureasia04/index.htm.
20) 강제연행희생자 핫라인이 배포한 2005년 6월 14일자 보도자료(일문).
21) 강제동원진상규명네트워크(공동대표: 히다 유이치 고베 청년센터 관장, 우쯔미 아이코 일본 케이센 대학 교수, 우에스기 사토시 일본의 전쟁책임자료센터 대표)는 강제동원에 관한 자료수집활동과 일본 정부나 공적기관 및 기업이 보유하고 있는 강제동원 관련 자료의 공개 요구 및 일본의 침략전쟁조사를 위한 법제정운동 등을 전개할 목적으로 2005년 7월 18일에 일본 東京에서 결성되었다. http://www.ksyc.jp/sinsou-net.

한국에서도 강제동원피해진상규명특별법제정추진위원회[22]가 한국정부에 유해문제 해결을 촉구하였고, 2004년 5월에 서울에서 열린 '일본의 과거청산을 요구하는 국제연대협의회'에서는 별도로 유골분과회의가 열리는 등 관심은 고조되었다.[23] 그 후 한국정부도 유해문제에 대해 관심을 보이기 시작했다. 2003년 말까지 한국의 외교부는 시민단체의 요구에 대해 '몇 월 며칠까지 유텐지 유골을 봉환하겠다'거나 또는 '몇 월 며칠까지 삿포로 별원 유골을 봉환하겠다'는 무책임한 발언으로 일관했다. 그러나 2004년에 들어서 시민단체와 피해자단체의 대표들을 초빙하여 의견을 청취하는 간담회를 마련하고, 유해문제해결을 위한 의견서를 요청하는 등 적극적인 모습을 보였다.[24]

그러나 현재 가장 중심적인 역할을 하고 있는 정부기관은 일제강점하강제동원피해진상규명위원회(이하 위원회)이다. 유골의 수습봉환은 특별법에 의해 위원회 고유 업무로 설정이 되어 있는데, 2005년 2월 25일에 일본 정부(관방장관과 후생노동성)를 상대로 한일유골협의체 설립을 제안했다.[25] 이 제안은 2004년 12월 17일 가고시마에서 열린 한일정상회담의 논의를 배경으로 한 것이다. 한일정상회담에서 한국의 노무현 대통령은 유골수습에 대한 협력을 요망했고, 이에 대해 고이즈미 일본 총리는 검토해보겠다고 답변했다. 위원회의 제안에 대해 일본이 대응을 함으로써 2005년 5월부터 한일유골문제협의가 시작되어 2005년 12월 말 현재 국장급 수석대표 회의가 서울과 도쿄에서 총 3회 개최되었다. 해방 60주년이 되는 2005년을 맞아 유해문

---

22) 강제연행 관련 피해자단체와 학술, 시민단체는 지난 2001년 12월 11일, 일제강점하 조선인 강제동원 피해에 대한 국가적 진상규명을 통해 올바른 역사인식을 확립하고 일본의 군국주의 부활 기도를 저지하기 위한 법률제정을 목표로 '일제강점하강제동원피해진상규명등에관한특별법제정추진위원회'(이하 특별법추진위)를 발족하였다. 이후 대국민 서명운동, 집회, 국회의원 입법지지 서명운동, 심포지엄 개최, 한일협정문서공개소송, 국적포기운동 등 약 30개월에 걸쳐 피나는 투쟁을 통해 마침내 2004년 2월 13일, 해방 60여년만에 자국민의 강제연행 피해사실을 밝힐 수 있는 입법제정에 성공하였다. 이로 인해 특별법추진위는 애초의 결성목적을 성공적으로 수행하였기에 자연스럽게 해소되는 것이 바람직하므로 2004년 3월 30일, 특별법추진위의 성과를 이어갈 새로운 연대체인 '강제동원진상규명시민연대'를 발족하였다. 그러나 2007년 초에 해산했다.
23) 이 유골분과회의에는 홍상진의 「강제연행 군인군속 희생자의 유골문제」를 비롯해 淸水澄子, 김철수, 古川雅基, 殿平善彦, 리일만, 양상진, 김정원, 김순애 등 해외 지역 발표자와 김은식 등의 논문이 발표되었다.
24) 유해문제와 관련해서는 외교부 외에 보건복지부(노인복지 업무)나 여성부(일본군위안부 업무)도 관련성이 있으며, 북한지역출신자의 유해문제는 통일부에서도 관심을 기울여야 한다.
25) 일제강점하강제동원피해진상규명등에관한특별법(2004년 3월 5일 공포) 제3조 2항 및 대통령령 18544호 일제강점하강제동원피해진상규명등에 관한 특별법 시행령 제12조에 '유해발굴 및 수습'이 위원회의 고유 업무로 규정되어 있다.

제는 이제 본격적인 협의 단계에 들어선 셈이다.

이 회의를 통해 비록 만족할 만한 정도는 아니지만 일본 내 유골현황에 대한 조사가 시작되었고, 2006년도에는 한일공동 실지조사와 추도순례 등이 진행될 예정이다. 60여 년을 묵혀둔 숙제가 단 몇 차례의 회의로 해결될 것이라 생각되지 않는다. 수십년간 민간 차원이 진행해 온 결과에 못 미치는 결과도 예상될 수 있다. 그러나 가장 큰 의미는 정부차원의 조사가 시작되었다는 점일 것이다. 해결의 실마리를 마련한 정도이다. 여기에 민간 차원의 조사 결과를 얼마나 적절히 반영하여 성과로 이어지게 하는가 하는 것은 시민단체와 학계의 적극적인 지원과 관심에 달려 있다고 해도 과언이 아니다.

3. 유해문제 해결을 위한 방향 : 유해 봉환, 어떻게 해야 하는가

앞에서도 언급한 바와 같이 강제연행·강제노동 희생자에 대한 유해문제가 해결되지 못하는 것은 전쟁을 일으키고 인력을 동원한 일본의 무성의가 가장 큰 원인이다. 필요할 때는 인력을 끌고 갔으나, 사망을 하여 쓸모가 없어지게 되자, 내팽개친 꼴이다. 그러므로 이 문제를 해결하는 열쇠도 역시 일본이 가지고 있다.

그러나 일본은 1952년에 샌프란시스코 조약이 발효되자마자 중의원에서 유골문제에 대한 결의안(해외 諸지역 등에 잔존하는 전몰자 유골의 수집 및 송환에 관한 결의, 1952.6.16. 제13회 국회 중의원)을 채택하고, 같은 해 이오지마(硫黃島)에서부터 시작한 자국민의 유해수습에 나서면서도 조선인의 유해는 방치했다. 1967년부터 2004년간 厚生省 援護局이 집행한 유해수집사업의 총예산규모 153억 7천만 엔이고, 수집 횟수는 300회 이상이다. 수집 대상지역도 한반도는 물론이고 동남아시아, 러시아 및 외몽골 지역까지 포함했다. 1999년 이후 수집 유해에 대해서는 DNA감정을 통해 확인작업을 하고 있다.[26]

최근에 南相九의 연구에 의하면, 1953년부터 1995년간 281회의 수집 조사

---

26) 清水澄子, 「가해의 이론을 저버려온 일본, 자국중심주의의 유골수집사업에 대하여」, 『제2회 국제연대협의회 서울대회 자료집』, 2004, 213~214쪽.

를 통해 일본은 모두 293,363주의 유골을 수습했다.[27]

<표 4〉 연도별 收骨數

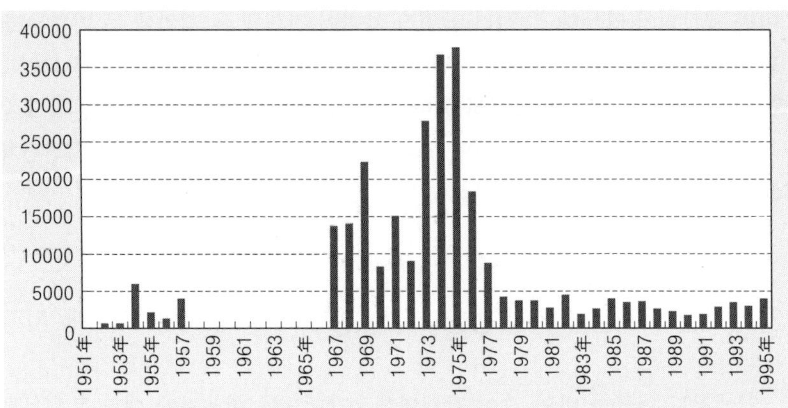

출전 : 원호성 사회 · 원호국, 『원호 50년사』, 1997年(南相九, 박사학위 청구논문, 「제4절 해외전
　　　몰자 유골 수집」 중 재인용).

　일본이 2005년도 유골수집관련 예산을 2억 3천만 엔을 계상하고, 유골의
DNA 감정이나 위령순배, 위령비 건립이나 보수 등에 확보한 관련 예산은 5
억 엔이 넘었다. 또한 '전상병자등 노고계승사업'을 신설하고 전후 60주년
관계사업의 예산을 579억 엔이나 계상하고 있다. 이 예산은 국가를 위해 순
직한 군인 · 군속 · 준군속[28] 및 유가족에 대해 국가로서 조의를 표할 목적으
로 마련한 것이다.[29] 그럼에도 유해수습과정에서 조선인의 유해 문제는 제외
되어 있다.

---

27) 南相九, 「전후 일본에 있어서의 전쟁 희생자의 '기억' - 국가에 의한 전몰자 추도 · 현창 · 보상」,
　　2004학년도 千葉대학 박사학위청구논문 중 제4절 해외전몰자 유골 수집 내용 중에서.
28) 준군속이란 '군속에 준하는 자'(국가총동원법에 의한 피징용자나 업무협력자, 국민의용대원, 구 육
　　해군의 요청에 의한 전투참가자, 특별미귀환자)를 의미하는데, 1952년의 원호법에 의해 준군속의
　　유족에 대해서 조위금 3만 엔을 지급했으나 유족연금이나 상해연금은 지급되지 않았다. 그러나
　　1958년의 개정에 의해 유족연금과 상해연금이 지급되게 되었다. 南相九, 「戰後日本における戰爭
　　犧牲者 '補償'に對する考察」, 미발표 논문, 23~24쪽. 그러나 일본정부로부터 준군속으로 인정받는
　　기준이 명확하게 설정된 것은 아니다.
29) 淸水澄子, 「가해의 이론을 저버려온 일본, 유골문제는 지금, 일본은 무엇을 해야 하는가」, 『우천사
　　에 남긴 유골에서 지금 전쟁과 평화를 생각하는 심포지엄 발표문』, 2004, 4쪽.

각종 통계에 의하면, 강제연행·강제노동 사망자가 가장 높은 비중을 차지하는 분야는 군인 군속이다. 이는 일본의 경우도 동일하다. 그러므로 일본도 전몰자 유골의 중심은 군인 군속이고, 이에 대한 발굴사업을 발굴이 가능한 지역에서 중복적으로 실시했다. 그런데 이들 지역은 조선인 군인 군속도 같이 배치되었던 지역이므로 발굴 작업 과정에서 조선인의 유해가 발굴될 가능성은 매우 높다. 그럼에도 지금까지 조선인 유해를 발굴하여 유가족에게 확인절차를 밟은 경우는 단 1구도 없다. 또한 조선인 유해는 DNA 확인의 대상이 되지 못한다. 이 점을 볼 때, 일본정부가 발굴과정에서 조선인의 문제를 완전히 도외시하였음을 알 수 있다.[30]

그렇다면 언제까지 일본에게 문제를 해결하라고 요청만 하고 있을 것인가. 일본이 최소한의 성의를 표하도록 다각도의 노력이 이루어져야 할 것이다. 이를 위한 필자의 소견을 밝히고자 한다. 먼저 유해문제 해결의 방향은 다음과 같다.

첫째, 유가족의 의사에 따른 정책의 수립이다. 현재 유가족들은 사망자에 관한 전체적인 정보를 파악하고 있지 못하다. 사망의 원인, 향후 조치 등을 포함한 정보를 제공하고, 이들의 의사를 정책의 우선 순위로 두어야 한다.

둘째, 한국과 북한은 정부 차원에서 각각 일본정부에 유해봉환사업의 추진을 당당히 요청하고, 아울러 일본정부와 기업에 유해 방치와 훼손에 대한 사죄를 요구해야 한다.

셋째, 남북한 정부는 자체적으로 조사를 하고자 하는 자세를 갖추어야 한다. 구체적으로는 국회에서 유해문제해결을 촉구하는 결의안을 채택하고, 유해조사 및 추도순례 등에 필요한 예산을 배정하는 방법을 들 수 있다.

넷째, 남북한과 일본이 유해조사 및 봉환사업에 공동 참여해야 한다.

이러한 큰 방향 아래 구체적으로 추진해야 할 단계를 보면 다음과 같다.

---

30) 이상의 내용은 남상구 박사의 교시에 의한 것임을 밝혀둔다.

첫째, 남북한·일 간 특별위원회를 구성하여 정부차원의 연차적 봉환사업 계획을 수립해야 한다. 특별위원회는 정부 관련자는 물론, 유가족과 관련 학자, 기타 관련자들로 구성해야 한다. 봉환사업에는 '이들이 왜 끌려와서 사망했는지 과정과 원인에 대한 규명' '일본은 물론이고 동남아시아와 중국, 남사할린 등 현장지역에 대한 미발굴 유해 조사' '현장조사를 통해 매장·화장허가서 및 유류품 명부 등 관련 자료 발굴' 등이 전제가 된다.

둘째, 발굴된 명부를 바탕으로 한 유가족 확인 작업이다. 남북한을 대상으로 유가족확인조사를 통해 유가족을 규합하고, 이들에게 유해의 상태(합골과 분골 여부, 사망의 원인, 현재 관리 상태, 수령 가능한 조위금 내역 등)에 대한 정확한 정보를 제공하며, 이들의 의견이 유해 봉환사업에 토대가 되어야 한다.

셋째, 미발굴된 유해는 발굴 작업을 해야 하고, 유가족들이 요구한다면, DNA 조사를 통해 신원을 확인해야 한다. 현재 발굴된 유해의 경우에는 비록 화장 처리를 통해 DNA 조사가 어려운 상황이 많으나 다각적인 방법으로 유해의 주인공을 확인하는 작업은 시도해야 한다. 합골된 경우에, DNA 조사를 시도해 보지도 않고, 봉환을 거론하는 것은 유가족들에 대한 예의라고 할 수 없다.

넷째, 유해발생 및 방치의 책임소재를 가리고, 이에 대한 적절한 조치를 요구해야 한다. 유골이 합골되거나 방치된 경우에 책임의 소재에서 일본정부와 해당 기업이 자유로울 수는 없을 것이다.

다섯째, 유해 봉환과정이다. 유가족이 확인이 되어 봉환을 원하는 경우에 적절한 예를 갖춘 봉환을 추진해야 한다. 단 남한 출신의 무연고 유골이나 유가족이 모셔가지 못하는 유해에 한해 '망향의 동산'에 안치할 수 있다. 북측의 유해 봉환에 관한 의견을 존중하여 절차를 밟는다. 기타 무연고 유골 가운데, 유가족확인이 불가능한 경우에는 봉환을 추진할 수 있다.[31]

---

31) 무연고 유해의 국내 봉환에 대해 일본의 활동가와 시민단체에서는 이견을 제기하기도 한다. 즉 오랫동안 조선인 유해를 수습하여 납골당을 조성하고 관리를 해 온 해당 지역의 활동가나 시민단체는, 이를 한국으로 봉환하는 것만이 최상의 방법이라는 데 동의하지 않는 경우가 있다. 그 의견에는 무연고 유해가 한국에도 연고자가 없으므로 봉환이 공간적인 이동으로 그치게 될 것이라는 점, 봉환으로 인해 일본 사회가 과거 전쟁에 대한 역사적 책임을 외면하게 될 것이라는 우려 등이 자리하고 있다.

여섯째, 현지에는 추도비를 설립하고, 백서를 발간하여 역사의 교훈을 남겨야 한다. 특히 무연고 유골 가운데 현지 관리 주체의 의견도 반영되어야 한다. 무연고 유골이 가진 역사성이나 현지 관리 주체의 의사에 따라 현지에 추도공간을 마련하는 것도 필요하다.

일곱째, 한국에는 강제연행·강제노동 피해자들의 역사를 시민사회가 공유하여 보편적인 가치를 존중할 수 있는 종합적인 추도공간을 마련하여 반전과 평화를 위한 시민교육의 장으로 삼아야 한다. 이 추도공간은 단지 묘역의 개념이 아니라 사료관과 박물관, 추도공간의 종합적인 시설을 의미한다. 즉 일반 시민이 방문하여 강제연행·강제노동의 역사를 이해하고, 평화의 중요성을 인식하며 이 과정에서 목숨을 잃은 조상을 기리고 기억하게 하는 공간이 되어야 한다. 이러한 공간을 통해 강제연행·강제노동의 역사는 잊혀진 기억이 아닌 살아있는 역사로서 남게 된다.

4. 맺음말 : 남은 과제

강제연행·강제노동 희생자의 유해문제는 강제동원의 최종적인 산물이라고 할 수 있다. 강제동원이 되었으므로 사망자가 되었고, 사망자가 되었음에도 적절하게 조치를 하지 못했으므로 유해로써 일본이나 기타 동원에 남게 된 것이다. 그러므로 유해문제를 풀어나가는 방식은 강제동원 피해를 규명해나가는 방식에서 시작되어야 한다. 아울러 유해문제의 완결도 봉환의 시점이 될 수 없다. 강제동원 피해에 대한 진상규명이 완결될 때 비로소 완결될 것이다.

일본의 침략전쟁을 위해 끌려갔으나 일본정부가 패전 이후에 조선인 희생자의 유해수습 및 조사 의무를 방기하고 비인도적인 자세를 견지함으로써, 그리고 60여 년이라는 세월의 무게로 인해 이들의 존재는 여전히 수면 위로 올라오지 못하고 있다.

현재 일제 말기에 끌려간 사람들 가운데 귀국을 하지 못한 수십만 명의 조선인들은 노동현장이나 귀환 과정에서 사망한 것으로 알려져 있다. 그렇다면 이들은 왜 죽었는가, 이들의 유해는 어떤 상태에 놓여있는가. 다이헤이마루(太平丸) 사건의 희생자와 같이 아직도 바다에서 수습되지 못한 경우도 있다. 中國 하이난도(海南島)의 경우처럼 천여 명의 학살된 조선인의 유해가 아직 매몰된 경우도 있다. 많은 해군 군인과 군속의 시신은 수장된 상태이다. 규슈(九州)와 홋카이도(北海道)를 비롯한 일본 전역의 야산에 아직도 방치된 경우도 있다. 수습된 유해가 지역의 사찰에 보관된 경우는 매우 다행스러운 경우이다. 우키시마마루(浮島丸) 사건의 피해자와 같이 화장된 이후에 합골되었다가 다시 粉骨된 경우도 있다. 무연고 유해의 경우에 몇몇 유골은 한국 '망향의 동산'에 돌아오기도 했으나 대부분은 고향의 땅에 묻히지 못하고 있다.

무릇 생명체는 존귀하다. 그렇다고 하여 산 생명체만이 귀한 것은 아니다. 인간의 죽음도, 그리고 주검도 결코 값없는 존재가 아니다. 이들의 사망이 아무리 오래 전의 일이라 하여도, 비록 유해의 상태나마 조국으로 돌아올 권리가 있다. 그러나 유해에 대한 권한은 정부나 특정 단체가 갖고 있는 것이 아니며, 가질 수 없다. 일본정부이든 한국정부이든 정부가 마음대로 유해를 발굴해서 봉환해 버릴 수 없다. 특정한 이해관계를 가진 단체가 결정할 수 있는 문제도 아니다. 외교문제보다, 국익보다, 특정 단체의 이익보다 더 우선시 되어야 하는 것은 피해 당사자, 즉 유가족의 입장이다. 그러므로 향후 유해문제에서도 유가족의 의견이 문제 해결의 근본이 되어야 한다.

60여 년간 수면 아래에 잠자고 있던 강제연행·강제노동 희생자의 유해 문제가 한일 정부당국자 간 협의의 대상이 된 것은 매우 큰 성과이다. 이 성과는 바로 자기 권리를 되돌아보지 못했던 피해자들의 강력한 요구와 한일 시민단체가 기울인 노력의 결과물이다. 그러나 아직 문제는 해결되지 않았다. 60년 만에 비로소 시작단계에 접어든 정도이다. 그럼에도 해결의 청사진을 기대하지 않을 수 없다.

앞에서 제시한 유해문제 해결의 방향이 가능해지기 위해서는, 우선 한국과 일본의 정부가 강력한 해결 의지를 가져야 한다. 아울러 양국 시민사회가 연대함은 물론, 국제사회에 대한 호소도 필요하다. 강제연행·강제노둥 희생자의 유해문제는 단지 한일 간의 과거 문제만이 아니다. 그러므로 문제 해결을 위해서는 시각과 전망을 넓힐 필요가 있다. 또한 한국정부와 한국사회도 나름대로 유해문제의 해결 과정에 동참할 준비를 갖추어야 한다. 가장 대표적인 예는 강제연행·강제노동의 역사를 한국사회가 함께 기억하는 일이다.

현재 위원회에서는 유가족을 확인하여 망자에게 창씨명이 아닌 원래 이름을 되돌려주는 작업도 병행하고 있다. 그러나 부족하다. 소수의 직원들이 일일이 본적지에 조회를 하여 유가족을 찾고, 그리고 망자의 본명을 찾아주는 일은 매우 힘에 부치는 작업이다. 그럼에도 그것만으로도 의미 있는 작업이다. 그러나 그것만으로 만족할 수 없다. 그러기에 부족하다.

히브리어로 '이름을 기억하게 하다'는 의미를 가진 야드바셈(Yad Vashem)은 이스라엘에 있는 유태인대학살 기념관이다. 수용소에서 이름을 빼앗기고, 수인번호로만 남은 유태인들에게 이름을 되돌려주기 위해 이스라엘 정부가 1955년부터 건립중인 기념관이다. 추도의 공간, 박물관, 사료관, 교육관, 이름을 보관하는 도서관, 미술관(수용소의 유태인들이 남긴 작품을 전시) 등을 고루 갖춘 종합적인 시설이다.[32]

"역사란 잊지 않는 것"이라고 한다. 일본의 침략전쟁으로 인해 목숨을 잃고, 그에 앞서 이름마저 잃은 강제연행·강제노동 희생자들에게 원래 이름을 되찾아주고, 그 이름을 다시 불러주는 일은 유가족들만의 몫이 아니다. 위원회 몇몇 직원들만이 감당해야 할 몫도 아니다. 한국민과 한국사회의 몫이다.[33]

---

32) www.yadvashem.org; 「잊혀진 이름을 기억하라」(조선일보, 2005년 2월 5일자 강천석 칼럼).
33) 이 글은 『한일민족문제연구』8(2005)에 실린 「일제 말기 강제동원 희생자 유골문제의 본질과 해결을 위한 제언」을 수정 보완한 글이다.

참고문헌

참고문헌

참고문헌

大藏省 管理局 編,『日本人の海外活動に關する歷史的調査』第 10冊 朝鮮篇 第 9分冊, 1947

朴慶植,『在日朝鮮人關係資料集成』4, 三一書房, 1975

商工省 鑛山局 編,『製鐵業參考資料』, 日本鐵鋼協會, 1933

朝鮮總督府 農林局 農政課,『農業報國靑年隊記』, 1942

朝鮮總督府 農林局 農政課,『皇農への道』, 朝鮮行政學會, 1943

樋口雄一,『戰時下朝鮮人勞務動員基礎資料集』, 綠陰書房, 2000

『매일신보』,『동아일보』,『조선중앙일보』,『시대일보』

『京城日報』,『京都日日新聞』,『中外日報』,『神戶新聞』,『下野新聞』

『第85回帝國議會說明資料』

『朝鮮總督府官報』

민족문제연구소 편,『일제하 전시체제기 정책사자료집』, 학술정보주식회사, 2001

태평양전쟁피해자보상추진협의회 편,『신일본제철 오사카 소송 재판기록』, 2004(프린트본)

태평양전쟁희생자보상추진협의회 작성,「강제동원진상조사대상자현황」, 비공개자료

독립기념관 소장 구술사료 - 여운택

독립기념관 소장 구술사료 - 신천수

독립기념관 소장 구술사료 - 서활원수

독립기념관 소장 구술사료 - 정기영

독립기념관 소장 구술사료 - 박승철

독립기념관 소장 구술사료 - 김월섭

독립기념관 소장 구술사료 - 유길용

독립기념관 소장 구술사료 - 왕규영

독립기념관 소장 구술사료 - 나영우

독립기념관 소장 구술사료 – 오행석
독립기념관 소장 구술사료 – 김성주
독립기념관 소장 구술사료 – 차일봉
독립기념관 소장 구술사료 – 장석찬
독립기념관 소장 구술사료 – 정환소
한국정신문화연구원 소장 구술사료 – 조만제
한국정신문화연구원 소장 구술사료 – 우영철
정혜경 소장 구술사료 – 임군호

金英達,『金英達著作集2 － 朝鮮人强制連行の硏究』, 明石書店, 2003

金贊汀,『在日コリア百年史』, 三五館, 1997

金元榮, 岩橋春美 日譯,『沖繩に强制連行された朝鮮人軍夫の手記』

內藤正中,『日本海地域の在日朝鮮人 － 在日朝鮮人の地域研究』, 多賀出版, 1989

內海愛子,『朝鮮人皇軍兵士たちの戰爭』, 岩波書店, 1991

內海愛子,『朝鮮BC級戰犯の記錄』, 勁草書房, 1982

大石嘉一・宮本憲一 編,『日本資本主義發達史の基礎知識』, 有斐閣, 1975

藤原彰,『餓死した英靈たち』, 靑木書店, 2001

藤原彰・今井淸一・大江志乃夫 編,『近代日本史の基礎知識』, 有斐閣, 1972

朴慶植,『朝鮮人强制連行の記錄』, 未來社, 1965

朴慶植,『在日朝鮮人運動史 － 8.15解放前』, 三一書房, 1979

山田昭次・古庄正・樋口雄一,『朝鮮人戰時勞?動員』, 岩波書店, 2005

西成田 豊,『在日朝鮮人の'世界'と'帝國'國家』, 東京大 出版會, 1997

安藤正人,『記錄史料學と現代』, 吉川弘文館, 1998

赤松俊秀 外,『日本古文書學講座 － 近代編』, 雄山閣, 1979

朝鮮人强制連行眞相調査團,『朝鮮人强制連行調査の記錄 － 中部・東海編』, 柏書房, 1997

樋口雄一,『戰時下朝鮮の農民生活誌』, 社會評論社, 1998

樋口雄一,『戰時下朝鮮の民衆と徵兵』, 總和社, 2001

樋口雄一,『皇軍兵士にされた朝鮮人』, 社會評論社, 1991

海野福壽・權丙卓,『恨－朝鮮人軍夫の沖繩戰』, 河出書房新社, 1987

厚生省,『引揚げと援護三十年の 步み』, ぎょうせい, 1978

강제동원진상규명시민연대,『일제강점하강제동원피해진상규명위원회구

성에 관한 기획서』, 2004(프린트본)

강제연행생존자증언집편집위원회, 『채인돌』, 창녕박물관, 2000

계훈제, 『흰 고무신 – 계훈제, 미완의 자서전』, 삼인출판사, 2002

고승제, 『韓國移民史硏究』, 장문각, 1973

국무총리 소속 일제강점하강제동원피해진상규명위원회, 『강제동원 구술
　　　　기록집1 – 당꼬라고요?』, 2005

국사편찬위원회, 『일본제철강제동원소송기록』총3권, 2005

국사편찬위원회, 『在韓被爆者手帳訴訟』총5권, 2004

국사편찬위원회, 『후지코시강제동원소송기록』총4권, 2004

국사편찬위원회 · 한국역사공동연구위원회 한국측위원회, 『원폭피해자곽
　　　　귀훈소송기록』총3권, 2004

권병탁, 『게라마열도』, 영남대출판부, 1982

김경일 대표 집필, 『한국노동운동사 – 일제하의 노동운동 1920~1945』,
　　　　지식마당, 2004

김대상, 『일제하 강제인력수탈사』, 정음사, 1973

김용수, 『한일 50년은 청산되었는가』, 고려원, 1995

內海愛子 · 村井吉敬, 백남철 편역, 『조선인 반란』, 국문사, 1981

리영희, 『歷程 – 나의 청년시대』, 창작과 비평사, 1988

사이토 사쿠지 편저, 『우키시마호 폭침사건 진상』, 가람기획, 1996

石井寬治, 이병천 · 김윤자 역, 『日本經濟史』, 동녘, 1984

요시다 유타카, 최혜주 번역, 『일본의 군대』, 논형, 2005

이명한, 『아버지가 건넌 바다』(복사본), 1990

전국경제인연합회, 『99년판 한국경제연감』, 1999

전기호, 『일제 시대 재일한국인 노동자계급의 상태와 투쟁』, 지식산업사,
　　　　2003

정혜경, 『일제시기 재일조선인민족운동연구』, 국학자료원, 2001

단행본

정혜경,『일제 말기 조선인 강제연행의 역사 - 사료연구』, 경인문화사,
　　2003
통계청,『가구소비실태조사보고서』1, 1998
한국구술사연구회,『구술사』, 선인, 2005
한국국가기록연구원,『조선총독부 공문서 종합목록집』, 2005
한국정신문화연구원,『1995년도 해외 희생자 유해현황 조사사업 보고서』
한국정신문화연구원,『1996년도 해외 희생자 유해현황 조사사업 보고서』
한국정신문화연구원,『구술자료총서1 - 내가 겪은 해방과 분단』, 선인출
　　판사, 2001
한국정신문화연구원,『일제하 피강제동원 생존자 생활실태조사』, 2003
한일민족문제학회 강제연행문제 연구분과,『강제연행 · 강제노동 연구 길
　　　　　라잡이』, 선인출판사, 2005
후지와라 기이치 · 이숙종 옮김,『전쟁을 기억한다』, 일조각, 2003

연구 논문

古庄正,「日本製鐵株式會社の朝鮮人强制連行と戰後處理」,『經濟學論集』
　　　　25卷 1号, 1993
古庄正,「朝鮮人强制連行と廣告募集」,『在日朝鮮人史研究』32, 2002
臼杵敬子,「韓國舊軍人・軍屬・徵用者・遺族22人の肉聲全證言」,『週刊
　　　　ポスト』, 1990
近藤釰一 編,「最近に於ける朝鮮の勞務事情」,『太平洋戰爭下の朝鮮(5)』,
　　　　友邦協會, 1964
金英達,「日韓會議での朝鮮人軍人・軍屬・被徵用勞働者に關する論議」,
　　　　『在日朝鮮人史研究』, 1998
今泉裕美子,「朝鮮半島からの南洋移民」,『アリラン通信』32, 2004年 5月
　　　　號
今村嗣夫,「ʼ上官ʼの命令を裁く−元朝鮮人軍屬ʼBC級戰犯者ʼの訴え」,
　　　　『ミレ』29, 1992
吉澤佳世子,「內地派遣朝鮮農業報國靑年隊の研究」,『姜德相先生 古稀・退
　　　　職記念 日朝關係史論集』, 新幹社, 2003
南相九,「戰後日本における戰爭犧牲者のʼ記憶ʼ − 國家による戰歿者 追
　　　　悼・顯彰・補償」, 2004學年度 千葉大學 博士學位請求論文(日文)
南相九,「戰後日本における戰爭犧牲者ʼ補償ʼに對する考察」, 未發表論文
　　　　(日文)
內海愛子,「アジア民衆から見たBC級戰犯裁判 − 蘭印法廷の朝鮮人戰犯」,
　　　　『記錄』5, 1979
內海愛子,「朝鮮人BC級戰犯の記錄−難航する遺骨返還」,『朝鮮研究』201,
　　　　1980
內海愛子,「朝鮮人軍人・軍屬たちの戰後」,『季刊 靑丘』6, 1990
內海愛子,「戰後處理と朝鮮人BC級戰犯」,『歷史評論』508, 1992
內海愛子,「朝鮮人戰犯」,『季刊 靑丘』13, 1992

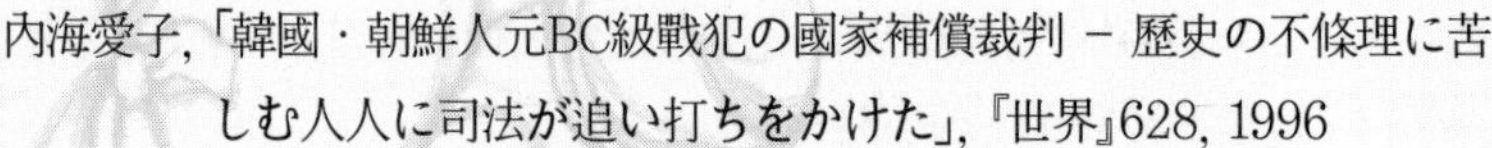

內海愛子,「韓國・朝鮮人元BC級戰犯の國家補償裁判 － 歷史の不條理に苦しむ人人に司法が追い打ちをかけた」,『世界』628, 1996

內海愛子,「朝鮮人BC級戰犯問題を語る」,『社會民主』507, 1997

內海愛子・臼杵敬子 外,「‘軍隊慰安婦’‘BC級戰犯’と戰後補償」,『狀況』, 1992

丹羽雅雄,「在日韓國人元軍屬の戰後補償 － 鄭相根大阪地裁判決の意義と課題」,『戰爭責任研究』16, 1997

富田晶子,「農村振興運動下の中堅人物の養成 － 準戰時體制期を中心に」,『朝鮮史研究會論文集』18, 1981

北原道子,「朝鮮人兵士を主に編成された日本陸軍特設作業隊・臨時勤務隊について 一北海道と樺太の場合」,『在日朝鮮人史研究』32, 2002

飛田雄一・金英達・高柳俊男・外村大,「朝鮮人戰時動員に關する基礎研究」,『青丘學術論集』4, 1994

山田昭次,「朝鮮人中國人强制連行研究史試論」,『朝鮮歷史論集』下, 東京, 龍溪書店, 1979

三田登美子,「戰時中の田奈部隊彈藥つくりの朝鮮人勞動者」,『在日朝鮮人史研究』12, 1983

徐根植,「海軍設營隊の下で朝鮮人がトンネル掘り」,『地下工場と朝鮮人强制連行』, 明石書店, 1990

籔景三,「大和航空基地と强制連行」,『青丘文化』創刊號, 1991

趙景達,「15年戰爭下の朝鮮民衆」,『財團法人 朝鮮獎學會 學術論文集』25, 2005

竹山護夫,「陸海軍中央機關の制度變遷」,『日本陸海軍の制度・組織・人事』, 東京大出版會, 1971

清水澄子,「加害의 理論을 저버려온 日本, 遺骨問題는 지금, 日本은 무엇을 해야 하는가」,『祐天寺에 남긴 遺骨에서 지금 戰爭과 平和를

生各하는 シンポジウム發表文』, 東京, 2004(일문)
塚崎昌之, 「濟州道における日本軍の本土決戰準備」, 『靑丘學術論集』22, 2003
樋口雄一, 「太平洋戰爭下の女性動員」, 『朝鮮史硏究會論文集』32, 1994
樋口雄一, 「植民地朝鮮における自然災害と農民移動」, 『法學新報』109-1・2, 2002
樋口雄一, 「外務省外交史料館 ‘茗荷谷文書’について」, 『日本植民地硏究』14, 2002
平湯眞人, 「BC級戰犯裁判が問いかけうもの」, 『季刊 靑丘』18, 1993
海野福壽, 「朝鮮人軍夫の沖繩戰」, 『明治大學 駿台史學』73, 1988
海野福壽, 「朝鮮の勞務動員」, 『近代日本と植民地』5, 岩波書店, 1993
洪祥鎭, 「朝鮮人强制連行の槪念」, 『季刊 戰爭責任硏究』39, 2003

강정숙, 「일제 말기 조선인 군속 동원」, 『성대사림』23, 2003
강창일, 「일제의 조선지배정책」, 『역사와 현실』12, 1994
곽건홍, 「일제하 조선의 전시 노동정책 연구」, 고려대학교 박사학위논문, 1998
김도형, 「해방전후 자바지역 한국인의 동향과 귀환활동」, 『한국근현대사연구』24, 2003.
김민영, 「강제동원피해자에 대한 조사 및 인원 추정」, 『2003년도 일제하 피강제동원자 등 실태조사연구 보고서』, 한국정신문화연구원
김민영, 「식민지시대 ‘전시노무동원’ 문제에 대한 연구쟁점과 전망Ⅱ」, 『지역개발연구』32-1(통권36), 전남대학교 지역개발연구소, 2000.
김민영, 「일제하 조선인 ‘강제연행’ 문제의 연구쟁점과 전망(1) – 전후처리・보상문제를 중심으로」, 『춘계박광순박사 화갑기념논문집』, 1993

김민영, 「한국의 식민지시기 '전시노무동원'에 대한 연구동향」, 『역사교과서 속의 한국과 일본』, 혜안, 2000

김영희, 「1930, 40년대 일제의 농촌통제정책에 관한 연구」, 숙명여자대학교 한국사학과 박사학위논문, 1996

김윤미, 「일제 말기 근로보국대제도의 수립과 운용(1938~1941)」(수요역사연구회 월례발표회 발표문, 2006년 4월)

김은숙, 「한국인 BC급 전범재판의 피해보상청구소송」, 목포대 교육대학원 석사논문, 2002

김인덕, 「일본지역 강제연행 연구」, 『한국민족운동사연구』17, 1997

김태영, 「전전, 일본에서의 국가에 의한 노동통제의 전개과정 : 여성노동을 중심으로」, 『일본문화학보』19, 2003

남상구, 「전후 일본 정부의 전몰자 유골 정책」, 『한일민족문제연구』9, 2005

남상구, 「전후 일본의 전쟁희생자 '보상'에 관한 고찰 – 전상병자 전몰자 유족 등 원호법과 은급법을 중심으로」, 『일본역사연구』22, 2005

노영종, 「일제강제연행자 현황에 관한 검토」, 『기록보존』16, 2003

小林英夫, 「총력전체제와 식민지」, 『일제 말기 파시즘과 한국사회』, 청아출판사, 1988

송충기, 「독일의 뒤늦은 과거청산」, 『역사비평』73호, 2005 겨울호

신주백, 「한국과 일본에서 대일과거청산운동의 역사」, 『역사문제연구』14, 2005

外村大, 「식민지조선의 전시노무동원-정책과 실태」, 2006년 3월 3일, 낙성대경제연구소 주최 국제학술대회 '일제의 전시체제와 조선인 동원 – 징병,징용,위안부–' 발표문

이기훈, 「일제하 농촌보통학교의 '졸업생 지도'」, 『역사문제연구』4, 2000

이상의, 「1930~40년대 일제의 조선인노동력 동원체제 연구」, 연세대학교 박사학위논문, 2002

이승엽, 「녹기연맹의 내선일체운동 연구 - 조선인 참가자의 활동과 논리를 중심으로 -」, 한국정신문화연구원 석사논문, 1999

정혜경, 「식민지시대 麻生탄광 재일한인노동쟁의」, 『한국정신문화연구원 한국학대학원논문집』7, 1992

정혜경, 「한국의 구술사료관리현황」, '한국역사기록의 관리와 발전방안' 학술심포지엄 발표문(한국역사연구회, 대전대학교 인문과학연구소 공동주최), 2000

정혜경, 「강제연행관련 구술사료수집의 현황 및 활용방안」, 『구술사료로 복원하는 강제연행의 역사 - 2001년도 구술사료수집결과보고회 자료집」, 일제강점하강제동원피해진상규명등에관한특별법제정추진위원회, 2001

정혜경, 「공문서의 미시적 구조 인식으로 본 남양농업이민(1939~1940)」, 『한일민족문제연구』3, 2002

정혜경, 「한국근현대사 관련 구술사료관리의 방향 및 실행계획연구」(국사편찬위원회 2003년도 연구과제)

정혜경, 「일제 말기 '남양군도'의 조선인노동자」, 『한국민족운동사연구』44, 2005

정혜경·김성식, 「해외소재 한국학관련 역사기록의 정보화 방안 연구」, 『기록학연구』1, 2000

채홍철, 도노히라 요시히코, 「슬픔을 함께 - 혼간지 삿포로별원 강제연행 희생자 유골문제」, 『일본의 과거청산을 요구하는 제2회 국제연대협의회 서울대회 발표문』, 2004(일문)

清水澄子, 「가해의 이론을 저버려온 일본, 자국중심주의의 유골수집사업에 대하여」, 『제2회 국제연대협의회 서울대회 자료집』, 2004(일문)

허수, 「전시체제기 청년단의 조직과 활동」, 『국사관논총』88, 2000

허수열, 「조선인노동력의 강제동원의 실태」, 『일제의 한국식민통치』, 정음

사, 1985
허수열, 「일제말 조선내 노동력동원의 강제성에 관한 고찰」, 일제강점하강
제동원피해진상규명위원회 출범 1주년 기념 국제심포지엄 – 진실과 화해
를 위한 진상규명 자료집, 2005

www.yadvashem.org
www.geocities.jp/futureasia04/index.htm
www. gangje.go.kr
www.ksyc.jp/sinsou-net
www.kosis.nso.go.kr
www16.ocn.ne.jp/~pacohama/sensosekinin/flaber0506.html
동아일보, 2006.2.20일자 기사 「일제 강제징용 전에도 한인 노무자 관리 개
입」

필자 후기

필자 후기

경험당사자의 가족, 할머니 이야기

"할머니들은 귀엽다. 정감이 있다"

구술사료수집을 위해, 또는 생존자 조사를 위해 할아버지를 방문한 연구자나 조사관들이 이구동성으로 하는 말이다. 통명스럽고 무뚝뚝한 할아버지들에 비해 할머니들은 사람을 반가워하고, 방문객에게 반색을 한다. 사진을 찍자고 하면, '좋아라' 하면서 가장 좋아하는 옷으로 갈아입고 포즈에도 신경을 쓴다. 주로 활동 영역이 집안에 머무는 할아버지들과 달리 할머니들은 밭에서 일을 하던지 나물을 캐러 가던지 적극적인 삶의 모습을 보인다. 할아버지가 기억이 아물거려서, 대답을 하기 싫어서 '몰라. 생각 안나' 그럴 때, 옆에 있던 할머니는 '그 있잖아요. 사고 났던 거 그거 얘기해줘요' '** 마을 김씨도 갔잖아요' 하며 조사자에게 힘을 실어주곤 한다. 어느 지역이나 마찬가지이다. 한국에서도, 사할린에서도 그렇다.

그동안 생존자 조사를 할 때, 가장 우선적인 조사대상은 당사자인 할아버지였다. 어느 면에서는 할머니가 부담스러운 존재이기도 했다. '위안소'에 대한 질문을 하고 싶은데, 할머니가 있으면 이야기 꺼내기가 쉽지 않다. 게다가 가끔씩은 '우리 할아버지 힘 드는데, 왜 자꾸 그런 거는 물어보냐'는 태클을 받는 경우도 있기 때문이다. 그러나 대부분의 경우에 할머니는 면담자(혹은 조사자)들에게 도움이 많이 되는 존재이다. 할아버지의 이야기를 통역(?)해주기도 하고, 빠진 내용을 챙겨주기도 한다. 편지나 물건 등 기억에 도움이 될만한 꺼리도 챙겨다 주시는 훌륭한 조력자이다. 그래서 이제는 할머니가 조사에서 매우 긴요한 존재가 되었다.

할머니가 기억하는 일제 말기와 해방 정국

그러나 내가 할머니들에게 관심을 갖게 된 것은 강제연행·강제노동의 사실 파악에 위한 구술 현장에서 할머니의 조력자 역할 때문이 아니다. 과거의 이야기를 하는 할아버지가 자신의 경험 무게에 짓눌려 있는데 비해 할머니들은 여전히 삶의 역동성을 갖는 모습을 보면서, 나 스스로 힘을 얻는 경우가 많았기 때문이다.

어둡고 무거운 주제인 강제연행·강제노동의 사실을 확인하는 작업은 구술자 뿐만 아니라 연구자에게도 여간 힘든 과정이 아니다. 구술자의 삶의 궤적을 쫓고 있노라면, 향후 삶의 희망이 없는 듯, 역사의 정의란 무엇인가, 민중의 힘이란 얼마나 미미한 것인가 하는 생각에 허무하게 여겨지기도 한다. '과거에 식민지의 경험을 가졌다는 것이 이렇게 비통함을 안겨주는가' 하는 생각에 마음은 '저기압' 일색이다.

그런데 그 무거움을 가볍게 해주는, 처진 어깨에 힘을 실어주는 존재가 바로 할머니들이었다. 60여년 가까운 기간 동안 혼인과 출산, 육아 등을 담당하면서 얻은 듯한 삶의 자신감과 지칠 줄 모르는 사회에 대한 관심이 귀엽고 정감 있는 할머니 상을 만든 것이다.

"내가 뭘 아나. 뭘 모르니까 그냥 하는 소리지 뭐. 하하하하" 크고도 긴 웃음은 단지 주제의 무게를 덜어주는 데 그치지 않는다. 할머니가 기억하는 일제 말기와 해방 정국, 사회 변화 등은 '아녀자의 좁은 안목' 으로 치부하기에 너무 소중한 기억들이기 때문이다. 자신의 경험에 짓눌려 주변을 되돌아보지 못하는 할아버지들에 비해 할머니들은, 자신들이 직접 겪지 않은 강제연행·강제노동에 대해 비교적 담담한 인식을 가지고 있다. 자신들이 직접 경험하지 않았기에 이야기가 그 내부로 들어갈 수는 없지만 주변에서 주워들은 이야기를 통해 '상식적인 여론' 을 소유할 수 있었다. '니들이 **을 알아!' 하는 식의 독단성이 아니라 오랫동안 스스로 만들어 나간 이야기를 할 수 있다. 그래서 할머니들은 구술 현장에서 관조자이면서도 적극적으로 개입하는 또 하나의 구술자이기도 하다.

그러나 그동안 할머니들은 늘 조력자 역할로만 비춰졌다. '할머니'라고 하면, 위안부할머니들이나 근로정신대할머니 등 직접 강제연행·강제노동의 피해를 당한 할머니들만을 주인공으로 생각했다. 구술사료 녹취문에서도 할머니들의 끼어듦은 어느 면에서는 정리하기에 불편한 '깍두기' 신세이기도 했다. 그래서 증언집이나 구술기록집이라는 이름으로 책으로 묶어낼 때, 주인공의 동반자인 할머니의 이야기는 쉽게 '삭제' 된다.

남사할린지도 : 방일권 작성(『강제동원구술기록집2-검은 대륙으로 끌려간 조선인들』, 속표지), 한자 지명은 일제시기 지명이고 괄호 안의 지명은 현재 러시아 지명.

사할린의 할머니들

내가 할머니의 이야기에 더욱 큰 관심을 갖게 된 것은 사할린에서 경험을 통해서이다. 국내에서도 할머니들에 대해서는 관심을 가졌으나 여전히 조력자에 그쳤다. 그러나 사할린에서는 본격적으로 할머니들을 구술자로 등장시키기 시작했다. 생활의 최전선에서 온몸으로 시대를 경험한 주인공으로서 할머니들의 이야기가 귀중하게 다가왔기 때문이다.

할머니들이 강제노동을 직접 경험한 것은 아니었으나 그들은 삶을 쉽게 포기하지 않았다. 할머니들은 고향에 대한 향수

병이 너무 깊어서 독한 보드카를 마시다가 일찍 세상을 버린 남편들을 그리워하고 있을 수 없었다. 그들에게 삶은 결코 손을 놓아버릴 수 없는 절박함이었다. 자식을 버젓하게 키워야 한다는 책임감도 그들의 등에서 내려서지 않았다. 수많은 사연들이 그들에게 쏟아져 나왔으나 그 사연을 담담히 이야기하는 할머니들의 모습은 안타까움 그 이상이다. 처음에는 안타까워서 손을 부여잡고 그저 눈물을 흘렸으나 조금 지나서는 그들의 인생에 대한 자세에 존경심으로 눈물은 그치지 않았다. 나만이 울보가 된 것은 아니었다. 30~40대의 장정 조사관들도 "할머니 얘기 듣다가, 나 울었어." 하면서 멋쩍어한다. 강한 생명력과 삶에 대한 열정, 인간에 대한 신뢰 및 애정, 이런 깃들이 조사자들을 감동시킬 것이다.

재혼한 남편은 재혼한지 오래지 않아 도망을 갔으나 남편이 데리고 온 사식들을 큰 땅(러시아 본토)에 유학을 보내고, 남부럽지 않은 살림살이를 장만해서 출가를 시키고 홀로 여생을 보내는 할머니. 90세가 다 되어가지만 지금도 한반도 북단에 살고 있는 큰 딸을 위해 길거리의 행상을 계속하면서도 명랑한 할머니의 목소리. 조국인 한국이 잘 살게 되어서 너무도 감사하고 고맙다고, 이런 쓸데없는 노인네의 이야기도 다 들어주니 더욱 고맙다는, 그들의 작은 어깨. 그저 감탄스럽고 존경스러울 뿐이다.

일제 말기 강제연행·강제동원의 역사는 전쟁을 일으킨 사람과 전쟁에 동원된 사람들만의 역사가 아니다. 가해자와 피해자의 구도만이 아니다. 그들의 가족들이 겪은 역사이고, 그들이 경험한 기억이 이후 가족들의 삶을 통해 새로운 천을 덧대어 가는 역사이다. 남편이 경험한 강제연행·강제노동의 아픔이 가족을 통해, 이웃을 통해 사회화되어 가는 과정이기도 하다.

늘 기대해본다. 이제는 강제연행·강제노동에 관해서 더 이상 지극히 상식적이고 초보적인 내용들이 새롭고 대단한 정보인양 언론에서 다루어지지 않아도 되길. '****가 강제성이 있는가' 등등의 고민을 하게 되지 않기를. '피해자'라고 불리우는 할아버지들의 이야기 외에 가족들이 겪은 삶의 경험에도 연구자의 관심이 기울여지길. 부모세대가 남긴 아픔을 지금도 이어가는 유가족들의 경험이 바로 청산되지 않은 대일과거사의 실상이고, 우리의 거울임을 좀 더 많은 사람들이 공감하게 되길.

▎코르사코프 망향의 언덕에서 바라 본 통한의 바다. 바다 건너에 일본 홋카이도가 있다. 전쟁이 끝나 고향으로 돌아가려고 항구에 모인 조선 동포들은 귀국길이 막히자 언덕에 올라 바다 넘어 고향을 향해 통곡을 했다고 한다.(2005. 8. 10 일제강점하강제동원피해진상규명위원회 조사1과 이병희 조사관 촬영)

찾아보기

찾아보기

ㄴ

144, 152, 234, 292

南相九
– 290

남양군도
– 21, 24, 25, 54, 93, 96, 104,
106, 108, 110, 133, 141, 144,
152, 212, 219, 229, 230, 231,
232, 235, 236, 237, 238, 239,
242, 255

남양흥발주식회사
– 96

내무국
– 55, 56, 57, 58

내무성
– 59, 69, 104

노동청
– 72

노무계
– 57

노무과
– 55, 57, 58

노무동원
– 16, 18, 19, 20, 21, 24, 75, 100,
213, 217, 218, 219, 221, 226,
253

노무위안부
– 16, 21, 219

노무위안소
– 16

농림국
– 188, 195

뉴기니아
– 237, 243

<hr>
ㄷ
<hr>

다꼬베야
– 227

다중동원
– 24, 145, 146, 148, 211, 254

다케우치(竹內康人)
– 144, 155

다코베야
– 106

당꼬라고요?
– 28, 137

대동아성
– 69

臺灣
– 78

대장성
– 59

데라우치
– 55

도야마(富山)
– 269

도쿄(東京)
– 237

독립기념관
– 72, 77

독일
– 144